1674.74. — Boulogne (Seine). — Imprimerie JULES BOYER et Cie.
Administration : rue Neuve-Saint-Augustin, 11, à Paris.

GRANIER DE CASSAGNAC ET PAUL DE CASSAGNAC

HISTOIRE POPULAIRE

ILLUSTRÉE

DE

L'EMPEREUR NAPOLÉON III

TOME II

PARIS
LACHAUD & BURDIN, LIBRAIRES-ÉDITEURS
4, PLACE DU THÉATRE-FRANÇAIS, 4

1874

Deux causes générales avaient concouru à son retour : les périls imminents que faisaient courir à l'ordre public et à la sécurité des familles les tentatives passées et les doctrines présentes de la démagogie ; l'impuissance démontrée des partis conservateurs à les conjurer.

« Alors, dit fort justement l'organe traditionnel et accrédité des théories parlementaires, la *Revue des Deux Mondes*, s'est présenté un homme d'abord sans parti dans les corps constitués, qui, par la prévoyance de ses calculs, a su profiter de toutes les chances que lui offraient les fautes répétées des républicains et des monarchistes, et qui, par la hardiesse de ses résolutions, a su saisir le pouvoir qu'ils se disputaient entre eux par de vaines querelles. Il était aidé dans cette tâche par les craintes d'une société qui se croyait sur le point de périr, et par les souvenirs toujours présents, toujours amers, des grandes catastrophes de 1815, restées jusqu'alors sans représailles militaires ou diplomatiques (1). »

Toutefois, l'habileté n'aurait pas suffi pour rétablir l'Empire, si la société n'avait pas trouvé son intérêt et son salut dans son rétablissement. « Pour les masses, ajoute la *Revue des Deux Mondes*, la liberté politique n'est qu'un stérile bienfait. L'égalité seule leur est chère ; elle règle leurs rapports civils selon leurs intérêts ; elle flatte leur amour-propre, elle suffit à leur activité, à leur ambition. Les masses préféreront toujours l'autorité d'un seul aux oligarchies, aux aristocraties et à la démocratie représentative elle-même. Elles n'useront du droit de suffrage que pour appuyer le pouvoir qui leur assurera la plus grande somme d'égalité, et qui exercera le plus vigoureusement l'autorité la plus étendue. Ainsi, indépendamment même de la popularité d'un nom puissant et des fautes répétées de tous les partis, le suffrage universel contenait le germe de l'Empire (2). »

De l'aveu des plus constants adversaires de l'Empire, c'est donc la France elle-même qui l'a spontanément voulu, logiquement relevé, librement consacré, comme la sauvegarde naturelle et nécessaire de

---

(1) *Annuaire des Deux Mondes*, 1832-1833, p. 36.
(2) Ibid., p. 37.

ses destinées. C'est dans cette appropriation aux besoins, dans cet accord avec les volontés, qu'il puisa sa légitimité et sa force, et c'est par cette origine qu'il échappa, plus qu'aucun des gouvernements qui l'avaient précédé, aux revendications idéales des deux partis extrêmes qui le taxèrent d'usurpation.

Au moment même où la France allait se recueillir, avant de jeter dans l'urne plébiscitaire l'expression de sa volonté souveraine, deux partis essayèrent de la détourner de ses desseins : M. le comte de Chambord, au nom de ce qu'il appelait ses droits; le comité des révolutionnaires de Londres, réunis en assemblée générale aux démocrates socialistes résidant à Jersey, au nom de leurs sanguinaires rancunes, s'adressèrent à la fois à la nation.

Le Président de la République, voulant que le peuple fût éclairé avant le vote, aida lui-même à la propagation des doctrines et des menaces de ses ennemis; il fit publier dans le journal officiel du 15 novembre 1852 les proclamations émanées de Frohsdorff et de Jersey, et mit ainsi le pays en état de prononcer en connaissance de cause.

Voici la protestation de M. le comte de Chambord :

« Français,

« En présence des épreuves de ma patrie, je me suis volontairement condamné à l'inaction et au silence. Je ne me pardonnerais pas d'avoir pu, un seul moment, aggraver ses embarras et ses périls. Séparé de la France, elle m'est chère et sacrée autant et plus encore que si je ne l'avais jamais quittée. J'ignore s'il me sera donné de revoir un jour mon pays, mais je suis bien sûr qu'il n'aura jamais à me reprocher une parole, une démarche qui puisse porter la moindre atteinte à sa prospérité et à son repos. C'est son honneur comme le mien, c'est le soin de son avenir, c'est mon devoir envers lui qui me décident à élever aujourd'hui la voix.

« Français, vous voulez la monarchie, vous avez reconnu qu'elle seule peut vous rendre, avec un gouvernement régulier et stable, cette sécurité de tous les droits, cette garantie de tous les intérêts, cet accord permanent d'une autorité forte et d'une sage liberté, qui fondent et assurent le bonheur des nations. Ne vous livrez pas à des illusions qui tôt ou tard vous seraient funestes.

« Le nouvel Empire qu'on vous propose ne saurait être cette monarchie tempérée et durable dont vous attendez tous ces biens. On se trompe et on vous trompe, quand on vous les promet en son nom. La monarchie véritable, la monarchie traditionnelle, appuyée sur le droit héréditaire et consacrée par le temps, peut seule vous remettre en possession de ces précieux avantages et vous en faire jouir à jamais. Le génie et la gloire de Napoléon n'ont pu suffire à fonder rien de stable. Son nom et son souvenir y suffiraient bien moins encore. On ne rétablit pas la sécurité en ébranlant le principe sur lequel repose le trône, et on ne consolide pas tous les droits en méconnaissant celui qui est parmi nous la base nécessaire de l'ordre monarchique.

« Resté le chef de l'antique race de vos rois, je me dois à moi-même, je dois à ma famille et à ma patrie, de protester hautement contre des combinaisons mensongères et pleines de dangers. Je maintiens donc mon droit, qui est le plus sûr garant des vôtres, et, prenant Dieu à témoin, je déclare à la France et au monde que, fidèle aux lois du royaume et aux traditions de mes aïeux, je conserverai religieusement jusqu'à mon dernier soupir le dépôt de la monarchie héréditaire dont la Providence m'a confié la garde. »

Tel était ce manifeste, qui déniait à la nation française le droit de disposer d'elle et de choisir son gouvernement.

La seconde protestation contre l'Empire, œuvre de la démagogie en démence, était faite au nom des démocrates socialistes résidant à Jersey, et portait la signature de Fombertaux, de Philippe Faure, hélas ! et de Victor Hugo. Elle contenait les déclarations suivantes :

« Citoyens, Louis Bonaparte est hors la loi, Louis Bonaparte est hors l'humanité ! Depuis dix mois que ce malfaiteur règne, le droit à l'insurrection est en permanence et domine toute la situation. A l'heure où nous sommes, un perpétuel appel à l'insurrection est au fond des consciences.

« Le Français digne du nom de citoyen ne sait pas, ne veut

PROCLAMATION DE L'EMPIRE, EN PRÉSENCE DES TROUPES, PAR LE GÉNÉRAL DE SAINT-ARNAUD, DANS LA COUR DES TUILERIES.

pas savoir s'il y a quelque part des semblants de scrutin, des comédies de suffrage universel et des parodies d'appel à la nation; il ne s'informe pas s'il y a des hommes qui votent et des hommes qui font voter, s'il y a un troupeau qui s'appelle le Sénat et qui délibère, et un autre troupeau qui s'appelle le peuple et qui obéit.

« Il ne s'informe pas si le Pape va sacrer au maître-autel de Notre-Dame l'homme qui, — n'en doutez pas, ceci est l'inévitable avenir, — sera ferré au poteau par le bourreau. En présence de M. Bonaparte et de son gouvernement, le citoyen digne de ce nom ne fait qu'une chose et n'a qu'une chose à faire : charger son fusil, et attendre l'heure. »

Le temps et les événements ne tardèrent pas à faire justice de cette haine sans mesure, exprimée en termes sans dignité. Pendant que ces sectaires, désavoués par l'opinion publique, disparaissaient dans l'indifférence et dans l'oubli, celui qu'ils avaient voué à la honte devait voir successivement aux Tuileries la reine d'Angleterre et tous les souverains de l'Europe, venant l'un après l'autre rendre hommage à l'origine de son pouvoir et à la grandeur de son nom.

La reconnaissance des puissances fut, en effet, la première affaire sérieuse de l'Empire, et, dès le 28 juillet précédent, le ministère des affaires étrangères avait été confié à M. Drouyn de l'Huys, homme instruit, d'une position considérable, rompu depuis longtemps aux questions diplomatiques.

Au point de vue des événements qui venaient de s'accomplir en France, deux courants d'idées contraires devaient se dessiner et se dessinèrent en Europe. La Russie, l'Autriche, la Prusse, pays de gouvernements concentrés, virent avec faveur l'établissement de l'Empire. En Angleterre, où des habitudes séculaires ont acclimaté l'initiative du parlement et la liberté à peu près indéfinie de la presse, l'opinion publique, sinon le gouvernement, éprouva une certaine froideur en présence de changements dont les mœurs politiques de la Grande-Bretagne avaient peine à comprendre la nécessité et la popularité.

Dès le 2 décembre, le gouvernement français notifia, par une double déclaration, aux agents des puissances à Paris et à ces puissances elles-mêmes, la proclamation officiellement accomplie de l'Empire. Cette notification était conçue dans l'esprit qui avait inspiré le discours adressé, la veille, par l'Empereur, aux grands corps de l'État, réunis à Saint-Cloud.

« Si la France, disait la circulaire aux ministres accrédités à Paris, se choisit un gouvernement plus approprié à ses mœurs, à ses traditions et à la place qu'elle occupe dans le monde, si ses intérêts trouvent dans un retour à la monarchie la garantie qui leur manquait, il n'y a rien là qui puisse changer son attitude extérieure. L'Empereur reconnaît et approuve ce que le Président de la République a reconnu et approuvé depuis quatre ans. La même main, la même pensée, continueront de régir les destinées de la France. Une expérience accomplie dans les circonstances les plus difficiles a suffisamment prouvé que le gouvernement français, jaloux de ses droits, respectait également ceux des autres, et attachait le plus grand prix à contribuer pour sa part au maintien de la paix générale. C'est à ce but que tendront toujours les efforts du gouvernement de l'Empereur des Français, qui a la ferme confiance que ses institutions se trouvant en parfait accord avec le sentiment des autres souverains, le repos du monde sera assuré. »

Ce langage était de nature à rassurer l'Europe. Aussi le gouvernement de l'Empire fut-il reconnu : le 3 décembre par les Deux-Siciles ; — le 6, par l'Angleterre ; — le 7, par la Belgique ; — le 8, par la Suisse ; — le 11, par le Piémont ; — le 12, par l'Espagne ; — le 14, par les Pays-Bas ; — le 16, par le Danemark. Le roi de Naples, Ferdinand II, et la reine d'Espagne, Isabelle II, appartenant à la branche aînée des Bourbons ; le roi des Belges, Léopold Ier, allié à la branche d'Orléans, avaient donc été des premiers à reconnaître le nouveau gouvernement de la France.

Peut-être même n'est-il pas sans intérêt de rapporter ici un fait ignoré, et qui fait ressortir la sagesse du roi Léopold. Le 8 décembre 1851, six jours après le coup d'État, le Président de la République et le Préfet de Lille, M. Besson, reçurent simultanément une dépêche télégraphique de Londres, leur annonçant que deux des princes d'Orléans, M. le prince de Joinville et M. le duc d'Aumale, avaient quitté l'Angleterre, se dirigeant, pensait-on, vers les côtes de France. Dès le reçu de la nouvelle, le Préfet de

Lille concerta avec l'autorité militaire les mesures nécessaires pour parer aux éventualités, et le gouvernement du Président envoya M. de Persigny à Lille, avec des pouvoirs spéciaux et étendus.

Le matin du 9 décembre, vers onze heures, M. de Persigny arriva subitement, sans s'être fait annoncer, à la Préfecture de Lille, où M. Besson attendait des ordres, et son premier mot au Préfet fut : « Où sont-ils ? » Des renseignements nouveaux arrivés dans la matinée apprirent au Préfet que les Princes, ballottés par une mer affreuse, étaient arrivés à Ostende, et que le roi Léopold, plus souverain que beau-frère, avait exigé leur embarquement et leur retour immédiat en Angleterre.

Le Préfet du Nord ayant à son tour demandé à M. de Persigny : « Qu'en auriez-vous fait ? » celui-ci répondit : « J'avais des ordres du Prince de les conduire à Sa Majesté le roi des Belges, avec prière de les garder. » Le sage roi Léopold avait par avance compris et rempli sa mission.

Ainsi, les trois grands cabinets du continent étaient en retard, par rapport aux autres puissances ; mais ce retard n'avait d'autre cause que le dessein tout d'abord arrêté par eux de se concerter pour formuler les termes des lettres de créance à envoyer à leurs représentants. Les causes de cette réserve étaient puisées dans les traités de 1814 et de 1815, mais elles n'offraient par elles-mêmes rien qui dût alarmer. Sans doute, le traité de Chaumont du 1er mars 1814, et le traité de Paris du 20 novembre 1815, s'étaient proposé d'exclure du trône de France la famille Bonaparte et de l'assurer aux Bourbons. Mais la nation française ne pouvait pas avoir été dépouillée du droit de disposer d'elle-même, et l'élévation de la maison d'Orléans en 1830, ainsi que la création du royaume de Belgique en 1831, montraient bien que l'état de l'Europe, fixé par les traités de 1814 et de 1815, ne l'avait pas été d'une manière irrévocable. Une dépêche de M. le comte de Buol à M. de Hubner faisait très-clairement pressentir qu'aux yeux de l'Autriche les traités dont il s'agissait n'étaient pas un obstacle à la reconnaissance de l'Empire ; et une autre dépêche de M. de Manteuffel à M. de Hazfeld montrait que tel était aussi le sentiment de la Prusse.

« Aux communications par lesquelles l'avénement de l'Empereur des Français nous a été notifié, disait M. le comte de Buol, se trouvaient jointes des copies du sénatus-consulte et du plébiscite relatifs à la transformation de gouvernement opérée en France. Il ne nous appartient pas de discuter ces documents comme actes de législation intérieure de la France. A ce titre, les dispositions qu'ils renferment ne peuvent que rester en dehors du domaine des relations internationales entre les deux Empires. »

Pendant les communications établies à ce sujet entre les grandes cours du Nord, M. de Kisseleff, représentant de la Russie, alors en congé, eut ordre de se rendre à son poste. En outre, accrédité jusqu'alors en vue de remplir une mission spéciale et provisoire, il reçut un titre définitif de ministre plénipotentiaire. En cette qualité, il présenta, le 5 janvier 1853, ses lettres de créance à l'Empereur, et les ministres de Prusse et d'Autriche se succédèrent les jours suivants.

Ainsi se terminait cette question grave et délicate ; et, après quelques semaines, le second Empire entrait dans la famille des États européens, obtenant de l'Angleterre ce qu'elle avait constamment refusé au premier, et de la Russie ce qu'elle n'avait accordé à Napoléon qu'après d'éclatantes victoires.

Aux préoccupations de la reconnaissance de l'Empire succédèrent les émotions du mariage de l'Empereur. Il fut connu le 16 janvier 1853 ; le Bureau du Sénat, celui du Corps législatif et le Conseil d'État tout entier furent convoqués pour le 22, afin d'en recevoir la communication officielle.

L'Empereur avait rencontré, admiré, aimé, une belle et noble jeune fille, d'origine espagnole, d'une grande naissance, élevée en France, mademoiselle Eugénie de Montijo, ayant dans sa famille trois Grandesses de première classe, et portant le titre de comtesse de Téba. Sa beauté était merveilleuse, sa distinction exquise, son esprit orné et charmant.

On était curieux d'entendre de la bouche de l'Empereur lui-même, dont la conduite était, depuis quatre ans, un modèle de prudente hardiesse, les motifs de cette union, qui brisait inopinément des projets d'alliance royale, généralement crus ou supposés, et dans laquelle les conseils du cœur semblaient avoir prévalu.

L'attente de l'opinion publique fut satisfaite par le discours de l'Empereur aux Tuileries, et la dignité impériale sera pleinement conquise par la noble fiancée, dès ses premiers pas dans la nef de Notre-Dame.

« La France, dit l'Empereur aux grands corps de l'État, par des révolutions successives s'est toujours brusquement séparée du reste de l'Europe : tout gouvernement sensé doit chercher à la faire rentrer dans le giron des vieilles monarchies; mais ce résultat sera bien plus sûrement atteint par une politique droite et franche, par la loyauté des transactions, que par des alliances royales qui créent de fausses sécurités et substituent souvent l'intérêt de famille à l'intérêt national.

« D'ailleurs, les exemples du passé ont laissé dans l'esprit du peuple des croyances superstitieuses. Il n'a pas oublié que depuis soixante-dix ans les princesses étrangères n'ont monté les degrés du trône que pour voir leur race dispersée ou proscrite par la guerre ou par la révolution. Une seule femme a semblé porter bonheur et vivre plus que les autres dans le souvenir du peuple, et cette femme, épouse modeste et bonne du général Bonaparte, n'était pas issue d'un sang royal.

« Il faut cependant le reconnaître, en 1810, le mariage de Napoléon Ier avec Marie-Louise fut un grand événement : c'était un gage pour l'avenir, une véritable satisfaction pour l'orgueil national, puisqu'on voyait l'antique et illustre maison d'Autriche, qui nous avait fait si longtemps la guerre, briguer l'alliance du chef élu d'un nouvel empire. Sous le dernier règne, au contraire, l'amour-propre du pays n'a-t-il pas eu à souffrir lorsque l'héritier de la couronne sollicitait infructueusement, pendant plusieurs années, l'alliance d'une maison souveraine, et obtenait enfin une princesse, accomplie sans doute, mais seulement dans des rangs secondaires et dans une autre religion ?

« Quand, en face de la vieille Europe, on est porté par la force d'un nouveau principe à la hauteur des anciennes dynasties, ce n'est pas en vieillissant son blason et en cherchant à s'introduire à tout prix dans la famille des rois qu'on se fait accepter; c'est bien plutôt en se souvenant toujours de son origine, en conservant son caractère propre, et en prenant franchement vis-à-vis de l'Europe la position de parvenu, titre glorieux lorsqu'on parvient par le libre suffrage d'un grand peuple.

« Ainsi, obligé de s'écarter des précédents suivis jusqu'à ce jour, mon mariage n'était plus qu'une affaire privée. Il restait seulement le choix de la personne. Celle qui est devenue l'objet de ma préférence est d'une naissance élevée. Française par le cœur, par l'éducation, par le souvenir du sang que versa son père pour la cause de l'Empire, elle a, comme Espagnole, l'avantage de ne pas avoir en France de famille à laquelle il faille donner honneurs et dignités. Douée de toutes les qualités de l'âme, elle sera l'ornement du trône, comme au jour du danger elle deviendrait un de ses courageux appuis. Catholique et pieuse, elle adressera au Ciel les mêmes prières que moi pour le bonheur de la France ; gracieuse et bonne, elle fera revivre dans la même position, j'en ai le ferme espoir, les vertus de l'Impératrice Joséphine.

« Je viens donc, Messieurs, dire à la France : J'ai préféré une femme que j'aime et que je respecte à une femme inconnue dont l'alliance eût eu des avantages mêlés de sacrifices. Sans témoigner de dédain pour personne, je cède à mon penchant, mais après avoir consulté ma raison et mes convictions. Enfin, en plaçant l'indépendance, les qualités du cœur, le bonheur de famille, au-dessus des préjugés dynastiques et des calculs de l'ambition, je ne serai pas moins fort, puisque je serai plus libre. Bientôt, en me rendant à Notre-Dame, je présenterai l'Impératrice au peuple et à l'armée ; la confiance qu'ils ont en moi assure leur sympathie à celle que j'ai choisie ; et vous, Messieurs, en apprenant à la connaître, vous serez convaincus que cette fois encore j'ai été inspiré par la Providence. »

Le mariage civil de l'Empereur eut lieu aux Tuileries, le 29 janvier, à neuf heures du soir. Depuis la notification faite aux grands corps de l'État, la future Impératrice résidait au palais de l'Élysée, avec madame la comtesse de Montijo, sa mère. A huit heures, le grand maître des cérémonies était allé la chercher avec deux voitures de la Cour escortées ; la fiancée fut reçue au bas de l'escalier du pavillon de Flore par le grand chambellan, le grand écuyer, le premier écuyer, deux chambellans et les officiers d'ordonnance de service ; à l'entrée du premier salon, elle était attendue par le prince Napoléon et la princesse Mathilde. De là, le cortège s'avança vers le salon de famille, où l'attendait l'Empereur, entouré du prince Jérôme et des princes de la famille désignés, ainsi que des cardinaux, des maréchaux, des amiraux, des ministres et des grands officiers de la couronne.

C'est dans la salle des maréchaux que le mariage fut célébré. Des serviteurs du premier Empire avaient pieusement conservé le registre de la famille de Napoléon. Ce registre, qui s'ouvrait par l'acte d'adoption du prince Eugène de Beauharnais, comme fils de l'Empereur, le 2 mars 1806, et qui était clos par l'acte de naissance du roi de Rome, du 20 mars 1811, reçut l'acte de mariage de l'Empereur Napoléon III avec Mlle Marie-Eugénie de Montijo, comtesse de Téba. Le ministre d'État, M. Achille Fould, remplit les fonctions d'officier de l'état-civil. Les témoins furent, pour l'Empereur, le prince Jérôme, frère de Napoléon Ier, et le prince Napoléon son fils ; pour l'Impératrice, le marquis de Valdegamas, ministre d'Espagne, le duc d'Ossuna, le marquis de Bedmar, grands d'Espagne, le comte de Galve et le général Alvarez Toledo.

Le lendemain, 30 janvier, le mariage religieux eut lieu à Notre-Dame, avec toute la pompe possible.

L'armée et la garde nationale de Paris formaient la haie, d'abord du palais des Tuileries à la cathédrale, par le Carrousel et la rue de Rivoli, alors tout nouvellement prolongée ; ensuite, de la place Notre-Dame et le long des quais, jusqu'à la place de la Concorde et à la grille du jardin des Tuileries, par où rentra le cortége. La voiture à huit chevaux dans laquelle étaient l'Empereur et l'Impératrice était celle qui avait servi à Napoléon et à Joséphine, le 2 décembre 1804, le jour du couronnement et du sacre.

La vieille basilique de Notre-Dame était splendidement tendue des plus belles tapisseries du garde-meuble. Des estrades avaient été dressées dans les bas-côtés ; les sénateurs, les députés, les conseillers d'État, en grand costume, y étaient rangés avec leurs familles ; tous les maires des chefs-lieux des départements avaient été conviés ; toutes les personnes de distinction avaient été admises. L'église, éclairée par quinze mille bougies, était remplie jusqu'aux voûtes.

C'est au milieu de cette foule compacte, respectueuse, profon-

COMMUNICATION DU MARIAGE DE L'EMPEREUR.

dément émue, que s'avança l'Empereur donnant la main à l'Impératrice, et précédé de l'archevêque et du clergé, qui étaient allés recevoir l'auguste couple sous le porche.

Dès que Leurs Majestés parurent dans la nef, la sainteté du lieu fut impuissante à contenir l'explosion du sentiment public, qui éclata comme un tonnerre en cris de *vive l'Empereur!* et de *vive l'Impératrice!*

C'est surtout sur l'Impératrice que les regards se portèrent. Connue seulement des quelques salons du grand monde où elle s'était produite, Paris ne la connaissait pas. On était avide de contempler les traits de cette jeune héroïne, qui devait un trône à sa beauté. L'opinion de cette foule immense fut formée et devint unanime en un seul instant. Dès les premiers pas dans la nef de Notre-Dame, l'Impératrice avait séduit tous les regards et conquis tous les cœurs. Sa merveilleuse beauté s'accrut encore de sa noblesse et de sa modestie. Elle parut à tous digne de son rang et de sa fortune, et l'élan d'enthousiasme qui la salua fut à la fois universel et sincère.

Dans ce Paris peuplé d'esprits sceptiques et frondeurs, le mariage de l'Empereur n'avait pu échapper aux critiques des classes politiques et lettrées. Le peuple, toujours plus près de la nature et de la vérité par la simplicité et la naïveté de ses sentiments, avait trouvé naturel que l'Empereur, ayant le pouvoir de choisir sa compagne, eût fait dans son choix une grande part à l'entraînement du cœur : la grâce, la dignité, la haute distinction, qui éclataient dans la personne et dans le maintien de l'Impératrice, donnèrent immédiatement raison au sentiment populaire. Elle devint pour tous, dès ce moment, la plus admirée et la plus respectée des femmes, et le malheur, en lui reprenant la couronne qu'elle reçut à Notre-Dame, a donné plus de lustre encore à celle qu'elle devait à la grâce de sa personne et à la solidité de ses vertus.

Le rétablissement de l'Empire avait eu pour conséquences naturelles la réorganisation de la liste civile et la formation de la maison impériale.

La maison de l'Empereur, en vertu d'un décret du 31 décembre 1852, comprit : un premier aumônier, Mgr l'évêque de Nancy; un grand maréchal du palais, le maréchal Vaillant; un préfet du palais, le colonel de Béville ; un grand chambellan, le duc de Bassano ; un premier chambellan, le comte Bacciochi ; un grand écuyer, le maréchal de Saint-Arnaud ; un premier écuyer, le colonel Fleury ; un grand veneur, le maréchal Magnan ; un premier veneur, le colonel Edgard Ney ; un grand maître des cérémonies, le duc de Cambacérès. A ces grands officiers, composant la maison civile, venaient se joindre les aides de camp et les officiers d'ordonnance, composant la maison militaire.

La maison de l'Impératrice comprit : une grande maîtresse, Mme la princesse d'Essling ; une dame d'honneur, Mme la duchesse de Bassano ; cinq dames du palais, Mmes Feray, la vicomtesse Lezay Marnésia, la baronne de Pierres, la baronne de Malaret et la marquise de Las Marismas. Le comte Tascher de la Pagerie, sénateur, fut nommé grand maître ; le comte Charles Tascher de la Pagerie, premier chambellan ; le vicomte Lezay Marnésia, chambellan, et le baron de Pierres, écuyer.

La liste civile de Charles X était ainsi composée :

Pour le roi	25.000.000 fr.
Pour les princes et princesses	9.000.000
Revenu brut du domaine de la couronne . .	4.000.000
Jeux de Paris	300.000
	38.300.000 fr.

La liste civile de Louis-Philippe comprenait :

Pour le roi	12.000.000 fr.
Pour le comte de Paris	1.000.000
Douaire de la duchesse d'Orléans	300.000
Revenu brut du domaine de la couronne . .	6.761.000
	20.061.000 fr.

A quoi il convient d'ajouter une somme à peu près égale, provenant des revenus de la fortune personnelle du roi, qu'il s'était réservée, comme on sait, par la donation du 7 août 1830 ; sans parler de la fortune de Mme Adélaïde et de l'immense héritage du duc de Condé, dévolu à M. le duc d'Aumale. Les d'Orléans étaient restés chaudement vêtus, tandis que les Bourbons étaient partis dépouillés.

Il en était de même des Bonaparte, privés de tous leurs biens par les Bourbons, malgré les dons considérables implorés et reçus de Napoléon, premier Consul et Empereur, par M. le prince de Conti, par Mme la princesse de Bourbon, mère du duc d'Enghien, et par Mme la duchesse douairière d'Orléans.

La liste civile de Napoléon III, après son mariage, comprit :

Pour l'Empereur	25.000.000 fr.
Pour les princes et princesses . .	1.500.000
Revenu des forêts	3.000.000
	29.500.000 fr.

Cette somme n'était que nominale, et il faut la réduire à 22,000,000 de francs en chiffres ronds, parce que l'entretien des palais et des manufactures de la couronne, qui figurait au budget pour un chiffre de 7,500,000 francs, était remis à la charge de la liste civile.

Ainsi, le second Empire eut une liste civile bien inférieure à celle de la Restauration ; et si elle parut supérieure de deux millions à celle de la monarchie de Juillet, cette supériorité n'était qu'apparente, parce que les revenus du domaine privé que Louis-Philippe s'était réservés, et qui ne figurent pas dans les comptes publics, égalaient au moins le chiffre même de sa liste civile.

Voilà donc l'Empire rétabli, constitué, entouré de ses grands pouvoirs ; et voilà l'Empereur marié, son foyer rempli, sa maison réglée. Il avait, libre ou prisonnier, travaillé vingt ans à se préparer au gouvernement ; tous les problèmes, il les avait sondés ; toutes les questions, il les avait soigneusement étudiées et théoriquement résolues. Il n'était pas homme à garder stérile dans ses mains le pouvoir que le peuple lui avait conféré.

Deux sortes de questions devaient occuper et remplir sa vie : celles qu'il provoquerait par sa libre initiative, et celles que lui imposeraient les événements. Tous les gouvernements ont à subir les secondes; peu se montrent soucieux de se créer spontanément les premières.

C'est par celles-là qu'il commencera. Il ne se croyait pas sur le trône seulement pour régner, mais pour agir conformément à ses principes et à ses études, et pour réaliser les réformes et les améliorations qu'il avait conçues dans la vie privée.

La prospérité publique et privée, l'amélioration du sort du plus grand nombre, la légitime et nécessaire élévation de la France dans l'opinion de l'Europe, telle avait été la préoccupation constante et dominante de sa pensée. Les grands travaux, l'élan donné à l'industrie, au commerce, à l'agriculture, lui parurent le premier et le plus sûr moyen d'atteindre son but, en sollicitant la confiance des capitaux et l'initiative des entreprises. Son esprit se trouva ainsi naturellement porté vers la création d'institutions financières, qui fussent des instruments de crédit. La Banque de France, créée en 1800 par Bonaparte, premier consul, avait eu pour but d'escompter le papier du commerce à court terme, et elle a toujours utilement et dignement rempli son office. Les entreprises à long terme, exigeant des masses considérables de capitaux, voulaient des institutions nouvelles, acceptant pour gage soit les immeubles, soit les titres financiers de diverses natures. De là des créations répondant aux besoins du travail et de l'activité modernes, et consacrées soit au crédit foncier, soit au crédit mobilier.

Mais déjà l'arrivée au pouvoir de Napoléon III avait par elle-même donné une immense impulsion au travail et aux transactions, et son influence bienfaisante sur les affaires se traduisait par une augmentation considérable dans les revenus publics.

D'après le compte rendu présenté à l'Empereur par le ministre des finances, le produit de l'impôt indirect, qui a toujours été considéré comme le signe certain du développement des affaires, non-seulement n'avait pas cessé de s'accroître depuis le mois de février 1852, mais son accroissement avait dépassé les résultats des années les plus favorables à la monarchie. En 1846, après quinze années de paix, le chiffre des revenus indirects s'était élevé à 827 millions; en 1852, ce chiffre s'éleva à 810 millions; mais, en tenant compte de taxes existant en 1846, et réduites depuis cette époque, le revenu indirect de la première année de l'Empire dépassait de 2 millions celui de l'année la plus prospère de la royauté de 1830.

Deux établissements devaient, dans la pensée du nouveau Souverain, puissamment concourir au développement du crédit et des industries : c'étaient la *Banque foncière de Paris*, devenue la *Société du Crédit foncier de France*, et la *Société générale du Crédit mobilier*.

La première, fondée au capital de 60 millions, par décret du 18 mars 1852, recevait 10 millions de subvention de l'État, et acceptait l'obligation de prêter sur hypothèque jusqu'à concurrence de 200 millions, à raison d'une annuité de 6 p. 0/0, comprenant l'intérêt, l'amortissement et les frais d'administration, avec extinction du prêt en cinquante ans. Les débuts de cette société furent heureux, et elle n'a cessé de rendre des services en rapport avec l'immensité de ses opérations.

La *Société générale du Crédit mobilier*, bien qu'offrant aux capitaux un placement moins sûr que la précédente, débuta néanmoins avec plus d'éclat, parce qu'elle ouvrait à la spéculation des perspectives plus étendues. Créée comme la précédente au capital de 60 millions, elle vit, dès le début, ses actions de 500 francs s'élever à 1,800 francs ; mais ce succès ne put se soutenir, et, si elle a imposé plus tard des pertes à ses actionnaires, ce n'est pas néanmoins sans avoir rendu d'immenses services aux voies ferrées, à la navigation transatlantique et aux travaux gigantesques qui ont amené la transformation de Paris.

Tels furent les deux instruments de crédit et de travail créés tout d'abord, et à l'aide desquels l'Empereur put aborder la réalisation de l'œuvre qu'il avait élaborée autant avec son cœur qu'avec son intelligence.

La première pensée de l'Empereur fut pour les pauvres et les délaissés. Il avait été frappé de l'abandon où restent les pauvres qui meurent. La légende populaire a consacré le tableau qui représente le *convoi du pauvre*. Cette bière qui s'en va, seule, sans clergé, vers la fosse commune, l'avait navré. Il institua les *aumôniers des dernières prières*. Sachant que le clergé paroissial n'est pas assez nombreux pour accompagner tous les morts au cimetière, et que les familles pauvres étaient privées de la consolation des dernières prières, il établit, pour les accomplir, le 21 mars 1852, des aumôniers spéciaux, lesquels, à la demande des familles, accompagnaient gratuitement les corps jusqu'à la fosse et y récitaient les prières accoutumées. La même pensée fit créer un emploi d'aumônier de la flotte, chargé de centraliser et de diriger le service religieux à bord des navires de guerre, afin que le matelot jeté au péril de la mer ne fût pas privé des consolations dernières.

Après avoir songé aux pauvres qui meurent, l'Empereur s'occupa des ouvriers qui luttent contre les difficultés matérielles de la vie. Un décret du 21 mars 1852 institua les sociétés de secours mutuels. En cinq ans il s'en forma 92 dans le département de la Seine. La somme de 20,000 francs, produit annuel de la location des chaises et du café du jardin des Tuileries, fut affectée à la fondation d'une caisse de retraite et de secours mutuels pour les ouvriers et employés des manufactures de Sèvres et des Gobelins, et une somme annuelle de 15,000 francs, prise sur la cassette impériale, fut, dans le même but, mise à la disposition du maire de Versailles.

Plus tard, à l'occasion de la naissance du Prince Impérial, en 1856, l'Empereur ajouta 500,000 francs aux fonds de retraite des Sociétés fondées en conformité du décret de 1852 ; en outre, une somme de 10,000 francs, fournie par la liste civile, fut versée à la caisse d'association des médecins du département de la Seine, et une somme de 60,000 francs fut distribuée par égales portions aux caisses des six associations des auteurs dramatiques, artistes musiciens, artistes peintres et inventeurs.

L'intervention de l'Empereur dans l'organisation des sociétés de secours mutuels eut des résultats immenses. En 1851, il n'en existait en France que 2,237, ayant un personnel de 20,192 membres honoraires et de 255,472 membres participants ; en 1867, le nombre de ces sociétés s'élevait à 5,829 ; elles avaient doublé ; mais leurs membres s'étaient accrus dans une proportion bien plus considérable encore. Les membres honoraires s'élevaient à 112,205, et les membres participants à 750,590.

Après l'organisation et le développement des sociétés de secours mutuels, vint la question du logement des ouvriers. Il s'agissait d'augmenter leurs ressources en diminuant les occasions de dépense, et d'ajouter à leur moralité en leur procurant le foyer domestique. Des maisonnettes séparées, économiquement construites, offrant toutes les conditions de propreté et de salubrité, et pouvant être acquises par l'occupant au moyen de petites retenues mensuelles, devaient atteindre ce but. L'exemple de l'Angleterre, où les villages ouvriers se multiplient chaque jour, prouvait que l'idée était essentiellement pratique.

La construction de maisons spécialement destinées aux petits ménages de la classe ouvrière était une idée favorite de l'Empereur. Déjà, sous la Présidence, il avait fait construire à ses frais, en 1849, la première cité ouvrière. Le 9 mai 1852, il fonda sur sa cassette un prix de 5,000 francs en faveur de l'architecte qui présenterait le meilleur projet de logement pour les ouvriers. Depuis cette époque, et successivement, il fit élever plusieurs maisons de ce genre au boulevard Mazas; et, après avoir fait bâtir, avenue Daumesnil, quarante-deux maisons ayant un aménagement spécial, il en fit don à la Société immobilière des ouvriers.

Cette œuvre fut constamment poursuivie. En 1852, 10 millions furent affectés à l'amélioration des logements d'ouvriers dans les grandes villes manufacturières; une somme de 300,000 francs fut accordée, à titre de subvention, à la société ouvrière de Mulhouse. En 1854, un traité fut conclu avec une société financière, pour construire, moyennant 1 million 550,000 francs, cent quatre-vingt-deux maisons ouvrières; en 1859, l'Empereur envoya, sur sa cassette, 100,000 francs pour la construction et l'assainissement de logements d'ouvriers à Lille, 10,000 francs pour les ouvriers d'Amiens et 60,000 francs pour ceux de Bayonne.

Enfin, le 17 décembre 1852, l'Empereur ordonna, par décret, que trois établissements de bains et de lavoirs publics seraient élevés dans les trois quartiers les plus pauvres de Paris, et que les frais seraient supportés par sa cassette.

Les ouvriers des villes une fois pourvus, l'Empereur songea aux paysans, aux populations qui l'avaient élu trois fois, en 1848, en 1851 et en 1852.

Le mot paysan embrasse toute la population active et laborieuse des campagnes. Dans l'ouest, dans le nord et dans le centre de la

S. M. L'IMPÉRATRICE EUGÉNIE

France, le sol est cultivé par des fermiers, hommes intelligents, hardis, pleins d'initiative, et atteignant souvent à des fortunes considérables. Dans le sud-ouest, dans le sud et dans le sud-est, ce sont les propriétaires eux-mêmes qui cultivent, quand la propriété est petite, et qui font cultiver par des journaliers ou des domestiques sous leur direction, quand elle est grande ou moyenne. A ces hommes attachés au sol il ne faut que deux choses : de la sécurité, pour produire; des débouchés, pour placer facilement leurs produits.

L'Empire donnait la sécurité; l'Empereur s'attacha à faciliter la vente des produits, en imprimant une impulsion nouvelle et extraordinaire à l'établissement des chemins de fer.

L'année 1852 vit concéder deux mille kilomètres de chemins de fer; l'année 1853 en vit concéder plus de deux mille.

Les chemins concédés en 1852 furent les suivants :

Chemin de Paris à Lyon;

De Lyon à Avignon, avec un embranchement sur Aix, et raccordement avec les chemins de fer du Gard et de l'Hérault;

D'Avignon à Marseille et de Marseille à Toulon;

De Paris à Rennes, avec embranchement vers le Mans;

De Dijon à Besançon;

De Dôle à Salins;

De Blesmes à Saint-Dizier et à Gray;

De Bordeaux à Cette, avec embranchement de Narbonne à Perpignan;

Enfin, de Paris à Caen et à Cherbourg.

Voici les chemins concédés en 1853, et dont la longueur atteignait 2,134 kilomètres :

Chemin de Bordeaux à Bayonne, avec embranchement sur Tarbes et Pau;

De Clermont à Lempdes;

De Montauban au Lot;

De Coutras à Périgueux;

De Lyon à la frontière suisse;

De Saint-Rambert à Grenoble;

De Bourg-la-Reine à Orsay;

De Reims à Charleville et Sedan;

De Creil à Beauvais ;
De Paris à Mulhouse ;
De Nancy à Gray ;
De Paris à Vincennes et à Saint-Maur ;
De Besançon à Belfort ;
De La Roche à Auxerre ;
De Tours au Mans ;
De Nantes à Saint-Nazaire ;
Reconstruction des chemins de Rhône-et-Loire.

Un nouveau système financier avait présidé à la concession de ces lignes. La plupart de celles qui précèdent furent concédées sans subvention ni garantie d'intérêt. On prolongea seulement la durée de leur exploitation. Le rapport de M. Magne, ministre des Travaux publics, adressé à l'Empereur et inséré au *Moniteur* du 2 février 1854, fait connaître ces conditions et montre les heureux résultats auxquels on était parvenu.

Les chemins de fer concédés jusqu'au 24 février 1848 avaient coûté, en moyenne, à l'Etat, 102,482 francs par kilomètre. Ceux qui furent concédés depuis la révolution de Février jusqu'au 2 décembre 1852 coûtèrent, en moyenne, 198,910 francs par kilomètre. Les chemins concédés depuis le 2 décembre 1851 jusqu'au 31 décembre 1852 coûtèrent à l'Etat, en moyenne, 102,061 francs par kilomètre. Enfin, les 2,134 kilomètres concédés en 1853, et pour lesquels l'industrie privée s'était engagée à faire une dépense de 460 millions, n'imposaient à l'Etat qu'une charge moyenne de 20,909 francs par kilomètre, c'est-à-dire 81,152 francs de moins que l'année précédente. Il en résultait donc, entre les concessions de 1852 et celles de 1853, une différence totale, au profit de l'Etat, d'environ 180 millions.

Ce réseau de chemin de fer, déjà considérable, se développera d'année en année, pendant toute la durée du règne, et il recevra son complément logique et nécessaire, le 22 juillet 1861, par l'établissement d'un service postal maritime, réalisé à l'aide de magnifiques bâtiments à vapeur, faisant plusieurs fois par mois le service de France à New-York, à Aspinwal, à La Martinique, et reliant nos possessions des Antilles à la mère patrie. Ce grand système de navigation régulière et rapide a été complété par le service postal d'Indo-Chine, qui est lui-même une extension du service postal de la Méditerranée.

La conséquence agricole et économique de cet immense réseau de voies rapides, ouvertes sur terre et sur mer, se traduira par une prospérité agricole et industrielle sans exemple. Des travaux immenses multiplieront les salaires ; des chemins de fer rapprocheront les produits du sol de tous les grands marchés de consommation ; l'encombrement local, entraînant l'avilissement du prix des denrées, fera place à une diffusion chaque année plus facile et plus grande des blés, des vins, des sucres, des alcools, des fers, des charbons ; tout circulera, tout se vendra ; Paris et Londres, les plus grands marchés de l'Europe, recevront dans toute leur fraîcheur les ananas de la Martinique et des Bermudes, les fraises et les artichauds de Cannes, les oranges d'Afrique, les raisins et les grenades de l'Andalousie ; et l'Anglais achètera tous les matins le lait des vaches et les œufs des poules des fermes normandes.

Grâce à la circulation et à la navigation rapides, les famines ont déjà disparu de l'histoire de l'Europe. Les grains passent en masses énormes des pays du superflu dans les pays du nécessaire. On a eu et on aura des chertés, mais on n'a pas eu et on n'aura plus des disettes.

Le lecteur connaît déjà, par l'analyse des études agricoles et industrielles faites par le Prince Louis-Napoléon durant la captivité de Ham, les projets qu'il avait formés pour améliorer les méthodes suivies par l'agriculture, et pour tirer parti, dans l'intérêt des ouvriers ruraux, des terrains restés en friche dans la Sologne et dans les Landes. C'était là une des œuvres qui lui tenaient le plus au cœur. Une fois arrivé au pouvoir, et en possession des moyens de réaliser ses idées, il entra hardiment dans la pratique de ses théories agricoles. Il commença par la Sologne ; et voici comment M. Bradier, l'intelligent ouvrier que nous avons déjà nommé, résume cette partie de la politique impériale :

« La Sologne est un vaste plateau froid, humide, dépeuplé, fiévreux, coupé d'étangs, de bruyères stériles, de bois rabougris. C'est par elle que débuta l'Empereur. Il y acquit des domaines qui ont plus de 3,000 hectares de superficie. Trois grandes fermes y occupent 740 hectares, et étaient exploitées par la liste civile. Une surface de même étendue a été répartie en trente petites fermes, concédées à des agriculteurs du pays, et dont dix-sept ont été bâties et créées par l'Empereur.

« Ce reste des terres est consacré à la culture forestière, les marais ont été desséchés, des canaux creusés pour l'écoulement des eaux, 30 kilomètres de routes ont été tracés, et d'ici à peu la lande aura disparu sous l'effort de l'agriculture.

« Entre la Garonne et les Pyrénées existe un désert de 600,000 hectares, les *Landes*. Napoléon III y acheta, en 1857, plus de 7,000 hectares de terrains. Les travaux, commencés aussitôt, furent terminés en 1863. La propriété avait été entourée de 89 kilomètres de clôtures, sillonnée de 95 kilomètres de routes et chemins, assainie par 218 kilomètres de fossés.

« Un village agricole a été créé au centre du domaine, avec une église, un presbytère, une mairie, une école et trente-six maisons destinées au logement d'ouvriers ruraux.

« Le camp de Châlons occupe 120 kilomètres carrés d'un terrain crayeux et stérile. L'Empereur l'entoura de plantations et de cultures ; huit grandes fermes furent créées et coûtèrent 2 millions 500,000 francs à la cassette impériale. D'immenses prairies entourèrent le camp, et 1,500 hectares furent plantés en céréales. Les produits s'élevaient annuellement à 200,000 francs. On exportait 60,000 kilogrammes de viande et 20,000 kilogrammes de laine fine. C'est le fumier de la cavalerie que l'Empereur fit ainsi employer dans ces utiles et importantes créations.

« A Vincennes, l'Empereur fit défricher 120 hectares de ronces et de bruyères. On les nivela et les planta en gazons. Des bâtiments d'exploitation simples, commodes et élégants, furent élevés, et l'engrais humain des forts fut employé à donner de la fertilité à ce terrain, composé de gravier et de sable léger. La ferme possédait, en 1870, sept chevaux de travail, cent vaches laitières, six cents moutons *southdown* et quinze à vingt sujets choisis de la race porcine ; elle livrait à la consommation 500,000 francs de denrées diverses.

« Dès 1861, l'Empereur a transformé en une exploitation agricole l'ancienne jumenterie de Pompadour. Elle a l'élevage du bétail pour objet. La race limousine et la race durham y donnent des produits recherchés ; le bélier *southdown* a été accouplé aux brebis indigènes, et les produits de ces croisements donnent à quinze mois deux fois plus de viande et de laine que les moutons du pays.

« Le troupeau de Rambouillet a été accru, la ferme agrandie, la bergerie reconstruite. Depuis 1850, il en est sorti plus de deux mille reproducteurs ; c'est une valeur de plus d'un million et demi qui est ainsi restée en France.

« La ferme de la Fouilleuse a été ouverte aux inventions et aux essais de toute nature. C'est là qu'ont été faits les premiers essais des faucheuses, des moissonneuses, et qu'ont été établis des concours de labourage à vapeur.

« En 1868, l'Empereur avait construit une nouvelle ferme dans le parc de Saint-Germain ; il avait acheté en Algérie un grand domaine, où colons et indigènes trouvaient d'utiles enseignements.

« En résumé, ces créations agricoles, qui consistent en quarante-trois fermes créées, en seize fermes anciennes restaurées et agrandies, en 10 ou 11 mille hectares de landes, ajoncs, bruyères, mis en culture, ont coûté à l'Empereur 15 millions de francs environ. Il a été distribué plus de 8 millions en salaires, le reste a payé les terrains, les constructions, les engrais, le matériel de culture et le bétail. Il y a eu aussi d'importantes allocations pour recherches, encouragements, expériences. On peut évaluer à 8 millions et demi les valeurs créées ou accrues par ces libéralités, si dignes d'un grand souverain.

« Toutes ces améliorations, tous ces progrès, sont dus à l'initiative privée de l'Empereur, et seul il en a supporté toutes les charges. »

Par les maisons ouvrières, par les chemins de fer, par la navigation rapide, l'Empereur pourvoyait aux besoins des générations présentes : il se tournera dès lors vers les écoles, qui préparent les générations nouvelles.

On sait que l'Université de France, fondée par Napoléon Ier, le 10 mai 1806, et développée par les décrets du 17 mars 1808 et du 15 novembre 1811, avait eu pour objet de réorganiser l'enseignement supérieur, secondaire et primaire, dont les établissements avaient pour la plupart disparu dans la tourmente révolutionnaire. L'œuvre générale de l'Université, en possession exclusive de l'enseignement, s'accomplissait à l'aide des Facultés, pour l'enseignement supérieur; des Lycées, pour l'enseignement secondaire, et des Écoles communales, pour l'enseignement primaire. A côté de l'enseignement des Lycées était venu se placer celui des Colléges communaux, soumis comme eux aux règlements et aux méthodes universitaires.

A peu près livrée à elle-même, se renouvelant à l'aide de concours, où elle était juge du talent et des doctrines, l'Université, au dire des pères de famille, en était arrivée à donner un enseignement dominé par certains systèmes philosophiques, lesquels blessaient les sentiments religieux du pays.

L'Assemblée législative avait, par la loi du 15 mars 1850, aboli en fait le monopole de l'Université, en établissant la liberté de l'enseignement secondaire et primaire, et en offrant ainsi aux corporations religieuses la faculté d'ouvrir des établissements scolaires de plein exercice. Désormais, le certificat établissant qu'on avait été élevé par l'Université disparaissait, et l'élève se présentant aux examens n'avait plus à dire d'où il venait, mais seulement à montrer ce qu'il savait.

La réforme opérée par la loi du 15 mars 1850 était donc considérable, mais elle n'était pas suffisante. Il fallait d'abord, en détruisant l'autonomie de l'Université, la faire rentrer dans le cadre des institutions placées directement sous la main de l'État; il fallait ensuite, par une réforme des méthodes, donner à l'enseignement un caractère plus approprié à l'aptitude des enfants et plus en rapport avec les carrières ouvertes à la jeunesse par la société moderne.

Le décret du 9 mars 1852 fut destiné à atteindre ce double but.

Ainsi, premièrement, aux termes de ce décret, le pouvoir central nomme et révoque directement tous les professeurs, fonctionnaires et agents quelconques de l'instruction publique. Le concours est supprimé pour l'obtention des chaires, et il n'est conservé que pour les épreuves qui confèrent l'agrégation. Le système de présentation des candidats est conservé pour toutes les Facultés, mais le pouvoir conserve la liberté du choix, même en dehors des candidats présentés. Par délégation de l'Empereur, le ministre a la nomination de tous les recteurs, inspecteurs, professeurs, fonctionnaires appartenant aux établissements universitaires ; par délégation du ministre, le recteur nomme les instituteurs communaux.

Ainsi encore, le décret du 9 mars ordonna qu'un nouveau plan d'études serait soumis à l'examen du conseil supérieur de l'instruction publique. S'inspirant de la loi du 11 floréal an X (18 mai 1802), dont le but était d'ouvrir dans les lycées deux voies distinctes : l'une vers les lettres, l'autre vers les sciences, le ministre de l'Instruction publique, M. Fortoul, proposa un plan d'après lequel, après les classes dites de grammaire, les études devaient se bifurquer, tout en conservant entre elles des points communs. Ce plan fut adopté par le conseil supérieur, et un décret du 10 avril le rendit obligatoire. Le ministre en expliquait, en ces termes, la portée, dans sa circulaire aux Recteurs du 12 avril :

« Loin de vouloir abaisser les esprits en les emprisonnant trop tôt dans les études spéciales, nous avons la prétention de leur donner un nouvel essor par d'utiles rapprochements ; mais, pour que ce plan réussisse, il ne faut pas que toutes les intelligences participent au même enseignement, dans la même mesure, et suivant la même méthode. Nous voulons un enseignement scientifique approprié aux dispositions des enfants voués par goût au culte des lettres. Nous voulons un enseignement littéraire qui convienne aux mathématiciens. Nous n'élèverons donc pas un mur de séparation entre les sciences et les lettres : nous les associerons dans une juste mesure ; et pour que les nouveaux programmes atteignent leur but, l'examen du baccalauréat ès sciences comprendra des études littéraires, comme l'examen du baccalauréat ès lettres comprend des épreuves scientifiques. »

Un peu plus tard, et lorsque le nouveau plan d'études eut pu être jugé par l'application, M. Fortoul profita de l'occasion que lui fournissait l'ouverture de l'école secondaire de Lille, pour exposer la pensée du Gouvernement sur la réforme de l'enseignement :

« Nous avons trouvé, dit-il, dans les établissements de l'Etat, en quelque sorte deux générations d'élèves, qu'on y formait à deux disciplines absolument contraires. Les uns, appliqués à la culture des lettres, n'attachaient aucun intérêt à l'étude des sciences qu'on leur enseignait, peu appropriées à la nature de leur esprit ; les autres, tout entiers occupés à la poursuite de quelques notions des

M. FORTOUL.

sciences utiles, demeuraient entièrement étrangers à la connaissance des admirables modèles de la littérature antique. Nous nous sommes proposé de mettre fin à ce divorce qui, dans un avenir prochain, devait frapper les intelligences d'une langueur mortelle, ou les exposer à tomber dans la barbarie. Nous avons voulu que les Lycées, qui restent en possession de marquer le niveau de l'éducation dans notre pays, donnassent d'abord à tous les enfants la culture littéraire, inaltérable honneur de l'esprit français, et qu'ils enseignassent à chacun d'eux, d'une manière proportionnelle à sa vocation, les sciences qui ont fourni à l'esprit de notre siècle ses développements les plus surprenants. »

Les deux réformes du 15 mars 1850 et du 9 mars 1852 ont porté d'heureux fruits.

La première, en créant la liberté de l'enseignement, a permis aux congrégations enseignantes d'ouvrir de grands et d'utiles établissements, offrant un champ beaucoup plus vaste au choix des familles, et dans lesquels l'éducation et l'instruction se combinent à la fois dans l'intérêt du caractère et du savoir de la jeunesse. En outre, la concurrence profite à la fois aux établissements libres et aux établissements de l'État; ceux-ci lui empruntent une surveillance plus paternelle, ceux-là des études plus approfondies.

La seconde réforme, en donnant à la jeunesse une instruction plus appropriée aux aptitudes individuelles, a produit, suivant ces aptitudes, des bacheliers connaissant mieux les lettres, et des bacheliers plus instruits dans les sciences.

L'Empereur avait donné lui-même l'impulsion aux études scientifiques, en offrant sur sa cassette, par décret du 23 février 1852, un prix de cinquante mille francs à la découverte qui rendrait la pile de Volta applicable avec économie, soit à l'industrie comme source de chaleur et de lumière, soit à la chimie, soit à la mécanique, soit à la médecine pratique. Ce prix fut adjugé en 1864 à M. Rumkorff, fabricant d'appareils électro-magnétiques. Napoléon Bonaparte, premier consul, avait déjà ouvert cette voie aux travaux pratiques des sciences, en fondant, par décret du 15 juin 1802, un prix annuel de 3,000 francs pour l'auteur des meilleures études sur le fluide galvanique, et en offrant un prix de 6,000 francs à celui qui ferait faire un progrès à l'électricité.

A l'impulsion énergique reçue par les études dans les Lycées avait correspondu une impulsion analogue imprimée aux écoles primaires. Ce développement des études de l'enfance se résume dans ces deux chiffres : en 1851, l'instruction primaire coûtait 37 millions ; en 1865, ce chiffre était doublé ; il atteignait 73 millions. Il y avait à cette dernière époque cinq mille instituteurs de plus, dix mille écoles de plus, un million cent quatre-vingts élèves de plus.

En même temps que l'œuvre des ouvriers, des paysans, des Lycées et des écoles primaires, l'Empereur avait voulu accomplir celle du clergé et de l'armée. Le prêtre est aussi un soldat, et il était pour lui l'objet d'une égale sollicitude. Un décret du 14 décembre 1851 avait affecté une somme annuelle de 2,700,000 francs en secours viagers accordés aux vieux soldats ; un autre décret du 29 juin 1853 organisa une caisse de retraite pour les prêtres âgés et infirmes, et une loi du 31 juillet 1854 dota cette caisse d'une somme de cinq millions. Un décret du 15 janvier 1853 augmenta le traitement des archevêques, évêques et vicaires généraux, et les cardinaux, princes de l'Église, avaient été compris par une disposition constitutionnelle dans la composition du Sénat.

Le crédit annuel de 100,000 francs affecté à l'établissement de nouvelles succursales étendait régulièrement le service religieux dans les campagnes, mais les dépenses extraordinaires occasionnées par les églises avaient besoin du concours énergique du budget, auquel venait s'associer la cassette impériale. C'est ainsi qu'on trouve inscrites au budget les sommes suivantes : le 26 août 1852, une subvention de 2 millions 500,000 francs est accordée pour la reconstruction de la cathédrale de Marseille, une subvention de 1 million 500,000 francs pour l'agrandissement de la cathédrale de Moulins, et le 16 août 1852, on donne 400,000 francs pour l'église de Napoléonville. Mais ces secours n'auraient pas suffi ; pendant la durée du règne, la cassette accorda une somme de 3 millions 200 francs aux églises de Plombières, de Biarritz, de Rueil, de Saint-Leu, de Suippes, de Rambouillet, de Saint-Sauveur, et l'église de Saint-Cloud fut rebâtie aux frais de l'Empereur, pour une somme de 400,000 francs.

Du reste, le rapprochement de deux chiffres permettra de juger ce que le développement du service religieux dut à l'Empire. En 1847, dernière année de la monarchie de juillet, le service des cultes coûtait à l'État 33 millions. En 1869, dernière année calme de l'Empire, ce service s'élevait à 53 millions ; vingt millions de plus en dix-huit ans de règne.

Ce serait laisser incomplète l'histoire d'ailleurs bien rapide de la constante affection de l'Empereur pour ceux qui luttent et qui souffrent, que d'oublier l'œuvre des fourneaux économiques, instituée à Paris et à Lille, et les asiles ouverts aux convalescents.

Les fourneaux économiques étaient destinés à livrer aux ménages pauvres des aliments sains et à bon marché ; fondés en 1855, ils furent dotés par l'Empereur d'une subvention annuelle de 100,000 francs, et on les vit distribuer, en cent jours, 5 millions de portions.

Les asiles de Vincennes et du Vésinet, décrétés le 8 mars 1855, étaient destinés à recevoir les ouvriers convalescents. L'asile du Vésinet, qui a coûté 1 million 500,000 francs, recevait les ouvriers mutilés par des accidents ; l'asile de Vincennes, réservé aux ouvriers convalescents, en a reçu 80,000 en dix années. Il a coûté 3 millions.

L'Impératrice Eugénie acheta, le 9 juillet 1866, au prix de 200,000 fr., le château de Longchêne, près de Lyon, pour en faire un asile. L'Empereur acheta, de son côté, en 1869, la propriété de Lamothe-Sanguin, près d'Orléans, pour y recevoir les ouvriers convalescents du Loiret. Les événements ultérieurs ont paralysé ces deux nobles intentions, au détriment de la classe laborieuse.

Enfin, et pour clore cette œuvre de bienfaisance, dont le détail serait inépuisable, l'Empereur, ému de la dépense que le péage des ponts du Rhône et de la Saône, à Lyon, et du pont de la Gironde, à Bordeaux, coûtait annuellement aux ouvriers, les racheta, et les ouvrit à la libre circulation de tout le monde.

L'expansion la plus éclatante de la pensée de l'Empereur, c'est la transformation de Paris.

Dans l'accomplissement de cette œuvre qui lui fut exclusivement propre et personnelle, l'Empereur se proposa un triple but : assainir la capitale ; mettre en rapport, à l'aide de voies magistrales, tous les quartiers; toutes les gares des chemins de fer, placées sur la périphérie ; faire de Paris la capitale admirée, recherchée, visitée, de l'Europe, comme la langue française en est le lien. Par ses rues, ses boulevards, ses monuments, ses théâtres, son élégance, sa richesse, Paris devait, dans la pensée de l'Empereur, être le but, le pèlerinage lointain et nécessaire, sollicitant, comme autrefois Athènes et Rome, l'esprit des hommes et l'imagination des femmes, dans le monde entier. Ce devait être la Ville par excellence, l'*Urbs*, comme disaient les Romains.

Avant d'exécuter son projet, l'Empereur l'avait longtemps médité et soigneusement dessiné. Un plan de Paris sous les yeux, il y traça lui-même les voies à ouvrir, les squares à créer, les avenues à percer, les arbres à planter, les fontaines à élever. Et, comme à une grande ville qui travaille il faut des bois, des allées, des pelouses, des lacs, pour se délasser, l'Empereur dessina dans son cabinet les admirables parcs qui s'appellent le bois de Boulogne et le bois de Vincennes, et le parterre charmant, animé, gai, toujours chantant, dansant et riant, qui a nom les Champs-Élysées.

Et de même que parmi nos institutions civiles, administration, finances, codes, banque, il n'en est pas une qui ne soit sortie de la pensée de Napoléon Iᵉʳ, de même, parmi les rues, boulevards, places, squares, ombrages, qui font de Paris un séjour incomparable, sans rival dans le monde, il n'est pas une chose commode, utile, agréable, qui ne soit due à l'ingénieuse prévoyance de l'Empereur.

Mais ce n'était pas tout que d'avoir l'idée de transformer Paris, ou même d'avoir à l'avance tracé l'ensemble et dessiné les détails: il fallait encore un homme qui s'appropriât cette grande idée et qui lui donnât un corps, en trouvant et en organisant les moyens de son exécution. L'Empereur rencontra cet homme : c'était M. Haussmann, préfet de la Gironde, appelé à Paris pour prendre la place de M. Berger, bon administrateur pour les temps ordinaires, mais au-dessous de la tâche immense qu'il s'agissait d'entreprendre.

Prise dans sa conception première et fondamentale, ce qu'on peut appeler la rénovation ou la reconstruction de Paris avait pour base, au point de vue de l'exécution, la pensée de couvrir les immenses dépenses à entreprendre, à l'aide de l'augmentation logique et graduelle des revenus de la Ville. Cette augmentation des revenus de l'octroi, conçue et espérée comme une conséquence logique et nécessaire de grands travaux exécutés, devait être divisée en deux parties : l'une concourrait au paiement des dépenses nouvelles, l'autre serait affectée aux intérêts et à l'amortissement des emprunts qu'il serait indispensable de contracter. Il était juste que les générations nouvelles, appelées à profiter des améliorations et des embellissements, fussent également appelées à participer aux dépenses ; et l'on n'aurait pas pu légitimement donner le nom de charges léguées à la Ville à des emprunts dont le service aurait été assuré à l'avance par une large augmentation de recettes.

Ainsi, ne recourir jamais à aucune imposition extraordinaire, n'établir aucune surtaxe ; couvrir toutes les dépenses des améliorations et des embellissements au moyen des seuls excédants du revenu municipal, accru par ces dépenses mêmes, tel fut le but que se proposa M. Haussmann, en faisant sienne par l'exécution financière la grande œuvre conçue et résolue par l'Empereur.

Les grandes villes, pour l'exécution des grands travaux qu'elles entreprenaient, recoururent toujours à ce procédé des impositions extraordinaires et des surtaxes : M. Haussmann se refusa d'une manière absolue à recourir à ce procédé ; et son innovation intelligente, en déroutant les esprits inattentifs ou prévenus, entra-t-elle peut-être pour beaucoup dans les attaques et calomnies dont le grand administrateur de Paris fut l'objet.

Cette conception financière sur laquelle reposait tout entière l'œuvre de M. Haussmann était-elle vraie ? était-il raisonnable de compter sur une augmentation graduelle des revenus municipaux, et d'espérer que cette augmentation, après avoir couvert l'augmentation correspondante des dépenses, laisserait un reliquat suffisant pour le service, en intérêts et en amortissement, des emprunts à ouvrir ?

Une telle question ne peut être résolue que par les faits, tels que les comptes officiels de la ville de Paris les fournissent.

Divisons les dix-sept années de l'œuvre entreprise en trois périodes, allant de 1852 à 1859.

De 1852, dernière année de l'administration de M. Berger, à 1859, époque où l'annexion de la banlieue vint compliquer l'œuvre entreprise, c'est-à-dire pendant sept ans, l'augmentation des recettes ordinaires de la ville de Paris fut de 27 millions 160,000 francs. En effet, les recettes étaient, en 1852, de 52 millions 618,000 francs: elles furent, en 1859, de 79 millions 800,000 francs.

La moyenne annuelle de la progression des revenus ordinaires fut donc de 3 millions 880,000 francs; et comme les dépenses ordinaires, qui étaient de 31 millions 228,000 francs en 1852, s'élevèrent à 42 millions 500,000 francs en 1859, la moyenne annuelle de la progression des dépenses ne fut que de 1 million 599,000 francs, laissant disponible un accroissement de revenu de 2 millions 282,000 francs.

De 1860 jusqu'en 1867 inclusivement, la marche ascensionnelle des revenus de Paris fut de plus en plus rapide, sous l'influence de l'œuvre déjà réalisée.

En 1860, les recettes furent de 105 millions 115,000 francs: en 1867, elles atteignirent 152 millions 304,000 francs; ce qui donna une moyenne d'augmentation annuelle de revenus de 6 millions 740,000 francs; de leur côté, les dépenses annuelles ne s'élevèrent que de 56 millions 684,000 francs, en 1852, à 78 millions 548,000 francs, en 1867; ce qui ne donna qu'une augmentation moyenne de dépenses de 3 millions 137,000 francs.

La troisième et dernière période comprend les années 1868 et 1869. L'année 1868, qui suivait la grande et éblouissante Exposition de 1867, témoigna d'une restriction dans les dépenses des particuliers. Il y eut arrêt dans la progression des revenus de la ville de Paris. Cependant ses recettes ordinaires s'élevèrent encore à 152 millions 507,000 francs, et les dépenses effectuées à 80 millions 904,000 francs, ce qui laissa un excédant de 71 millions 604,000 francs. Mais en 1869 la progression des revenus reprend sa marche, et cette année donne un excédant de 79 millions 519,000 francs, c'est-à-dire près de 8 millions de plus que l'année précédente.

Ainsi, l'idée servant de base à la combinaison financière sur laquelle reposait le plan général de la rénovation de Paris était vraie : les travaux développèrent constamment les revenus dans une proportion plus considérable que les dépenses.

En dix-sept années, Paris fit 1,800 millions de recettes ordinaires, et 976 millions de dépenses ordinaires. La Ville eut donc un excédant de 820 millions, dont elle put disposer, soit pour payer les dépenses extraordinaires, soit pour assurer le service en intérêts et en amortissement des emprunts contractés.

Dans l'œuvre totale exécutée par M. Haussmann, et dont nous allons donner un aperçu général, la ville de Paris a dépensé 2 milliards 118 millions. Dans cette dépense, l'État n'est intervenu que pour une subvention de 93 millions 839,000 francs, somme proportionnellement inférieure au concours qu'ont reçu généralement les grandes villes, pour l'exécution de travaux analogues.

Il est donc hors de doute que la rénovation du vieux Paris, conçue par l'Empereur et entreprise par M. Haussmann, se serait opérée à l'aide des seules augmentations des recettes de la Ville, si cette œuvre ne s'était compliquée de deux autres qui sont venues s'imposer, et surtout si les calculs financiers, fondés sur une longue paix, n'avaient été troublés dans leur économie par la fatale guerre qui a frappé inopinément la dynastie et la France.

L'œuvre de rénovation et d'embellissement tracée par l'Empereur consistait dans le percement, à travers les massifs de Paris, de voies magistrales mettant en communication directe et facile tous les quartiers de Paris entre eux, et tous ces quartiers avec les gares des chemins de fer. Mais cette œuvre une fois en cours d'exécution en amena deux autres. Premièrement, on s'aperçut que les quartiers nouveaux, construits par suite de l'ouverture des voies, manquaient d'églises, d'écoles, de bâtiments municipaux convenables, et il fallut y pourvoir ; ensuite, ce qu'on nommait la banlieue de Paris, c'est-à-dire une ceinture d'anciens villages, devenus des villes, sollicita et obtint son introduction dans l'enceinte municipale, et il fallut l'opérer en reculant et en reportant le mur d'octroi aux fortifications. Ces deux œuvres nouvelles et d'abord imprévues entraînèrent des dépenses presque égales à celles de la première.

L'embellissement de Paris proprement dit a coûté, en chiffres exacts, puisés aux sources officielles, la somme énorme de

M. HAUSSMANN

1 milliard 297 millions 445,000 francs. Le regard du public français et étranger a rendu justice à cette œuvre grandiose.

En dehors de ce que l'œil embrasse en boulevards, en rues, en monuments, en distributions d'eaux, il est une autre œuvre considérable qui ne peut être comprise que par ses détails. Sous l'administration de M. Haussmann, la ville de Paris a dépensé :

En églises, hôpitaux, hospices, facultés, lycées, écoles, salles d'asile, mairies, casernes, halles, marchés, abattoirs, octrois, une somme de.	193.116.002 fr.	77
En voies publiques, promenades, empierrements, pavages neufs, chaussées, trottoirs, plantations, parcs, squares, éclairage	128.902.384	51
En participation pour quais et ponts. .	17.134.264	14
En amenées d'eaux et construction d'égouts.	75.160.203	11
En opérations faites en commun avec l'État, le département et la liste civile. . .	24.664.715	82
Dépenses diverses et subventions aux Expositions universelles	28.677.944	73
Total. . . . . : . .	467.655.515 fr.	08

Voilà l'importance et la dépense de la seconde partie des travaux de Paris, en dehors des boulevards et des grandes voies ouvertes et bordées de maisons monumentales.

La troisième partie embrasse l'annexion de la banlieue ; elle a coûté à elle seule trois cent cinquante millions ! en voici le détail :

Edifices religieux, hospices, écoles, salles d'asile	89.675.693 fr.	72
Grands travaux de voirie.	132.895.250	88
Promenades et plantations.	49.468.200	35
Eaux et égouts	78.641.767	15
Total.	350.680.952 fr.	10

En somme, si nous récapitulons tout ce qui précède, l'œuvre entière réalisée par M. Haussmann représente les dépenses suivantes :

Grands travaux de Paris, boulevards,
voirie. . . . . 1.297.445.134 fr. 62
Grands travaux d'utilité générale. . . 467.655.515 08
Extension des limites de Paris. . . . 350.680.952 10

Total. . . . . 2.115.781.601 fr. 80

Voilà le prix de l'œuvre totale : 2 milliards 115 millions 781,000 francs. Cette entreprise colossale, sans exemple dans l'histoire, devait équitablement peser sur le présent et sur l'avenir.

Qu'avait payé M. Haussmann, sur les ressources provenant des sommes disponibles de la ville de Paris, le jour de la retraite ? Le voici :

La part soldée par le présent était de 1.068.046.406 fr.
La part mise au compte de l'avenir
reste de . . . . 1.047.735.195 fr.

Supposez la guerre écartée, et M. Haussmann resté pendant dix-sept ans encore à la tête de l'administration de la Seine, Paris, devenu la première ville du monde, aurait soldé toutes les dépenses de sa transformation avec l'excédant de ses recettes sur ses dépenses.

L'œuvre que l'Impératrice se proposa d'accomplir en montant sur le trône fut toute de charité et de dévouement à ceux qui souffrent. Il semblait qu'en entrant dans la famille des Napoléon elle eût adopté les doctrines morales de leur chef, qui disait au Corps législatif, le 10 février 1805 : « J'ai placé ma gloire et mon bonheur dans le bonheur de la génération actuelle. Je veux, autant que je pourrai, y influer, que le règne des idées philanthropiques et généreuses soit le caractère du siècle. C'est à moi, à qui de tels sentiments ne peuvent être imputés à faiblesse, à rappeler aux nations civilisées de l'Europe que leurs dissensions civiles sont des atteintes à la prospérité commune. »

Cette œuvre de l'Impératrice fut immense, et elle commença avec son pouvoir. Lorsqu'elle n'était encore que fiancée de l'Empereur, le Conseil municipal de Paris, s'associant à la joie et à l'espérance de tous, vota une somme de 600,000 francs, destinée à lui offrir une parure de diamants. Informée de cet hommage, la noble fiancée adressa au Préfet de la Seine la lettre suivante :

« Monsieur le Préfet,

« Je suis bien touchée d'apprendre la généreuse décision du Conseil municipal de Paris, qui manifeste ainsi son adhésion sympathique à l'union que l'Empereur contracte. J'éprouve néanmoins un sentiment pénible, en pensant que le premier acte public qui s'attache à mon nom, au moment de mon mariage, soit une dépense considérable pour la ville de Paris. Permettez-moi donc de ne pas accepter votre don, quelque flatteur qu'il soit pour moi. Vous me rendrez plus heureuse en employant en charités la somme que vous avez fixée pour l'achat de la parure que le Conseil municipal voulait m'offrir. Je désire que mon mariage ne soit l'occasion d'aucune charge nouvelle pour le pays auquel j'appartiens désormais, et la seule chose que j'ambitionne, c'est de partager avec l'Empereur l'amour et l'estime du peuple français.

« Je vous prie, Monsieur le Préfet, d'exprimer à votre Conseil toute ma reconnaissance, et de recevoir, pour vous, l'assurance de mes sentiments distingués.

« Eugénie, *comtesse de Téba.* ».

Palais de l'Élysée, le 26 janvier 1853.

Le Conseil dut naturellement déférer au vœu qui lui était exprimé avec autant de fermeté que de convenance. Il décida que les 600,000 francs seraient employés à la fondation d'un établissement où de jeunes filles pauvres recevraient une éducation professionnelle, et d'où elles sortiraient pour être convenablement placées. Ouvert en 1857, sous la protection de l'Impératrice, et sous le nom de *Maison Eugénie Napoléon*, cet établissement reçut trois cents jeunes filles.

Pendant que le Conseil municipal de Paris plaçait 600,000 francs dans la corbeille de la noble et belle fiancée, l'Empereur, de son côté, y plaçait la bourse d'usage. Elle contenait 250,000 francs. l'Impératrice y prit d'abord 100,000 francs, qu'elle fit distribuer aux différentes Sociétés de Charité maternelle, fondées par l'Impératrice Joséphine, et placées, en 1810, sous le patronage de l'Impératrice Marie-Louise.

Les autres 150,000 francs furent employés par l'Impératrice Eugénie à fonder de nouveaux lits à l'hospice des Incurables.

Pendant cette même année 1853, une Société de Bon Secours pour les marins fut fondée à Dieppe. L'Impératrice y contribua par un don de 15,000 francs.

En 1854, la pensée de l'Impératrice se porta sur les enfants malades. Affligée par cette pensée qu'il n'existait à Paris qu'un seul hôpital affecté spécialement aux maladies de l'enfance, elle fonda au centre du faubourg Saint-Antoine une maison hospitalière contenant quatre cents lits, et destinée à recevoir des enfants malades. Plus tard, en 1861, Sa Majesté développait sa pensée charitable par la création à Berk-sur-Mer d'un hospice maritime, destiné aux enfants chétifs ou scrofuleux. Elle allait, en 1869, en compagnie du Prince Impérial, inaugurer cet hospice, où huit cents enfants des deux sexes suivent un traitement d'hydrothérapie à l'eau de mer.

Le 16 mars 1856 naquit le Prince Impérial. Il fut presque immédiatement associé à l'œuvre charitable de son père et de sa mère par deux mesures mémorables : la fondation de l'*Orphelinat du Prince Impérial*, et la création des *Fourneaux économiques*, œuvre que vint compléter, en 1862, la *Société du Prince Impérial pour les prêts* faits aux ouvriers, sous la garantie de leur probité.

Les statuts de l'*Orphelinat du Prince Impérial* sont du 15 septembre 1856. Ils portent que cette fondation est instituée en faveur des enfants du sexe masculin, orphelins de père et de mère, résidant dans le département de la Seine ; qu'elle a pour but de rendre une famille à l'orphelin, et d'assurer ce bienfait par une subvention pécuniaire et annuelle, accordée à la famille adoptive. Les ressources de l'Orphelinat comprenaient le capital provenant de la souscription du 16 mars 1856, dont il avait été fait placement en rentes sur l'État ; une allocation annuelle de 30,000 francs, constituée par l'Empereur au nom du Prince Impérial, protecteur de l'institution, et le produit des dons et legs qui pourraient lui être faits.

Cette institution charitable prenait l'orphelin à la Crèche, et le suivait dans l'asile, dans l'école, dans l'apprentissage, ainsi qu'au milieu de la famille adoptive.

La pensée d'établir des *Fourneaux économiques* fut suggérée à l'Empereur par la misère excessive qu'amena la crise des céréales. Ils commencèrent à fonctionner en 1855, reçurent, en 1856, une subvention de l'Empereur de 100,000 francs, furent généralisés et portés au nombre de vingt-un, le 20 décembre 1860. Les pauvres ménages accouraient en foule aux fourneaux économiques, où ils recevaient, à très-bas prix, pour 5 et 10 centimes, des portions de bonne viande, de bouillon, de légumes, de riz, de pommes de terre et de pain. Un ménage de cinq personnes, comprenant le père, la mère et trois enfants, trouvait au fourneau, pour 1 fr. 80 cent., une nourriture complète qui, pour la même quantité et la même qualité, aurait coûté 3 fr. 80 cent. à la ménagère. Tel était le concours du public que, du 1er au 29 mai 1867, huit fourneaux de Paris distribuèrent 1,244,756 portions.

La Société du Prince Impérial pour les prêts d'honneur, due à l'initiative de l'Impératrice, avait en vue les besoins si nombreux et si divers des familles ouvrières. Voici la notion qu'en donne un intelligent et loyal ouvrier typographe, M. A. Bradier : « La Société du Prince Impérial, dit-il, fait des prêts destinés, soit à l'achat des instruments, outils, ustensiles, mobiliers ou matières premières, soit à venir en aide aux besoins accidentels et temporaires des familles laborieuses. Un exemple suffira pour faire comprendre les services que rend cette Société. L'outillage nécessaire à la profession d'ouvrier bijoutier est très-dispendieux, ceux qui ne le possèdent pas sont obligés de le louer à des conditions très-onéreuses. Ils acquittent le prix de cette location en prélevant sur leur salaire quotidien une somme relativement importante. Eh bien ! en obtenant un prêt de la Société du Prince Impérial, l'ouvrier peut acheter cet outillage, il en devient propriétaire au moyen de petits versements, et, la somme une fois versée, son avenir se trouve assuré. »

La garantie de ces prêts, c'était l'honneur des emprunteurs.

Les services que la Société rendit furent considérables. Depuis le 26 avril 1862, époque de sa fondation, jusqu'au 31 mars 1870, elle avait fait 23,678 prêts dans le département de la Seine, et 1,822 dans les départements. Les premiers s'élevaient à la somme de 6,483,063 francs ; les seconds, à celle de 797,044 francs. Ainsi, le principe de l'honneur invoqué avait suffi pour faire mettre un capital de plus de 7 millions au service d'honnêtes ouvriers.

Restent encore quatre œuvres importantes, suggérées, fondées ou patronnées par l'Impératrice : en 1859, la *Caisse des Offrandes nationales*, pour les veuves ou les orphelins des soldats; en 1862, les Pupilles de la marine ; en 1865, les Jeunes détenus, et la Société de sauvetage des naufragés.

Au moment où éclata la guerre d'Italie, l'Impératrice se préoccupa des veuves et des orphelins qu'elle ferait. Une souscription nationale, ouverte par ses soins, produisit 5,680,000 francs. Ce capital servit de dotation à un établissement déclaré d'utilité publique, sous le titre de : Caisse des Offrandes nationales en faveur des armées de terre et de mer. Au 1ᵉʳ août 1867, cette institution comptait *six mille deux cents* pensionnaires rentiers.

L'École des Pupilles de la marine, qui complète l'œuvre précédente, recueillait, à l'âge de sept ans, les orphelins et les enfants de marins. Ils y recevaient jusqu'à l'âge de treize ans une éducation morale, primaire et professionnelle, et ils passaient ensuite à l'école des mousses.

Le régime des jeunes détenus, emprisonnés à la Roquette, fit naître dans l'esprit de l'Impératrice la question de savoir si, pour des enfants, déjà gâtés sans doute, mais encore enfants, c'est-à-dire, impressionnables, la détention à l'air libre, dans des colonies agricoles, n'était pas préférable, pour la santé du corps et de l'âme, à la réclusion dans une prison. Le 19 juin 1865, Sa Majesté alla visiter la prison de la Petite Roquette, et employa quatre heures à tout voir, à tout étudier. Le lendemain, une commission était nommée, pour examiner le système de la détention au point de vue légal. A la suite d'un long examen et d'un rapport remarquable de M. Aylies, conseiller à la cour de cassation, le régime des jeunes détenus fut changé. Ils furent envoyés dans des colonies agricoles.

Cette même année 1865 vit fonder, sous le patronage de l'Impératrice, la Société de sauvetage des naufragés. Trente stations, pourvues de canots insubmersibles et de mortiers porte-amarres, furent établies ; et les populations maritimes savent combien de navires en détresse et de matelots en péril cette institution a sauvés.

L'histoire des actes de bonté et de dévouement de l'Impératrice, qui deviendra une légende, serait trop incomplète, si nous ne rappelions brièvement ici sa visite aux cholériques de Paris et d'Amiens.

Au mois d'octobre 1865, le choléra sévissait à Paris ; l'Impératrice n'hésita pas à visiter l'hôpital Beaujon, l'hôpital Lariboisière et l'hôpital Saint-Antoine. Là, elle s'approcha des pauvres malades, de salle en salle, leur adressant des paroles de consolation. L'un d'eux, la vue déjà obscurcie, ne la reconnaît pas, et répond à une de ses questions en disant : « Oui, ma sœur. »

La supérieure le reprend aussitôt avec bonté, et lui dit : « Mon ami, ce n'est pas moi qui vous parle, c'est l'Impératrice. » — « Ne le reprenez pas, ma bonne mère, dit vivement l'Impératrice : c'est le plus beau nom qu'il puisse me donner. »

L'année suivante, au mois de juillet, le choléra décimait la population d'Amiens. L'Impératrice retrouve sa pitié et son courage de 1865, et elle accourt à Amiens, comme Bonaparte à l'hôpital de Jaffa, pour y relever par sa fermeté le moral des malades. L'Impératrice visita non-seulement l'Hôtel-Dieu, mais toutes les maisons où il y avait des malades, toutes celles où il y avait des pauvres.

Ainsi, faire du bien pour l'amour du bien même, aider les faibles, soulager les souffrants, consoler les affligés, et proportionner la bienfaisance à la puissance, telle fut la pensée générale que l'Empereur Napoléon III apporta sur le trône, et à laquelle son auguste compagne s'associa ardemment. Ils savaient bien que le bienfait ne crée pas toujours la gratitude ; mais en semant l'or, comme en épanchant les nobles sentiments de leur âme, ils avaient en vue la société, qui se moralise par les bons exemples, le malheureux qui profite, et Dieu qui se souvient. Plus tard, lorsqu'ils seront frappés, avec la patrie, l'exil les trouvera pauvres, mais ils laisseront derrière eux leurs bonnes œuvres, pour dire où étaient passés leurs trésors.

VUE A VOL D'OISEAU DE LA RÉUNION DU LOUVRE AUX TUILERIES

La liste de ces bonnes œuvres est longue ; l'histoire n'a pas le droit de l'oublier.

Les ressources de la liste civile se divisaient en deux parties distinctes. La première était affectée aux nombreuses et obligatoires nécessités créées par les vingt et un palais impériaux, le mobilier de la Couronne, les forêts, les domaines, les eaux de Versailles, les musées, Sèvres, les Gobelins, Beauvais, la bibliothèque du Louvre, les dons et secours, les pensions, les subventions aux soldats amputés ; services considérables absorbant plus des trois quarts de la liste civile. Restait le domaine privé de l'Empereur, ou sa cassette particulière, dont la dotation annuelle était de 5,400,000 francs. Pendant dix-sept ans et sept mois, l'Empereur a personnellement reçu cette subvention, formant un total de *quatre-vingt-quinze millions*.

Il est intéressant et instructif de rechercher dans les comptes officiels de la liste civile l'emploi de ces *quatre-vingt-quinze millions ;* le voici, détaillé d'après les documents authentiques :

« Pensions accordées à d'anciens militaires, à d'anciens fonctionnaires, à des familles malheureuses, s'élevant, indépendamment des 400.000 fr. portés au budget général, à la somme annuelle de 450.000 fr., pendant dix-sept ans et sept mois . . 7.912.500

« Aux parents des enfants nés le même jour que le Prince Impérial, — 16 mars 1856. . . . . 1.713.000

« Subvention de 40.000 fr. par an aux personnes attendant leur nomination à un bureau de tabac. . 703.800

« Frais d'éducation de jeunes orphelins, — 40.000 fr. par an. 703.300

« Allocation annuelle de 21.000 fr. à l'établissement du mont Saint-Michel, pendant six ans . . 126.000

« Subvention annuelle de 15.000 fr. à l'hospice de Versailles 263.000

« Allocation annuelle de 12.000 fr. à la Société de Charité maternelle. 211.000

A reporter . . . 11.632.100

« *Report*.	11.632.100
« Allocation annuelle de 150.000 fr. aux incendiés, grêlés, etc..	2.637.500
« Inondation extraordinaire du Rhône et de la Loire	500.000
« Cautionnements accordés à d'anciens militaires entrés dans l'administration des finances.	200.000
« Don à la Société coopérative de Paris. . . .	500.000
« Don à la banque des Sociétés coopératives de Lyon	500.000
« Don déposé à la Caisse des dépôts et consignations pour la Société de secours mutuels des anciens militaires.	500.000
« Création de maisons ouvrières à bon marché.	500.000
« Don à la Société ouvrière de Paris de 42 maisons.	289.000
« Don à la Société ouvrière de Lille.	100.000
« Création de maisons ouvrières à Bayonne. .	30.000
« Don à la ville d'Orléans d'une maison de convalescence	90.000
« Création de 12 lits aux Incurables	150.000
« Subvention annuelle de 20.000 fr. à la Société du Prince Impérial pendant dix ans.	200.000
« Desséchement des marais d'Orx (Landes). .	2.500.000
« Don aux trappistes pour le desséchement des Dombes (Ain)	430.000
« Don aux trappistes de la Dordogne et de l'Allier.	100.000
« Ensemencement des dunes de la commune d'Angle (Basses-Pyrénées).	80.000
« Construction des fermes du camp de Châlons et Cheptel	3.000.000
« Achat de la ferme de Boukan-Doura (Algérie).	350.000
« Reconstruction de la terre de la Châtaigneraie, près Saint-Cloud.	800.000
A reporter . . .	25.088.600

Report	25.088.600
« Landes, hospice, école de Korn-er-Houët . .	300.000
« Allocations pour les chemins vicinaux des Basses-Pyrénées.	200.000
« Don de charrues à vapeur au gouvernement de l'Algérie.	80.000
« Théâtre militaire du camp de Châlons (30.000 fr. par an)	420.000
« Quartier impérial du camp de Châlons . . .	300.000
« Dettes de la commune de Mourmelon.	60.000
« Dettes de la commune de Saint-Cloud. . . .	380.000
« Église de Saint-Cloud.	400.000
« Églises de Plombières, Biarritz, Rueil, Saint-Leu, Suippes, Rambouillet, Saint-Sauveur, etc. . .	3.200.000
« Maisons d'écoles dans les communes pauvres.	1.200.000
« Hôtels de ville de Compiègne et de Pierrefonds. .	50.000
« Travaux d'utilité et d'embellissement à Plombières et à Vichy	300.000
« Château de Pierrefonds	3.500.000
« Palais des Césars et fouilles	400.000
« Musée de Saint-Germain, fouilles à Alise, à Bibracte	400.000
« Médailles de Tarse données à la Bibliothèque impériale.	50.000
« Don d'un bateau à vapeur à la ville d'Annecy. .	100.000
« Anciennes armures achetées pour le château de Pierrefonds.	350.000
« Dons diplomatiques, bijoux pour les artistes (100.000 fr. par an)	1.758.300
« Palais de l'Élysée.	1.000.000
« Médailles d'or et bannières pour les concours régionaux, prix de tir, primes accordées aux compagnies d'archers et de pompiers (50,000 francs par an)	879.100
« Pierres précieuses ajoutées aux diamants de la Couronne.	100.000
A reporter . . .	40.516.000

Report. . . .	40.516.000
« Achat de bijoux pour l'Impératrice lors de son mariage	3.600.000
« Dons à des industriels, prêts à des commerçants, à des Sociétés (500,000 francs par an) . . .	8.500.000
« Subventions pour venir au secours de personnes ne pouvant faire face à leurs engagements	2.700.000
« Allocation de 600,000 francs par an à l'Impératrice pour des œuvres de bienfaisance	9.950.000
« Achats de tableaux et objets d'art (200,000 francs par an).	3.516.000
« Encouragements aux sciences et aux inventeurs (300,000 francs par an).	5.275.000
« Souscription en faveur de l'expédition au pôle nord de G. Lambert	50.000
« Atelier et fonderie de Meudon.	1.000.000
« Achat de deux hôtels pour les ministres sans portefeuille	1.200.000
« Chaloupes à vapeur, canots de sauvetage . .	200.000
« Gratifications au jour de l'an et aux anniversaires	527.500
« Œuvres littéraires.	2.200.000
« Subventions aux Sociétés de secours mutuels et de bienfaisance dans les villes visitées par Leurs Majestés (200,000 francs par an).	3.516.600
« Gratifications annuelles de 50,000 francs données aux soldats blessés attendant la liquidation de leurs pensions.	700.000
« Voyage en Algérie et gratifications aux Arabes.	900.000
« Achats et dépenses aux expositions de 1855 et 1867.	600.000
« Quai en pierres de Biarritz	120.000
« Achat de la bibliothèque de Henri IV pour le château de Pau	40.000
« Dons de munificence à des familles malheu-	
A reporter . . .	85.111.100

Report.	85.111.100
reuses, dots pour des mariages, cadeaux pour des baptêmes.	4.000.000
« Dépenses personnelles de l'Empereur (100,000 francs par an).	1.758.000
« Dépenses personnelles de l'Impératrice (100,000 francs par an).	1.658.300
« Dépenses personnelles du Prince Impérial (100,000 francs par an).	1.400.000
« Fourneaux économiques	200.000
« Don à la Société pour la propagation des bons livres	50.000
Total . .	94.177.400

Voilà donc, sur *quatre-vingt quinze millions* reçus personnellement par l'Empereur, en dix-sept ans et demi, l'emploi de 94,177,400 francs. Certes, il eût été facile à un prince un peu calculateur de thésauriser chaque année, en modérant un peu l'élan de la bienfaisance. Il crut qu'il devait l'exemple du bien, et que la générosité faisait partie de son pouvoir.

En élevant l'Empereur Napoléon III au trône, la Providence avait comme préparé et placé sous sa main un groupe d'hommes diversement capables et distingués, pour coopérer à l'accomplissement de son œuvre politique. Et l'on dirait que la destinée des Napoléon est de trouver des générations d'élite pour les recevoir et les seconder. Quels collaborateurs militaires ou civils dépassèrent les Ney, les Murat, les Lannes, les Soult, les Masséna, les Berthier, les Davoust, les Portalis, les Cambacérès, les Mollien, les Gaudin, les Chaptal, groupés autour du premier Empire? et quelle pléiade de talents, de caractères, d'aptitudes pratiques, pourraient faire oublier les Saint-Arnaud, les Canrobert, les Magnan, les Persigny, les Morny, les Baroche, les Billault, les Delangle, les Fould, les Magne, les Rouher, groupés autour du second?

Assurément, la monarchie de 1815 et celle de 1830 virent aux affaires des hommes fort capables, quelques-uns illustres. Sous la première, les Decazes, les de Serre, les Roy, les de Villèle ; sous la seconde, le duc de Broglie, le comte Molé, M. Guizot, qui dirigea sept ans les affaires étrangères, M. Thiers, qui ne put jamais rester ministre plus de neuf ou dix mois, furent des hommes qui honorèrent le gouvernement de leur pays : mais on ne citerait aucun régime offrant un personnel plus complet, plus pratique, plus dévoué, plus animé d'une foi commune, que le Sénat, le Corps législatif, le Conseil d'État et le corps des Préfets, qui, depuis son élévation jusqu'à sa chute, secondèrent l'Empereur Napoléon III.

A la tête du Sénat figurèrent deux grandes intelligences, M. Troplong, écrivain éminent, jurisconsulte plus éminent encore ; M. Rouher, personnalité puissante par la parole, par le savoir pratique, et dont l'œuvre capitale, la liberté commerciale, qui le rattache à Turgot, trouvera sa place plus loin.

Deux catégories créées par la Constitution, les cardinaux et les maréchaux, amenèrent au Sénat quelques hommes remarquables par leur illustration personnelle ; parmi les cardinaux, Mgr Donnet, archevêque de Bordeaux, et Mgr de Bonnechose, archevêque de Rouen, avec lesquels il est juste de citer Mgr Darboy, archevêque de Paris, l'émule des plus grands orateurs de la chaire. Parmi les maréchaux, il faut nommer le maréchal Pélissier, le maréchal Canrobert, le maréchal de Mac-Mahon et le maréchal Niel.

Trois jurisconsultes importants furent compris dans la première composition du Sénat, M. Barthe, M. Delangle et M. de Crouseilhes. La science, dans ce qu'elle a de plus illustre, y figura par M. Dumas, M. Elie de Beaumont, M. Le Verrier, M. Poinsot et M. Nélaton. M. Nisard, M. Lebrun, y représentaient les lettres sérieuses et dignes, et M. Ingres, la grande école de la peinture. Puis vinrent les noms et les fidélités des deux Empires, les Bassano, les Cambacérès, les Le Marois, les La Moskova, les de Padoue, les Poniatowsky, les Tascher de la Pagerie, les Wagram, les Casa-Bianca, les Persigny, les Maupas, les Ferdinand Barrot, les Boulay de la Meurthe. D'autres noms, tels que les Fould, les Magne, les Abbatucci, les Billault, y figurèrent encore, mais ils entrèrent au Sénat comme ministres, et leurs noms viendront ailleurs avec leurs œuvres.

Pour apprécier le Corps législatif de l'année 1852, avant le décret du 24 novembre 1860, qui institua l'Adresse, il faut considérer la situation spéciale qui lui était faite. Il n'avait pas l'initiative des propositions législatives ; il n'avait pas de tribune ; les députés parlaient de leur place, comme dans un grand conseil général, n'ayant ni l'occasion, ni les moyens de prononcer des discours destinés à avoir au dehors un grand retentissement. Les comptes rendus des séances, très-sobrement analysés par une commission de rédaction attachée au Bureau, sollicitaient la curiosité de peu de monde et n'excitaient les passions de personne. C'était l'époque des grandes affaires. La tribune se taisait, mais les grandes entreprises de chemins de fer parlaient de la prospérité de la France, et les guerres de Crimée et d'Italie parlaient de sa gloire.

La renommée oratoire à acquérir excitait donc médiocrement les membres du Corps législatif. Cependant, il y avait déjà parmi eux des hommes qui parlaient, et quelques-uns qui parlaient bien. Le *Moniteur* leur rend témoignage. Plusieurs de ceux-là sont morts, de Beauverger, de Belleyme, Langlais, Coria ; d'autres vivent encore, qui, plus tard, ont tenu tête à ceux qu'on appelle les maîtres de la parole. C'étaient Riché, du Miral, Nogent Saint-Laurens, André de la Charente, Eschassériaux, O'Quin, de Vauce, de Latour, Busson, Le Peletier d'Aunay, Joachim Murat, Noubel, Roques Salvaza, Granier de Cassagnac. Les Montalembert, les Flavigny, les Chasseloup-Laubat, d'anciens parlementaires, un peu touchés, en cette qualité, du vent qui soufflait des salons de Paris eurent à se heurter quelquefois, pas toujours avec succès, contre leurs collègues, plus jeunes, mais de convictions plus nettes et plus résolues.

Quelques hommes voués aux études financières, les Schneider, les Alfred Leroux, les Paul de Richemond, les Dewinck, les Gouin, les Kœnigsvarter, les Lequien et quelques autres, avaient au Corps législatif toute l'autorité nécessaire pour inspirer confiance au public, dans les questions relatives au budget.

Plus tard, quand viendront les luttes politiques et les heures sombres, quelques-uns trébucheront aux doctrines parlementaires, mais pas un n'ira à la défection.

Le Conseil d'État, sous le second comme sous le premier Empire, faisait, en réalité, partie du Corps législatif, en ce sens

L'ÉGLISE SAINT-AUGUSTIN

qu'il étudiait, préparait et soutenait les lois proposées par les ministres. Il y avait dans l'expérience, le savoir, la dignité de ce corps, non pas un principe d'opposition, mais une force de résistance énorme à tout ce qui, dans les projets de loi, n'était pas juste et vrai. Il arriva sans doute plus d'une fois aux projets apportés par le Conseil d'Etat d'être amendés par le Corps législatif. Les députés, vivant au milieu des populations, saisissaient avec plus de vivacité et plus d'exactitude que des hommes absorbés par l'étude ce qui blessait les idées et les pratiques de l'agriculture, du commerce et de l'industrie ; mais les lois venant du Conseil d'Etat avaient, en général, dans leur ensemble, une logique et une solidité à l'épreuve de la discussion.

Le personnel du Conseil d'État pouvait être considéré comme divisé en deux parties : celui qui élaborait les lois en silence, et celui qui concourait à la fois à les élaborer et à les défendre. Peu d'hommes réunissent les deux facultés de la science et de la parole, et l'on pourrait citer des conseillers de premier ordre qui ne parlèrent jamais, comme M. de Cormenin, ou qui parlaient avec moins d'éclat que d'autres, comme M. Boulatignier.

Au nombre des conseillers d'État qui marquèrent par le travail et les lumières, on pourrait citer MM. Boulay de la Meurthe, Boinvilliers, Villemain, Carlier, Lacaze, Michel Chevalier, Quentin-Beauchard, Conti, Denjoy, Heurtier, Chassériau, Persil, comte Dubois, Vuillefroy, tous conseillers en service ordinaire. Le service extraordinaire compta quelques hommes hors ligne, comme le général Allard, MM. de Franqueville, de Boureuille et Vandal.

Les membres du Conseil d'État qui joignaient à la science administrative le talent de la parole furent nombreux et fort remarquables. Il faut citer parmi eux M. Vuitry, M. de Parieu, M. Suin, M. Duvergier, M. Tuillier, M. Jolibois, M. Genteur, M. Chaix d'Est-Ange, et, tout à la fin de l'Empire, M. Oscar de Vallée.

A la tête de ces nobles et vaillants athlètes milita, pendant huit années, M. Baroche, avec une ardeur, un savoir, un talent, qui seront difficilement égalés, jamais surpassés. On peut dire d'une manière générale que si, par quelques-uns de ses membres, le Conseil d'État du premier Empire fut particulièrement illustre, néanmoins, par l'ensemble des lumières et surtout par le talent de la parole, il n'égala pas le Conseil d'État du second.

Tels furent, avec un corps de préfets incomparables, parmi lesquels il y aurait trop de noms à citer pour les rappeler ici, les collaborateurs qui secondèrent l'Empereur Napoléon III dans les grandes questions et les grands événements de son règne.

La première question qui se présenta aux méditations du Gouvernement fut l'effrayante question de la faim, si justement redoutée de tous les régimes précédents, et qu'une crise subite des subsistances vint poser, dès la seconde année de l'Empire. On verra comment l'Empire la résolut, non-seulement pour son époque, mais encore pour les époques suivantes. Il y aura encore des chertés, mais il n'y aura plus des disettes.

Les inquiétudes suscitées par le rendement des céréales en 1852 ne commencèrent que vers la fin de l'année. La moyenne du prix du blé n'avait pas dépassé jusqu'alors 18 francs l'hectolitre; mais une appréciation plus exacte des quantités produites par le battage en Angleterre, en Allemagne et en Italie, fit connaître que ces pays étaient en déficit, et qu'ils nous feraient concurrence sur le marché mieux approvisionné de la Russie et des États-Unis. Ces appréhensions, jointes à l'élévation subite du fret résultant de la concurrence produite sur la marine marchande, amenèrent une hausse que la récolte de 1853 n'arrêta pas, car le prix moyen de l'hectolitre en France s'éleva, pendant le mois d'août, à 26 francs.

Deux causes, l'une accidentelle, l'autre générale, contribuèrent au maintien et à l'aggravation de cette hausse.

Le Gouvernement, en vue de conjurer ou de diminuer les pertes que subiraient, sur leurs approvisionnements, les ministères de la guerre et de la marine, fit faire de grands achats par une maison de Marseille. Le commerce, qui eut connaissance de cette opération, crut que le Gouvernement, reprenant l'économie politique surannée de l'ancien régime, avait l'intention d'accaparer de grandes quantités de blé, pour les vendre ensuite aux particuliers avec une légère perte. La spéculation privée, agissant soit avec ses propres capitaux, soit avec ceux qui lui sont confiés, ne peut évidemment opérer qu'avec la probabilité de faire des bénéfices, et la perspective d'avoir en face d'elle le Gouvernement achetant des blés pour les vendre à perte, l'arrêta immédiatement dans ses opérations. Le Gouvernement, informé de ces craintes mal fondées du commerce, donna dans le *Moniteur* du 17 novembre les explications les plus catégoriques; mais le coup avait été porté : les approvisionnements en souffrirent.

La cause générale qui paralysait le commerce des blés, c'était la législation. L'importation des blés étrangers, indispensables aux pays les plus favorisés par le sol pour conjurer les disettes climatériques, c'était alors ce qu'on appelait l'*Echelle mobile*. En vue de protéger les producteurs de blés français, on avait soumis les blés étrangers à une échelle de droits qui s'élevaient ou qui s'abaissaient suivant la production intérieure. Les blés intérieurs étaient-ils abondants et à bon marché, l'échelle des droits qui frappaient les blés extérieurs s'élevait, afin d'éviter l'avilissement des prix. Les blés intérieurs étaient-ils rares et chers, l'échelle des droits s'abaissait, afin d'éviter la disette. Logique et équitable en théorie, ce système de législation avait pour inconvénient de paralyser le commerce des blés, en jetant une perpétuelle incertitude sur le résultat des opérations. Une maison faisant de grands achats en Russie ou aux États-Unis, pendant la hausse des tarifs à l'importation, n'était jamais absolument certaine que l'amélioration des prix n'amènerait pas un abaissement des tarifs, avant le retour de ses navires. Personne n'avait oublié la mésaventure d'une grande maison de Paris qui, sous le règne de Louis-Philippe, aurait été compromise par une variation imprévue de l'échelle mobile, si sa solidité ne l'avait mise à l'abri d'une crise de ce genre.

Le Gouvernement prit donc une résolution énergique et nécessaire : par un décret du 18 août 1853, il suspendit le régime de l'échelle mobile, en attendant qu'il l'abolît entièrement. En vue de compléter cette mesure, il leva les restrictions qui frappaient les pavillons étrangers, admis à concourir avec le nôtre à l'approvisionnement du pays, soit pour la navigation au long cours, soit pour la navigation au cabotage; et, par un nouveau décret du 14 septembre de la même année, il abaissa considérablement les droits à l'entrée des bestiaux étrangers et des viandes salées. Ces mesures, mal jugées à cette époque, soulevaient les plaintes des producteurs de céréales et d'animaux de boucherie; mais, outre que tout doit plier devant la question des subsistances, l'ère économique ouverte par l'Empire a prouvé avec le temps que la concurrence étrangère ne faisait pas baisser le prix des blés et n'était pas un obstacle à l'élévation du prix des viandes.

Cependant, le prix du pain haussait toujours. Les producteurs de blé, guidés par leur intérêt, bien entendu, ne livraient que de faibles quantités, pour laisser tout son ressort à la hausse. En vue de combattre cette cherté, le Gouvernement multiplia partout les grands travaux, pour développer les salaires et mettre les ouvriers en mesure de se procurer le nécessaire. De larges crédits, ouverts au ministre des Travaux publics, activaient la construction des voies ferrées; et, à Paris, au plus fort de la cherté correspondaient la construction des squares et les merveilleux embellissements du bois de Boulogne, montrant ainsi que quelquefois le luxe est le remède de la misère.

Rendant justice aux intelligents et larges efforts du Gouvernement, les populations, soulagées dans la mesure du possible, restèrent calmes et se résignèrent à la gêne. Nulle part une émeute, nulle part une agitation.

La situation de Paris a toujours été et sera toujours exceptionnelle. Le nombre des nécessiteux à secourir n'a cessé d'y varier entre cinquante mille et quatre-vingt mille personnes. Sous l'ancienne monarchie et pendant le dix-huitième siècle, le pain était maintenu à Paris à quatre sous la livre, à l'aide de sacrifices imposés par le Gouvernement aux finances générales, et que la comptabilité d'alors permettait de dissimuler. Depuis que la tenue ordinaire des livres a été appliquée aux finances de l'État, et que les pouvoirs publics sont obligés de rendre compte de leur gestion, il n'eût été possible ni de cacher ni d'avouer un pareil don gratuit fait à une seule ville, aux dépens de la France. Depuis la révolution, la population de Paris subit le sort commun, elle pourvoit à ses besoins à l'aide de ses propres ressources.

La cherté de 1853 donna donc une gravité spéciale à la question des subsistances de Paris. Pendant les années de disette qui affligèrent le règne de Louis-Philippe, on eut recours à un système de distribution qu'on appela les *bons de pain*. Les familles nécessiteuses, en se faisant inscrire aux bureaux de bienfaisance, y recevaient des *bons* contre lesquels les boulangers délivraient gratuitement la quantité de pain désignée. Ce système donna lieu à des abus qui retombèrent sur les finances de la Ville ; mais il avait un inconvénient grave, qui eût empêché son application pendant la cherté de 1853.

A l'aide de *bons de pain* on n'avait soulagé que les pauvres avérés, inscrits aux bureaux de bienfaisance ; mais, en 1853, c'était la classe laborieuse tout entière qui avait besoin d'être aidée, non par une aumône, mais par un abaissement du prix du pain. La question à résoudre était neuve, et le Conseil municipal de Paris, composé, comme on sait, des sommités du commerce, de l'industrie et de la science, et dirigé par M. Haussmann, imagina une solution également nouvelle, rationnelle et satisfaisante. C'est ce qu'on appela le système de la *Compensation*.

Le jeu de ce système était fort simple.

Un décret du 27 décembre créa, sous la responsabilité de la ville de Paris et sous l'autorité du préfet de la Seine, ce qu'on appela la *Caisse de la Boulangerie*. Il fut décidé que le prix *maximum* du pain pour toute la population de Paris ne dépasserait pas 40 centimes par kilogramme, et que la Ville, à l'aide de sa caisse, rembourserait aux boulangers la différence existant entre ce prix artificiel et le prix réel résultant des mercuriales. En même temps, il fut annoncé à la population et convenu avec la boulangerie que, lorsque la baisse se produirait dans le cours des blés, le pain resterait frappé d'une taxe supérieure à la valeur réelle, et que cette taxe serait calculée de façon à rembourser à la Ville les avances faites par elle pendant les temps de cherté.

Il est bien évident que ce système sortait des règles fondamentales qui doivent présider au commerce, et qui sont la lutte de l'offre et de la demande, c'est-à-dire la liberté des transactions ; mais il faut reconnaître aussi que les disettes résultant des variations climatériques échappent aux conditions normales de la production industrielle. On ne saurait, à l'aide de capitaux et d'outillages quelconques, produire les grains comme on produit les fers ou les toiles ; et la faim est un besoin qui ne saurait attendre les résultats certains, mais lents, de la concurrence. C'est pour cela que la loi de 1791, qui autorise les maires à taxer le prix du pain et de la viande, a toujours été conservée et appliquée dans les temps de cherté ; et l'approvisionnement régulier d'une ville comme Paris, où les questions économiques tournent facilement à la politique, justifiait parfaitement le système exceptionnel de la compensation, sanctionné par un projet de loi, discuté et voté par le Corps législatif, dans sa session de 1856, après un fonctionnement de deux années et demie.

Deux membres du Corps législatif, M. Dewinck et M. Granier de Cassagnac, concoururent principalement à rendre clair et pratique ce principe de la *Compensation*, destiné à conjurer les crises résultant de la cherté du pain dans les grandes villes : le député du Gers en exposant au point de vue historique la loi de production des céréales ; le député de Paris en développant le système financier à l'aide duquel le prix du pain peut être abaissé quand le blé est rare, à la condition qu'il soit surélevé quand le blé est cher ; et comme l'époque de l'Empire est celle où il s'est posé et résolu le plus de problèmes économiques et politiques, nous ne trouvons pas hors de propos de rappeler ici comment fut comprise et résolue la question du pain à bon marché.

Il fut démontré par M. Granier de Cassagnac, l'histoire à la main, que la production des céréales, en France, est soumise à une loi constante qui amène, tous les six ans, une mauvaise récolte, après cinq années d'abondance. Toutefois, cette alternative ne se maintient pas toujours dans les mêmes termes ; des périodes de deux mauvaises récoltes consécutives, quelquefois de trois, se produisent après la période d'abondance ; mais le nombre des années où le blé est en excès dépasse toujours le nombre de celles où il est en déficit ; si bien que le mécanisme financier ayant pour objet de baisser le prix du pain quand le blé est cher, en l'élevant quand le blé est à bon marché, afin d'opérer une compensation, a pour base la loi même de la production des céréales, constatée par l'histoire. Voilà pourquoi le système établi par la ville de Paris en 1853 fonctionna régulièrement et avec succès.

Voici l'exposé de cette loi de production des blés, telle que M. Granier de Cassagnac la plaça sous les yeux du Corps législatif, le 24 juin 1856 :

« J'ai cherché la loi suivant laquelle les disettes se sont produites pendant quatre siècles et demi : elles ont toutes laissé une trace profonde dans notre législation sur les grains et dans les règlements sur le commerce de la boulangerie. Sur quatre cent quarante années, on trouve soixante-treize disettes, seize par siècle, une pour six ans. Néanmoins, ce calcul n'est qu'une moyenne, et, dans la réalité des faits, les choses se passent autrement. Ainsi, il y a des périodes plus douloureusement frappées que d'autres : par exemple, le règne de Louis XIV, qui a duré soixante-douze ans, et pendant lequel il y a eu quinze disettes, une tous les cinq ans. Sur ces soixante-treize disettes, on n'en trouve que trente qui aient duré une année seulement; les quarante-trois autres se présentent par groupes et durent plusieurs années. La plus longue a duré six années. Le retour de ce fléau n'est pas moins irrégulier que sa durée. Il n'y a donc que les efforts de la prudence collective, ou l'action du Gouvernement, qui puissent, à l'aide de diverses combinaisons, atténuer les résultats du manque de récolte.

« De tout temps, chez les anciens comme chez les modernes, il a été de principe que les grains n'étaient pas une matière purement commerciale, mais qu'ils étaient aussi une matière administrative, politique, et de police municipale. Voilà pourquoi le commerce des grains n'a jamais joui de la liberté complète qui est de l'essence de tous les autres. Ce principe a régné en France jusqu'en 1764, où Turgot fit prévaloir le principe contraire. »

Après avoir exposé les divers systèmes employés par les gouvernements successifs pour atténuer l'effet des disettes, systèmes dont le premier, qui était celui de l'ancienne monarchie, dura jusqu'au 3 mai 1793, et maintint le prix du pain dans Paris à un taux très-bas, à l'aide des sacrifices du Trésor; dont le second, qui dura jusqu'en 1796, reposa sur le *maximum*, et coûta au Trésor des sacrifices plus considérables encore, le pain, qui était à un franc cinquante en province, étant maintenu *à trois sous* à Paris; et dont le troisième, destiné à atténuer la disette de quatre années, de 1800 à 1803 inclusivement, fut la compensation, œuvre du Premier Consul, opérée à l'aide des ressources empruntées au domaine extraordinaire, c'est-à-dire aux dépouilles de l'ennemi, l'orateur compare ces divers systèmes entre eux. Il les trouve tous entachés d'un vice radical, qui consistait à mettre le supplément exigé par la subsistance de Paris à la charge de l'État; dans une calamité exception-

RÉCEPTION AUX TUILERIES DE LA DÉPUTATION DES NÉGOCIANTS ANGLAIS (28 MARS 1853)

nelle, chaque ville a droit à l'assistance des autres; mais dans une calamité commune à toutes les parties de l'Empire, une ville n'a pas le droit de rejeter sur les autres l'excès de son propre fardeau.

La dignité de la ville de Paris exigeait donc, autant que l'équité elle-même, que la réduction du prix excessif du pain fût opérée à l'aide d'un système calculé sur les ressources de son budget. C'est précisément le but qu'atteignait le système de compensation imaginé par le Conseil municipal de Paris, et exposé d'une manière à la fois simple et lumineuse par M. Dewinck, l'un de ses membres les plus éclairés et les plus dévoués aux intérêts de la Ville.

C'est à l'occasion de l'emprunt fait par la caisse de la Boulangerie, pour faire fonctionner la détaxe pendant la cherté des blés, que le système imaginé par l'administration de la ville de Paris fut apporté au Corps législatif.

L'ordre d'idées exposé par M. Dewinck, devant une commission du Corps législatif, et conformément aux principes mis en avant par le Conseil municipal de Paris, avait pour objet l'organisation du mécanisme financier. Il indiquait la diminution à faire par livre de pain en temps de cherté, et l'augmentation à faire en temps d'abondance, afin que le prix restât constamment fixé à quatre sous ou vingt centimes la livre, prix toujours facilement abordable.

La compensation, fonctionnant comme sous-taxe quand le pain était cher, et comme surtaxe quand il était à bon marché, suppléait à la régularité des récoltes. Chaque centime de sous-taxe ou de détaxe coûtait ou rapportait 250,000 francs par mois ou 3 millions par an, pour le département de la Seine. Ce système ingénieux et logique fut appliqué pendant trois ans de mauvaises récoltes, et coûta quarante millions d'avances à la boulangerie; mais le remboursement, par voie de surtaxe, commença avec la bonne récolte de 1856; et plus tard, lorsque, par l'application imprudente de la liberté du commerce à la fabrication du pain, la caisse de la Boulangerie dut être liquidée, la ville de Paris rentra dans ses avances.

La caisse de la Boulangerie, imaginée par le Conseil municipal de Paris, fonctionna utilement pour la population pendant les trois années que dura la crise des céréales, et restitua à la Ville, pendant les années d'abondance qui suivirent, les avances qu'elle avait faites pour maintenir le bas prix du pain. La population avait senti le soulagement sans se ressentir de la surcharge, parce que le prix du pain était resté toujours le même, et qu'il était modéré. Les idées de liberté commerciale qui prévalurent d'une manière presque absolue à partir de 1860 finirent par emporter la caisse de la Boulangerie. Ce fut un tort. Il est de la nature des règles les plus vraies d'avoir des exceptions. Il n'est pas douteux que la liberté du commerce est imposée par les besoins de la société moderne, dans laquelle les chemins de fer et le télégraphe électrique ont établi entre tous les peuples une forte mesure de solidarité; mais la vie matérielle des populations et le maintien de l'ordre public, que la cherté excessive du pain compromet habituellement, sont des questions qu'un gouvernement sage réserve toujours et ne livre pas à l'action quelquefois insuffisante des règles générales. L'expérience a d'ailleurs surabondamment démontré que le principe de la concurrence est impuissant à maintenir le bas prix du pain ; et la loi de 1791, qui autorise les municipalités à taxer le pain, a dû être soigneusement maintenue.

La suspension de l'échelle mobile, l'abaissement du tarif à l'entrée des bestiaux étrangers, avaient amené une sorte d'agitation dans les idées économiques. Le projet de sénatus-consulte soumis au Sénat le 6 décembre 1852, par interprétation de la Constitution du 14 janvier, attribuait à l'Empereur le droit de ratifier et de promulguer les traités de commerce et de navigation, sans recourir à la sanction législative. Ce sénatus-consulte transportait à l'appréciation du Chef de l'État la matière importante des prohibitions et des tarifs protecteurs, réservée jusqu'alors au pouvoir législatif, c'est-à-dire aux intéressés eux-mêmes, cantonnés dans les Chambres et résolus à défendre leurs priviléges, comme les rentiers avaient toujours fait prévaloir les leurs.

Cependant la grande et rapide extension imprimée aux chemins de fer ayant excédé la production nationale des fers et des fontes, de vives réclamations se firent entendre, qui amenèrent la réduction des droits de douane, opérée par le décret du 22 novembre 1853. La première enceinte de la forteresse protectionniste à outrance était donc forcée, et la porte était ouverte aux tarifs modérés et aux libertés utiles de l'avenir.

Nous avons parlé de l'aigreur avec laquelle la presse anglaise, dominée par son attachement d'ailleurs fort légitime aux institutions parlementaires de la Grande-Bretagne, avait accueilli l'établissement de l'Empire. Une mésintelligence fondée sur la différence des habitudes politiques des deux pays était trop déraisonnable pour être durable. La Cité de Londres, éclairée par la lumière naturelle du bon sens commercial, protesta contre la presse anglaise. Une députation, conduite par sir James Duke, ancien lord-maire, vint présenter à l'Empereur une adresse dans laquelle les notables commerçants et banquiers de Londres exprimaient leurs vœux pour le maintien de la paix et des bonnes relations entre les deux pays. Cette adresse, écrite sur une feuille de parchemin de quatre-vingt-douze pieds de longueur, et couverte de plusieurs milliers de signatures, fut portée et reçue aux Tuileries avec une solennité inaccoutumée.

« Si la presse de notre pays, disait cette adresse, sur les questions publiques dont elle est habituée à se rendre l'organe, parle quelquefois avec une apparence de rudesse du gouvernement et des institutions des autres États, on ne doit voir dans son langage ni hostilité ni intention de blesser. Nous sentons que des sujets britanniques n'ont rien à démêler avec la politique intérieure ou le mode de gouvernement que la nation française juge à propos d'adopter. »

L'Empereur, appréciant l'acte de déférence dont il était l'objet, répondit en ces termes, en langue anglaise, au discours de sir James Duke :

« Je suis extrêmement touché de cette manifestation. Elle me confirme dans la confiance que m'a toujours inspirée le bon sens de la nation anglaise. Pendant le long séjour que j'ai fait en Angleterre, j'ai admiré la liberté dont elle jouit, grâce à la perfection de ses institutions. Un moment cependant j'ai craint, l'année dernière, que l'opinion ne fût égarée sur le véritable état de la France et sur ses sentiments envers la Grande-Bretagne : mais on ne trompe pas longtemps la bonne foi d'un grand peuple, et la démarche que vous faites près de moi en est une preuve éclatante.

Depuis que je suis au pouvoir, mes efforts tendent constamment à développer la prospérité de la France. Je connais ses intérêts ; ils ne sont pas différents de ceux de toutes les autres nations civilisées. Comme vous, je veux la paix, et, pour l'affermir, je veux, comme vous, resserrer les liens qui unissent nos deux pays. »

Ces paroles sages et vraies eurent un grand retentissement en Angleterre, et la guerre d'Orient, qui ne tardera pas à éclater, verra les deux grandes nations combattre pour la même cause sur le même champ de bataille. Comme pour sanctionner la démarche bienveillante du commerce de la Cité, le gouvernement de la Reine accomplit envers l'Empereur et envers la France impériale un acte de haute courtoisie, en faisant remettre au gouvernement français une pièce historique de grande importance, le testament olographe de l'Empereur Napoléon Ier, écrit à Sainte-Hélène, le 15 avril 1821.

Ce testament avait été apporté à Londres, après la mort de l'Empereur, et déposé à la Cour de Prérogative de l'archevêque de Canterbury, ou *Doctor's Commons*, chargée, en Angleterre, de la garde des testaments. Vers la fin de l'année 1852, l'Empereur avait fait ouvrir des négociations avec l'Angleterre, pour obtenir la remise de ce document national. Le comte de Malmesbury, ministre des affaires étrangères, se montra très-favorable à cette restitution. Lord Clarendon, son successeur, s'y prêta avec un égal empressement, et il ordonna au *Proctor* de la Couronne d'entamer auprès de la Cour de Prérogative la procédure nécessaire pour arriver à la remise régulière du testament et des codicilles de l'Empereur. Le 16 février 1853, la Cour rendit un arrêt dans ce sens. Apporté à Paris par M. Charles Baudin, premier secrétaire de l'ambassade de France à Londres, le testament fut d'abord remis au président du tribunal de première instance de la Seine, qui le cota et le parapha, suivant les prescriptions de la loi, puis à M. Casimir Noël, notaire de la Famille impériale, qui en prit une copie destinée à rester dans les archives de l'étude. Le manuscrit original fut déposé aux Archives nationales.

L'œuvre capitale d'amélioration sociale étant ébauchée par l'Empereur et par l'Impératrice, la question de la disette étant résolûment abordée, à Paris par la compensation et les grands travaux, dans toute la France par la suspension de l'Échelle mobile et l'active construction des chemins de fer, l'opinion publique étant rassurée sur les complications intérieures, le gouvernement impérial aborda la tâche normale incombant, à l'intérieur, à tout gouvernement.

Trois objets importants, dont deux nouveaux, occupèrent les pouvoirs publics en 1853 : la réorganisation du colportage, la réforme des articles 86 et 87 du Code pénal, et le budget.

Le colportage des livres ou des brochures, livré au plus affreux désordre, démoralisait les populations. Il était indispensable et urgent d'aviser.

Le premier Empire, qui avait eu la société à réorganiser, avait créé une administration publique de l'Imprimerie et de la Librairie, moins sévère de beaucoup que le *Syndicat* de la librairie sous l'ancien régime, lequel ne fonctionnait que sous l'action directe, absolue et irresponsable de la Censure, mais suffisamment armée pour protéger la société. Le comte Portalis fut, en 1810, directeur de l'Imprimerie et de la Librairie.

La Restauration, d'abord armée des lois prévoyantes de l'Empire, maintint la direction de la Librairie et de l'Imprimerie, à la tête de laquelle furent successivement placés M. Royer-Collard, M. Villemain et, en 1829, M. le comte Siméon.

En 1830, l'inauguration de la dynastie d'Orléans, avec le régime de la liberté, à peu près impunie et impunissable, de la presse, emporta la direction de l'Imprimerie et de la Librairie. La presse se dirigea elle-même, c'est-à-dire se livra à tous les excès. Les livres politiques hostiles au Gouvernement furent souvent frappés par les tribunaux, parce que le Trône était bien forcé de se défendre; mais les livres immoraux et obscènes circulaient à peu près en liberté; et, sous les dernières années du règne de Louis-Philippe, 3,500 colporteurs, organisés et divisés par brigades, parcouraient les villages et les campagnes, vendant chaque année *neuf millions* de volumes dont *huit millions* au moins poussaient au libertinage et à la désorganisation sociale. L'enseignement primaire, de plus en plus développé, livrait donc sans défense les nouvelles générations industrielles et agricoles à la plus immense et à la plus abominable dépravation.

Le mal s'aggravait d'année en année ; le gouvernement de l'Empereur résolut de l'arrêter.

Le ministère de la police générale, créé le 22 janvier 1852, et supprimé bien à tort, par l'unique raison des froissements personnels qu'il avait amenés, le 10 juin 1853, avait à sa tête M. de Maupas, qui avait donné à M. Latour-Dumoulin, écrivain appartenant à la presse bonapartiste, la direction de l'Imprimerie et de la Librairie. En vue de réorganiser le colportage, M. de Maupas nomma une commission présidée par M. Latour-Dumoulin, et qui choisit pour rapporteur M. de la Guéronnière, alors député du Cantal.

Le rapport de M. de la Guéronnière à M. de Maupas, qui lui valut d'être appelé dans la même année, au ministère de l'intérieur, à la direction de la librairie et de la presse, expose avec détail, netteté et talent, l'état de démoralisation où le colportage avait poussé les populations rurales, et les mesures qui furent adoptées pour l'arrêter. Voici les parties les plus importantes de ce rapport :

« Monsieur le Ministre,

« La commission que vous avez instituée pour l'examen des livres et gravures destinés au colportage fonctionne depuis quelques mois à peine. Après avoir examiné déjà un grand nombre d'ouvrages et résolu plusieurs questions importantes, elle a pensé qu'il convenait à sa responsabilité devant vous de résumer l'ensemble des travaux qu'elle avait accomplis jusqu'ici et d'établir les règles qu'elle s'est tracées pour remplir dignement la haute et délicate mission qu'elle a reçue de la confiance du Gouvernement.

« Vous avez démontré vous-même, Monsieur le Ministre, avec plus d'autorité que je ne pourrais le faire, la nécessité de moraliser le colportage par le contrôle de l'Administration. Pour satisfaire à cette nécessité si impérieuse d'intérêt général, vous avez prescrit un ensemble de mesures destinées à garantir les bonnes mœurs, la religion, l'ordre public, tout en respectant les droits de la liberté et de l'esprit humain. Tous les honnêtes gens ont compris qu'un grand service venait d'être rendu à la société, et ont reconnu, dans cette action toute morale du pouvoir dont vous êtes investi, les inspirations si élevées et si justes de la volonté suprême qui a remis à vos mains l'étude incessante de l'opinion et la garde vigilante du repos, de la sécurité et de la moralité de la France.

« L'ancienne législation de la librairie n'avait rien prévu relativement au colportage. La loi du 21 octobre 1814 assujettit les libraires à l'obligation du brevet. Un décret de 1812 soumet le libraire étalagiste à l'autorisation municipale. Il y avait donc un véritable privilège en faveur du colporteur qui, sans garantie préalable, pouvait parcourir les campagnes, porter à domicile sa marchandise, pénétrer dans les maisons, étaler sous les yeux de la jeunesse naïve et curieuse des villages les tentations grossières de ses gravures obscènes et de ses livres empoisonnés. Cette lacune s'explique par l'état intellectuel de notre pays à l'époque où la législation sur la librairie a été faite. Alors l'instruction primaire n'était pas encore organisée ; le colportage manquait par cela même d'aliments, et son action était fort restreinte. C'est à peine si ses dangers, devenus depuis si formidables, étaient sentis par les législateurs de ce temps.

« Plus tard, la loi de 1833, en organisant dans toute la France le bienfait de l'instruction primaire, devait bientôt rendre sensible à tous les esprits le danger de cette lacune. Apprendre à lire au peuple, sans réglementer le colportage, c'était le livrer, sans défense, à tous les enivrements, à tous les mensonges et à toutes les corruptions des mauvais livres ; on ne devait pas tarder à le reconnaître et à le déplorer. En quelques années, la France rurale fut envahie jusque dans ses hameaux les plus reculés par la propagande d'athéisme matériel et grossier qui a été l'une des causes les plus actives de cette maladie du socialisme dont la civilisation a failli périr, et à laquelle nous venons à peine d'échapper. C'est surtout à la fin du règne de Louis-Philippe que cette propagande se manifesta par des symptômes effrayants. — Quelques détails, recueillis à des sources certaines, en révèlent toute la portée. Je ne crois pas inutile de les consigner ici.

« 3,500 colporteurs, distribuant 9 millions de volumes, circulaient dans toute l'étendue de la France. La plupart étaient organisés et divisés par brigades. Cette corporation avait pour patrons

LE MARÉCHAL CANROBERT

environ 300 individus, qui eux-mêmes avaient à leur solde, et comme domestiques, de 10 à 12 commis.

« Ces 300 patrons colporteurs se fournissaient, principalement à Paris, à Rouen, à Limoges, à Épinal et à Tours, aux librairies d'ouvrages à bon marché. Ils cotaient ensuite ces livres arbitrairement, les distribuaient à leurs commis ou domestiques et les répandaient dans toute la France.

« Cette propagande ne s'arrêtait pas à la frontière, elle débordait dans les États voisins, et particulièrement en Suisse, en Espagne et en Piémont.

« Il est établi que, sur 9 millions d'ouvrages ainsi vendus, les huit neuvièmes, c'est-à-dire 8 millions, étaient plus ou moins des livres immoraux. Pour vous en convaincre, Monsieur le Ministre, il suffirait d'inscrire ici quelques-uns des titres de ces livres que le colportage semait par ses 10,000 mains dans les chaumières. La pudeur ne le permet pas ; je ne souillerai pas ce rapport par ces mots obscènes, même pour les flétrir !

« Ces livres, que la cupidité propageait avec des précautions qui en rendaient la vente plus sûre et le placement plus universel, étaient souvent complétés par des gravures licencieuses ; d'autres avaient leurs gravures à part. Quand l'acheteur hésitait, le colporteur tirait furtivement d'un coin secret de sa boîte cette collection, comme un irrésistible appât pour les appétits qu'il exploitait.

« Voilà ce qui se passait en France, sous l'empire de la liberté illimitée du colportage ! Avec un pareil régime, la religion, la famille, la pudeur, la civilisation, devaient périr. Il n'y avait que le vice qui pût y gagner. Alors, je ne crains pas de le dire, l'instruction, qui a pour but d'ennoblir l'homme, n'eût été qu'un fléau, car elle n'aurait ouvert son esprit que pour dégrader son âme. Mieux aurait valu, cent fois, l'ignorance. Il est encore moins dangereux d'ignorer le bien que d'apprendre le mal.

« Mais, j'ai hâte de le dire, le colportage a servi aussi à répandre de bons livres. Beaucoup d'ouvrages de piété, de chefs-d'œuvre de la langue française et du génie humain, se propagent par lui. Beaucoup de modestes bibliothèques de village s'entretiennent et se complètent de ces volumes à bon marché, dont les humbles couvertures portent des noms illustres, et qui s'achètent avec le produit de quelques économies prélevées sur le prix de la journée. Malheureusement, ces résultats ont été l'exception. Vous avez voulu, Monsieur le Ministre, que l'exception pût se généraliser, et c'est dans ce but que vous nous avez appelés à vous seconder.

« La loi du 27 juillet 1849, qui oblige tous les colporteurs à se munir d'une autorisation spéciale, donnée par le préfet du département qu'ils veulent parcourir, eût été complétement inefficace sans la mesure si utile et si prévoyante de l'estampille. En autorisant le colporteur, on n'aurait pas purifié le colportage. Cela est si vrai, que sous l'empire de cette loi et pendant les deux années de son exécution on a continué à colporter les livres les plus immoraux.

« La commission, dont quelques-uns ont osé affronter l'examen, a pu se convaincre, en les voyant passer successivement sous ses yeux.

« En prescrivant que chaque livre colporté serait revêtu d'une estampille, vous avez donné toute son efficacité à la loi de 1849. Vous avez ainsi transformé une autorisation vague, indéfinie et purement nominale, en un signe spécial, certain, authentique, attaché officiellement à l'ouvrage dont il permet la circulation.

« Mais il ne suffisait pas que l'autorisation donnée par la direction de la Librairie et de l'Imprimerie fût authentique, il fallait aussi qu'elle fût indépendante, impartiale, raisonnée et éclairée. C'est pour obtenir ce résultat, Monsieur le Ministre, que vous avez institué la commission dont je suis en ce moment l'organe. »

La révision des articles 86 et 87 du Code pénal touchait à des questions délicates.

L'article 86 a trait aux attentats commis contre la personne du Souverain ou contre la personne des membres de sa famille. Celui qu'il s'agissait de reviser frappait le premier de ces attentats de la peine des parricides, et le second de la peine de mort.

L'article 87 avait trait à l'attentat ou au complot contre la vie ou la personne des membres de la famille du Souverain, ainsi qu'à l'attentat ou au complot ayant pour objet de changer le gouvernement, ou d'exciter les citoyens à s'armer contre l'autorité du Chef de l'État. Dans tous ces cas, l'attentat ou le complot étaient également punis de la peine de mort.

Il s'agissait donc de savoir, quant à l'article 86, si les peines relatives aux attentats contre la vie ou la personne du Chef de l'État ou des membres de sa famille devaient être considérées comme abrogées, par suite de l'établissement de la République, en 1848, ou si elles étaient toujours en vigueur, comme conséquence du rétablissement du gouvernement monarchique.

Il s'agissait de savoir, quant à l'article 87, si les peines relatives aux attentats ayant pour objet de changer la forme du gouvernement ne devaient pas être adoucies, par suite du décret de 1848, qui avait aboli la peine de mort en matière politique.

La commission du Corps législatif, dominée par les idées vagues, décousues, mal digérées, qui règnent encore à l'heure qu'il est sur ces matières, modifia le projet du Gouvernement, qui proposait d'appliquer la législation ancienne au régime nouveau, en supprimant la confiscation des biens des condamnés ; et son rapporteur, M. de la Guéronnière, fit prévaloir en son nom des erreurs funestes à la stabilité de tous les gouvernements.

Assurément, le décret du mois de mars 1848, qui abolit la peine de mort en *matière politique*, fut un acte de bon sens et d'humanité, parce que, le *crime politique* n'étant pas défini d'une manière nette et précise, l'échafaud dressé à cette époque n'eût été qu'un instrument d'assassinat.

Ce décret fut évidemment inspiré, d'abord par la juste horreur qu'ont laissée dans les esprits les égorgements de 92, de 93 et de 94 ; ensuite, par la réserve légitime que les alternatives possibles des troubles nés de la révolution de 1848 inspirèrent aux ambitieux et aux incapables qui s'y étaient jetés. Jouer des places, le pouvoir, la domination, beaucoup le font ; jouer sa tête, peu l'auraient osé. Les révolutionnaires ont baissé de taille, et la Commune seule a reproduit, de nos jours, des monstres comparables aux tueurs de l'Abbaye, de la Force, de la Conciergerie, de Saint-Firmin et des Carmes, que Paris supporta pendant six jours en septembre 1792.

Ainsi, tout en protestant contre les crimes de 92, de 93 et

de 94, les ambitieux de 1848 furent bien aises de se mettre à l'abri de leur renouvellement.

En réalité, et en regardant au fond des choses, il n'y eut pas, durant toute la révolution, une seule exécution pour *crime politique*. Ce furent de purs assassinats, depuis le meurtre de Louis XVI jusqu'à celui de Robespierre. Il s'établit une lutte entre rivaux, entre ennemis, se disputant le pouvoir; et ils s'égorgèrent mutuellement, à l'aide d'une bande d'assassins gagés, occupant la caverne qu'on appelait le tribunal révolutionnaire.

Un crime politique suppose la violation expresse d'une autorité souveraine, clairement définie et déclarée inviolable, soit par l'assentiment d'un grand nombre de siècles, soit par la voix de la nation elle-même; et les exécutions qui eurent lieu pendant la révolution eurent toujours pour base, non la violation d'une souveraineté légitime, clairement définie, mais un prétexte puisé dans des haines ou dans des rivalités politiques. Quelle souveraineté avaient violée Malesherbes, Lavoisier, Mme Roland? Leur condamnation n'eut donc pas pour cause un *crime politique;* leur mort fut un assassinat.

De 1789 à 1800, de Louis XVI au Premier Consul, la nation fut-elle consultée une seule fois? — Non. Tous la violentèrent, tous se substituèrent à elle, et par conséquent les gouvernants représentaient moins sa souveraineté que les gouvernés.

Avant 1789, la souveraineté inviolable résidait dans la personne du roi; depuis cette époque, elle réside dans le corps entier de la nation.

Or, tant que la peine la plus terrible du Code n'aura pas frappé non-seulement l'attentat contre la personne du Prince délégué au pouvoir par la nation, mais encore l'attentat contre la nation elle-même, et consistant à défaire ou à refaire les gouvernements sans sa volonté librement exprimée, on laissera impuni le plus grand des crimes.

Le plus grand des crimes est en effet celui qui frappe dans leur sécurité, dans leurs biens, dans leur carrière, dans leur droit, dans l'œuvre légitime de leur vie, la masse des citoyens qui composent une nation. Qu'est-ce que l'assassinat matériel d'un homme auprès de l'assassinat moral de tout un pays? Qu'est-ce que la ruine d'une famille, causée par un meurtrier, auprès de la ruine universelle, causée par des révolutionnaires?

Le *crime politique* étant défini : l'attentat contre la *souveraineté nationale*, et la substitution violente d'un régime établi par quelques-uns à un régime établi par tous, devrait être puni de la peine la plus forte du Code, d'une peine plus forte même que celle qui frappe l'attentat contre la personne du chef de l'État, car, si auguste que soit un empereur ou un roi, délégué par un peuple, il l'est encore moins que le peuple qui le délègue.

Le Gouvernement était donc dans le vrai, en 1853, lorsqu'il proposait de punir de la même peine et l'attentat contre la personne de l'Empereur, et l'attentat contre la souveraineté nationale, base du régime impérial. La commission du Corps législatif, en considérant le crime qui frappe un peuple comme moins grave que le crime qui frappe un souverain, se montra gardienne inattentive ou infidèle de la majesté nationale qu'elle avait à défendre. Elle obéissait au préjugé qui fait regarder les immolations de 92, de 93 et de 94 comme des *condamnations politiques*, au lieu d'y voir ce qu'il y avait, des meurtres cyniques et odieux ; et tout en déniant le caractère de crime ou d'attentat politique aux actes qui ne sont que la lutte même violente des partis rivaux, et en abolissant pour ces actes la peine de mort, elle devait la conserver pour les crimes et les attentats véritablement politiques, et qui sont la destruction de la souveraineté nationale.

Car, enfin, disons-le encore une fois, conserver la peine de mort pour l'attentat contre l'Empereur, et l'abolir pour l'attentat contre le peuple français, c'était punir le crime le plus grave de la peine la moins forte.

Malheureusement, la souveraineté nationale, base de la société moderne, est un principe nouveau. Les esprits ne comprennent pas encore ce qu'il a de préservateur et de nécessaire. Si l'on ne maintient point, par des efforts incessants, la société sur cette base, elle roulera incessamment et périodiquement dans l'abîme. Autrefois, on avait pour sauvegarde l'inviolabilité d'une dynastie. Qu'aurons-nous désormais, si nous abandonnons l'inviolabilité de la souveraineté nationale ? Rome républicaine avait fait un groupe de lois que les jurisconsultes nommaient des lois de Majesté, *leges Majestatis*. Elles avaient pour objet de défendre les droits et la dignité du peuple romain. Un tribunal spécial était institué pour en faire l'application, et l'accusé, le *reus Majestatis*, s'il était convaincu, était puni de la perte de la vie. Le Code pénal de 1810 conservait à l'attentat contre l'Empereur le nom de *Lèse-Majesté*, parce qu'en effet il s'attaquait, dans la personne du Souverain d'alors, à la Majesté du peuple ; mais les réformateurs de 1832 firent disparaître ce mot du Code, comme ils avaient fait disparaître le peuple de la Constitution.

Il n'est pas sans utilité de placer sous les yeux du lecteur les principales idées exposées, à ce sujet, par M. de la Guéronnière, au nom de la commission, afin de montrer quelles erreurs graves peuvent se voiler sous les dehors d'une louable philanthropie.

« Messieurs,

« La justice criminelle, plus que toute autre, a besoin de lois certaines pour accomplir sa haute et redoutable mission. Le texte qui motive ses arrêts doit être aussi incontestable que la conviction qui les inspire. Le doute dans la loi aggrave la responsabilité du juge en même temps qu'il trouble sa conscience. La pénalité n'est pas une arme de hasard dans la main qui s'en sert pour frapper les coupables, elle est l'arme de droit pour protéger l'ordre social et tous les intérêts sacrés qui en découlent. C'est pour la rendre aussi positive qu'elle est nécessaire dans une de ses applications les plus sérieuses, que vous avez été saisis d'une loi qui a précisément pour but de prévenir les interprétations équivoques, et de fixer par un acte législatif l'un des points les plus importants de notre Code pénal.

« Il y a des crimes qui par leur nature même, par les passions qui les inspirent, par les conséquences qu'ils produisent, et par le péril social qu'ils entraînent, ont une place à part dans toutes les législations. Ce sont ceux qui, en s'attaquant à la souveraineté, dans le chef qui la personnifie, dans la dynastie qui la perpétue et dans le gouvernement qui la résume, impliquent un attentat contre la société elle-même. Ces crimes peuvent revêtir des caractères divers ; ils peuvent renfermer des éléments plus ou moins considérables de perversité ; ils sont plus odieux sans aucun doute, et plus exécrables, quand à l'agression qui menace le pouvoir ils joignent aussi l'assassinat qui ensanglante la société et le régicide qui cherche ses victimes jusque sur le trône ou sur les marches du trône. Le législateur doit étudier de près ces différences dans les causes et dans les résultats qui les constatent.

« Les perfectionnements de la législation d'un peuple ne sont que les reflets des progrès de sa civilisation. A mesure que les mœurs publiques s'épurent et que la raison se développe, les notions du juste et de l'injuste s'établissent plus clairement, et les distinctions qui paraissent d'abord impossibles deviennent aussi simples que faciles. Mais, tout en distinguant entre les attentats, comme le fait notre législation moderne, il fallait d'abord intimider les audaces qui les apprêtent et frapper les passions qui les accomplissent ; il fallait une garantie à la société pour se défendre, et une expiation à la justice pour conserver dans ses arrêts la morale éternelle dont elle est la gardienne. C'est dans ce double but qu'ont été écrits les article 86 et 87 du Code pénal de 1810.

« De ces deux articles, le premier punit de la peine du parricide l'attentat contre la vie et la personne du Souverain, et de la peine de mort l'attentat contre la vie et la personne des membres de la famille régnante. Le second, l'article 87, punit de la même peine l'attentat dont le but est, soit de détruire, soit de changer le gouvernement ou l'ordre de successibilité au trône, soit d'exciter les citoyens à s'armer les uns contre les autres.

« L'abolition de la peine de mort, décrétée en 1848 par le gouvernement provisoire, pouvait-elle avoir un effet légal après la proclamation de l'Empire? Les articles 86 et 87, qui avaient précisément pour but de protéger l'ordre monarchique, soit dans le Souverain qui en est la personnification, soit dans l'État qui en est l'organisation, ne revivaient-ils pas par le seul fait du rétablissement du Trône? L'exposé des motifs du projet de loi qui vous est présenté constate que les meilleurs esprits se sont divisés sur ce grand sujet. En se prononçant pour l'affirmative, le projet de loi ne semble avoir eu d'autre objet que de remettre la solution à la conscience du pouvoir législatif.

« Dans cette situation, Messieurs, la responsabilité de votre commission grandissait avec sa tâche.

INAUGURATION DU BOULEVARD DE SÉBASTOPOL.

« Nous avions à fixer une interprétation légale, moins selon le texte de la loi que selon le droit, la morale, la raison de l'intérêt suprême de la société et du Gouvernement.

« Une première question se posait dans la délibération de votre commission au début de ses travaux, comme elle s'est posée dans la discussion approfondie de vos bureaux, d'où nous avions rapporté la lumière de vos propres consciences.

« Cette question était celle-ci : La peine de mort doit-elle être rétablie pour les crimes politiques ?

« La majorité de la commission a, sur ce point, des convictions si fermes et si absolues, qu'il est impossible à son rapporteur de ne pas le traiter ici avec quelques détails.

« Cette tâche est rendue plus obligatoire par l'adhésion si noble et si précieuse que Monsieur le vice-président du conseil d'Etat est venu donner à notre vœu, au nom du gouvernement de l'Empereur. Le grand cœur et la haute raison du Chef de l'Etat avaient compris nos répugnances avant même de les connaître.

« Quand l'expression de nos sentiments a pu monter jusqu'à lui, les siens s'étaient déjà prononcés en faveur de la vérité que nous défendons, et une fois de plus nous venons de nous convaincre que la magnanimité ne cesserait jamais d'être l'inspiratrice de ce Trône, mérité par la sagesse d'un homme et relevé par l'estime d'un peuple.

« Il n'y a donc heureusement à discuter contre personne, pour éviter à nos mœurs et à nos institutions la responsabilité de l'échafaud politique. Il n'y a plus, grâce à l'accord qui s'est fait, qu'à constater et à expliquer une transformation nécessaire de notre législation pénale. »

On le voit, la commission du Corps législatif n'avait pas expliqué comment la nation elle-même pouvait être moins respectable que le souverain délégué par elle, et pourquoi l'attentat contre l'ordre social devait être frappé moins sévèrement que l'attentat contre la personne qui en était l'expression.

En outre, en proposant à l'Empereur de maintenir l'abolition de la peine de mort pour les attentats mentionnés dans l'article 87, la commission mettait à sa charge la responsabilité d'un refus, et se réservait, aux dépens du Trône, les reflets d'une fausse popularité.

C'est au nom de ces idées que le Corps législatif, se rendant aux vœux de sa commission, résolut la question qui lui était posée.

Il décida que l'article 86 du Code pénal conserverait les peines édictées sous la monarchie. L'attentat contre la vie ou la personne de l'Empereur resta puni de la peine des parricides, et l'attentat contre la personne des membres de la Famille impériale fut puni de la déportation dans une enceinte fortifiée.

L'article 87, ayant pour objet l'attentat ou le complot dont le but est de détruire ou de changer le gouvernement, c'est-à-dire l'attentat ou le complot dirigés contre la souveraineté nationale elle-même, fut adouci : la peine de mort, que prononçaient la législation de l'Empire et celle de la Restauration, fut remplacée par la peine de la déportation dans une enceinte fortifiée.

Ainsi que nous l'avons déjà dit, l'inviolabilité de l'Empereur, représentant et délégué de la nation, était plus sévèrement protégée que l'inviolabilité de la nation elle-même, et le crime le plus grand des deux était puni de la peine la moins forte. Cela prouvait que la souveraineté nationale, base et sauvegarde de la société moderne, n'avait pas encore éclairé tous les esprits, et que beaucoup d'hommes, parmi les plus dévoués au second Empire, n'en comprenaient pas nettement le principe.

Ce fut cet état de la société qui pesa constamment sur ses institutions et qui diminua leur force.

Quoique la souveraineté nationale soit indivisible, il est néanmoins bien évident que les classes laborieuses, absorbées par l'œuvre qui leur est propre, ne sauraient gouverner elles-mêmes, et que cette fonction doit nécessairement être conférée aux lettrés, aux hommes auxquels une certaine mesure de fortune permet de se consacrer aux affaires publiques, et qu'une assez forte mesure de lumières met en situation de s'en occuper utilement.

Cette division nécessaire de toute nation en majorité immense qui délègue le gouvernement, et en minorité qui exerce cette délégation, se personnifiait, sous l'Empire, dans les masses laborieuses qui s'étaient confiées à l'héritier de Napoléon Ier, et dans la bourgeoisie associée par les conseils de la commune, de l'arrondissement ou du département, par le Sénat, le Corps législatif ou le Conseil d'État, à la gestion des affaires publiques. Or, il faut bien reconnaître qu'en France la bourgeoisie, accoutumée à gouverner depuis 1789, ayant toujours exercé le pouvoir pendant la révolution, l'ayant dominé, sous la Restauration et sous la monarchie de Juillet, par le régime parlementaire, qui met la direction politique dans ses mains, n'est pas naturellement sympathique au gouvernement impérial, délégué direct et supérieur du peuple, et sous lequel les assemblées délibérantes, au lieu de posséder la direction, ne possèdent plus que le contrôle.

Par l'effet d'une tendance naturelle, inhérente à ses traditions et à son éducation, la bourgeoisie associée à l'Empire, et le servant dans les Assemblées, penchait donc toujours vers une extension de ses pouvoirs. Nous la verrons se plaindre du jeu des institutions, qu'elle trouvait trop étroit; du théâtre de ses débats, qu'elle ne trouvait pas assez élevé ou assez large. Quelques vieux parlementaires, les de Montalembert, les de Chasseloup-Laubat, les Faure, les de Flavigny, les Gouin, les Levasseur, les Schneider, les de Wendel, formulaient leurs réclamations avec respect, mais avec insistance. Quelques nouveaux glissaient sur cette pente, ne se contentaient pas de conseiller, et n'auraient pas été fâchés de gouverner.

Le type de l'un des meilleurs, l'un des plus dévoués, l'un des plus honnêtes, de cette bourgeoisie qui demande à figurer avec avantage sur la scène politique, sauf à jeter le désordre, sans le vouloir, ce fut M. Véron, esprit fin, délicat, élevé, équitable, surtout lorsque sa personnalité n'était pas en jeu.

Riche, entouré, directeur du *Constitutionnel*, dont il avait fait une puissance, M. Véron avait été l'un des plus intelligents et des plus fermes soutiens de l'Élu du 10 Décembre; et la proclamation de l'Empire le combla de joie. Le prince Louis-Napoléon lui avait envoyé la croix d'officier de la Légion d'honneur après le coup d'État du 2 Décembre, dans la préparation duquel M. Véron l'avait énergiquement secondé; et il fut le candidat du Gouvernement pour l'arrondissement de Sceaux, aux élections du Corps législatif. Il avait donc lieu d'être satisfait, étant parvenu au but qu'il avait poursuivi, et préservé, par sa fortune considérable, dont il savait user avec intelligence, du désir ou du besoin des fonctions publiques.

Eh bien, même ayant la fortune, même ayant la victoire, même ayant l'influence et la considération que donnent toutes ces choses, cet esprit, en qui se résumaient les aspirations indéfinies de la classe bourgeoise, n'était pas content. Il amassa peu à peu et il consigna dans un livre, miroir de son âme loyale, mais inquiète, les nouveautés qu'il demandait au gouvernement de son choix, et qui manquaient à la satisfaction d'une imagination blasée.

Il déclarait que l'Empereur « avait reconstitué l'autorité en France, et que, *pour accomplir ce miracle,* quatre années lui avaient suffi ; » mais ce miracle ne suffisait pas. « Pour prévenir de désastreuses explosions, ajoutait-il, on a recours à des tubes de sûreté. Or, le temps n'est-il pas venu de nous préparer, par de douces transitions, à l'image, à la jouissance de cette liberté sage et bienfaisante qui nous fut promise ? L'opportunité et l'art des transitions jouent un grand rôle en politique. Je viens donc, dans ce livre, réclamer respectueusement quelques modifications, quelques améliorations à des lois que les malheurs des temps ont rendues nécessaires (1). »

Voilà un homme qui, tourmenté par les périls que les luttes politiques de 1851 faisaient courir à ceux qui s'y mêlaient, avait fait acheter une maison en Hollande pour s'y réfugier, et qui, après le rétablissement de l'autorité, accompli par un *miracle* en quatre années, s'ennuie de son repos, sollicite des modifications aux lois qui le lui ont assuré, et aspire à se procurer des émotions nouvelles !

Assurément, la députation d'un arrondissement de Paris était, même pour un homme du mérite de M. Véron, le couronnement honorable d'une longue carrière. Il y avait aspiré, et il y arriva ; mais, une fois monté au siège législatif, il ne le trouva plus assez haut.

« Le Sénat et le Corps législatif, dit-il, ne sont-ils pas aujourd'hui la retraite la plus sûre pour s'y faire oublier ? Tel député d'à présent, dont la parole et les travaux jetteraient certainement un

---

(1) Véron, *Quatre ans de Règne,* page 32.

grand éclat, s'ils obtenaient le moindre retentissement au dehors, est aujourd'hui plus ignoré qu'un membre des plus anciennes Assemblées, plus ignoré que M. Glais-Bizoin. Ne fournit-on pas ainsi aux partis hostiles l'occasion et le prétexte de dire, bien injustement, que le gouvernement de Napoléon III ne compte parmi ses législateurs et ses fonctionnaires qu'une majorité de comparses, choisis et préférés pour leur soumission aveugle, pour leur complaisance adulatrice (1) ? »

Dans ces lignes est tout l'instinct de la bourgeoisie française, même de la bonne. Crainte d'*être oublié;* jeter de l'*éclat par la parole;* obtenir du *retentissement au dehors!* M. Véron eut le malheur d'être exaucé ; les *tubes de sûreté* qu'il avait demandés furent ajoutés à la machine gouvernementale, et ils eurent pour résultat de ramener sur la scène politique M. Glais-Bizoin, qu'il raillait, et de l'en faire disparaître lui-même.

« Quel danger y aurait-il donc, continue le frondeur, à accorder aux discussions si importantes du Sénat ce demi-jour qui d'ailleurs éclaire si peu le Corps législatif ? Tous les procès-verbaux des séances du Sénat sont publiés en volumes longtemps après chaque session : le pouvoir ne voit donc aucun danger dans cette publication ; seulement, on ne peut lire les discussions du Sénat que lorsqu'elles n'ont plus l'intérêt du moment, et cette publication tardive en volumes ne leur donne aucune publicité. Je comprends que les corps constitués subissent la discipline de l'uniforme ; mais les plus riches broderies ne suffisent pas à leur donner de l'autorité, et à leur gagner auprès de l'autorité publique l'estime et le respect.

« On compte dans le Sénat beaucoup de noms qui ont illustré la France. Pourquoi donner à penser que, sur leurs siéges de sénateurs, ces hommes, justement honorés, sommeillent dans une coupable insouciance des intérêts du pays (2) ? »

Il plaidait aussi pour d'autres clients, les journaux et la Chambre des députés : « Le pouvoir exécutif, disait-il, n'a point encore brisé les liens de la presse ; il n'a point encore ouvert les portes et les

---

(1) Véron, *Quatre ans de Règne*, p. 32.
(2) *Idem, ibid.*, p. 74-75.

fenêtres du Corps législatif, pour que sa tribune pût retentir au loin, » oubliant que le but d'un bon gouvernement est le bien et non le bruit.

Tel fut, tel restera longtemps encore, par la force des choses, l'esprit de la bourgeoisie, déshabituée de l'esprit de hiérarchie que lui avait imprimé l'ancien régime, et résistant au principe de la souveraineté nationale et du suffrage universel, dont la tendance logique a pour objectif un gouvernement fort et concentré, ayant en vue la satisfaction des intérêts généraux, et non la gloriole des ambitions privées. Selon la juste remarque de l'écrivain de la *Revue des Deux-Mondes*, que nous avons rapportée au début de ce livre, « les masses préféreront toujours l'autorité d'un seul aux oligarchies, aux aristocraties, et à la démocratie représentative elle-même. Elles n'useront du droit de suffrage que pour appuyer le pouvoir qui leur assurera la plus grande somme d'égalité, et qui exercera le plus vigoureusement l'autorité la plus étendue. »

Dans les moments où l'ambition personnelle ne trouble pas la liberté de son esprit, M. Thiers lui-même reconnaît la nécessité de contenir l'agitation et l'ambition bruyantes de la bourgeoisie. Dans son discours de réception à l'Académie française, lu le 13 décembre 1834, il caractérisait le silence imposé à la tribune et à la presse par Napoléon Ier en disant : « Dans ce silence ont expiré les passions fatales qu'il fallait laisser éteindre. Dans ce silence, une France nouvelle, forte, compacte, innocente, s'est formée, dans laquelle la liberté est possible. » Sur ce dernier point, M. Thiers se trompait : le silence imposé aux passions fatales n'avait pas été assez prolongé. Il est un de ceux qui ont le plus contribué à leur rendre la parole et à les mettre à même de renverser la monarchie de son choix en 1848, et son propre gouvernement en 1872.

C'est ainsi, énergiquement appuyé par le peuple, sourdement miné par la bourgeoisie mêlée aux affaires publiques, que Napoléon III commence son règne. C'est en vain que le principe de la souveraineté nationale, qui s'est emparé de la France depuis 1789, l'a élevé au trône comme l'expression vivante de sa volonté, lui déléguant le pouvoir le plus étendu et le plus énergique : l'aristocratie nobiliaire et l'oligarchie bourgeoise travaillent sourdement à reconquérir le terrain que la Révolution leur a enlevé. Elles n'écoutent ni la voix des générations nouvelles, ni celle de leurs propres amis, quelque sages que soient leurs conseils.

« L'état social démocratique, dit M. Cornélis de Witt, est un fait dont les générations nouvelles doivent s'accommoder. Les fruits de la démocratie ne sont pas tous amers; elle en fait naître sous nos yeux de très-bons, la diffusion du bien-être et des lumières dans les classes inférieures, le progrès des sentiments d'équité et d'humanité dans les classes supérieures; en bas, plus d'intelligence, plus d'activité, plus de force productive, plus d'indépendance, plus de dignité; la richesse publique accrue, en même temps que le respect pour la qualité d'homme. Ce sont là de grands et précieux bienfaits dont les cœurs généreux doivent se réjouir; ce sont là les œuvres de la démocratie moderne, qu'ils doivent seconder. » Conseils intelligents et salutaires, si, pour les pratiquer, la bourgeoisie politique faisait prévaloir les intérêts du pays sur les satisfactions personnelles, et si elle aimait assez le bien accompli pour se passer de renommée.

C'est à l'occasion du budget que se produisaient les résistances encore voilées des parlementaires, le Corps législatif n'ayant pas encore l'initiative des lois. Le petit groupe, grand par l'autorité morale où cette opposition se concentrait, se composait de cinq ou six membres, dont les plus en évidence étaient M. de Chasseloup-Laubat, M. de Flavigny et M. de Montalembert.

Le moins irréconciliable des trois était le premier. Lié à l'Empire par des attaches de famille, il servit plus tard l'Empereur avec talent et avec dévouement. Son opposition d'alors était peut-être une impatience qui prenait la forme de l'hostilité. « Sommes-nous donc ici dans une chambre de malade, disait-il un jour sur son banc du Corps législatif au collègue qui écrit ces lignes, et nous faut-il parler si bas, de crainte d'aggraver son mal ? — Hélas! lui répondait le collègue, en êtes-vous donc à ignorer si la France est malade ? N'êtes-vous pas du nombre des bons citoyens qui ont aidé l'Empereur à la sauver, et croyez-vous que la terrible maladie de la désorganisation dont elle a failli mourir soit de celles qui se guérissent sans le secours du temps ? » M. de Chasseloup était

ASILE DE VINCENNES

accessible à tous les sentiments honnêtes : il revint de son hostilité passagère, et il servit l'Empire fidèlement et utilement.

Contenue dans les limites d'une courtoisie inaltérable, l'opposition de M. de Flavigny persista jusqu'au point de blesser ses électeurs, qui l'écartèrent aux élections suivantes. Quant à celle de M. de Montalembert, elle devint rapidement de l'aigreur et arriva jusqu'à l'éclat. C'était un homme d'honneur, de courage et d'un grand talent, mais emporté par une personnalité impérieuse et exigeante. Nous avons raconté avec quelle vigueur de parole il avait appuyé, en présence de M. Daru et de M. Buffet, la légitimité du coup d'État, offrant son concours pour l'accomplir. De même que M. Thiers déclare, dans le dernier chapitre de son *Histoire de la Révolution française*, que « le 18 et le 19 Brumaire étaient nécessaires », de même M. de Montalembert avait soutenu qu'un nouveau 18 Brumaire était indispensable. Le matin du 2 Décembre, pendant que les 220 députés étaient enlevés par la brigade du général Forey, à la mairie du 10ᵉ arrondissement, M. de Montalembert, installé tout à côté dans les bureaux de l'*Univers*, annonçait la nouvelle à tous ses amis des départements, et se félicitait de la chute du régime républicain. Eh bien ! à peine ce coup d'État, qu'il avait voulu, qu'il avait proposé de soutenir, était-il accompli, que son besoin d'agitation et d'opposition le jeta dans les rangs de ses plus véhéments adversaires ; si bien qu'avant même la brochure pour laquelle il fut poursuivi, condamné et gracié, sa parole fut si amère pendant la discussion du budget des recettes, au Corps législatif, que l'un de ses collègues, se faisant l'interprète de l'Assemblée, M. Granier de Cassagnac, dut relever avec une respectueuse fermeté sa regrettable palinodie, et déplora qu'il imitât ces matelots ingrats qui oublient dans le port les vœux qu'ils ont faits pendant l'orage.

Contenue au sein des pouvoirs publics, cette opposition de l'oligarchie bourgeoise, qui, grâce à de regrettables condescendances, deviendra plus tard la principale cause de l'affaiblissement de l'Empire, s'emparait naturellement de toutes les armes que la Constitution lui abandonnait. Elle s'emparait des cinq classes de l'Institut, dont elle avait fait comme les cinq places de sûreté accordées autrefois aux protestants par Henri IV. Les complices de l'intérieur donnaient la main à ceux du dehors, et les discours de réception étaient autant de harangues plus ou moins séditieuses, dirigées contre les institutions. L'Empereur, qui se savait très-fort, dédaignait ces attaques, sans songer que la plus petite lime vient à bout, avec le temps, du plus gros barreau de fer.

    Le Premier Consul, auquel il faut toujours revenir lorsqu'il s'agit de bon sens et de fermeté, n'agissait pas ainsi. Informé par Lucien, ministre de l'intérieur, le 15 juillet 1800, que plusieurs hommes de lettres désiraient reconstituer l'Académie française, et offraient à Napoléon de lui donner un fauteuil, il répondit un peu sévèrement qu'il connaissait la *classe des lettres* de l'Institut, et non l'*Académie française*, abolie par la Révolution, et dont il ne souffrirait pas le rétablissement. Quant au fauteuil qu'on lui offrait dans cette *Académie*, il s'excusa de le recevoir, parce qu'il avait d'autres choses plus importantes à faire.

    L'Académie française rétablie, mais rétablie avec ses anciennes obligations, ne se bornait pas à les remplir ; elle allait jusqu'à fouler aux pieds ses Statuts, qui lui ordonnent de faire des choix agréés par le chef de l'État. Or, ce n'était pas assez pour l'Académie de ne pas choisir des amis de l'Empire : elle donnait hautement et bruyamment la préférence aux adversaires. Un académicien alla plus loin : il s'exempta du devoir et des convenances académiques ; c'était M. Berryer.

    Elu membre de l'Académie avant le 2 Décembre, il ne fut reçu qu'au mois de février 1855. Il devait, selon l'usage, aller présenter aux Tuileries son discours de réception. Il s'y refusa, et adressa à M. Mocquard, secrétaire de l'Empereur, la lettre suivante :

    « Paris, 22 février 1855.

    « Je fais appel aux souvenirs de mon ancien confrère, M. Mocquard, pour réclamer de lui un bon office. Je viens d'être reçu à l'Académie française. Il est d'usage, à peu près constant, que chaque nouvel académicien aille présenter aux Tuileries son discours de réception. La situation particulière qui m'a été faite en 1851 rend cette présentation tout à fait impossible de ma part.

« Je crois avoir acquis, il y a quinze ans, le droit de m'abstenir aujourd'hui d'une formalité dont l'accomplissement ne serait peut-être pas pénible pour moi seul. M. Mocquard sait bien que, par principe comme par caractère, j'ai autant de répugnance pour le bruit inutile et les vaines manifestations que pour un manque d'égards personnel. Je le prie de vouloir bien sans retard faire connaître la détermination qu'un sentiment honorable m'impose.

« Je prie M. Mocquard de recevoir les compliments de ma vieille confraternité.

« *Signé :* BERRYER,

« Avocat, ancien membre de l'Assemblée législative. »

Voici la réponse de M. Mocquard :

« L'ancien confrère s'est empressé de se rendre à l'appel de M. Berryer : la réponse suivante en est la preuve.

« L'Empereur regrette que, dans M. Berryer, les inspirations de l'homme politique l'aient emporté sur les devoirs de l'académicien. Sa présence aux Tuileries n'aurait pas causé l'embarras qu'il semble redouter. De la hauteur où elle est placée, Sa Majesté n'aurait vu dans l'élu de l'Académie que l'orateur et l'écrivain, dans l'adversaire d'aujourd'hui que le défenseur d'autrefois.

« M. Berryer est parfaitement libre d'obéir, ou à ce que lui prescrit l'usage, ou à ce que ses répugnances lui conseillent.

« L'ancien confrère est heureux, dans cette circonstance, d'avoir pu rendre à M. Berryer ce qu'il appelle, ce qu'il croit un bon office. Il lui offre les compliments de sa vieille et cordiale confraternité.

« *Signé :* MOCQUARD,

« Secrétaire de l'Empereur. »

Sans doute, les rieurs ne furent pas du côté de M. Berryer, mais l'autorité impériale était bravée, et l'opinion s'habituait à voir qu'on pouvait la braver impunément.

Certes, l'œuvre qui incomba au Premier Consul était bien

plus considérable et plus difficile que celle qu'eut à accomplir Napoléon III. L'un eut la société détruite à réorganiser de fond en comble; l'autre n'eut qu'à la replacer dans sa voie normale, hors de laquelle de mauvaises institutions et l'égoïsme des partis l'avaient poussée. Cependant, si l'on ne considère que les dix premières années du second Empire, elles justifient dans une forte mesure ce que l'on a écrit du Consulat :

« Du chaos sort un génie extraordinaire, qui saisit cette société agitée, l'arrête, lui donne à la fois l'ordre, la gloire, réalise le plus vrai de ses besoins, l'égalité civile, et ajourne la liberté, qui l'eût gênée dans sa marche (1). »

---

(1) Thiers, *Disc. de récept. à l'Académie française*. — 13 décembre 1834.

LIVRE HUITIÈME

Conspirations contre la vie de l'Empereur. — Complots de l'Hippodrome et de Lille. — Attentat de Pianori. — Tibaldi et ses complices. — Tentative d'Orsini. — Complots des Italiens et de Beaury. — Guerre de Crimée. — Bataille de l'Alma. — Mort du maréchal de Saint-Arnaud. — Siége de Sébastopol. — Traité de Paris. — Exposition universelle de 1855. — Naissance du Prince Impérial. — Inondations du Rhône, de la Loire, de la Saône et de l'Allier. — Elections de 1857.

Pendant que l'Empereur, pénétré de la grandeur de sa mission, s'efforçait de rendre la France prospère au dedans et respectée au dehors, ses ennemis politiques ne cessaient de conspirer contre lui. Trop faibles pour engager ouvertement la lutte contre l'élu de sept millions de suffrages, ils organisaient des sociétés secrètes et soudoyaient des assassins.

Il nous a été donné de puiser aux sources les plus autorisées nos renseignements sur les complots qui ont été ourdis de 1852 à 1870, et nous allons en faire l'historique, parce que, selon nous, ils sont un véritable titre de gloire pour l'Empereur. Jamais, en effet, les assassins qui ont attenté à sa vie n'ont été guidés par la rancune personnelle ou le désir de vengeance : qu'ils fussent Français ou Italiens, qu'ils s'appelassent Ledru-Rollin ou Mazzini, Orsini ou Flourens, ils n'ont agi que dans un but exclusivement politique. Personnifiant dans l'Empereur la cause de l'ordre, ils espéraient, en le frappant, atteindre du même coup les principes fondamentaux de la société et amener un bouleversement général au profit des idées révolutionnaires.

Le premier complot sérieux qui eut lieu contre la vie de l'Empereur est celui de l'Hippodrome ou de l'Opéra-Comique. C'est le plus important par le nombre des conjurés, et il n'échoua que grâce aux précautions habiles que sut prendre la police.

Dès le mois de mai 1853, plusieurs ouvriers avaient formé une société secrète à la tête de laquelle se trouvaient les sieurs Folliet, Ruault, Lux et Jules Allix, qui depuis a été membre de la Commune.

Il fut convenu, au commencement de juin, qu'on assassinerait l'Empereur et qu'on saisirait la première occasion favorable pour l'exécution de ce projet. Le plan des conjurés ressort nettement des révélations qui furent faites lors de leur procès : ils devaient s'approcher du Souverain au cri de « Vive l'Empereur ! » le tuer, traîner son cadavre dans les rues, élever des barricades et proclamer la République sous la dictature de Blanqui.

Le 6 juin, on apprit que Leurs Majestés devaient aller le lendemain à l'Hippodrome. Aussitôt les affiliés se réunirent : leurs chefs leur distribuèrent des armes et des munitions, et rendez-vous fut pris pour le jour suivant : mais la préfecture de police avait eu vent du complot, et, bien qu'elle n'eût pas reçu des indications suffisantes pour pouvoir procéder à l'arrestation des coupables, elle n'en savait pas moins qu'un coup de main devait être tenté. On prit donc de grandes précautions : le nombre des agents fut plus que doublé et des sentinelles furent placées partout aux abords de l'Hippodrome.

Vers cinq heures et demie, au moment où les agents faisaient ranger les curieux pour que les voitures impériales pussent passer, Lux frappa dans ses mains et poussa un cri d'une nature particulière. On remarqua aussitôt un mouvement dans la foule, mais, en présence des mesures prises par l'autorité, les conjurés hésitèrent et ils ne tardèrent pas à se retirer sans avoir osé exécuter leurs projets.

Cet insuccès, loin de les décourager, ne fit que les confirmer dans leur résolution, et dès le lendemain un nouvel élément vint s'ajouter au complot. Jusque-là il n'y avait eu parmi les conjurés que des ouvriers : le 8 juin, Ruault, un de leurs chefs, eut une conférence avec trois jeunes gens dont l'un devait plus tard devenir fameux, Arthur Ranc, Laflize et Ribaut de Langardière, délégués d'une société secrète d'étudiants.

A la suite de cette entrevue, étudiants et ouvriers se mirent d'accord, et c'est alors qu'on voit apparaître deux nouveaux personnages : de Méren, un Belge qui se signala dans les conciliabules par sa violence et son exaltation, et le docteur Fallot, sorte de fou, sur lequel on trouva, au moment de son arrestation, des instruments de chirurgie et de nombreuses bandes de toile. Lorsqu'on lui demanda dans quel but il s'était muni de ces objets, il répondit que, dans sa pensée, il devait y avoir beaucoup de blessés, et que l'humanité lui faisait un devoir de les soigner tous, aussi bien les hommes d'ordre que les autres.

Le 3 juillet, une réunion eut lieu dans le voisinage de Saint-Mandé, et les affiliés firent le serment d'assassiner l'Empereur. Deux jours plus tard, le 5, les affiches de l'Opéra-Comique annoncèrent que Leurs Majestés assisteraient le soir même à la représentation.

L'occasion parut bonne aux chefs du complot : ils convoquèrent immédiatement les différents groupes, et prirent leurs dispositions pour exécuter leur crime aux abords du théâtre.

Il fut convenu que de Méren tirerait le premier : à ce signal les autres conjurés devaient décharger leurs pistolets sur la voiture impériale, et profiter de la confusion pour échapper aux recherches et se rendre dans les quartiers excentriques où ils proclameraient la République.

On le voit, les mesures des assassins étaient bien prises, et peut-être leur tentative eût-elle réussi, si la police, mise sur leurs traces à la suite de l'affaire de l'Hippodrome, ne les avait sans cesse épiés et n'avait été tenue au courant de leurs desseins. Au dernier moment, de nombreuses arrestations eurent lieu, et l'on trouva, sur la plupart des personnes arrêtées, des pistolets et des poignards. La France entière accueillit avec indignation la nouvelle de cette conspiration odieuse contre la vie du Souverain qu'elle avait acclamé.

L'instruction du procès fut longue et laborieuse, à cause du nombre des accusés. Les preuves ne manquaient pas contre eux, mais certains indices semblaient établir que les réfugiés français en Angleterre et en Suisse n'étaient pas étrangers au complot, et la justice dut faire des recherches pour éclairer ce point.

Il fut prouvé que, dans une réunion tenue par les conjurés, on avait proposé de prévenir le colonel Charras du crime qui allait être tenté, et qu'un des accusés, le nommé Monchirond, avait

ATTENTAT DE LA RUE LEPELLETIER.

répondu : « Il est inutile de lui rien dire : il sait tout. » Ce qu'il y a de certain, c'est que peu de jours avant le 5 juillet le colonel Charras s'était rapproché de la frontière, comme s'il n'eût attendu que le succès du complot pour rentrer en France.

Quoi qu'il en soit, la question de savoir si les accusés avaient eu des complices à l'étranger ne put être résolue ni dans un sens ni dans l'autre ; on avait de graves présomptions pour l'affirmative, mais, les preuves certaines faisant défaut, on ne comprit dans la poursuite que les personnes arrêtées à Paris.

Les débats s'ouvrirent le 7 novembre devant la Cour d'assises, présidée par M. le baron Zangiacomi, aujourd'hui conseiller à la cour de cassation ; ils durèrent jusqu'au 16 novembre, date à laquelle fut rendu le jugement.

Six accusés, parmi lesquels Arthur Ranc, dont la jeunesse — il avait à peine vingt-deux ans — avait attendri les jurés, furent acquittés.

Ruault, Lux, de Méren et quatre autres, furent condamnés à la déportation. Quatorze autres complices, moins gravement compromis, furent frappés de peines variant entre dix ans de détention et trois ans d'emprisonnement.

Deux mois plus tard, un second procès, dans lequel figuraient de nouveau la plupart des accusés, s'engageait devant la 6ᵉ chambre du tribunal correctionnel de Paris, présidée par M. d'Herbelot.

Les prévenus étaient au nombre de quarante-cinq, et comparaissaient sous l'inculpation d'avoir fait partie d'une société secrète, détenu des armes de guerre et fondé une imprimerie clandestine.

Quarante et un furent condamnés à des peines variant entre trois ans et un an de prison. Parmi eux se trouvait Arthur Ranc, aujourd'hui condamné à mort par contumace, pour avoir participé aux crimes de la Commune.

L'année suivante eut lieu un second complot, moins connu, et que le hasard seul fit découvrir.

On savait que l'Empereur devait aller, dans la journée du 12 septembre 1854, de Calais à Tournay (Belgique), pour rendre au roi des Belges la visite qu'il en avait reçue quelque temps auparavant, à Calais même.

Au dernier moment, ce voyage fut contremandé.

Cependant l'inspection extraordinaire des voies ferrées, inspection à laquelle il était procédé toutes les fois qu'un voyage de l'Empereur était annoncé, fit découvrir vers 5 heures du matin, à peu de distance de Lille, qu'un point de la voie avait été remué, lorsque depuis longtemps les ouvriers de l'administration n'avaient pas travaillé sur cette partie du chemin.

Cette circonstance détermina les cantonniers à se livrer à une investigation sérieuse ; on sonda à plusieurs endroits, et on découvrit, enfoui à 50 centimètres de profondeur, entre deux rails, un cylindre en cuivre, de 12 centimètres de diamètre et de 22 de longueur. — Un fil de fer plongeait dans le cylindre. Ce fil de fer, entouré de soie verte, se prolongeait caché sous terre jusqu'à un petit tonneau, à plusieurs centaines de mètres du point de départ, et se rattachait à une pile électrique de Bunsen, placée sous le tonneau.

L'appareil était prêt à fonctionner, et la personne qui devait le mettre en mouvement, lors du passage du train, pouvait de son poste apercevoir l'endroit où gisait le cylindre. D'après le rapport des experts, il contenait 2 kilog. 350 grammes de fulminate de mercure, substance très-inflammable et dont l'explosion était de nature à produire des ravages incalculables qui devaient s'étendre bien au delà du point d'explosion.

Les misérables qui avaient conçu cet horrible projet ne reculaient pas, pour atteindre leur but, devant la mort inévitable d'une nombreuse foule qui se serait infailliblement portée sur le parcours du train impérial, tandis qu'eux, même l'homme qui devait manœuvrer la pile de Bunsen, étaient à l'abri de tout danger.

La matérialité du crime démontrée, restait à en connaître les auteurs. L'instruction de cette affaire fut longue et difficile ; peu d'indices, dans le principe, étaient de nature à mettre la justice sur la trace des coupables.

A force de recherches on découvrit que la pile électrique avait été introduite de Belgique en France, et qu'elle avait été achetée à Bruxelles par trois individus du nom de Lecomte, Célestin

Jacquin et Nicolas Jacquin. Bientôt il ne resta plus de doute sur la personne qui l'avait introduite en France : c'était Lecomte, dont on connaissait le signalement, et qui fut inutilement recherché ainsi que ses deux complices ; ils avaient fui en Angleterre. Quant au cylindre, il paraît constant qu'il a été fabriqué en Belgique. Qui l'a apporté en France ? ce point est resté incertain.

Quelques arrestations eurent lieu dans la ville de Lille et dans une petite commune des environs.

Un nommé d'Hennin, ouvrier menuisier, d'antécédents politiques très-mauvais, fut arrêté le premier. Il avait reçu de deux étrangers à la ville, dont il ne savait pas les noms, le cylindre et l'appareil électrique, et les avait cachés pendant plusieurs nuits dans une maison en construction à Lille, dont il surveillait les travaux. Il ne connaissait pas l'usage qu'on se proposait d'en faire.

Un sieur Desquiens, ami d'Hennin, ouvrier menuisier comme lui, fut également arrêté ; on trouva à son domicile une centaine de mètres de fil de fer entouré de soie verte, pareil au fil de fer qui rattachait le cylindre à l'appareil électrique.

Quelques autres arrestations eurent encore lieu ; c'étaient des ouvriers qui avaient transporté des outils sur la voie du chemin de fer et qui avaient aidé à creuser la voie. Suivant eux, ils croyaient concourir à une opération de fraude.

On rechercha encore avec soin un nommé Vendôme, tailleur, à Lille, qu'on supposait devoir être l'homme chargé de mettre en mouvement l'appareil électrique : il avait fui en Angleterre. Dans le cours de l'instruction judiciaire on apprit que le vrai nom de Lecomte, qui avait introduit en France la machine électrique, était Louis Deron, de Saint-Omer ; quant aux deux frères Jacquin, ils n'étaient pas entrés en France.

A la suite de cette longue et minutieuse instruction, la chambre du conseil renvoya devant la Cour d'assises de Douai : Deron (Louis), dit Lecomte, Clément et Nicolas Jacquin, et Vendôme, ces quatre individus contumaces ; d'Hennin ; Desquiens, Dussart, Desrumez et Cordelier.

La Cour d'assises de Douai condamna, comme coupables de tentatives contre la vie de l'Empereur, d'Hennin aux travaux forcés à perpétuité, et Desquiens à cinq ans de prison.

Dussart, Desrumez et Cordelier, furent acquittés.

Quant aux quatre contumaces, ils furent frappés par la Cour, siégeant sans l'assistance du jury, de la peine des parricides.

Ces deux complots sont les seuls importants qui furent préparés en France; les autres tentatives qui furent faites contre la vie de l'Empereur, et dont nous allons parler, avaient été organisées à l'étranger, et principalement en Angleterre, par des réfugiés et par les sociétés secrètes italiennes.

Mazzini y joue un grand rôle : c'est presque toujours lui qui a conçu l'idée du crime et qui a choisi et soudoyé les assassins. Aussi remarque-t-on une grande différence dans les moyens employés : les conspirations qui eurent lieu à partir de 1855 ont été beaucoup plus habilement conduites que les précédentes, et plusieurs d'entre elles n'ont échoué que par une protection manifeste de la Providence.

Mazzini, conspirateur émérite et chef d'une vaste association secrète, disposait de moyens d'action puissants : il était convaincu que, pour qu'un complot eût des chances de réussir, le nombre des affiliés devait être restreint, et il n'a jamais envoyé en France qu'un, deux, ou quatre assassins au plus.

Le 28 avril 1855, vers cinq heures du soir, l'Empereur, à cheval, sans escorte, remontait l'avenue des Champs-Élysées; il avait dépassé le Rond-Point et se trouvait à la hauteur du Château des Fleurs, lorsqu'un homme fendit la foule pour s'approcher de lui.

Un des agents de service, Alessandri, remarqua ce mouvement, et, pressentant vaguement un danger, voulut s'élancer sur cet individu, mais il dut faire un détour pour éviter une voiture, et, avant qu'il eût pu accomplir son projet, deux détonations retentirent presque simultanément. L'inconnu, arrivé à trois ou quatre pas de l'Empereur, avait déchargé sur lui les deux coups d'un pistolet double.

Alessandri le saisit à bras-le-corps au moment où il prenait dans sa poche un second pistolet ; après une courte lutte il le terrassa et lui fit, en tombant sur lui, une légère blessure avec le poignard qu'il tenait à la main. Déjà il avait dégagé le bras droit, et, cédant à la colère, encouragé par les cris d'indignation de la foule, il allait frapper l'assassin, lorsque l'Empereur, qui n'avait pas été atteint et qui était resté aussi calme et aussi impassible que s'il ne se fût rien passé d'extraordinaire, lui ordonna de l'épargner.

Cette intervention sauva le misérable, qui fut conduit en prison. On sut alors qu'il s'appelait Giovanni Pianori, qu'il avait 28 ans, et qu'il exerçait la profession de cordonnier. Outre les deux pistolets qui avaient été ramassés sur le théâtre du crime, on en trouva sur lui un troisième et un poignard.

Quel avait été l'instigateur de cette tentative ? C'est un point qu'il fut impossible à la justice d'éclaircir complétement, car Pianori refusa de répondre aux questions qui lui furent faites à ce sujet. Lorsqu'on lui demanda pourquoi il avait voulu tuer l'Empereur, il déclara que c'était parce que l'Empereur *avait fait la campagne de Rome et qu'il avait ruiné le pays.*

Il est évident que cette réponse n'était qu'un prétexte destiné à dissimuler la vérité, car, en admettant que la campagne de Rome eût ruiné son pays, il est peu probable que Pianori s'en fût autrement inquiété : depuis longtemps, en effet, il avait quitté les Etats romains où il avait déjà subi une condamnation. On sut d'ailleurs qu'il venait d'Angleterre et que les pistolets dont il avait été trouvé porteur avaient été achetés à Londres. Ces détails semblent prouver que Pianori n'a été qu'un agent à la solde des réfugiés français ou de Mazzini.

Le procès eut lieu le 7 mai, c'est-à-dire, huit jours après le crime. Et qu'on ne s'étonne pas de la rapidité avec laquelle l'instruction fut menée : l'accusé, arrêté en flagrant délit, ne pouvait même pas essayer de nier sa culpabilité.

Un seul incident mérite d'être signalé dans les débats, et nous l'empruntons à la *Gazette des Tribunaux :*

Le procureur général au témoin Alessandri. — Témoin, n'avez-vous pas entendu une voix s'écrier, au moment où vous renversiez cet homme : Ne le tuez pas !

R. — Oui.

D. — Qui a dit cela ?

R. — C'est l'Empereur.

Nous avons cru devoir insister sur ce détail parce qu'il prouve une fois de plus combien étaient grands le sang-froid et le courage de l'Empereur aux heures de danger. On venait de tirer sur lui presque à bout portant ; il avait échappé par miracle à la mort, et le péril qu'il avait couru ne lui avait causé ni trouble ni émotion.

Pianori fut condamné à la peine capitale et exécuté.

Deux ans après, dans le courant du mois de mai 1857, la préfecture de police fut prévenue de la présence à Paris de deux Italiens, envoyés par Mazzini pour attenter à la vie de l'Empereur. Là s'arrêtaient les renseignements, et on ne connaissait ni les noms ni les signalements des deux assassins.

M. Piétri, fort embarrassé, et ne sachant quelle résolution prendre, fit venir dans son cabinet MM. Balestrino, chef de la police municipale, et Lagrange, alors officier de paix, et leur demanda s'ils pouvaient, par un moyen quelconque, découvrir les deux individus signalés. M. Balestrino répondit négativement, il était d'avis d'attendre, en redoublant toutefois de précautions. M. Lagrange eut alors une idée extrêmement ingénieuse, et qui, mise à exécution, produisit les meilleurs résultats. Nous garantissons absolument l'authenticité des détails qui vont suivre, bien qu'ils soient tout à fait inédits et qu'ils n'aient même pas été connus de la justice lors du procès.

Au nombre des amis de Mazzini se trouvait en ce moment un agent de la préfecture de police. Mazzini avait une entière confiance en lui et le soupçonnait d'autant moins de le trahir que ce personnage, qui était en relations avec MM. le docteur Conneau et Mocquard, l'un médecin, l'autre secrétaire de l'Empereur, feignait de servir d'espion au conspirateur italien et de lui fournir des renseignements sur ce qui se passait aux Tuileries.

M. Lagrange proposa d'envoyer cet homme à Londres : il irait voir Mazzini, et lui dirait sans avoir l'air d'y attacher de l'importance qu'il avait appris par MM. Conneau et Mocquard que l'Empereur sortait seul toutes les nuits et se rendait dans une maison de la rue du Faubourg-Saint-Honoré. Il était probable que Mazzini ferait parvenir ce renseignement aux deux assassins, et qu'en établissant une surveillance depuis les Tuileries jusqu'à la maison indiquée on parviendrait à s'emparer d'eux.

M. Piétri, tout en rendant justice à l'habileté de ce plan, ne voulut cependant pas le mettre à exécution sans en avoir référé à l'Empereur. Il alla donc le trouver immédiatement, et lui exposa ce dont il s'agissait. L'Empereur ne put s'empêcher de rire de l'idée de M. Lagrange, et lui laissa toute liberté d'action.

On envoya donc à Londres l'ami de Mazzini. A partir de ce moment, toutes les nuits, un coupé stationna devant le guichet de l'Échelle : vers une heure du matin, Félix, le valet de chambre de l'Empereur, ouvrait la porte et accompagnait jusqu'à la voiture, en l'entourant des marques du plus profond respect, un homme vêtu d'un paletot, et dont le chapeau, enfoncé sur les yeux, ne laissait voir que le bas de la figure. C'était M. Lagrange : mais, à quelques pas, dans l'obscurité, il était presque impossible de ne pas le prendre pour l'Empereur, avec lequel ses moustaches cirées et son impériale lui donnaient une vague ressemblance.

A peine était-il monté que le coupé partait ventre à terre, prenait la rue de Rivoli, et ne s'arrêtait qu'au n° 53 de la rue du Faubourg-Saint-Honoré. Le concierge, prévenu, ouvrait aussitôt la porte, et M. Lagrange disparaissait dans la maison.

Au bout de quelques nuits, on remarqua deux individus de mine suspecte qui semblaient épier l'arrivée du coupé. Une fois, en descendant de voiture, M. Lagrange aperçut ces deux hommes à quelques pas de lui, et vit briller un poignard dans la main de l'un d'eux. Si, à ce moment, des agents, feignant d'être ivres, ne s'étaient pas brusquement approchés, l'intelligent officier de paix eût peut-être payé de sa vie son dévouement au chef de l'État.

Dès lors, le doute n'était plus possible : on suivit les deux inconnus, on découvrit leur demeure, et l'on apprit qu'ils avaient des relations avec un ouvrier opticien nommé Tibaldi, et un autre Italien que nous ne nommerons pas, parce qu'il a été depuis ministre du roi Victor-Emmanuel, et qu'il ne fut d'ailleurs jamais bien prouvé qu'il eût eu connaissance du complot.

Il ne s'agissait plus que de trouver un prétexte pour arrêter les assassins, car la préfecture de police ne voulait pas, en racontant ce qui s'était passé, compromettre son agent auprès de Mazzini.

Ce prétexte, ce fut Mazzini lui-même qui le fournit. Il était alors

LE MARÉCHAL PÉLISSIER

à Gênes depuis quelques jours, et le 13 juin on saisit, en vertu d'une délégation judiciaire, une lettre envoyée par lui à un nommé Statford, à Londres.

Cette lettre contenait trois billets. Deux étaient adressés à Massarenti et à Campanella, l'un charcutier, l'autre docteur, tous deux Italiens, réfugiés politiques à Londres. Mazzini leur parlait de l'*affaire de Paris*, leur donnait l'adresse d'un ami demeurant dans cette ville, 122, rue Ménilmontant, et leur indiquait chez qui ils pouvaient trouver de l'argent pour solder de nouveaux assassins. Un troisième billet, destiné à l'ami de Paris et portant la suscription A. P. T., renfermait des instructions en vue du crime.

Désormais la police pouvait agir. Le complice désigné par les initiales P. T. était Paolo Tibaldi, qui demeurait effectivement rue Ménilmontant, n° 122. Le jour même il était arrêté, ainsi que les deux assassins qu'on surveillait déjà et qui s'appelaient, l'un, Bartolotti, et l'autre, Grilli. Ils habitaient rue du Faubourg-Saint-Denis, 82, et il y avait plus d'un mois qu'ils étaient entrés en France sous les faux noms, le premier de Lazzieri, et le second de Faro.

Les perquisitions faites au domicile de Tibaldi n'eurent pas tout d'abord de résultats, mais on ne tarda pas à découvrir chez les époux Gallibourg, demeurant dans la même maison, une valise que la femme Girot, avec qui habitait Tibaldi, leur avait confiée depuis quelque temps. Cette valise contenait, cachés sous des vêtements, quatorze pistolets de poche, un pistolet d'arçon, un revolver, cinq poignards et deux moules à balles.

Tibaldi prétendit que cette valise avait été mise sous sa garde par un de ses amis et qu'il n'en connaissait pas le contenu. Mais les vêtements sous lesquels les armes avaient été trouvées paraissaient avoir été faits pour lui. De plus, les déclarations de la femme Girot furent péremptoires : elle affirma qu'elle n'avait jamais vu cette valise entre les mains de Tibaldi avant son retour de Londres, où il était allé récemment passer trois semaines ; elle avoua en outre qu'elle avait repris pendant un jour la valise déposée chez les époux Gallibourg, et que c'était justement le jour où les deux assassins étaient venus voir Tibaldi pour la première fois. Or, l'on trouva dans une chambre qu'avait habitée Grilli deux poignards semblables à ceux qu'on avait découverts dans la valise. A ces preuves si concluantes vint s'en ajouter une autre plus écrasante encore : c'était une lettre des plus compromettantes adressée à Mazzini par Tibaldi et saisie à la poste. Tibaldi nia d'abord qu'elle fût de lui, mais la femme Girot reconnut l'avoir écrite sous sa dictée.

D'ailleurs, Bartolotti et Grilli ne tardèrent pas à faire des aveux complets. Bartolotti raconta le premier qu'un jour Massarenti lui avait offert de l'argent pour assassiner l'Empereur, et que, le voyant disposé à accepter, il l'avait conduit chez Mazzini. Là, il avait rencontré un Français qu'il ne connaissait pas, mais qu'il avait entendu appeler *Drou-Rolline* et qui n'était autre que Ledru-Rollin. On avait causé quelques instants, puis le Français s'était retiré.

Peu de jours après, Bartolotti était retourné chez Mazzini, qui lui avait donné ses dernières instructions et lui avait recommandé d'aller voir, à son arrivée à Paris, Tibaldi, dont il devait se faire reconnaître par un mot d'ordre.

Les aveux de Grilli furent à peu près semblables. C'était Massarenti qui l'avait embauché, lui aussi ; seulement, il n'était allé chez Mazzini que la seconde fois, et n'y avait par conséquent pas vu Ledru-Rollin. La complicité de ce dernier n'en était pas moins évidente, et ressortait clairement de la déposition de Bartolotti, qui affirmait avoir entendu Massarenti lui déclarer que Mazzini ne pourrait lui donner de l'argent qu'après en avoir reçu lui-même du Français *Drou-Rolline*.

Bref, les deux assassins avaient eu mille francs chacun, et c'est avec cette somme qu'ils étaient venus de Londres à Paris, où Tibaldi leur avait donné des armes et les avait conduits dans les endroits où ils pouvaient avoir quelques chances de rencontrer l'Empereur.

Des déclarations aussi précises ne pouvaient laisser aucun doute dans l'esprit des jurés : aussi, le 7 août, Tibaldi, Bartolotti et Grilli, reconnus coupables de complot contre la vie de l'Empereur, furent-ils frappés, le premier de la peine de la déportation, et les deux autres de celle de quinze années de détention.

Le 3 septembre suivant, la Cour d'assises, siégeant sans l'assistance du jury, condamna par contumace les organisateurs du complot, Mazzini, Ledru-Rollin, Massarenti et Campanella, à la déportation.

Jusque-là, dans tous les complots ourdis contre la vie de Napoléon III, celui de Lille excepté, les moyens d'exécution s'étaient ressemblé, et les armes employées par les assassins avaient toujours été le pistolet ou le poignard. L'insuccès de Pianori, qui avait manqué l'Empereur presque à bout portant, détermina les conspirateurs à chercher un moyen plus sûr d'arriver à leur but, et ils inventèrent les bombes, dites Orsini, du nom de celui qui en fit usage le premier.

Orsini n'était pas un vulgaire agent comme les autres Italiens envoyés jusqu'à ce jour pour assassiner l'Empereur. Il appartenait à une bonne famille, avait exercé la profession d'avocat, et aurait pu occuper une situation importante dans son pays, si, dès sa jeunesse, il ne s'était lancé à corps perdu dans le parti révolutionnaire. Intelligent, actif, il aspirait à devenir le chef de ce parti, et, par conséquent, à supplanter Mazzini, avec lequel il se trouvait en désaccord sur beaucoup de questions ; mais, pour obtenir ce résultat, il fallait frapper un grand coup.

Orsini pensa que, s'il parvenait à tuer l'Empereur, ses coreligionnaires politiques lui sauraient gré d'avoir réussi là où son rival avait toujours échoué. Il se décida donc à venir en France, et résolut d'exécuter lui-même son criminel projet ; de cette façon, il prouverait qu'il était un homme d'action, et sa conduite ferait ressortir l'extrême prudence de Mazzini, qui avait toujours eu soin de se tenir à l'abri du danger.

C'est dans le courant du mois de novembre 1857, c'est-à-dire quelques mois à peine après l'avortement du complot de Tibaldi, qu'Orsini fit, d'accord avec un réfugié français, Bernard, dit le Clubiste, fabriquer ses bombes à Birmingham ; puis, après avoir embauché trois complices, Pieri, Gomez et de Rudio, il partit seul pour Paris où il loua, sous le nom de Thomas Allsop, un appartement rue du Mont-Thabor, 10.

Pendant plus d'un mois il resta à Paris sans éveiller l'attention de la police ; presque tous les jours il se promenait à cheval, se portant de préférence sur le passage de l'Empereur et cherchant à quel endroit il pourrait le plus facilement commettre son crime. Vers les premiers jours de janvier 1858, ses complices vinrent le rejoindre : Gomez, sous le nom de Swiney, se fit passer pour son domestique, et logea dans un hôtel de la rue Saint-Honoré ; Pieri et de Rudio, se faisant appeler l'un Andreas Pierey et l'autre Da Silva, arrivèrent par la Belgique, avec des passe-ports parfaitement en règle, et descendirent, rue Montmartre, à l'*Hôtel de France et de Champagne.*

Cependant, la préfecture de police avait reçu de vagues indications : elle savait que Pieri, de passage à Bruxelles, avait proféré des menaces contre l'Empereur, ajoutant qu'il allait à Paris et qu'on entendrait bientôt parler de lui. On avait son signalement, mais toutes les recherches faites pour le découvrir étaient demeurées sans résultat.

Le 14 janvier, les journaux avaient annoncé que l'Empereur et l'Impératrice devaient se rendre à l'Opéra. Longtemps avant l'arrivée de Leurs Majestés, une foule considérable stationnait sur le boulevard et à l'entrée de la rue Le Peletier.

Soudain, vers huit heures et demie, au moment où la voiture impériale pénétrait sous le péristyle du théâtre, trois détonations retentirent coup sur coup. Aussitôt les acclamations enthousiastes se changèrent en cris de douleur et d'indignation. Pendant un moment, le tumulte fut indescriptible ; près de cent soixante-dix personnes avaient été tuées ou blessées ; les chevaux de la voiture et de l'escorte gisaient éventrés : on marchait littéralement dans le sang.

L'inquiétude ne se calma un peu que lorsqu'on vit l'Empereur et l'Impératrice gravir les marches du péristyle. Ils n'avaient échappé à la mort que par miracle, car leur voiture avait été criblée d'éclats de bombe ; l'Empereur avait eu son chapeau traversé par un projectile et un morceau de verre l'avait frappé au visage ; l'Impératrice n'avait pas été atteinte. Le général Roguet, qui les accompagnait, avait reçu une blessure assez grave à la nuque.

L'Empereur, qui avait conservé tout son sang-froid, s'arrêta devant le contrôle pour donner des ordres relatifs aux blessés, et l'on put remarquer alors combien il était calme ; l'Impératrice, elle aussi, avait montré une rare énergie : au moment où elle descendait de voiture, le directeur de l'Opéra s'était approché d'elle pour la soutenir, mais elle l'avait remercié en disant : « Nous avons plus de courage qu'eux. »

Puis, lorsqu'Elles eurent fait prendre toutes les dispositions nécessaires pour que les blessés reçussent les premiers soins, Leurs Majestés pénétrèrent dans la salle, où elles furent accueillies par des vivats et des applaudissements frénétiques. « Il n'y avait là, dit un historien étranger, qu'un seul sentiment, qu'une seule pensée et aussi qu'une seule conviction, celle que le salut de l'Empereur était le salut de la France. »

Aussi la nouvelle de cet horrible attentat souleva-t-elle une immense indignation, non-seulement en France, mais dans toute l'Europe. Dès le lendemain, la plupart des souverains étrangers avait fait parvenir par le télégraphe leurs félicitations à l'Empereur et à l'Impératrice ; le 16, le corps diplomatique et les grands corps de l'État se rendirent aux Tuileries, où étaient déjà arrivées de nombreuses adresses témoignant l'horreur qu'inspirait le crime et la joie que causait le salut miraculeux de Leurs Majestés.

De toutes parts, on demandait qu'un châtiment exemplaire frappât les coupables, qui, grâce à des recherches intelligentes et actives, étaient tombés, quelques heures après leur tentative, entre les mains de la justice.

Pieri, reconnu dans la rue Le Peletier, au coin de la rue Rossini, par l'officier de paix Hébert, avait été arrêté une demi-heure environ avant l'attentat ; mais M. Hébert n'avait pas eu le temps d'avertir ses chefs de cette capture, sans quoi il eût peut-être été possible de prévenir la catastrophe : mise en éveil, la police aurait fermé la rue Le Pelletier, et l'Empereur serait entré à l'Opéra par la rue Drouot.

Le premier moment de tumulte passé, on alla faire une perquisition à l'*Hôtel de France et de Champagne*, dans la chambre de Pieri, et on y trouva de Rudio qui dormait ou feignait de dormir. Interrogé par les agents, il répondit s'appeler Da Silva, produisit un passe-port en règle et donna, avec un grand sang-froid, des explications assez satisfaisantes pour qu'on jugeât inutile de l'arrêter.

Les agents revinrent à la préfecture de police, mais, à peine eurent-ils parlé de Da Silva, que le préfet, très-irrité qu'ils ne se fussent pas assurés de sa personne, les renvoya immédiatement à l'*Hôtel de France et de Champagne*. Lorsqu'ils y arrivèrent, de Rudio allait sortir ; il fut arrêté sur le seuil de la porte.

Pendant ce temps, M. Lagrange faisait, avec le procureur impérial, M. Cordouen, cerner l'espace compris entre les rues Le Peletier, Rossini et Lafitte. Il revenait de cette dernière rue, lorsqu'en entrant dans le restaurant Broggi, situé en face du théâtre, il aperçut un homme accoudé sur une table, la tête entre ses mains. Il le prit d'abord pour un blessé, s'approcha de lui et lui adressa quelques mots : mais l'inconnu leva à peine les yeux, le regarda avec indifférence et ne répondit pas.

M. Lagrange allait renouveler ses questions, lorsque la maîtresse du café lui apprit que cet homme ne le comprenait sans doute pas, car il ne paraissait pas être Français; il était arrivé quelques instants après l'attentat, en s'écriant en anglais : « Ils ont tué mon pauvre maître ! » et depuis lors il n'avait plus prononcé une parole.

On fit venir un garçon qui parlait anglais et qui servit d'interprète : l'inconnu déclara alors qu'il se nommait Swiney et qu'il était domestique, mais ce fut à peu près tout ce qu'on put tirer de lui, et ses réponses parurent tellement embarrassées, que M. Lagrange donna l'ordre de l'arrêter, puis il continua ses recherches. Vers minuit et demi, après avoir accompagné la voiture impériale jusqu'aux Tuileries, il arrivait à la préfecture de police, à temps pour assister à l'interrogatoire que M. Treilhard, juge d'instruction, faisait subir à Pieri et à de Rudio.

Tout à coup le nom de Swiney fut prononcé par un des deux assassins : ce nom rappela à M. Lagrange l'arrestation qu'il avait faite, et au même instant on vint l'avertir que son prisonnier était arrivé à la préfecture.

Certain cette fois que Swiney était mêlé à l'affaire, M. Lagrange l'interrogea de nouveau et parvint à savoir qu'il était logé à l'*Hôtel de Saxe-Cobourg*, rue Saint-Honoré. Il y courut ; là un garçon de service lui dit que Swiney était domestique de M. Thomas Allsop, demeurant 10, rue du Mont-Thabor.

M. Lagrange, accompagné de M. Bellangé, commissaire de police, se rendit aussitôt à l'adresse indiquée, réveilla le concierge, l'interrogea habilement, et, apprenant que M. Allsop avait été blessé aux abords de l'Opéra, se dit envoyé par l'Empereur pour le voir et se fit ouvrir la porte de son appartement. Le prétendu Allsop était couché, la tête enveloppée de linges ensanglantés, car sa blessure, sans gravité d'ailleurs, avait amené une assez forte hémorrhagie.

Alors, continuant à jouer son rôle, M. Lagrange s'approcha de lui en lui demandant de ses nouvelles de la part de l'Empereur; puis, quand il fut près du lit, il arracha brusquement la couverture pour s'assurer que le faux Anglais n'avait aucune arme cachée, se fit connaître, et l'emmena à la préfecture.

En y arrivant, Orsini fut reconnu par un agent qui l'avait vu autrefois en Italie. Il était deux heures du matin, et déjà les quatre assassins étaient arrêtés.

Leur procès commença le 25 février; ils avaient avoué leur crime dans le cours de l'instruction, et, déclarés coupables, ils furent condamnés : Orsini, Pieri, de Rudio, à la peine des parricides, et Gomez, en faveur duquel le jury avait reconnu l'existence de circonstances atténuantes, aux travaux forcés à perpétuité.

L'Empereur fit grâce à de Rudio; Orsini et Pieri furent exécutés.

Pendant assez longtemps cet exemple sembla avoir découragé les assassins, car ce n'est qu'en 1863 que Mazzini parvint à organiser un nouveau complot. A cette époque, il se trouvait à Lugano, où il avait rencontré le nommé Greco, professeur de musique, révolutionnaire ardent et garibaldien. Leurs relations ne tardèrent pas à devenir intimes, et il fut convenu que Greco viendrait à Paris pour assassiner l'Empereur. Il devait, afin de détourner les soupçons, aller voir le prince Murat, au père duquel son père avait eu autrefois l'occasion de rendre quelques services à Naples.

Au moment où Greco allait partir, Mazzini lui remit la note suivante destinée à servir de clef pour les lettres qu'il lui adresserait à Londres sous le couvert de la femme Roselli :

LE MARÉCHAL BOSQUET

« Si vous êtes en contact avec Murat, vous lui direz entre autres choses que vous avez bon espoir pour votre carrière musicale.

« Si vous avez absolument besoin d'armes, vous lui demanderez la permission de lui dédier une fantaisie de votre composition, *il voto* pour le piano.

« Si vous avez besoin de quelques secours pécuniaires, vous lui direz qu'elle vous envoie, en l'achetant pour vous, le dernier opéra de Balfe.

« Heure et adresse.

« S'il y a de grandes probabilités de faire le coup, écrire une lettre insignifiante et conclure : Je vous récrirai dans une semaine, dans trois ou quatre jours.

« S'il y a besoin absolu d'un intime, veuillez me dire le prix d'un piano de Broadwood, à Londres. »

Greco resta trois mois à Paris, mais il ne trouva pas d'occasion favorable pour l'exécution de son projet, et, après avoir annoncé à l'hôtel où il était descendu qu'il se rendait à Londres, il revint à Lugano.

Là, il fut encouragé à persister dans sa résolution ; Mazzini lui remit plusieurs fois de l'argent et lui donna, avant de partir pour Londres, cette adresse : *M. Flowers, Turlonay-Square, London*, à laquelle il devait lui envoyer ses lettres.

Resté seul, Greco chercha des complices ; le premier qu'il s'adjoignit fut un libraire, Natale Imperatori, à qui il fit écrire à Mazzini la lettre suivante :

« Respectable monsieur Mazzini, après avoir plusieurs fois communiqué à votre ami G... mon désir, ma ferme résolution de me rendre à Paris, afin d'attenter à la vie de L. N, voyant que le susdit ne se souciait pas beaucoup de seconder mon entreprise et ma ferme détermination, je pris le parti de m'adresser à vous, dans la certitude de me voir secondé dans ma ferme intention. Je vous salue et suis : *Imperatori Natale.* »

Cette lettre fut communiquée à Mazzini, qui la renvoya à Greco comme pouvant servir à tenir Imperatori.

Deux autres complices furent encore choisis par Greco : le premier était un jeune étudiant, Scaglioni, qui avait dû quitter Parme pour n'être pas arrêté à la suite d'une scène de violence ;

le second, Raffaeli Trabuco, professeur de cor d'harmonie et garibaldien, avait été condamné, à Paris, à un an de prison pour escroquerie, expulsé de France en 1858, puis condamné, à Londres, à trois mois de prison pour vol. Il avait été chaudement recommandé à Greco par Quadrio, l'un des secrétaires de Mazzini.

Les quatre assassins entrèrent en France par la frontière de Suisse, le 24 décembre 1863, mais le commissaire de police de Saint-Louis, qui examina leurs papiers, se rappela que l'année d'avant Trabuco avait été signalé comme un conspirateur des plus dangereux, et prévint immédiatement, par dépêche télégraphique, le préfet de police, de leur arrivée à Paris.

Aussi, lorsqu'ils descendirent du wagon à la gare de l'Est, une surveillance était organisée, et ils ne purent plus faire un pas sans être suivis par les agents de M. Lagrange. Ils changèrent plusieurs fois de logement et finirent par s'installer tous les quatre à l'*Hôtel de Naples*, 176, rue Saint-Honoré.

Plusieurs fois ils se rendirent aux environs de l'Opéra, comme s'ils eussent voulu renouveler la tentative d'Orsini ; d'autres fois, on les vit se promener aux Tuileries et observer les abords du jardin réservé. Enfin, lorsque la police fut certaine de leurs intentions, elle se décida à s'assurer de leurs personnes.

Le 3 janvier 1864, à quatre heures et demie du soir, Greco et Trabuco furent arrêtés à l'*Hôtel de Naples;* le même jour, à sept heures, les agents s'emparèrent d'Imperatori et de Scaglioni dans un débit de liqueurs.

Des perquisitions faites dans leurs chambres amenèrent la découverte : chez Greco, de deux bombes chargées, de deux paquets de poudre et d'un revolver à sept coups ; chez Trabuco, de deux poignards et de deux bombes remplies de poudre ; chez Scaglioni, de quatre bombes, de deux poignards, d'un revolver à six coups, d'un paquet de poudre et de trois boîtes de capsules. On ne trouva rien chez Imperatori.

Après avoir d'abord essayé de nier leurs intentions criminelles, les accusés, accablés par l'évidence des preuves, firent des aveux complets.

Déclarés coupables par le jury, ils furent condamnés : Greco et Trabuco à la déportation, Scaglioni et Imperatori à vingt années de détention.

Ce complot, dit des Italiens, est le dernier qu'ait organisé Mazzini, et pendant les années qui suivirent aucune tentative n'eut lieu contre la vie de l'Empereur. Ce n'est qu'en 1870 que se forma une nouvelle conspiration. A cette époque, une agitation sourde régnait dans Paris, les républicains, excités par le langage de leurs journaux, préparaient une insurrection et se disposaient à profiter de la première occasion qui s'offrirait à eux.

Le 28 janvier 1870, un nommé Verdier se présenta à la préfecture de police ; il avait, disait-il, des révélations graves à faire, et, admis en présence du secrétaire général, il lui apprit qu'un complot avait été formé à Paris dans le but de changer la forme du gouvernement et d'assassiner l'Empereur. Sur la demande du fonctionnaire qui avait reçu ses aveux, Verdier mit ses déclarations par écrit et les signa. Plus tard, quand on voulut l'interroger de nouveau, on ne put le retrouver ; il avait disparu, et pendant assez longtemps on ne sut pas ce qu'il était devenu.

Les révélations de Verdier venaient corroborer les soupçons de la police, qui depuis quelque temps surveillait activement les démarches de plusieurs individus signalés comme les chefs les plus ardents du parti révolutionnaire. On savait que des réunions clandestines avaient lieu fréquemment chez Dupont, Fontaine, Guérin, Sappia ; à ces conciliabules assistaient d'ordinaire Verdier, Ruault, Benel, Pellerin, Tony Moilin, Godinot, Mégy, Cournet et autres républicains socialistes, qui allaient ensuite retrouver au café Gambeau les frères Villeneuve, Gois, Jaclard et Tridon, agents de Blanqui.

A la suite de l'arrestation de Rochefort, des troubles assez graves éclatèrent à Paris le 7 et le 8 février. On pensa alors qu'il pourrait être dangereux d'attendre davantage, et qu'il était temps de mettre la main sur les chefs du complot.

Le 10, Godinot, Sappia, Ramet et Dupont, furent arrêtés chez ce dernier, où ils étaient réunis. Le lendemain, on s'empara de plusieurs de leurs complices, et entre autres du mécanicien Mégy, qui tua d'un coup de pistolet l'agent Mourot.

Les aveux de quelques-uns des prisonniers complétèrent les

rapports des agents qui les avaient surveillés et permirent à la justice de connaître les moindres détails de la conspiration.

Dès le premier jour, Godinot déclara qu'on avait projeté d'assassiner l'Empereur. Dans une réunion secrète qui avait eu lieu à la fin de juillet 1869, et où ce projet avait été discuté, Dupont avait rendu compte d'une expérience récente qu'il avait faite avec de la nitro-glycérine : « J'ai pris, avait-il dit, gros comme un pois de nitro-glycérine, je l'ai placé sous dix gros pavés, et les pavés ont sauté à quinze mètres de hauteur. » Dupont avait ajouté qu'il aurait de la nitro-glycérine pour le 15 août.

Peu à peu les affiliés s'étaient divisés en différents groupes, selon les quartiers qu'ils habitaient ; ils faisaient une propagande active autour d'eux et recrutaient le plus d'adhérents possible.

Le 14 août, dans une réunion tenue chez Guérin, il fut question de fabriquer des bombes, et on ouvrit une souscription pour acheter des armes. Le plan des conjurés était de créer des sociétés secrètes dans les différents quartiers de Paris, de distribuer des armes à tous ceux qui en feraient partie et de tenter un coup de main dès qu'on serait prêt. L'assassinat de l'Empereur devait être le signal d'une insurrection générale.

Le 11 janvier 1870, l'enterrement de Victor Noir parut une occasion favorable de tenter une émeute. Presque tous les conjurés assistaient aux funérailles, ils étaient armés, et, si au dernier moment Rochefort n'avait pas faibli, ils auraient promené le corps dans Paris en appelant la population aux armes. Ce jour-là, Benel et Fontaine se signalèrent parmi les plus exaltés : Fontaine criait : « A Paris ! nous avons des bombes ! »

Le soir, plusieurs des conjurés se réunirent aux environs de la caserne du Prince-Eugène, où ils savaient que Flourens avait des intelligences avec plusieurs soldats, et notamment avec Asnon, Fayolle et Beaury, mais les précautions prises par l'autorité rendirent impossible le mouvement projeté.

Cependant l'agitation augmentait ; le 21 janvier, dans un banquet auquel assistaient les chefs du complot, Gromier lut le fameux *Toast à la balle* de Félix Pyat ; quelques jours plus tard, le 6 février, dans un second banquet qui eut lieu à Saint-Mandé, Flourens porta un toast « aux régicides en principe ; à Orsini, régicide de fait. »

Le lendemain, Flourens, qui avait été le chef de l'émeute occasionnée par l'arrestation de Rochefort, et qui avait proclamé la République à Belleville, dut se cacher pour échapper aux recherches de la police : il se réfugia d'abord chez son ami Ballot, puis parvint à quitter la France et à gagner l'Angleterre.

Arrivé à Londres, il songea plus que jamais à assassiner l'Empereur, et, dans ce but, se mit en relation avec les réfugiés français, et surtout avec Fayolle et Beaury, qui, le jour même de l'enterrement de Victor Noir, avaient déserté et étaient passés à l'étranger.

Beaury, avant de partir, était allé demander conseil aux rédacteurs du *Rappel*, qui lui avaient donné cent vingt francs pour se rendre à Bruxelles : là, il avait vu souvent François Hugo, et c'est en lui entendant dire un jour : « Je donnerais bien mille francs pour être débarrassé du Bonaparte, » que l'idée d'attenter à la vie de l'Empereur lui était venue.

Le 2 avril eut lieu à Londres un banquet en l'honneur de Tibaldi, qui venait d'arriver : le lendemain, Tibaldi, Fayolle et Beaury, déjeunèrent chez Flourens : tous quatre étaient décidés à tuer l'Empereur, mais, comprenant que, s'ils venaient ensemble à Paris, ils attireraient inévitablement l'attention de la police, ils décidèrent qu'un seul d'entre eux partirait. Le sort désigna Beaury : s'il échouait, Fayolle devait lui succéder, et après lui Flourens et Tibaldi feraient en commun une dernière tentative.

Beaury, sous le nom de Fleury, partit donc pour Paris, où il se mit en rapport avec Ballot et Protot, qui fut depuis ministre de la justice sous la Commune. Le premier était chargé de lui donner de l'argent, et c'était chez le second que Flourens devait lui écrire.

Le plan des conjurés était très-simple et avait par suite de grandes chances de réussir. Beaury, revêtu de son uniforme de soldat, devait s'approcher de l'Empereur et décharger sur lui son revolver : mais la veille du jour où le crime devait être commis Ballot offrit au préfet de police de lui dénoncer le complot moyennant une somme de vingt mille francs. M. Piétri hésitait à accepter, lorsque Ballot, pour lui inspirer confiance, lui rappela un détail connu d'eux seuls : le jour où Flourens, traqué par la police, avait quitté Paris, il avait fait parvenir au préfet sa carte cornée avec la mention d'usage en pareil cas : P. P. C.

Le marché fut conclu, et le 29 avril Beaury fut arrêté par M. Lagrange : il ne tarda pas à avouer sa culpabilité.

Le même jour, on opérait l'arrestation de deux individus suspects, Greffier et Roussel. Roussel parvint à s'échapper, mais dans une perquisition faite à son domicile on trouva des bombes. On sut bientôt que ces bombes avaient été fabriquées chez M. Lepet, fondeur à Paris, à qui on avait dit que c'étaient des pièces destinées à la confection d'une machine à coudre nouvellement inventée.

Après une longue instruction, les accusés furent renvoyés devant la Haute Cour de Justice, siégeant à Blois. Les débats, commencés le 18 juillet, se prolongèrent jusqu'au 8 août, date à laquelle fut prononcé le jugement condamnant Dupont, Fontaine, Sappia, Guérin, Greffier et Grenier, à quinze années de détention ; Mégy à vingt ans de travaux forcés ; Beaury à vingt ans de détention. Les autres accusés furent frappés de peines variant entre cinq ans et trois ans de prison.

Le lendemain, 9 août, la Haute Cour, siégeant sans l'assistance du jury, condamna les accusés contumaces, les uns à la déportation dans une enceinte fortifiée, les autres à la déportation simple. Au nombre des premiers se trouvait Flourens ; Tibaldi et Fayolle étaient dans la seconde catégorie.

Quelques jours après, les condamnés étaient mis en liberté par le gouvernement du 4 Septembre : presque tous ont joué depuis un rôle important dans la Commune.

Nous voici en 1853. C'est à cette époque, on s'en souvient, que se posa la question d'Orient, question qui ne put être vidée que par le recours aux armes.

Et avant d'en faire le récit rapide, nous rappellerons ici le mot, devenu célèbre, prononcé par l'Empereur : « L'EMPIRE, C'EST LA PAIX. »

Ce mot, que les ennemis ont lancé comme une ironie, qu'ils ont répété sur tous les tons du sarcasme, était dans la bouche de l'Empereur un mot profondément vrai. Personne, en effet, n'a voulu la paix plus que ne la voulait l'Empereur. L'esprit de conquête n'est jamais entré dans son esprit, et toutes les guerres entreprises par lui, nous le prouverons, furent imposées par les événements, furent faites malgré l'Empereur, et uniquement parce que l'honneur de la France l'exigeait.

L'Empereur était l'homme de la paix ; l'homme qui savait qu'une longue sécurité à l'intérieur avait pour résultats la prospérité, la richesse, toutes choses qui mettent un pays bien plus haut que la gloire des armes, gloire souvent stérile et inféconde qui, dans ce moment où nous écrivons, fait de l'Allemagne l'empire le plus fortement orgueilleux et le plus véritablement misérable en même temps. Or, Napoléon III avait le génie de la paix, comme Napoléon Ier avait le génie de la guerre. Ce que l'un fit au dehors, l'autre l'accomplit au dedans. Chaque grande ville de l'Europe avait vu passer le premier en conquérant superbe, éblouissant; chaque ville de France contempla le second dans toute la magnificence de sa générosité féconde et de son impulsion bienfaisante. Et le peintre qui représenterait l'oncle entouré de lauriers entourerait le neveu de tous les attributs de la richesse publique, montrant les moissons se presser dans la plaine, les bateaux sillonner les mers, la vapeur monter en larges spirales, tout cela pour attester combien était prospère la nation française, quand elle avait à sa tête le grand homme qui nous a permis d'être assez riches pour ne pas mourir de faim, pendant les années de république qui suivirent.

C'était à son corps défendant que l'Empereur consentait à faire appel aux sentiments guerriers de la nation. La vie humaine était un trésor dont il était avare, et, s'il lui arriva plus tard de n'avoir pas ses armées au complet, c'est qu'il lui répugnait d'enlever aux familles leurs enfants, à l'agriculture et à l'industrie les bras qui leur manquaient déjà.

Mais, s'il aimait passionnément la paix, il ne pouvait pas oublier non plus qu'il s'appelait Napoléon et qu'il avait l'insigne honneur de gouverner la nation la plus chatouilleuse en matière de dignité et d'influence.

Il dut le prouver à l'occasion de la question d'Orient.

Et qu'on ne s'attende pas à un récit détaillé de cette guerre ; nous écrivons la vie de l'Empereur et non l'histoire de l'Empire. Voilà pourquoi nous nous étendrons beaucoup plus sur la

BATAILLE DE L'ALMA

guerre d'Italie que sur la guerre de Crimée, l'Empereur y ayant été davantage mêlé de sa personne.

La question d'Orient n'était pas précisément bien nouvelle ; seulement c'était la première fois qu'elle se présentait sous des aspects aussi menaçants pour la tranquillité de l'Europe. Jusque-là ce n'avait été qu'une question presque exclusivement religieuse. Le Czar, étant le chef de la religion grecque, demandait et exigeait des garanties pour tous les fidèles de cette religion, répandus en quantité considérable sur le territoire de l'Empire Turc.

Plusieurs fois on avait essayé de régler à l'amiable les rapports assez difficiles entre le chef de la religion qui siégeait à Saint-Pétersbourg et le chef de l'État qui siégeait à Constantinople. Le conflit était inévitable, incessant ; mais néanmoins on était arrivé à le rendre supportable, à le confiner dans les limites toujours élastiques de la diplomatie, lorsque la Russie s'avisa d'en faire purement et simplement un prétexte pour couvrir ses visées ambitieuses et tenter la conquête de la Turquie.

La question religieuse couvrait la question politique ; la propagande voilait la conquête, Dieu cachait le Czar.

L'empereur Napoléon n'était pas homme à se laisser prendre par des apparences semblables, et dès le premier jour il comprit que, s'il laissait faire la Russie, celle-ci mènerait les choses jusqu'au moment où, jetant nettement le masque, elle se précipiterait sur Constantinople, avant que l'Europe abusée et illusionnée eût eu le temps d'intervenir.

Or, Constantinople, c'était la clef de la Méditerranée. Laisser la Russie descendre jusque-là, c'était lui abandonner la suprématie sur le monde. Cela n'était pas possible, tant que la France était là ; l'Empereur s'en rendait compte, et avec une merveilleuse sagacité il sut mener à la fois et simultanément une conduite diplomatique pleine d'intelligence, d'élévation, de loyauté, qui devait mettre l'Europe pour lui, et une conduite patriotique défiant autant que possible les incertitudes et les hasards de la guerre.

Par ses ambassadeurs à Constantinople et à Saint-Pétersbourg, il fit tout ce qu'il était humainement possible de faire pour ramener la concorde et la paix entre la Russie et la Turquie ; médiation, conseils, il ne ménagea rien, étonnant la Russie par la finesse de ses vues et lui imposant un singulier respect par l'étonnante franchise de son allure.

Mais pendant ce temps-là, et pour n'être pas pris au dépourvu, il faisait une alliance offensive et défensive avec l'Angleterre et le Piémont, les prévenant du danger que courait la Turquie, danger auquel personne, pas même la Turquie, ne voulait croire encore.

Et parlons de cette alliance avec l'Angleterre, alliance à tout jamais fameuse et qui venait clore pour toujours une haine cinq fois centenaire.

Avec une admirable abnégation, l'Empereur oubliait tous les lugubres souvenirs de sa famille, Waterloo, le *Bellérophon*, Sainte-Hélène, la proscription pendant vingt ans ; avec une sagacité merveilleuse, il comprenait que l'ennemi de la France n'était plus là, que deux pays si voisins et que les inventions nouvelles rapprochaient et mettaient, à quelques mouvements d'hélice près, l'un contre l'autre, étaient désormais appelés à se compléter, à vivre de la même vie politique, industrielle et commerciale.

Ensemble, l'Angleterre et la France pouvaient tout ; séparées, elles ne pouvaient plus rien. L'Empereur le voyait, le sentait et, hélas ! il ne croyait pas être si complétement dans la vérité, lui qui devait plus tard contempler l'Angleterre isolée, impuissante, sans action sur l'Europe, le jour où, dans un moment d'oubli imprudent, elle laissa égorger la France, sans lui porter un secours ou une aide !

Mais n'anticipons pas sur les événements.

L'Empereur avait tendu la main à l'ancienne rivale devenue une sœur, et le sang des deux nations, qui allait couler, confondu sur les mêmes champs de bataille, devait effacer pour toujours Crécy, Azincourt et tant d'autres dates douloureuses.

Donc l'Angleterre et le Piémont, avertis par l'Empereur, se préparaient en silence, tout en faisant d'incroyables efforts pour maintenir la paix.

L'Autriche hésitait, penchant plutôt vers une neutralité armée ; la Prusse se croisait les bras, aucune des deux n'ayant d'intérêt à voir la Russie devenir plus formidable encore.

Maintenant donnons quelques dates pour bien indiquer la marche des événements.

C'est le 10 février que le prince Menstchikof quitte Saint-Pétersbourg, sous le prétexte apparent d'accepter une proposition de conciliation faite par la France, mais en réalité pour brusquer les choses. En effet, partout où il passe, il réunit les troupes de terre et de mer, les passe en revue et fait son entrée à Constantinople avec les allures les plus hautaines et les plus provoquantes.

La Turquie effrayée fit un appel pressant à la France, et l'Empereur, jugeant qu'il était prudent de se rapprocher du terrain du conflit, donna l'ordre à l'escadre de la Méditerrannée, alors à l'ancre à Toulon, de se rendre dans les mers de la Grèce et d'aller à Salamine. C'était indiquer clairement à la Russie, mais sans la menacer, qu'on faisait de l'intégrité de la Turquie une question d'intérêt formel et touchant particulièrement la France.

L'escadre anglaise avait joint l'escadre française, et la Russie, jetant le masque, adressait, le 31 mai, un ultimatum à la Turquie, la menaçant d'occuper les Principautés, c'est-à-dire de commencer l'offensive en violant le territoire ottoman.

Néanmoins, l'Empereur voulut patienter encore, et, désirant épuiser tous les moyens d'apaisement, il refusa de considérer alors cette invasion des Principautés comme un cas de guerre. Se bornant à avertir l'Europe qu'il allait faire entrer les flottes combinées dans les Dardanelles, il essaya de nouvelles tentatives diplomatiques.

Mais la Russie avait son plan et elle ne l'abandonnait pas. En pleines négociations, elle fait brûler la flotte turque dans le port de Sinope, le 30 septembre.

Certes, il y avait là plus d'un motif de déclarer la guerre : la Russie occupait non-seulement le territoire ottoman, mais encore se permettait, la paix n'étant pas rompue, de faire un acte d'agression inqualifiable.

L'Empereur se décide-t-il à tirer le premier coup de canon ?

Non, pas encore. — Il se borne à faire avertir la Russie que, d'accord avec l'Angleterre, il va veiller sur la mer Noire, empêcher qu'une nouvelle tentative n'ait lieu, et il la supplie de reprendre les négociations le 29 décembre.

La Russie répond en donnant l'ordre à M. de Kisselef, son ambassadeur, de demander ses passe-ports.

C'était le 4 février 1854.

L'Empereur avait donc fait tout au monde pour empêcher la guerre, puisque le 29 janvier, voyant les diplomates échouer, il avait écrit personnellement à l'empereur de Russie une lettre admirable de clarté et de droiture, empreinte d'un désir véhément de rester en paix :

« Si Votre Majesté désire autant que moi une conclusion
« pacifique, disait l'Empereur, quoi de plus simple que de déclarer
« qu'un armistice sera signé aujourd'hui, que les choses repren-
« dront leur cours diplomatique, que toute hostilité cessera, et que
« toutes les forces belligérantes se retireraient du lieu où des
« motifs de guerre les ont appelées ? Ainsi les troupes russes aban-
« donneraient les Principautés et nos escadres, la mer Noire. Votre
« Majesté préférant traiter directement avec la Turquie, elle nom-
« merait un plénipotentiaire qui négocierait avec un plénipoten-
« tiaire du sultan une convention qui serait soumise à la conférence
« des quatre puissances. »

Les quatre puissances étaient l'Angleterre, l'Autriche et la Prusse, qui garantirent, de concert avec la Russie elle-même, l'intégrité du territoire de la Turquie par le traité du 13 juillet 1841.

L'Empereur continuait, disant : « Que Votre Majesté adopte
« ce plan, sur lequel la reine d'Angleterre et moi sommes parfai-
« tement d'accord, la tranquillité est rétablie et le monde satisfait.
« Rien, en effet, dans ce plan, qui ne soit digne de Votre Majesté,
« rien qui puisse blesser son honneur. Mais, si par un motif difficile
« à comprendre Votre Majesté opposait un refus, alors la France
« comme l'Angleterre serait obligée de livrer au sort des armes
« et aux hasards de la guerre ce qui pourrait être décidé aujour-
« d'hui par la raison et la justice. »

Quoi de plus sage, de plus raisonnable, et doit-on voir dans l'Empereur Napoléon, qui parle ainsi, cet homme avide de conquêtes, de bruit, de gloire, et qui ne pense qu'à l'intérêt dynastique ?

Cette guerre, il ne la voulait pas, pas plus qu'il ne voulut les autres, et pourtant la Providence la réservait comme une des plus glorieuses pour le nom de Napoléon et pour le nom de la France !

Donc, l'empereur de Russie nous mettait en situation de prendre les armes.

Le 13 mars 1854, l'alliance ouverte est conclue entre la France, l'Angleterre et la Turquie.

Les préparatifs de la guerre sont dès lors poussés avec une activité fébrile. On décide l'envoi à Gallipoli de trois divisions qui, jointes à vingt-cinq mille hommes de troupes anglaises, se tiendraient prêtes à venir au secours de la Turquie. Une deuxième escadre est formée à Toulon pour opérer les transports et les ravitaillements. Une troisième escadre se dispose à partir pour la Baltique aussitôt la débâcle des glaces.

L'escadre de la mer Noire avait pour chef le vice-amiral Hamelin ;

L'escadre de la Méditerranée, le vice-amiral Bruat ;

L'escadre de la Baltique, le vice-amiral Parseval. L'armée de terre devait être commandée par le maréchal de Saint-Arnaud, qui quittait le ministère de la guerre où il était remplacé par le maréchal Vaillant.

Et pourtant la guerre n'était pas encore déclarée ! l'Empereur avait voulu pousser le désir de la paix jusqu'au bout, et il attendait la réponse de la Russie à un ultimatum ; cet ultimatum portait sommation d'évacuer les Principautés avant le 15 avril 1854.

La Russie refusa, et le rejet de cet ultimatum fut considéré comme remplaçant la formalité d'une déclaration de guerre.

Dès la fin de mars les premières troupes arrivèrent à Gallipoli. Pendant tout le mois d'avril les envois continuèrent, et l'armée se massait, ne sachant pas encore vers quel point les événements la forceraient de se porter.

Pendant ce temps-là, l'expédition de la Baltique avait lieu. La flotte anglaise, sous les ordres de l'amiral Napier, partait de Portsmouth le 11 mars 1854.

L'escadre française, sous les ordres de l'amiral Parseval, quittait Brest le 12 mars.

Après avoir brûlé Uléaborg, la flotte anglaise reconnut, ainsi que la flotte française, qu'on ne pouvait attaquer efficacement la Russie qu'avec l'aide d'un corps de débarquement ; on attendait l'arrivée de ce corps expéditionnaire au milieu des îles d'Aland (6 juillet), afin d'être à portée de Bomarsund, que l'on voulait attaquer d'abord.

Le 14 juillet, le corps expéditionnaire s'embarquait à Calais sur des transports anglais. La veille, c'est-à-dire le 13, l'Empereur l'avait passé en revue sur la plage de Boulogne et lui adressait un superbe discours d'adieu que nous reproduisons.

« Soldats, la Russie nous ayant contraints à la guerre, la
« France a armé cinq cent mille de ses enfants ; l'Angleterre a
« mis sur pied des forces considérables. Aujourd'hui nos flottes
« et nos armées, unies pour la même cause, vont dominer dans la
« Baltique comme dans la mer Noire. Je vous ai choisis pour
« porter les premiers nos aigles dans les régions du Nord. Des vais-
« seaux anglais vont vous y porter, fait unique dans l'histoire, qui
« prouve l'alliance intime de deux grands peuples et la ferme réso-
« lution de deux gouvernements de ne reculer devant aucun sacri-
« fice pour défendre le droit du plus faible, la liberté de l'Europe
« et l'honneur national !

« Allez, mes enfants ! L'Europe attentive fait ouvertement ou en
« secret des vœux pour votre triomphe. La patrie, fière d'une lutte
« où elle ne menace que l'oppresseur, vous accompagne de ses
« vœux ardents, et moi, que des devoirs impérieux retiennent encore
« loin des événements, j'aurai les yeux sur vous, et bientôt, en vous
« revoyant, je pourrai dire : Ils étaient les dignes fils des vain-
« queurs d'Austerlitz, d'Eylau, de Friedland, de la Moskowa. —
« Allez ! Dieu vous protége ! »

Le général Baraguey d'Hilliers commandait le corps expéditionnaire avec le général Niel sous ses ordres, comme commandant du génie.

L'attaque de Bomarsund commença le 12 août. La place était défendue par 2,400 hommes et 180 canons, c'était une place considérable et dont la Russie voulait faire un grand établissement militaire.

Le 16, la place se rendait.

Les flottes combinées offrirent alors le combat à la flotte russe enfermée dans le port de Cronstadt, mais inutilement.

L'approche des glaces força les Anglo-Français à quitter la Baltique vers la fin d'août.

Cependant les événements marchaient vers la mer Noire. L'armée française avait été portée au chiffre de 50,000 hommes avec des chefs dont le nom est demeuré légendaire, Canrobert, Bosquet, Forey. L'armée anglaise comptait 25,000 hommes, commandés par lord Raglan, ancien chef d'état-major du duc de Wellington.

L'armée se concentra à Gallipoli, afin de pouvoir se porter sur les Balkans, si l'armée turque d'Omer-Pacha était battue, ou aller ailleurs, dans le cas où les circonstances l'exigeraient.

Dans l'intervalle, un bâtiment anglais, le *Fury*, s'étant rendu à Odessa pour prendre les résidents anglais, fut reçu à coups de canon.

La flotte vengea cet attentat en bombardant la ville.

Ensuite elle se rendit en Crimée devant Sébastopol, offrant le combat à la flotte russe qui s'était réfugiée dans Sébastopol. La flotte russe refusa de sortir.

Les Russes assiégeaient Silistrie, qui se défendait héroïquement. Bientôt ils furent obligés de lever le siège. Alors les Anglo-Français, qui avaient déjà quitté Gallipoli pour Varna, se décidèrent à prendre l'offensive.

Dans un conseil de guerre tenu à Varna le 21 juillet on décide l'expédition de Crimée, afin d'y détruire Sébastopol, l'établissement militaire le plus important sur la mer Noire.

Le 14 septembre, l'armée débarque à Eupatoria. Le 20 septembre, elle gagne la splendide bataille de l'Alma, délogeant les Russes d'une formidable position.

Malheureusement, un désastre l'attendait dans la victoire même : l'héroïque maréchal de Saint-Arnaud, vaincu par la maladie, est obligé de résilier son commandement entre les mains du général Canrobert et de s'embarquer sur le *Berthollet*, où il mourut en mer, le 29 septembre. Ce fut une perte immense et irréparable. Le maréchal de Saint-Arnaud était un des plus grands hommes de guerre qui aient honoré la France, si riche en illustres capitaines.

VUE DE SÉBASTOPOL.

L'armée alliée était arrivée sous les murs de Sébastopol, qu'il était impossible d'investir.

Le siége commença. Ce fut un des siéges célèbres dans les fastes militaires.

Nous n'entreprendrons pas de le raconter. Il dura près d'un an, jusqu'au 8 septembre 1855, et fut rempli par des combats de géants, comme les combats d'Inkermann, de la Tchernaïa ou de Traktir. Que de faits historiques! que de gloires qui se sont levées, les gloires de Bosquet, Canrobert, Mac-Mahon! Jamais la science militaire ne fut plus complétement unie à la valeur guerrière.

C'est le général Pélissier qui prit Sébastopol, ayant remplacé le général Canrobert dans le commandement des troupes.

Depuis le commencement des hostilités, un corps de l'armée piémontaise, sous les ordres du général de La Marmora, s'était joint aux troupes franco-anglaises.

Anglais et Sardes se battirent admirablement et eurent une large part dans le triomphe.

L'Empereur fit Pélissier, Bosquet et Canrobert, maréchaux de France, nomma Pélissier duc de Malakoff, et le 29 décembre 1855 l'armée victorieuse rentrait à Paris, au milieu d'un enthousiasme indescriptible et aux cris de : *Vive l'Empereur!*

La guerre de Crimée sauvait la Turquie et contenait les ambitions démesurées de la Russie.

La paix fut signée le 30 mars 1856. Elle fut honorable et belle. Le but de la guerre était largement atteint. La Russie, limitée désormais dans son ambition, abandonnait toutes prétentions et laissait libre la navigation du Danube et de la mer Noire, s'engageant à n'avoir aucun établissement militaire qui pût menacer de ce côté l'intégrité du territoire turc.

L'Empereur, devançant l'opinion publique, faisait obtenir 20,000 fr. de rentes viagères à la veuve du maréchal de Saint-Arnaud, et par une générosité toute patriotique il obtenait du Corps législatif une pension égale pour la veuve du maréchal Bugeaud.

Le Corps législatif de cette époque était à la hauteur des grandes idées de l'Empereur et s'associait, avec un ensemble admirable, à toutes les mesures qui pouvaient contribuer à la grandeur de la France.

Argent, soldats, tout, il accordait ce que l'Empereur demandait, sachant que le Souverain était trop économe du sang et de la richesse de la patrie pour demander plus qu'il ne fallait ou pour le gaspiller inutilement.

Combien le sort de la France eût été changé plus tard, si un autre Corps législatif ne se fût pas occupé d'affaiblir l'Empire, au lieu de le fortifier, et ne lui eût pas refusé ce qui était nécessaire pour la défense de notre honneur militaire et de notre sécurité !

Le 29 décembre 1855, la garde impériale et quelques troupes de ligne rentrèrent et exécutèrent le défilé devant l'Empereur, qui les attendait au pied de la colonne Vendôme, et en présence d'une foule dont l'enthousiasme tenait du délire.

L'Empereur leur adressa un discours que nous allons rapporter, car il est empreint de cette éloquence mâle et poétique dont Napoléon III avait le secret :

« Soldats, je viens au-devant de vous, comme autrefois le Sénat romain allait, aux portes de Rome, au-devant des légions victorieuses ; je viens vous dire que vous avez bien mérité de la Patrie !

« Mon émotion est grande, car au bonheur de vous revoir se mêlent de douloureux regrets pour ceux qui ne sont plus et un profond chagrin de n'avoir pu moi-même vous mener au combat.

« Soldats de la garde comme soldats de la ligne, soyez les bienvenus. Vous représentez tous cette armée d'Orient dont le courage et la Providence ont de nouveau illustré nos aigles et reconquis à la France le rang qui lui est dû. La Patrie, attentive à tout ce qui s'accomplit en Orient, vous accueille avec d'autant plus d'orgueil qu'elle mesure vos efforts à la résistance opiniâtre de l'ennemi.

« Je vous ai rappelés, quoique la guerre ne soit pas terminée, parce qu'il est juste de remplacer à leur tour les régiments qui ont le plus souffert. Chacun pourra ainsi aller prendre sa part de gloire, et le pays, qui entretient six cent mille soldats, a intérêt à ce qu'il y ait en France une armée nombreuse et aguerrie, prête à se porter où le besoin l'exige.

« Gardez donc soigneusement les habitudes de la guerre ; fortifiez-vous dans l'expérience acquise, et tenez-vous prêts à répondre, s'il le faut, à mon appel. Mais, en ce jour, oubliez les épreuves de la vie de soldat, remerciez Dieu de vous avoir épargnés, et marchez fièrement au milieu de vos frères d'armes et de vos concitoyens, dont les acclamations vous attendent. »

Nous appellerons l'attention sur les dernières phrases de ce discours, où l'Empereur montrait sa vigilante sollicitude pour l'armée. Au lendemain de la victoire, il disait à l'armée de ne pas s'endormir, d'être prête à marcher de nouveau, au premier appel.

Voilà l'homme de prudence et de sagesse qui, plus tard, demandait, mais en vain, à un autre Corps législatif, de lui donner ce qu'il fallait pour pouvoir résister à une guerre éventuelle ! Dès 1855, l'Empereur se rendait compte des difficultés de la guerre et prêchait l'initiative, et si, plus tard, il ne fut pas prêt, c'est qu'on l'en empêcha.

Quelque temps après, le 3 mars 1856, et pendant les négociations qui précédèrent la paix, l'Empereur ouvrit le Corps législatif, et prononça un discours dans lequel nous relevons une phrase significative, et qui prouve cet amour de la paix dont il était possédé au dernier point. Napoléon III parle des souverains qui viennent de visiter la France, à l'occasion de l'Exposition, dont nous allons vous entretenir tout à l'heure, et il s'exprime en ces termes :

« Ces souverains ont pu voir un pays, naguère si agité et déshérité de son rang dans les conseils de l'Europe, aujourd'hui prospère, paisible et respecté, faisant la guerre, non pas avec le délire momentané de la passion, mais avec le calme de la justice et l'énergie du devoir. Ils ont vu la France, qui envoyait deux cent mille hommes à travers les mers, convoquer en même temps à Paris tous les arts de la paix, comme si elle eût voulu dire à l'Europe : La guerre actuelle n'est encore pour moi qu'un épisode ; mes idées et nos forces sont en partie toujours dirigées vers les arts et la paix. Ne négligeons rien pour nous entendre, et ne me forcez pas à jeter sur les champs de bataille toutes les ressources et toute l'énergie d'une grande nation. »

Quoi de plus beau que ce langage !

Et c'est ce Souverain, qui regrette la guerre au moment de la victoire, qu'on a accusé d'aimer les conquêtes, de rêver batailles et combats !

Oui, l'Empire, c'était la paix, dans la pensée de l'Empereur, et cette fois-ci, comme toujours, nous verrons Napoléon III se faire violence pour tirer l'épée du fourreau. Il faudra pour cela qu'il n'y ait pas moyen d'agir autrement, et que la voix de l'honneur fasse un irrésistible appel.

Cette année 1855 est peut-être l'année la plus belle, la plus prospère de l'Empire.

En même temps que la guerre retentissait dans le lointain et que les armes françaises étaient portées vers l'extrême Orient, avait lieu l'Exposition universelle des produits de l'industrie et des beaux-arts.

Organisée dès avant la lutte, elle s'ouvrit en pleine guerre avec ce faste audacieux et insolent qui fait le fonds du caractère français et que l'Empereur connaissait si bien. Il semblait que la nation voulût montrer à quel point elle était peu troublée par une collision formidable, et qu'elle eût choisi précisément ce moment périlleux pour faire l'étalage complaisant de toutes les richesses qu'elle renfermait dans son sein.

Nous ne donnerons pas la classification des groupes, nous ne parlerons pas des jurys choisis en France et à l'étranger avec une stricte impartialité, et parmi les savants les plus illustres de tous les pays; nous nous bornerons à dire que le nombre des exposants s'éleva à 20,709, répartis ainsi par nations :

France	10,691
Angleterre	2,445
Prusse	1,313
Autriche	1,296
Belgique	693
Espagne	568
Suède	538
Portugal	443
Pays-Bas	411

Suisse	408
Wurtemberg	207
Sardaigne	198
Toscane	197
Bavière	172
Grèce	131
États-Unis	130
Mexique	107

Cette Exposition, la plus belle qu'on eût vue encore, dépassait de 3,300 exposants la fameuse exposition de Londres de 1851.

Beaucoup de souverains visitèrent la France à cette occasion, et entre autres la reine d'Angleterre, le roi de Sardaigne et le roi de Portugal.

Le 15 novembre, la distribution des récompenses eut lieu dans le palais des Champs-Élysées.

On distribua pour l'industrie cent douze grandes médailles d'honneur, deux cent cinquante-deux médailles d'honneur, deux mille trois cents médailles de première classe, trois mille neuf cents médailles de deuxième classe et quatre mille mentions honorables. Pour les beaux-arts, on accorda seize grandes médailles d'honneur, soixante-sept médailles de première classe, quatre-vingt-sept médailles de deuxième classe, soixante-dix-sept médailles de troisième classe et deux cent vingt-deux mentions honorables.

Cette Exposition donna une immense impulsion à l'industrie et amena la création des concours régionaux et départementaux qui couvrirent la France pendant l'époque heureuse et bénie de l'Empire.

Le jour de la distribution des récompenses, l'Empereur prononça le discours suivant, qui eut un immense retentissement en Europe :

« Messieurs,

« L'Exposition qui va finir offre au monde un grand spectacle : c'est pendant une guerre sérieuse que de tous les points de l'univers sont accourus à Paris, pour y exposer leurs travaux, les hommes les plus distingués de la science, de l'industrie et des beaux-arts. Le concours de circonstances semblables est dû, j'aime à le croire, à cette conviction générale que la guerre entreprise ne menaçait que ceux qui l'ont provoquée, qu'elle était poursuivie dans l'intérêt de tous, et que l'Europe, loin d'y voir un danger pour l'avenir, y trouvait plutôt un gage d'indépendance, de sécurité. Néanmoins, à la vue de tant de merveilles étalées à nos yeux, la première impression est un désir de paix. La paix seule, en effet, peut développer encore ces remarquables produits de l'intelligence humaine. Vous devez donc tous souhaiter, comme moi, que cette paix soit prompte et durable.

« Mais, pour être durable, elle doit résoudre nettement la question qui a fait entreprendre la guerre. Pour être prompte, il faut que l'Europe se prononce, car sans la pression de l'opinion générale les luttes entre grandes puissances menacent de se prolonger, tandis qu'au contraire, si l'Europe se décide à déclarer qui a tort ou qui a raison, ce sera un grand pas vers la solution. A l'époque de la civilisation où nous sommes, les succès des armées, quelque brillants qu'ils soient, ne sont que passagers ; c'est en définitive l'opinion publique qui remporte toujours la dernière victoire.

« Vous tous donc qui pensez que les progrès de l'agriculture, de l'industrie, du commerce d'une nation, contribuent au bien-être de toutes les autres, et que plus les rapports réciproques se multiplient, plus les préjugés nationaux tendent à s'effacer, dites à vos concitoyens en retournant dans votre patrie :

« Que la France n'a de haine contre aucun peuple, qu'elle a de la sympathie pour tous ceux qui veulent, comme elle, le triomphe du droit et de la justice. Dites-leur que, s'ils désirent la paix, il faut qu'ouvertement ils fassent des vœux pour ou contre nous, car, au milieu d'un grave conflit européen, l'indifférence est un mauvais calcul, et le silence une erreur.

« Quant à nous, peuples alliés pour le triomphe d'une grande cause, forgeons des armes sans ralentir nos usines, sans arrêter nos métiers. Soyons grands par les arts de la paix comme par ceux de la guerre, soyons forts par la concorde ; mettons notre confiance en Dieu, pour nous faire triompher des difficultés du jour et des chances de l'avenir. »

Que de choses prophétiques et belles dans ce merveilleux discours !

Cette phrase, qui dit que *dans un grave conflit européen l'indifférence est un mauvais calcul et le silence une erreur* ; n'a-t-elle pas eu son application il n'y a pas bien longtemps, quand l'Europe, qui le regrette amèrement à cette heure, nous laissa écraser sous le nombre avec une égoïste neutralité ?

Et quels sentiments religieux, quelle forte et vaillante foi en Dieu, que celle de notre Empereur !

Jamais, remarquez-le bien, jamais il ne parle au peuple sans invoquer le nom de la Providence et l'aide de Dieu.

Pourtant ses adversaires l'ont peint comme l'ennemi de la religion, comme l'ennemi du Saint-Père, comme l'ennemi de Dieu lui-même !

Nous ne terminerons pas l'exposé de l'année 1855 sans parler de deux faits importants à des points de vue différents.

Le premier, c'est le voyage fait en Angleterre, au mois d'avril, par l'Empereur et l'Impératrice. Nos Souverains y furent reçus d'une façon merveilleuse. Les représentants de la Cité de Londres allèrent au-devant de l'Empereur, qui les transporta par l'effet du discours qu'il leur adressa en anglais. Dans ce discours plein d'élévation et de cœur, il remercia les Anglais d'avoir accueilli sa jeunesse par une cordiale hospitalité, il vanta les bienfaits de l'alliance entre les deux peuples et termina par ces paroles : « Nos deux nations sont encore plus fortes par les idées qu'elles représentent que par les bataillons et les vaisseaux dont elles disposent..... Nous rapporterons en France l'impression profonde que laisse dans les âmes faites pour le comprendre le spectacle imposant qu'offre l'Angleterre, où la vertu sur le trône dirige les destinées du pays, sous l'empire d'une liberté sans danger pour sa grandeur. »

Qui eût dit à cette époque brillante et pendant l'accueil chaleureux fait à l'Empereur, à l'Impératrice, par la nation anglaise, que ce serait là même que nos Souverains bien-aimés viendraient se réfugier un jour, pour y trouver, l'un le repos qui convient aux dernières heures de la vie, l'autre la consolation respectueuse qui s'attache au malheur admirablement supporté !

PRISE DE LA TOUR MALAKOFF

Et, en entourant à cette heure la Famille impériale de tous ses hommages, la nation anglaise ne fait que payer une grosse dette, bien grosse, car c'est à l'Empereur que l'on doit d'avoir vu s'éteindre, et pour toujours, la haine séculaire qui divisait les deux peuples.

C'est en 1855 également que l'Empereur inaugura ces multiples œuvres de bienfaisance qui ont fait de son règne le meilleur des règnes. Un décret du 10 septembre ouvrit un crédit de 10 millions pour distributions de secours. Une vive impulsion fut donnée aux Sociétés de secours mutuels, aux Sociétés de charité maternelle, aux Sociétés alimentaires.

L'Empereur et l'Impératrice faisaient sans cesse appel aux classes riches et les mettaient ainsi en rapport incessant avec les classes nécessiteuses.

La classe ouvrière surtout était l'objet de la sollicitude toute particulière de l'Empereur. L'Empereur aimait tant le peuple ! Il se souvenait qu'il était le Souverain plébéien, démocratique, et que c'était au peuple seul que sa famille devait l'élévation et la gloire.

Aussi créa-t-il en 1853 deux asiles, l'un au Vésinet et l'autre à Vincennes, pour les ouvriers convalescents ; nous en avons déjà parlé. Le peuple n'a pas oublié tous ces bienfaits. Un instant égaré par la calomnie et le mensonge, il se souvient aujourd'hui de ce temps prospère, de ce temps heureux, où le Gouvernement s'occupait exclusivement de ses besoins et lui garantissait le travail, le repos et la sécurité.

Avant longtemps ces souvenirs prendront chez le peuple une intensité d'autant plus grande que le changement opéré depuis sera plus considérable, et alors ils se manifesteront avec éclat.

Ce jour-là l'Empire sera fait de nouveau.

Les premiers mois de l'année 1856 sont marqués par un événement considérable, par la naissance d'un enfant prédestiné que Dieu envoyait à l'Empereur.

Dans la nuit du 15 au 16 mars, l'Impératrice mit au monde un Prince, dont la naissance fut notifiée immédiatement aux grands corps de l'État, réunis et maintenus en permanence. Le 16 au matin, une salve de 101 coups de canon apprenait à la population parisienne que l'Empire avait un héritier.

Le 18 mars, l'Empereur recevait en audience publique les corps de l'État, écoutait leurs félicitations exprimées par leurs présidents et répondait par des discours qui produisirent un effet retentissant, comme tout ce qui émanait de la bouche du Souverain.

Voici la réponse à M. Troplong, président du Sénat :

« Monsieur le Président du Sénat, le Sénat a partagé ma joie en apprenant que le ciel m'avait donné un fils, et vous avez salué comme un événement heureux la venue au monde d'un ENFANT DE FRANCE. C'est avec intention que je me sers de ce mot. En effet, l'Empereur Napoléon, mon oncle, qui avait appliqué au nouveau système créé par la Révolution tout ce que l'ancien régime avait de grand et d'élevé, avait repris cette ancienne dénomination des Enfants de France. C'est qu'en effet, Messieurs, lorsqu'il naît un héritier destiné à perpétuer un système national, cet enfant n'est pas seulement le rejeton d'une famille, mais il est véritablement encore le fils du pays tout entier, et ce nom lui indique ses devoirs. Si cela était vrai sous l'ancienne monarchie, qui représentait plus exactement les classes privilégiées, combien à plus forte raison aujourd'hui que le Souverain est l'élu de la nation, le premier citoyen du pays et le représentant des intérêts de tous ! »

Cette théorie de l'Empereur était la théorie vraie par excellence. Toutes les différentes races, en effet, qui ont occupé successivement le trône de France, ont été le résultat d'un plébiscite relatif. Elles ont toutes été appelées au trône de la même façon et dans les mêmes conditions, avec le suffrage de ceux qui représentaient alors les droits politiques de la France et qui avaient en main le vote suprême.

La première race fut élue par les soldats ; la seconde et la troisième par les nobles ; la quatrième était l'élue du peuple tout entier, qui depuis 1789 avait remplacé les castes de l'armée ou de la noblesse et avait généralisé la France dans toute l'étendue et toute l'universalité de ses citoyens.

Le droit de la quatrième race n'est ni inférieur ni supérieur à celui des autres races. Il est le même.

Ce qui était le peuple alors fit les races souveraines d'alors ; ce qui est le peuple aujourd'hui a créé la race souveraine d'aujourd'hui. Et il est à remarquer que, chaque fois que le peuple se modifie ou se transforme, il fait sentir le besoin absolu d'une race nouvelle répondant à cette transformation.

Les Mérovingiens représentent l'élément militaire ; les Carlovingiens et les Capétiens, l'élément noble ; les Napoléon, l'élément populaire.

La loi naturelle qui les a tous élevés est identique, répond aux mêmes nécessités et leur donne à tous la même investiture, procédant de la même loi, délégation divine, si nous pouvons nous exprimer ainsi, puisque VOX POPULI, VOX DEI !

L'Empereur avait donc raison en ne brisant pas la chaîne de la tradition, qui n'appartenait pas à une famille spéciale, mais bien à la nation, et le Prince qui venait de naître était ENFANT DE FRANCE au même titre que le fils de Pépin le Bref ou le fils de Hugues Capet.

Voici la réponse de l'Empereur au président du Corps législatif :

« Monsieur le Président du Corps législatif, j'ai été bien touché de la manifestation de vos sentiments à la naissance du fils que la Providence a bien voulu m'accorder. Vous avez salué en lui l'espoir dont on aime à se bercer de la perpétuité d'un système qu'on regarde comme la plus sûre garantie des intérêts généraux du pays, mais les acclamations unanimes qui entourent son berceau ne m'empêchent pas de réfléchir sur la destinée de ceux qui sont nés et dans le même lieu et dans des circonstances analogues. Si j'espère que son sort sera plus heureux, c'est que d'abord, confiant dans la Providence, je ne puis douter de sa protection en la voyant relever par un concours de circonstances extraordinaires tout ce qu'il lui avait plu d'abattre, il y a quarante ans, comme si elle avait voulu vieillir par le martyre et par le malheur une dynastie sortie des rangs du peuple. Ensuite l'histoire a des enseignements que je n'oublierai pas. Elle me dit, d'une part, qu'il ne faut jamais abuser des faveurs de la fortune, de l'autre, qu'une dynastie n'a de chances de stabilité que si elle reste fidèle à son origine, en s'occupant uniquement des intérêts populaires pour lesquels elle a été créée. Cet enfant que consacrent à son berceau la paix qui se prépare, la bénédiction du Saint-Père, apportée par l'électricité, une heure après sa naissance, enfin les acclamations de ce peuple Français, QUE L'EMPEREUR A TANT AIMÉ, cet enfant, dis-je, sera digne, je l'espère, des destinées qui l'attendent. »

Remarquez-vous combien l'Empereur ressemblait peu à ces Souverains insolents qui se croient des droits pour l'éternité, et qui refusent de compter avec les événements ?

Au lieu de se laisser aller à un orgueil criminel, dans ce moment où le trône a un successeur, il s'humilie devant Dieu, il se souvient du Roi de Rome, il se souvient de Louis XVII, du Comte de Chambord, du Comte de Paris, de tous ceux enfin qui naquirent dans les palais, et que la fortune a rejetés loin du trône et loin de la France.

Et il parle du martyre, de la persécution, de ces deux moyens qui vieillissent les races et les font entrer dans la légende populaire.

Il ne savait pas alors que lui aussi il contribuerait au martyre, et qu'il prendrait sa part dans ses palmes redoutables.

Mais, s'il ignorait le sombre avenir qui lui était réservé, il n'oubliait pas cette vérité grandiose, qui proclame la durée d'une race tant qu'elle demeure fidèle à son origine.

La race Capétienne n'est pas demeurée fidèle à son origine, elle. Sortie de l'élection, elle a voulu se réfugier à l'abri du peuple, contre le peuple, dans un prétendu droit divin. Et c'est ce qui fait que le peuple l'a chassée.

La race Napoléonienne est restée fidèle à son origine. Dynastie plébéienne, elle n'a mis son espoir, ses droits, que dans l'appel à la nation, et c'est pour cela que tout passera autour d'elle, et qu'elle seule ne passera pas, étant avant tout la personnification de l'idée populaire, de l'idée française.

Le baptême du Prince Impérial eut lieu le 14 juin, dans la basilique de Notre-Dame, avec une pompe grandiose.

Le Saint-Père, parrain de l'Enfant de France, était représenté par le cardinal Patrizzi, évêque d'Albano et légat du Pape.

La marraine était la Reine de Suède, représentée par la grande-duchesse de Bade.

Après la cérémonie, un grand banquet fut donné à l'Hôtel-de-Ville, et l'Empereur et l'Impératrice y assistèrent.

Dans un charmant élan de cœur, nos Souverains décidèrent qu'ils seraient parrain et marraine de tous les enfants nés le même jour que le Prince Impérial. Ces enfants s'élevaient au nombre de quatre mille.

De plus, une amnistie générale effaça toutes les contraventions simples; un millier de condamnés virent leur peine commuée.

Enfin, une rente de trente mille francs, prise sur la liste civile, consacra la création de cette œuvre touchante qui a laissé de si doux souvenirs dans le peuple : L'ORPHELINAT DU PRINCE IMPÉRIAL.

La naissance du Prince, son baptême, eurent donc la plus belle des fêtes, la fête de la charité, car nos Souverains voulaient, avant tout, que chaque fois qu'une joie leur était donnée elle fût partagée par le peuple. Le peuple et eux, c'était la même chose.

Vers cette époque, une crise financière, résultat de fameuses récoltes et de spéculations effrénées, vint inquiéter l'Empereur et jeter le trouble dans l'opinion publique.

Un poëte français de grand talent, M. Ponsard, écrivit sous l'impression de cette crise une pièce intitulée la *Bourse*, et qui eut un grand succès.

L'Empereur, dès le 15 juin, lui adressa de Saint-Cloud la lettre suivante, qui témoigne des grandes et morales pensées de notre Souverain :

« MONSIEUR,

« Vous avez cru, après la première représentation de la *Bourse*, devoir vous dérober aux félicitations du public et aux miennes. Aujourd'hui, l'envoi de votre pièce me donne l'occasion de vous féliciter, et je le fais bien volontiers, car j'ai été vraiment heureux de vous entendre flétrir de toute l'autorité de votre talent et combattre par l'inspiration des sentiments les plus nobles le funeste entraînement du jour. Je lirai donc votre pièce avec le même plaisir que je l'ai vu jouer. Persévérez, Monsieur, votre nouveau succès vous y engage, dans cette voie de moralité, trop rarement peut-être suivie au théâtre, et si digne pourtant des auteurs appelés, comme vous, à y laisser une belle réputation.

« Croyez à mes sentiments,

« NAPOLÉON. »

Mais la France n'en avait pas fini avec les épreuves douloureuses. A la fin de mai, les inondations du Rhône, de la Loire, de la Saône, de l'Allier, vinrent semer la désolation dans plusieurs départements ravagés presque en entier par le fléau.

Aussitôt averti du désastre, l'Empereur part pour Lyon ; et, détail curieux, n'ayant pas encore touché le mois de la liste civile, il emprunte de l'argent pour être prêt à distribuer des secours.

Accompagné du ministre des travaux publics, du maréchal comte de Castellane, du sénateur Vaïsse, chargé de l'administration du département du Rhône, des généraux Fleury et Niel, ses aides de camp, du directeur général des ponts et chaussées, l'Empereur parcourt toute la ville, visite les brèches, traverse à gué plusieurs chaussées envahies par le fleuve, aux acclamations d'une population enthousiasmée par tant de dévouement, et reconnaissante de cette démarche dévouée et affectueuse de son Souverain.

Le lendemain, l'Empereur part pour Valence, s'arrête à Tain, et laisse 7,000 francs entre les mains du sous-préfet, pour les plus nécessiteux. A Avignon, il doit faire son entrée en bateau, toujours salué par les cris unanimes des habitants, qui se trouvaient consolés par la visite de Napoléon III, et y puisaient un courage nouveau.

Un journal de cette région s'exprime en ces termes, qu'il est bon de transmettre à la postérité :

« L'Empereur leur a apparu comme une seconde Providence. Sa marche s'accomplit au milieu des larmes de la reconnaissance et des bénédictions publiques. Jamais l'amour et le dévouement réciproques d'un peuple et de son Souverain ne s'étaient montrés d'une manière plus éclatante. L'Empereur n'est pas moins profondément touché de ces témoignages de confiance et d'affection que ne le sont les populations de son empressement à se rendre au milieu d'elles pour partager et soulager leurs souffrances. Son cœur ne le trompait pas en lui inspirant la résolution d'accourir sur le lieu du désastre pour y exercer le plus bel attribut de la puissance, celui de consoler le malheur.

« Hier (3 juin) Sa Majesté a visité toutes les villes inondées entre Valence et Arles. Elle s'est successivement arrêtée à Montélimart, à La Palud, à Orange, où le fléau avait cruellement sévi. Partout elle a laissé des marques de sa munificence et relevé les courages abattus.

« A son arrivée à Avignon, la plus grande partie de la ville étant couverte par les eaux, l'Empereur a dû monter en bateau pour se rendre dans la partie haute que l'inondation n'avait point envahie. Toute la population qui s'était retirée là s'est pressée autour de Sa Majesté, en lui témoignant, par ses acclamations enthousiastes, sa profonde reconnaissance. L'Empereur, avec les personnes de sa suite, est monté sur la place du Rocher, près de l'ancien palais des papes, pour mieux juger de l'étendue du désastre.

« Après un court séjour à l'hôtel de ville, où Sa Majesté a reçu les hommages et les remerciements de la municipalité, l'Empereur a voulu se rendre à Tarascon. Les communications entre cette ville et Avignon sont complétement interrompues, par suite de la rupture du chemin de fer que les eaux du Rhône ont coupé sur plusieurs points. Sa Majesté a traversé dans un bateau, au milieu des champs inondés, un espace de cinq kilomètres qui la séparait de Tarascon. Là, un spectacle de nouvelles souffrances l'attendait. L'Empereur, profondément ému, a parcouru dans son bateau les rues de cette ville entièrement envahies par les eaux, et a distribué des consolations et des secours aux habitants réfugiés dans les étages supérieurs de leurs maisons. Il serait impossible de décrire la reconnaissance et l'enthousiasme excités dans cette population par la visite inattendue de l'Empereur.

« Il était six heures du soir quand Sa Majesté est partie pour Arles par le chemin de fer. A son arrivée elle s'est immédiatement rendue à la tour des Arènes, afin d'embrasser d'un coup d'œil l'immense étendue des terrains inondés, entre la ville et la mer.

LE CONGRÈS DE PARIS

« L'accueil fait à l'Empereur par la population d'Arles a été aussi des plus chaleureux et des plus touchants : aux cris de *Vive l'Empereur!* se mêlaient les bénédictions pour l'auguste Souverain qui sait faire un si noble usage du pouvoir que la France lui a donné.

« L'Empereur a couché à Arles, et en est reparti ce matin à huit heures, pour retourner à Lyon par Avignon, Montélimart et Valence. Partout, sur son passage, les populations reconnaissantes s'étaient empressées d'accourir au-devant de Sa Majesté, pour la saluer encore des cris répétés de *Vive l'Empereur! Vive l'Impératrice! Vive le Prince impérial! Vive l'ami et le bienfaiteur du peuple!*

« L'Empereur est arrivé à Lyon ce soir à cinq heures. Sa Majesté y a passé en revue les troupes réunies sous le commandement du maréchal de Castellane. Pendant la revue, les acclamations des soldats et des habitants se sont fait entendre avec un nouvel enthousiasme.

« A huit heures, l'Empereur a quitté Lyon pour se rendre à Paris. »

Le conseil municipal de Lyon, se rendant l'interprète du sentiment public, adressait à l'Empereur, le lendemain de son arrivée à Paris, l'adresse suivante :

« Sire,

« Au milieu des sentiments qu'a fait naître la présence de Votre Majesté dans notre ville, le conseil municipal manquerait au sentiment public, s'il ne vous apportait l'expression de la reconnaissance générale.

« C'est dans votre cœur que vous avez trouvé l'heureuse inspiration de venir visiter nos souffrances. Naguère vous disiez aux Lyonnais de vous aimer, aujourd'hui vous êtes venu les y contraindre. Vous avez conquis les âmes les plus froides. On ne peut faire un pas dans nos rues sans entendre bénir votre nom, sans être ému des expressions vives et touchantes que trouvent la reconnaissance des malheureux et l'admiration de tous.

« Ces bénédictions seront entendues, Sire : le Ciel continuera de vous donner de grandes et généreuses pensées, et il vous récompensera dans l'Enfant impérial qu'il a donné à la France. »

Le 6 juin, l'Empereur repart de Saint-Cloud pour visiter et secourir les inondés de la Loire.

Il arrive à Orléans, à Blois, à Tours, distribuant partout des secours et s'enquérant des besoins de la population.

Il pousse jusqu'à Angers, trouve la ville pavoisée, va à Nantes, à Laval, au milieu de l'accueil le plus chaleureux et le plus vif.

Nous trouvons dans le *Moniteur* du 13 juin le récit de ce voyage admirable dans lequel l'Empereur avait distribué plus de sept cent mille francs de sa cassette, sans parler de douze millions demandés d'urgence au Corps législatif et votés immédiatement :

« L'Empereur est revenu hier au soir de sa visite aux départements de Maine-et-Loire et de la Loire-Inférieure. Les populations de ces contrées, comme celles des bords du Rhône, ont accueilli Sa Majesté avec les plus vifs témoignages d'affection et de reconnaissance.

« A peine arrivé à Angers, l'Empereur a parcouru en bateau les parties inondées et s'est rendu aux ardoisières où l'attendait une foule immense d'ouvriers, de femmes et d'enfants groupés sur les hauteurs. A l'aspect de Sa Majesté, le cri de *Vive l'Empereur !* s'est échappé de toutes les bouches avec un enthousiasme qu'on ne saurait décrire. Ces ouvriers, naguères égarés, reconnaissaient et acclamaient comme leur meilleur ami celui qui bravait le danger pour les secourir et les consoler. L'Empereur, après leur avoir laissé des marques de sa munificence et les avoir encouragés par quelques-unes de ces bonnes paroles que Sa Majesté sait si bien trouver dans son cœur, s'est séparé d'eux au milieu des bénédictions universelles.

« D'Angers, l'Empereur s'est rendu à Nantes, où il a immédiatement visité les lieux ravagés par l'inondation. Les sentiments de la population nantaise se sont également manifestés par les acclamations les plus chaleureuses.

« L'Empereur a décoré de sa main quelques-unes des personnes qui s'étaient le plus signalées par leur courage et leur dévouement.

« A Nantes, comme à Angers, Sa Majesté a donné sur sa cassette particulière des sommes considérables pour subvenir aux besoins des plus nécessiteux.

« Les sommes ainsi distribuées par Sa Majesté dans ses visites aux inondés du Rhône et de la Loire s'élèvent à plus de six cent mille francs.

« Cette généreuse initiative a servi d'exemple au mouvement général qui pousse aujourd'hui la France entière et même des souverains et des nations étrangères à venir au secours des victimes du fléau. Cependant l'empressement avec lequel l'Empereur est accouru au milieu des populations inondées pour les consoler par sa présence, ranimer leur courage et sympathiser à leurs souffrances, les a surtout profondément touchées. »

De tous les côtés, en Europe, l'Empereur s'occupait à maintenir une paix durable.

Il se prononce très-énergiquement contre les troubles qui commencent, au mois de juillet, à agiter l'Espagne, et s'exprime dans les termes suivants, publiés par le *Moniteur*, et qui n'ont pas perdu de leur actualité aujourd'hui :

« Depuis deux ans l'Espagne était dans un état déplorable. Ce grand pays, si longtemps l'arbitre de l'Europe, dont l'alliance, naguère encore, était recherchée avec tant d'empressement, était tombé à un rang infime. Il n'avait plus ni finances, ni armée, ni marine, ni commerce, ni administration, ni influence extérieure. Dans cette situation difficile, les ambitieux, au lieu de chercher à fortifier ce qui était, tentaient de l'ébranler, soit en flattant les passions de la foule, soit en voulant réaliser des utopies dangereuses. Les troubles qui ont agité l'Espagne depuis quelques années viennent justement de la fatale idée de certains ministres, il y a quatre ans, de faire un coup d'État quand l'Espagne était tranquille, prospère, et qu'aucune grande raison ne les forçait de changer brusquement les lois du royaume. Pour qu'un coup d'État soit légitime au jugement de la postérité, il faut qu'une nécessité suprême le justifie, et qu'il soit, aux yeux de tous, l'unique moyen de sauver le pays.

« Nous connaissons ceux qui rêvaient des coups d'État, non pour modifier quelques institutions, mais pour changer le trône et la dynastie, soit en unissant le Portugal à l'Espagne sous la maison de Bragance, soit en créant une régence. Nous savons donc gré au maréchal O'Donnell d'avoir tenté sans coup d'État de rétablir en Espagne l'ordre, cette première et indispensable base de la liberté. Nous lui savons gré d'avoir, pendant les premiers moments d'anarchie, mis tous ses soins à réorganiser l'armée espagnole, autant sous le rapport moral que sous le rapport matériel : car il ne suffisait pas d'avoir refait des bataillons ou des escadrons, il fallait surtout donner à des soldats si braves et si capables de grandes choses les seuls mobiles qui maintiennent les armées : le devoir, la fidélité au Souverain, la discipline.

« Espérons donc que les changements récents amèneront la fin de ces coups d'État et de ces pronunciamientos si funestes, car nous désirons sincèrement que l'Espagne, qui renferme tant d'éléments de force et de prospérité, reprenne, au milieu du calme, le rang qui lui est dû, au lieu de descendre au niveau de certaines républiques de l'Amérique du Sud, où l'on ne trouve ni patriotisme, ni vertus civiques, ni principes élevés, mais seulement quelques généraux se disputant le pouvoir à l'aide de soldats égarés par de vaines promesses. »

D'autre part, le roi de Naples exaspérait les populations napolitaines par un gouvernement despotique et sanguinaire.

Le cabinet des Tuileries lui fait des observations amicales, qu'il rejette avec dédain. L'Empereur retire son ambassadeur, et les événements, pour l'Espagne comme pour le royaume de Naples, ont prouvé si l'Empereur avait raison.

Un autre conflit éclate en Suisse.

En 1848, une insurrection arrachait Neufchâtel à la Prusse et le joignait à la Suisse.

Mais le parti royaliste essaya de défaire ce qu'avait fait la Révolution.

Des arrestations eurent lieu, la Prusse réclama.

Le 17 décembre, l'Empereur envoyait la note suivante au *Moniteur* :

« En 1848, une révolution a eu lieu à Neufchâtel et a rompu les liens qui attachaient le canton au roi de Prusse. Ce souverain a constamment protesté contre le nouvel ordre de choses en réservant expressément ses droits, et n'a cessé de réclamer en faveur d'une partie de la population qui se plaignait d'être opprimée par les vainqueurs.

« Au mois de septembre dernier, le parti vaincu essaya de prendre sa revanche en invoquant le nom du roi. Cette tentative échoua, le canton fut occupé par les troupes fédérales, et les Neufchâtelois, pris les armes à la main, furent traduits devant les tribunaux suisses.

« Cet événement devait naturellement amener un conflit entre la Confédération helvétique et la Prusse : car la première, en faisant marcher des troupes pour rétablir l'ordre dans le canton de Neufchâtel, prétendait remplir une obligation fédérale ; la Prusse, de son côté, trouvait son honneur engagé à ne pas laisser juger les hommes qui avaient relevé l'étendard du roi, et qui, d'après leur conviction, se battaient pour le droit et la légalité.

« Par le fait de la position géographique de la France, l'attitude de son gouvernement devait nécessairement avoir une influence marquée sur la solution du différend. Aussi était-il de l'intérêt des deux parties de ne rien négliger pour s'assurer son concours.

« Le roi de Prusse s'adressa à l'Empereur en lui exprimant, en termes vivement sentis, tout l'intérêt qu'il portait à des hommes compromis pour sa cause. Il pria Sa Majesté de réclamer leur mise en liberté, en lui faisant part en même temps de ses dispositions conciliantes.

« Le gouvernement français, heureux de pouvoir prévenir un conflit entre deux puissances auxquelles le lient des relations amicales, s'empressa de satisfaire au vœu du roi Frédéric-Guillaume, et, fort de ses sentiments bienveillants envers la Suisse, comme des sentiments conciliants de la Prusse, il demanda l'élargissement des prisonniers neufchâtelois. Il représenta au Conseil fédéral que l'honneur de la Confédération ne serait nullement compromis, car ce n'était pas aux réclamations de la Prusse, mais aux sollicitations de la France, qu'elle accorderait la mise en liberté des prisonniers.

« D'autre part, le gouvernement de l'Empereur ne laissa pas ignorer les heureux résultats que pourrait avoir cette concession, puisqu'elle devenait pour la France une sorte d'obligation d'empêcher tout conflit armé et de faire ses efforts pour obtenir du roi de Prusse un règlement définitif de la question, conforme aux vœux de la Suisse.

« Malheureusement, ces considérations si sages n'ont point été appréciées ; les conseils de la France ont été repoussés, et le gouvernement fédéral a mieux aimé céder aux influences démagogiques qui s'agitent autour de lui que de se rendre à des avis bienveillants et inspirés uniquement par le désir de résoudre à l'amiable une question qui, depuis trop longtemps en suspens, pourrait, en se compliquant, troubler le repos de l'Europe.

« Ainsi la France a rencontré, d'un côté, la modération, le désir sincère de terminer une question délicate, une déférence courtoise pour sa situation politique ; de l'autre, au contraire, une obstination regrettable, une susceptibilité exagérée et une indifférence complète pour ses conseils.

« La Suisse ne devra donc pas s'étonner, si, dans la marche des événements, elle ne trouve plus le bon vouloir qu'il lui était facile de s'assurer au prix d'un bien léger sacrifice. »

Malgré leur résistance mutuelle, la Prusse et la Suisse finirent par accepter un arrangement, sous la pression de cette note résolue.

Nous voyons à cette époque l'Empereur parvenu à l'apogée de la gloire. Il est l'arbitre de l'Europe, car il n'use de sa force, de sa puissance, que pour le bien de tous, y apportant une modération remarquable et dont il ne s'est jamais départi.

Sans revenir sur les bienfaits de l'Empereur, nous dirons qu'en 1856 les dons faits sur sa cassette montèrent à plus de sept millions de francs.

Le 3 décembre 1856, une députation d'officiers, sous-officiers, soldats et enfants de troupe, vint porter à l'Empereur le procès-verbal de l'inscription du Prince Impérial sur les contrôles du 1ᵉʳ régiment des grenadiers de la garde.

Le colonel lut devant l'Empereur, l'Impératrice et le Prince, l'adresse suivante, qui prouve combien il y avait un lien intime entre les Napoléon et l'armée, lien que rien ne saurait détruire, les malheurs le rendant encore plus fort et plus résistant :

SIRE,

« Votre Majesté a bien voulu confier au pays le Fils que le Ciel venait de lui donner.

« Il s'est appelé l'*Enfant de France*, et tous les bras se sont ouverts pour le recevoir.

« Elle dit aujourd'hui à ses soldats :

« Prenez cet enfant bien-aimé sous votre glorieuse tutelle ; qu'il grandisse dans les idées d'abnégation de la vie, de dévouement au pays, d'obéissance aux lois, dont votre cœur est le sanctuaire ; lorsque pour lui viendra l'heure de régner, il saura commander parce qu'il a su obéir. »

« Et l'armée tout entière, reconnaissante et honorée de compter dans ses rangs le Prince impérial, sent grandir ses vertus.

« Mais combien plus particulièrement nous sommes heureux et fiers de voir son nom inscrit parmi les nôtres !

« Permettez, Sire, au 1ᵉʳ régiment de grenadiers de votre garde, de témoigner à Votre Majesté toute la joie qu'il éprouve, et de renouveler devant le berceau du Prince Napoléon-Eugène l'expression la plus vraie de ses sentiments d'amour et de fidélité. »

L'année 1857 s'ouvrit par la session législative, la dernière de cette législature.

A cette occasion, l'Empereur prononça un discours dont il est bon de rappeler certains passages, qui ne peuvent que frapper les esprits, surtout après les événements qui se sont déroulés depuis :

« Messieurs les Députés, puisque cette session est la dernière de votre législature, permettez-moi de vous remercier du concours si dévoué et si actif que vous m'avez prêté depuis 1852. Vous avez

CLÔTURE DE L'EXPOSITION UNIVERSELLE

proclamé l'Empire, vous vous êtes associés à toutes les mesures qui ont rétabli l'ordre et la prospérité dans le pays ; vous m'avez énergiquement soutenu pendant la guerre ; vous avez partagé mes douleurs pendant l'épidémie et pendant la disette ; vous avez partagé ma joie quand le Ciel m'a donné une paix glorieuse et un fils bien-aimé ; votre coopération loyale m'a permis d'établir en France un régime basé sur la volonté et les intérêts populaires ; c'était une tâche difficile à remplir, et pour laquelle il fallait un véritable patriotisme, afin d'habituer le pays à des institutions nouvelles. Remplacer la licence de la tribune et les luttes émouvantes qui amenaient la chute ou l'élévation des ministères par une discussion libre, mais calme et sérieuse, était un service rendu au pays et à la liberté même, car la liberté n'a pas d'ennemis plus redoutables que les emportements de la passion et les violences de la parole.

« Fort du concours des grands Corps de l'État et du dévouement de l'armée, fort surtout de l'appui de ce peuple qui sait que tous mes instants sont consacrés à ses intérêts, j'entrevois pour notre Patrie un avenir plein d'espoir.

« La France, sans froisser les droits de personne, a repris dans le monde le rang qui lui convenait, et peut se livrer avec sécurité à tout ce que produit de grand le génie de la paix. Que Dieu ne se lasse pas de la protéger, et bientôt on pourra dire de notre époque ce qu'un homme d'État, historien illustre et national, a écrit du Consulat : *La satisfaction était partout, et quiconque n'avait pas dans le cœur les mauvaises passions des partis était heureux du bonheur public.* »

Jamais les inconvénients du système parlementaire ne furent dépeints d'une façon plus exacte.

Jamais le programme de l'Empire, qui était avant tout et surtout un programme de paix, ne fut plus éloquemment tracé !

Dans le courant de la session, le 11 mai, le Corps législatif vota à l'unanimité la somme de 180,000 francs pour l'acquisition du tombeau de l'Empereur Napoléon Ier et de l'habitation qu'il avait occupée à Sainte-Hélène.

M. Conti avait écrit l'exposé des motifs, et on y lisait cette phrase émouvante : « L'habitation de Longwood est appropriée aux convenances d'une exploitation agricole. La maison que Napoléon habitait a été convertie en un bâtiment de ferme; une grange se rencontre sous les voûtes où il dicta sa pensée ; la chambre où il a rendu le dernier soupir est aujourd'hui une étable. Son tombeau a également subi de déplorables transformations : le terrain appartient à un particulier, et la spéculation américaine en dispute la possession au patriotisme de la France. »

Il va sans dire que le gouvernement anglais s'empressa d'aider la France dans cette pieuse acquisition.

On était arrivé au mois de juin 1857, la session allait finir, car la législature de 1852 n'avait qu'une durée de cinq ans, d'après la Constitution.

Le 11 juin, le *Moniteur universel*, à la veille des élections générales, crut devoir énumérer les nombreux services rendus par cette première législature, la plus dévouée, la plus énergique et la plus liée à la gloire de la dynastie comme aux intérêts de la France. En cinq ans, et pendant des sessions de trois à quatre mois seulement, on avait voté 979 lois !

L'article officiel, qu'on attribua avec raison à l'Empereur lui-même, concluait ainsi :

« ...Pour avoir fait moins de bruit que tant d'autres assemblées délibérantes, l'Assemblée actuelle n'a que mieux rempli son mandat, et elle a pris une part plus active à tout le bien qui s'est accompli pendant cette mémorable période. Dépouillé du dangereux privilége de faire et défaire les ministères, d'entraver la marche du Gouvernement, de transformer la tribune en un piédestal pour l'ambition ou la vanité, le Corps législatif a pu délibérer sur les projets de loi dans le silence des passions politiques, dans la plus complète indépendance du pouvoir comme des partis. — En perdant le droit d'improviser, au milieu des débats, ces amendements qui, souvent, bouleversent l'économie d'une loi, le Corps législatif n'a pas perdu celui de modifier ni de rejeter les mesures qu'il désapprouve ; jamais, au contraire, le droit d'amendement ne s'est exercé d'une manière plus large, plus efficace ; jamais, sur les projets les plus importants, les opinions ne se sont produites avec plus de liberté et de talent. »

Ce tableau de la période impériale de 1852 à 1857 n'est-il pas le tableau rêvé par tous les impérialistes, par tous les patriotes sincères, pour le jour où la France ramènerait la troisième restauration impériale ?

Le 29 mai, le décret de dissolution du Corps législatif fut promulgué, et les électeurs furent convoqués pour le 21 juin.

Une circulaire rendue publique, de M. Billault, ministre de l'intérieur, afficha hautement le système de la candidature officielle, système pratiqué de tout temps par nos adversaires politiques, et que l'Empire seul pratiqua avec honnêteté et franchise.

Le ministre s'exprimait ainsi :

« En face de nos candidatures hautement avouées, résolûment soutenues, les candidatures contraires pourront librement se produire. »

Et il ajoutait en parlant du suffrage universel : « Trois fois sacré par lui, l'Empereur l'invoque toujours avec confiance. »

Le 19 juin, une proclamation était adressée aux électeurs par le Préfet de la Seine.

Nous en détacherons quelques lignes, parce qu'on crut, à cette époque, y reconnaître la main de l'Empereur :

« Électeurs !

. . . .

« Le temps n'est plus où, les députés ne représentant qu'une classe privilégiée d'électeurs, le pouvoir craignait de faire intervenir ouvertement sa pensée dans des élections livrées aux luttes des partis, aux rivalités d'ambition. Aujourd'hui, le Gouvernement, en adoptant avec franchise le suffrage universel, en excluant du Corps législatif tout fonctionnaire rétribué par l'État, a voulu que la Chambre fût l'expression sincère de la volonté générale. Il ne s'est réservé qu'un seul moyen d'influence : c'est de désigner hautement au pays les hommes qui ont sa confiance, afin que le peuple ne puisse pas être trompé par des professions de foi souvent mensongères.

« Pour gouverner, il faut à l'Empereur l'appui d'une Chambre élective indépendante, mais dévouée à sa cause comme aux institutions nouvelles. Avec les députés qui ont déjà fait leurs preuves, la marche du Gouvernement sera facile ; avec des députés d'un autre temps et d'un autre ordre d'idées, vous vous exposeriez à créer de l'agitation et du malaise. Or, croyez-le bien, l'agitation et le malaise retombent avant tout sur ceux qui travaillent. »

Sous un régime nommé directement par le peuple, la candidature officielle est une nécessité.

Comment voulez-vous, en effet, que l'Empereur élu, investi de la confiance générale, responsable de tout, n'ait pas le droit d'indiquer au peuple les hommes qui lui seront le plus utiles pour l'accomplissement de son œuvre ?

Ce serait forcer un chef d'atelier à n'avoir pas le choix de ses ouvriers. Dans de pareilles conditions d'homogénéité, le travail est impossible et la responsabilité n'est qu'un leurre.

D'autant que l'opposition a toujours eu ses candidatures officielles et que la liberté du mal doit entraîner la liberté du bien, comme le poison attire le remède.

Voici la statistique des élections :

Électeurs inscrits.	9.495.955
Votants.	6.136.664
Pour le Gouvernement.	5.471.888
Pour l'opposition.	571.859
Voix perdues.	92.917

Si nous retirons des 571,859 voix données à l'opposition, les 271,787 voix données à des candidats non hostiles qui avaient voulu lutter avec la candidature officielle, nous avons le chiffre exact et ridicule de ce qui faisait l'opposition en France, à cette époque, quand l'Empire exerçait le pouvoir avec une sage fermeté et une autorité résolue.

Il avait suffi au Gouvernement de vouloir, pour détruire l'opposition. Et il en sera plus tard, dans l'avenir, nous en sommes convaincus, comme il en a été dans le passé.

Il serait bon de dire quelques mots de l'application des lois à cette époque, au sujet de la presse.

Le régime de la presse était réglé par le décret de 1852. Il plaçait la surveillance de la presse sous le contrôle direct du Gouvernement, ce qui est la seule chose vraie, car le Gouvernement doit être toujours en situation d'augmenter ou de diminuer, suivant les événements, la somme de liberté accordée. Donnée aux tribunaux, la presse échappe à la main du Gouvernement, discrédite la justice par l'introduction de la politique, et ne garantit ni la société menacée, ni les journaux eux-mêmes dans leurs intérêts matériels.

Le décret de 1852 comportait trois avertissements officiels avant la suppression, sans compter les *communiqués* et les avertissements officieux.

Ce régime, puissamment armé, ne fut jamais appliqué qu'avec une extrême parcimonie et une grande bienveillance. Et les journaux qui ont traversé la période qui s'étend du 4 septembre 1870 au jour où nous écrivons n'hésiteraient pas à se replacer, s'ils le pouvaient, sous ce régime, alors tant attaqué. Ils en sont réduits, par ce temps de République, à réclamer la liberté comme sous l'Empire.

Avant d'arriver aux événements importants qui précèdent et accompagnent la guerre d'Italie, nous allons énumérer les événements principaux qui remplirent l'année 1857, et qui touchent plus particulièrement à l'Empereur.

En septembre 1857, l'Empereur fit un voyage à Stuttgardt, où il se rencontra avec l'Empereur de Russie, Alexandre II.

L'entrevue fut excessivement cordiale et resserra les liens entre la Russie et la France, après une guerre qui n'avait laissé aucun mauvais souvenir, et dans laquelle on avait combattu loyalement, sans haine et sans arrière-pensée, car il était réservé à l'Allemagne seule de laisser entre les deux peuples, au lendemain de la lutte, un fossé de sang et des monceaux infranchissables de ruines.

Au mois d'avril, le grand-duc Constantin se rendit à Paris, et sa présence cimenta la réconciliation, qui fut sincère et durable, puisque dans le malheur et dans l'exil, il n'y a pas longtemps, l'Empereur de Russie rendait à notre jeune Prince impérial, à Woolwich, tout l'honneur accordé seulement, d'habitude, aux princes régnants.

Nous ne devons pas oublier de mentionner à cette époque la création de la médaille de Sainte-Hélène, touchant souvenir accordé par l'Empereur à ceux qui avaient fait les campagnes de 1792 à 1815.

Cette médaille appartenait de droit à tous les étrangers qui avaient combattu sous le drapeau de la France.

Mais quelques États allemands, honteux des souvenirs de prépondérance que cette médaille pouvait raviver chez eux à l'égard de la France, eurent la mesquine rancune d'empêcher leurs nationaux de la porter.

L'année 1858 débuta par un épouvantable attentat que nous racontons dans un chapitre spécial et qui fut commis devant l'Opéra.

Cet attentat fut l'occasion pour l'Empereur de manifestations universelles.

Au nom du corps diplomatique, le nonce du Pape se rendit le 16 aux Tuileries, en audience solennelle, et prononça les paroles suivantes :

« Sire, Madame,

« Le corps diplomatique a été profondément ému et consterné en apprenant la triste nouvelle de l'exécrable attentat qui a fait courir de si graves dangers à Vos Majestés et qui a coûté si cher à tant de monde. Il a vivement remercié la divine Providence de la protection visible dont elle a couvert vos jours précieux, en déjouant les calculs et les projets abominables. Mais, fidèle organe des sentiments des souverains et des gouvernements qu'il a l'honneur de représenter, le corps diplomatique éprouvait aussi le besoin de venir offrir à Vos Majestés ses hommages et ses félicitations empressés pour avoir été heureusement préservées. Il fait des vœux sincères et ardents pour que Dieu continue à vous couvrir de sa protection toute-puissante et daigne accorder, Sire, à votre règne, une longue durée. »

Les présidents des grands corps de l'État firent également leur discours, et nous ne citerons que celui que prononça le président du Corps législatif, parce que d'abord il est le plus court, et parce que ensuite il témoigne de la seule terreur que l'on avait alors, la terreur qu'inspirait la trop grande bonté de l'Empereur, qui pardonnait toujours :

« Sire,

« Nous avons tenu à vous voir, afin de vous dire combien nous remercions la Providence d'avoir préservé vos jours et ceux de l'Impératrice : mais nous avons pensé aussi que vous nous permettriez un langage dicté par une légitime indignation et par un profond attachement à votre Dynastie. Nous ne pouvons pas vous le cacher, Sire, les populations que nous venons de visiter récemment s'inquiètent des effets de votre clémence, qui se mesure trop à la bonté de votre cœur, et, lorsqu'elles voient d'aussi abominables attentats se préparer au dehors, elles se demandent comment des gouvernements voisins et amis sont impuissants à détruire ces laboratoires d'assassinats et comment les saintes lois de l'hospitalité peuvent s'appliquer à des bêtes féroces.

« Vous n'êtes ainsi attaqué que parce que vous êtes la clef de voûte de l'ordre public : aussi nous vous supplions de ne pas suivre seulement les inspirations de votre courage, et de ne pas oublier qu'en exposant votre personne vous exposez le repos de la France. »

L'Europe tout entière fut émue de la perspective qu'offrait la disparition de l'Empereur. L'Europe eût peur de la pensée seule d'un semblable malheur, et le langage de tous les journaux étrangers prouva l'influence singulière qu'avait prise Napoléon III sur les autres puissances.

La *Gazette des Postes de Francfort* disait :

« Il se peut que l'attentat contre la vie de l'Empereur Napoléon,

VOYAGE EN BRETAGNE — LES BRETONS ESCORTANT LEURS MAJESTÉS.

attentat dont la nouvelle doit remplir l'univers de terreur, devienne la source d'un avenir meilleur. La protection évidente de la Providence, dont l'Empereur a été l'objet, inspirera de la confiance chez le grand nombre, en même temps qu'elle découragera ses ennemis. Le peuple français doit exécrer les partis qui ne reculent pas devant de pareils crimes pour atteindre leur but. Il se demandera quel serait le sort d'un pays qui tomberait dans les mains d'hommes capables de se servir de pareils instruments. Le peuple français sera conduit naturellement à établir un parallèle entre la situation actuelle et les temps passés, et il devra reconnaître que le gouvernement fort de l'Empereur est comparativement le meilleur que la France ait possédé depuis le commencement de la Restauration ; il demeurera également convaincu que les restrictions apportées à sa liberté, et dont plusieurs se plaignent, sont nécessitées par ces tendances mêmes qui se révèlent par des conspirations et des attentats. »

Mais le plus curieux de ces articles, et qui peint le mieux la grandeur suprême de l'Empereur, était un article de la *Gazette autrichienne,* qui disait :

« La vie de l'Empereur Napoléon est un bien précieux qui appartient au monde entier, et les hommes, par millions, même en dehors des vastes limites de l'Empire français, doivent remercier le Ciel avec ferveur de nous l'avoir conservé. Nul ne saurait calculer de combien d'hommes le bonheur, le repos et la vie, seraient en danger, si ce seul cœur cessait de battre. Cependant nous avons la conviction que, depuis que ce grand génie gouverne la France, ses actes ont exercé sur la nation une influence incommensurable. Plus la durée de son règne sera longue, et moins sensible sera la perturbation causée par sa disparition de la scène de ce monde ; et Dieu veuille qu'il puisse atteindre en paix une haute vieillesse ! Les Français ont appris à connaître les horreurs des révolutions et les bienfaits d'un gouvernement fort. Depuis dix ans, chaque jour a vu diminuer par la désertion le nombre de l'armée révolutionnaire. Des attentats du genre de ceux dont nous venons d'être témoins depuis quelque temps doivent rendre cette désertion générale, car la nature humaine n'est corrompue, n'est perverse que dans les individus ; les masses, par contre, ne sont jamais accessibles à ce qui est bon et à ce qui est noble. Ajoutons que le peuple français a appris à s'organiser rapidement et à trouver un prompt salut au milieu du plus pressant danger. Nous sommes persuadé que la dynastie des Napoléon ne serait point tombée, même alors qu'un attentat contre la vie de son chef eût pu ne pas échouer. »

Le 18 janvier, l'Empereur ouvrait la session législative, en 1858, et prononçait un discours dont nous reproduisons la fin, qui produisit une vive impression :

« Qu'est-ce que l'Empire ? Est-ce un gouvernement rétrograde, ennemi des lumières, désireux de comprimer les élans généreux et d'empêcher dans le monde le rayonnement pacifique de tout ce que les grands principes de 89 ont de bon et de civilisateur ?

« Non, l'Empire a inscrit ces principes en tête de sa Constitution ; il adopte franchement tout ce qui peut ennoblir les cœurs et exalter les esprits pour le bien : mais, aussi ennemi de toute théorie abstraite, il veut un pouvoir fort, capable de vaincre les obstacles qui arrêteraient sa marche, car, ne l'oublions pas, la marche de tout pouvoir nouveau est longtemps une lutte.

« D'ailleurs il est une vérité écrite à chaque page de l'histoire de la France et de l'Angleterre, c'est qu'une liberté sans entraves est impossible tant qu'il existe dans un pays une fraction obstinée à méconnaître les bases fondamentales du gouvernement, car alors la liberté, au lieu d'éclairer, de contrôler, d'améliorer, n'est plus, dans les mains des partis, qu'une arme pour renverser.

« Aussi, comme je n'ai pas accepté le pouvoir de la nation dans le but d'acquérir cette popularité éphémère, prix trompeur de concessions arrachées à la faiblesse, mais afin de mériter un jour l'approbation de la postérité en fondant en France quelque chose de durable, je ne crains pas de vous le déclarer aujourd'hui, le danger, quoi qu'on dise, n'est pas dans les prérogatives excessives du pouvoir, mais plutôt dans l'absence de lois répressives. Ainsi les dernières élections, malgré leur résultat satisfaisant, ont offert en certains lieux un affligeant spectacle : les partis hostiles en ont profité pour agiter le pays, et on a vu quelques hommes, s'avouant hautement ennemis des institutions nationales, tromper les électeurs par de fausses promesses, et, après avoir brigué leurs suffrages, les rejeter ensuite avec dédain. Vous ne permettrez pas qu'un tel scandale se renouvelle, et vous obligerez tout éligible à prêter serment à la Constitution avant de se porter candidat.

« La pacification des esprits devant être le but constant de nos efforts, vous m'aiderez à rechercher les moyens de réduire au silence les oppositions extrêmes et factieuses.

« En effet, n'est-il pas pénible dans un pays calme, prospère, respecté en Europe, de voir d'un côté des personnes décrier un gouvernement auquel elles doivent la sécurité dont elles jouissent, tandis que d'autres ne profitent du libre exercice de leurs droits politiques que pour miner les institutions ?

« J'accueille avec empressement, sans m'arrêter à leurs antécédents, tous ceux qui reconnaissent la volonté nationale ; quant aux provocateurs de troubles et aux organisateurs de complots, qu'ils sachent bien que leur temps est passé ! »

C'était la véritable doctrine impériale, et l'Empereur ne fût jamais tombé s'il n'en eût pas changé.

Puis Napoléon III, passant à l'idée qui préoccupait tout le monde à cette heure, à l'idée des attentats, finissait par ces paroles admirables :

« Je ne puis terminer sans vous parler de la criminelle tentative qui vient d'avoir lieu. Je remercie le Ciel de la protection visible dont il nous a couverts, l'Impératrice et moi, et je déplore qu'on fasse tant de victimes pour attenter à la vie d'un seul. Cependant ces complots portent avec eux plus d'un enseignement utile : le premier, c'est que les partis qui recourent à l'assassinat prouvent, par ces moyens désespérés, leur faiblesse et leur impuissance ; le second, c'est que jamais un assassinat, vînt-il à réussir, n'a servi la cause de ceux qui avaient armé le bras des assassins. Ni le parti qui frappa César, ni celui qui frappa Henri IV ne profitèrent de leur meurtre. Dieu permet quelquefois la mort du juste, mais il ne permet jamais le triomphe de la cause du crime. Aussi ces tentatives ne peuvent troubler ni ma sécurité dans le présent, ni ma foi dans l'avenir : si je vis, l'Empire vit avec moi, et, si je succombais, l'Empire serait encore affermi par ma mort même, car l'indignation du peuple et de l'armée serait un nouvel appui pour le trône de mon Fils. »

A la suite de l'attentat de janvier, deux journaux qui ne craignirent pas de faire presque l'apologie des assassins furent supprimés; ce furent la *Revue de Paris* et le *Spectateur*.

Cette mesure de rigueur servait de conclusion à un fort beau rapport de l'Empereur, présenté par M. Billaut, ministre de l'intérieur, et qui contenait cette maxime que l'Empire revenu devra faire graver sur son fronton : LE GOUVERNEMENT D'UNE GRANDE NATION NE DOIT PAS PLUS SE LAISSER MINER SOURDEMENT PAR LES HABILETÉS DE LA PLUME, QU'ATTAQUER VIOLEMMENT PAR LES BRUTALITÉS SAUVAGES DES CONSPIRATIONS.

Le 8 février, l'Empereur institua la régence et le conseil privé qui deviendrait, en cas de besoin, le conseil de régence.

Le conseil privé fut ainsi composé : d'abord, les deux princes français, les plus proches parents dans l'ordre de l'hérédité, le cardinal Morlot, le maréchal duc de Malakoff, M. A. Fould, M. Troplong, le comte de Morny, M. Baroche, M. de Persigny.

La veille, c'est-à-dire le 7, le général Espinasse avait remplacé M. Billault au ministère de l'intérieur, où il resta jusqu'au mois de juin, et fut remplacé par M. Delangle, premier président de la Cour impériale de Paris.

Un malentendu passager s'éleva entre la France et l'Angleterre, au sujet du droit d'asile accordé à des assassins considérés comme réfugiés politiques.

Une brochure, que l'Empereur fit publier alors, indique à peu près les raisons du conflit; nous y lisons ce passage qui pourrait s'appliquer tout aussi bien à ce qui s'est passé après la Commune :

« Après le 14 janvier, il n'y eut qu'un seul cri dans toute la France pour demander deux choses : la première, l'éloignement de nos frontières des assassins condamnés par la justice; la seconde, l'interdiction de l'apologie publique de l'assassinat par les journaux ou dans les meetings. Ce vœu se retrouva dans les discours des grands corps de l'Etat, dans les adresses envoyées par la magistrature, par les conseils municipaux, par la garde nationale. Les adresses de l'armée devaient naturellement être plus vives ; elles exprimaient avec une énergie toute militaire le sentiment de la France. Quelques-unes seulement devaient blesser les susceptibilités de l'Angleterre. Le comte Walewski a donné à cet égard une explication dont la parfaite bonne foi devait tout effacer et tout réparer.

« A Londres, on a pris ce prétexte pour ranimer les susceptibilités nationales et pour dénaturer la conduite et les intentions du gouvernement français. On a voulu faire croire que la France demandait à l'Angleterre et aux nations voisines de renoncer au droit d'asile, droit sacré qu'elle respecte, qu'elle pratique, puisqu'elle donne non-seulement un refuge à plus de dix mille Italiens, Espagnols, Allemands, Polonais, mais même des subsides à un grand nombre d'entre eux.

« Le droit d'asile n'a donc pas besoin d'être défendu contre nous. Loin de l'attaquer, nous le respectons comme une de nos traditions nationales. Jacques II et ses partisans, trahis par la fortune, trouvèrent dans l'hospitalité de Louis XIV une compensation de la patrie qu'ils avaient perdue. Charles-Édouard, vaincu à Culloden, rentra en France, et si malheureusement le droit d'asile fut violé en sa personne, c'est que la faiblesse de Louis XV ne sut pas le maintenir contre les exigences de l'Angleterre. Charles-Edouard, arrêté en sortant de l'Opéra, fut obligé d'aller se cacher en Italie, où il mourut. Ce fut une honteuse exception qui permit de mesurer à quel degré d'abaissement nous étions tombés; car, il faut le dire, sous tous les gouvernements la France a ouvert ses portes aux étrangers que des motifs politiques éloignaient de leur pays.

« Ce n'est pas l'Empereur Napoléon III qui voudrait renier cette tradition de notre histoire à laquelle se mêlent les souvenirs de sa propre destinée. Il ne saurait oublier que pendant son exil il a profité du droit d'asile, courageusement maintenu en sa faveur par la Suisse, et loyalement pratiqué par l'Angleterre envers sa mauvaise fortune. Il ne songe donc pas à gêner un droit sacré qui fut sa sauvegarde. Les représentants des anciennes dynasties vivent à nos portes, dans des États qui nous avoisinent. L'Empereur n'a pas eu la pensée de s'alarmer de leur présence près de nos frontières, ou de réclamer leur éloignement, comme on le faisait à son égard en 1838. Il respecte leur malheur plus qu'on n'a respecté le sien.

« Aujourd'hui plus que jamais le droit d'asile est donc sacré pour nous. La France, qui ne le sacrifierait à personne, ne demande pas aux puissances alliées ou voisines d'y renoncer ; seulement elle se croit fondée à réclamer des autres États ce qu'elle est prête à faire pour eux.

« Mais le droit d'asile qui protége les représentants ou les défenseurs des causes perdues ne doit pas être confondu avec le droit de refuge qui dérobe les assassins à la responsabilité de leur crime. Il y a dans la confusion de deux choses si distinctes non-seulement une violation de la morale, mais aussi un danger pour la société.

« Dira-t-on que le droit d'asile exercé en Angleterre protége des hommes de parti et non les auteurs ou les complices de l'assassinat? Nous avons montré déjà d'où venaient les conspirateurs qui avaient attenté à la vie de l'Empereur ; nous avons montré aussi quels étaient leurs complices, d'où partaient les excitations aux crimes, dans quel pays l'apologie de ces crimes était libre et publique.

« Nous avons fait des citations qui suffisent déjà pour établir les faits. Nous pourrions les multiplier et citer encore de plus horribles paroles et de plus horribles écrits ; mais nous craindrions, en mêlant à cet exposé ces échos des passions les plus sauvages, ces appels aux meurtres, ces outrages à ce qu'il y a de plus auguste dans le monde, d'en troubler le calme et l'impartialité. Est-il besoin d'ailleurs de prouver l'évidence ? Il se tient à Londres des meetings où l'on glorifie les assassinats ; il se vend à Londres des libelles atroces où l'on érige en système, en droit et en devoir le meurtre des souverains de l'Europe, où les trônes, les autels, les armées, les lois, les magistratures, la société, Dieu lui-même, sont traînés dans le sang et dans la boue ! De telles saturnales dépassent jusqu'à la barbarie. Il n'y a pas une seule législation, ni dans les temps anciens, ni dans les modernes, qui les tolère ; et l'on viendrait prétendre que cette tolérance n'est, de la part de l'Angleterre, que l'exercice du droit d'asile ! L'asile est dû aux partis vaincus, il est dû à tous, sans exception ; il est dû même aux rebelles qui, après avoir attaqué la loi de leur pays, mettent entre eux et leur rébellion la frontière ; cette frontière est inviolable ! Mais il n'est pas dû aux monstres qui ne sont d'aucun parti, si ce n'est du parti de l'assassinat. »

Le remplacement de M. de Persigny, qui avait un peu brusqué les choses, par le maréchal Pélissier, envoyé comme ambassadeur à Londres, produisit un apaisement définitif et qui ne fut pas troublé depuis.

La preuve de cet apaisement se trouve dans le voyage e l'Empereur fit à Cherbourg, pour l'inauguration des travaux, le 3 août.

A Caen, à Bayeux, à Valognes, le train impérial traversa une affluence inouïe de la population. A Cherbourg, l'Empereur se rencontra avec la reine d'Angleterre, accompagnée du prince Albert et du prince de Galles.

Après la fête, un grand dîner eut lieu à bord de la *Bretagne*; l'Empereur prononça le toast suivant :

« Je bois à la santé de Sa Majesté la reine d'Angleterre, à celle du prince qui partage son trône et à la famille royale. En portant ce toast en leur présence, à bord du vaisseau-amiral français, dans le port de Cherbourg, je suis heureux de montrer les sentiments qui nous animent envers eux.

« En effet, les faits parlent d'eux-mêmes, et ils prouvent que les passions hostiles, aidées par quelques incidents malheureux, n'ont pu altérer ni l'amitié qui existe entre les deux couronnes, ni le désir des deux peuples de rester en paix. Aussi ai-je le ferme espoir que si l'on voulait réveiller les rancunes et les passions d'une autre époque, elles viendraient échouer devant le bon sens public, comme les vagues se brisent devant la digue qui protége en ce moment contre la violence de la mer les escadres des deux empires. »

Le prince Albert répondit par ces paroles :

« SIRE,

« La reine désire que j'exprime à Votre Majesté combien elle est sensible à la nouvelle preuve d'amitié que vous venez de lui donner, en lui portant un toast et en prononçant des paroles qui lui resteront chères à jamais. Votre Majesté connaît les sentiments

LE GÉNÉRAL FOREY

d'amitié qu'elle vous porte à vous, Sire, et à l'Impératrice, et je n'ai pas besoin de vous les rappeler.

« Vous savez également que la bonne entente entre nos deux pays est l'objet constant de ses désirs comme elle l'est des vôtres. La reine est donc doublement heureuse d'avoir l'occasion, par sa présence ici en ce moment, de s'allier à vous, Sire, en tâchant de resserrer autant que possible les liens d'amitié entre nos deux nations.

« Cette amitié est la base de leur prospérité mutuelle, et la bénédiction du Ciel ne lui manquera pas. La reine porte la santé de l'Empereur et de l'Impératrice. »

Le 8 août, jour du départ de l'Empereur, on procéda à l'inauguration de la statue de Napoléon Ier, le véritable créateur de Cherbourg, comme on le sait, car il avait dit un jour : « J'AVAIS RÉSOLU DE RENOUVELER A CHERBOURG LES MERVEILLES DE L'ÉGYPTE. J'AVAIS DÉJA ÉLEVÉ DANS LA MER UNE PYRAMIDE.

En réponse au discours du maire, l'Empereur s'exprima en ces termes :

« MESSIEURS,

« En vous remerciant, à mon arrivée à Cherbourg, de votre chaleureuse adresse, je vous disais qu'il semblait être dans ma destinée de voir s'accomplir, par la paix, les grands desseins que l'Empereur avait conçus dans la guerre. En effet, non-seulement les travaux gigantesques dont il avait eu la pensée s'achèvent, mais encore, dans l'ordre moral, les principes qu'il avait voulu faire prévaloir par les armes triomphent aujourd'hui par le simple effet de la raison. Ainsi, l'une des questions pour lesquelles il avait lutté le plus énergiquement, la liberté des mers, qui consacre le droit des neutres, est résolue d'un commun accord : tant il est vrai que la postérité se charge toujours de réaliser les idées d'un grand homme. Mais, tout en rendant justice à l'Empereur, nous ne saurions oublier, en ces lieux, les efforts persévérants des gouvernements qui l'ont précédé et qui l'ont suivi. L'idée première de la création du port de Cherbourg remonte, vous le savez, à celui qui créa tous nos ports militaires et toutes nos places fortes, à Louis XIV, secondé du génie de Vauban. Louis XVI continua activement les travaux ; le chef de ma famille leur donna une impulsion décisive, et depuis chaque gouvernement a regardé comme un devoir de la suivre.

« Je remercie la ville de Cherbourg d'avoir élevé une statue à l'Empereur dans les lieux qu'il a entourés de sa sollicitude : vous avez voulu rendre hommage à celui qui, malgré les guerres continentales, n'a jamais perdu de vue l'importance de la marine. Cependant, lorsque aujourd'hui s'inaugurent à la fois la statue de ce grand capitaine et l'achèvement de ce port militaire, l'opinion ne saurait s'alarmer : plus une nation est puissante, plus elle est respectée ; plus un gouvernement est fort, plus il apporte de modération dans ses conseils, de justice dans ses résolutions. On ne risque pas alors le repos du pays pour satisfaire l'orgueil ou pour acquérir une popularité éphémère. Un gouvernement qui s'appuie sur la volonté des masses n'est esclave d'aucun parti ; il ne fait la guerre que lorsqu'il y est forcé pour défendre l'honneur national et les grands intérêts des peuples. Continuons donc en paix à développer également les ressources diverses de la France ; invitons les étrangers à assister à nos travaux : qu'ils y viennent en amis, non en rivaux, montrons-leur qu'une nation où règnent l'unité, la confiance et l'union résiste aux emportements d'un jour, et que, maîtresse d'elle-même, elle n'obéit qu'à l'honneur et à la raison. »

L'Empereur et l'Impératrice continuèrent leur voyage vers la Bretagne. Ils visitèrent Brest, Lorient, Landernau, entourés, acclamés par les populations.

L'Empereur profita de son voyage pour se rendre à Port-Louis, où il avait été détenu comme prisonnier à la suite de l'affaire de Strasbourg. Il trouvait un certain plaisir à montrer à l'Impératrice l'appartement dans lequel il fut détenu avant de s'embarquer pour l'Amérique. Mais une scène aussi touchante qu'inattendue vint émotionner les visiteurs. L'Empereur retrouva là une bonne vieille femme, Mme Perreaux, veuve d'un garde du génie, et qui s'était merveilleusement conduite à l'égard de l'Empereur, pendant sa captivité. Dans son naïf élan, elle eut une phrase pleine de cœur : « Je vous reconnais bien, dit-elle; vous n'avez pas changé, vous avez l'air aussi bon qu'autrefois, car vous étiez un bien bon jeune homme. »

L'Empereur fut attendri en voyant cette excellente femme lui présenter toutes ses reliques, religieusement conservées : les meubles dont il s'était servi, les gravures qui ornaient la chambre et jusqu'au bol de faïence dans lequel il prenait son thé. « — Vous souvenez-vous, ajouta-t-elle, qu'un jour j'étais à chercher des draps dans le haut de cette armoire, et vous m'avez donné la main pour descendre? » — « Je vous la donnerai encore aujourd'hui, ma bonne mère », répondit l'Empereur en tendant la main à Mme Perreaux.

Le lecteur connaît déjà ce touchant épisode, qu'il ne nous a pas point paru inutile de rappeler de nouveau.

Le 15 août, l'Empereur, pour consacrer le jour de sa fête, part pour Hennebon, afin de visiter la petite église de Notre-Dame des Vœux. Il accomplit ensuite le pèlerinage d'Auray, et se rend à Napoléonville où la réception la plus grandiose l'attendait.

De là, l'Empereur se rend dans les Côtes-du-Nord, à Saint-Brieuc, à Lamballe, à Dinan, à Châteauneuf, à Saint-Malo, enfin à Rennes, où aucun souverain de France n'était allé depuis Henri IV, en 1598.

C'était partout la même affluence de population, les mêmes acclamations, les mêmes arcs-de-triomphe. Les vieux débris de la grande armée se pressaient sous les pas de l'héritier de Napoléon Ier, demandant comme faveur de lui serrer la main avant de mourir.

Les prêtres surtout se précipitaient au-devant de l'Empereur ; à Rennes, ils étaient plus de quinze cents présentés par leur évêque, Mgr Godefroy de Saint-Marc.

C'est là que l'Empereur répondit à l'évêque : « Je ne sais si je dois faire connaître ici toute ma pensée, mais ce que je puis vous dire, monseigneur, c'est que si un archevêché à Rennes peut vous être agréable, je suis heureux de vous l'offrir. »

Le 20 août, un grand banquet est offert à l'Empereur et à l'Impératrice par la municipalité de Rennes. A ce banquet, M. le comte de la Riboisière prend la parole au nom de la Bretagne, et l'Empereur lui répond en ces termes :

« Messieurs,

« Je suis venu en Bretagne par devoir comme par sympathie. Il était de mon devoir de connaître une partie de la France que je n'avais pas encore visitée. Il était dans mes sympathies de me trouver au milieu du peuple breton, qui est avant tout monarchique, catholique et soldat.

« On a voulu souvent représenter les départements de l'Ouest comme animés de sentiments différents de ceux du reste de la nation. Les acclamations chaleureuses qui ont accueilli l'Impératrice et moi dans tout notre voyage démentent une assertion pareille. Si la France n'est pas complétement homogène dans sa nature, elle est unanime dans ses sentiments. Elle veut un gouvernement assez stable pour enlever toutes chances à de nouveaux bouleversements; assez éclairé pour favoriser le véritable progrès et le développement des facultés humaines ; assez juste pour appeler à lui tous les honnêtes gens, quels que soient leurs antécédents politiques ; assez consciencieux pour déclarer qu'il protége hautement la religion catholique, tout en acceptant la liberté des cultes ; enfin, un gouvernement assez fort par son union intérieure pour être respecté comme il convient dans les conseils de l'Europe ; et c'est parce que, élu de la nation, je représente ces idées, que j'ai vu partout le peuple accourir sur mes pas et m'encourager par ses démonstrations.

« Croyez, messieurs, que le souvenir de notre voyage en Bretagne restera profondément gravé dans le cœur de l'Impératrice et dans le mien. Nous n'oublierons pas la touchante sollicitude que nous avons rencontrée pour le Prince impérial dans les villes et dans les campagnes, partout les populations s'informant de notre fils comme du gage de leur avenir.

« Je vous remercie, messieurs, d'avoir organisé cette réunion qui m'a permis de vous exprimer ma pensée, et je termine en portant un toast à la Bretagne si honorablement représentée ici.

« Que bientôt son agriculture se développe, que ses voies de communication s'achèvent, que ses ports s'améliorent, que son industrie et son commerce prospèrent, que les sciences et les arts y fleurissent ; mon appui ne leur manquera pas ; mais que, tout en hâtant sa marche dans les voies de la civilisation, elle conserve intacte la tradition des nobles sentiments qui l'ont distinguée depuis des siècles. Qu'elle conserve cette simplicité de mœurs, cette franchise proverbiale, cette fidélité à la foi jurée, cette persévérance dans le devoir, cette soumission à la volonté de Dieu qui veille sur le plus humble foyer domestique comme sur les plus hautes destinées des empires !

« Tels sont mes vœux ; soyez-en, messieurs, les dignes interprètes. »

L'Empereur avait raison, et la Bretagne, la vieille Bretagne royaliste, se trouvait à l'heure qu'il est, tout à fait métamorphosée au point de vue politique. Pour elle, la véritable monarchie, c'était la monarchie populaire ; elle n'en connaissait plus d'autre, et c'est ce qui explique combien l'Empereur avait été particulièrement touché des manifestations dont il avait été l'objet dans le berceau même des traditions légitimistes.

L'Empereur revint par Laval, par le Mans, par Chartres et Saint-Cyr. Puis il arriva à Saint-Cloud où il resta jusqu'au 2 octobre.

A cette époque l'Empereur se rendit au camp de Châlons, visita Reims, retrouvant partout l'ardent élan de l'enthousiasme populaire.

LIVRE NEUVIÈME

Guerre d'Italie. (1859). — Batailles de Magenta et de Solférino. — Traité de Zurich — Annexion de Nice et de la Savoie. (1860). — Evénements d'Italie de 1860 à 1864. — Convention du 15 septembre 1854. — Guerre de Chine. (1860). — Expédition de Cochinchine. (1858-1861). — Expédition de Syrie. (1860-1861). — Organisation de l'Agérie. — Guerre du Mexique. (1861-1867). — Deuxième expédition de Rome. (1867). — Bataille de Mentana.

Il convient d'abandonner un instant ce qui se passe en France et d'examiner rapidement ici, les différentes entreprises militaires de l'Empire, depuis la guerre d'Italie jusqu'à la guerre de 1870.

Nous le répéterons encore une fois, nous ne faisons pas ici une histoire de France et il nous est impossible de nous arrêter à mille détails intéressants, c'est vrai, mais qui ne sauraient rentrer dans notre cadre relativement limité.

Ainsi, nous ne parlerons pas de l'Afrique définitivement soumise et qui reste et demeure domptée sous le joug de la France, jusqu'au moment où elle trouve dans la chute de l'Empire, une occasion unique de s'affranchir de notre autorité, et nous arriverons immédiatement à la guerre d'Italie, une des plus importantes et des plus heureuses du glorieux règne de Napoléon III.

La guerre d'Italie a été bien souvent attaquée et pourtant c'est une de celles qui, dans notre histoire, prêtent le moins à la calomnie et à l'injustice des récriminations.

Et pour bien juger cette guerre, il faut la juger comme tout fait historique, non pas seulement par ses résultats, mais encore par ses causes ; car l'historien impartial est celui qui se reporte exactement à l'époque où les faits se produisirent et qui examine la question, telle qu'elle pouvait se poser alors.

La guerre d'Italie ne fut pas une aventure, encore moins un accident, c'était la suite raisonnée et réfléchie des vieilles traditions françaises.

Depuis Henri IV et Richelieu, quelle était en effet, notre politique en Allemagne ?

Elle consistait à abaisser la maison d'Autriche et à l'empêcher de détenir entre ses mains, la confédération allemande. En effet, la confédération allemande, ajoutée à la puissance autrichienne, créait perpétuellement sur nos frontières un danger imminent. De plus, l'Autriche possédait par l'occupation ou par ses alliances l'Italie entière.

Le jour où elle voulut écraser le Piémont, notre devoir était tout tracé et c'est pour cela que l'Empire fit la guerre.

Depuis, les événements ont changé ; à la suite de faits que l'on connaît, et qu'il était humainement impossible de prévoir à cette époque, c'est la Prusse qui a mis la main sur la confédération allemande et qui s'est augmentée de ce formidable appoint.

La guerre de 1870 a été, contre la Prusse, dictée par les mêmes motifs qui dictèrent la guerre d'Italie.

La maison de Prusse remplaçant la maison d'Autriche, c'était son abaissement qu'il fallait chercher. Et lorsque la guerre d'Italie eut lieu, qui donc pouvait se douter de ce qui surviendrait ?

Pouvait-on penser, en voyant l'Autriche, si grande, si forte, si puissante que dans quelques années à peine, la puissance lui échapperait pour passer à la Prusse, et que celle-ci deviendrait, en son lieu et place, l'arbitre de l'Europe ?

Personne ne le voulait et ne le pouvait deviner ; l'Autriche, maîtresse de l'Allemagne, maîtresse de l'Italie, était à surveiller de près ; son agression brutale contre le Piémont, nous donna le devoir d'intervenir, comme l'intervention de la Prusse en 1870, dans les affaires d'Espagne, nous prescrivit l'impérieuse nécessité de tirer l'épée.

Dans toutes les guerres de l'Empereur, vous ne trouvez jamais les motifs mesquins, bas, misérables d'ambition qui soulevèrent presque toutes les guerres de l'ancienne monarchie. Il marche

L'EMPEREUR A MAGENTA.

toujours à son corps défendant, malheureux de verser le sang français et ne s'y résolvant que lorsque l'intérêt de France fait un pressant appel à sa responsabilité de souverain de la nation la plus fière du monde.

Le 3 mai 1859, l'Empereur adressait au peuple français une proclamation qui résumait absolument les causes de la guerre. Cette proclamation disait : « Le but de cette guerre est de rendre « l'Italie à elle-même et non de la faire changer de maître et nous « aurons à nos frontières un peuple ami qui nous devra son indé- « pendance. »

Cette proclamation de l'Empereur, si généreuse et si désintéressée, contrastait étrangement avec le langage tenu, dans ce moment même, par l'empereur d'Autriche, qui disait:

« La couronne que mes aïeux m'ont transmise sans tache, a eu déjà bien des mauvais jours à traverser ; mais la glorieuse histoire de notre patrie prouve que souvent, lorsque les ombres d'une révolution qui met en péril les biens les plus précieux de l'humanité, menaçaient de s'étendre sur l'Europe, la Providence s'est servie de l'épée de l'Autriche, dont les éclairs ont dissipé ces ombres. »

Ainsi, d'un côté, l'Empereur des Français se bat pour la liberté des peuples, c'est-à-dire pour la cause la plus noble ; de l'autre côté, l'empereur d'Autriche fait appel au fanatisme féodal, contre la révolution française et contre l'Europe moderne, sortie de notre glorieux baptême de 1789.

Et, remarquez-le bien, l'Europe, que ce soit sous l'intervention russe, sous l'intervention autrichienne, ou sous l'intervention prussienne, ne combat jamais chez les Napoléon que les idées modernes, que les idées de la révolution, dont la dynastie impériale est le lumineux flambeau. Or, c'est pour revenir aux sombres traditions de l'aristocratie féodale, que l'Europe s'en prend aux Napoléon, comme à la personnification la plus complète de l'indépendance des peuples et du libéralisme des idées.

Nous ne décrirons pas l'enthousiasme de la France suivant l'Empereur de Paris à Marseille, et nous montrerons l'Empereur arrivant à Gênes, où son débarquement s'effectue au milieu des transports de la population, qui se précipite vers lui comme vers un sauveur.

L'Empereur prenait le commandement de l'armée, aussitôt son arrivée, et adressait un éloquent bulletin aux soldats qui marchaient sur les traces des vainqueurs de Lodi, d'Arcole et de Marengo.

L'armée française comptait à peu près 140,000 hommes d'infanterie et 10,000 chevaux.

L'armée sarde ne comprenait pas plus de 40,000 hommes.

L'armée autrichienne, commandée par le général Giulay, montait à près de 370,000 hommes.

L'armée française réunie à l'armée sarde était loin, comme on le voit, d'atteindre ce chiffre considérable. Mais elle avait pour elle la vigueur, l'entrain, le souvenir de la Crimée et le prestige de l'Empereur jeune encore, rayonnant de santé et dans la plénitude de son génie.

Le 27 mai, un éclatant succès est obtenu à Montebello par le général Forey. Cinq mille Français venaient de repousser quinze mille Autrichiens.

L'Empereur vint visiter le champ de bataille, accompagné de son aumônier l'abbé Laine et du chirurgien en chef, le baron Larrey. Le général Forey fut nommé grand-croix de la Légion d'honneur à la suite de ce beau fait d'armes.

Le 30 mai, les Autrichiens attaquent les Sardes et les Français à Palestro et sont encore repoussés avec des pertes terribles. C'est là que les zouaves s'immortalisèrent par leur folle bravoure. Le roi Victor-Emmanuel, qui se battit ce jour-là comme un simple soldat, fut acclamé caporal par les zouaves, comme son père Charles-Albert fut nommé grenadier au combat du Trocadéro.

Devant la marche audacieuse de l'armée française, les Autrichiens battaient en retraite et évacuaient le territoire piémontais, envahi par eux.

Le 2 et le 3 juin, l'armée française force le passage du Tessin à Buffalora, et ont lieu le combat de Turbigo et l'immortelle bataille de Magenta.

L'Empereur, au milieu de cinq mille grenadiers, supporte tout l'effort de l'armée ennemie, pendant que le général de Mac-Mahon exécutait ce beau mouvement tournant qui a fait sa gloire militaire.

L'Empereur, comme toujours, fut admirable de courage froid et impassible. Sa présence électrisait les troupes et contribua largement au succès de cette magnifique journée.

Pendant cette bataille de Magenta qui se livra le 4 juin, l'armée autrichienne avait engagé 150,000 hommes ; les Français n'avaient mis que 50,000 hommes en ligne.

Malheureusement nous perdîmes deux généraux de la plus haute distinction, les généraux Cler et Lespinasse.

L'Empereur créa le général de Mac-Mahon maréchal de France et duc de Magenta.

Et comme témoignage de gratitude et d'estime envers la garde Impériale, qui avait supporté, au pont du Tessin l'effort de l'armée autrichienne, l'Empereur fit maréchal de France le général Regnault de Saint-Jean-d'Angely, qui la commandait.

Pour se rendre compte de la bonté de l'Empereur et de l'influence magique exercée par sa présence, il est bon de citer ici un fragment d'une lettre écrite, en ce moment, par un aide de camp au maréchal Canrobert :

« Pour gagner l'ambulance, les blessés étaient obligés de suivre la route où se tenait l'Empereur. Comme les fils de cet illustre supplicié, forcés à recevoir sous l'échafaud le sang de leur père, l'Empereur, en offrant lui-même sa chair aux balles, sentait tomber goutte à goutte sur son cœur tout le sang de son armée. Soudain mon regard fut attiré par une civière où se tenait à demi couché un blessé dont le visage avait une particulière énergie. C'était un soldat. Ses jambes étaient cachées par sa capote grise, à laquelle ses épaulettes de laine étaient attachées encore ; une chemise grossière couvrait seule son buste, dont le bas portait des traces sanglantes, et le haut de ce buste offrait un terrible spectacle. Un boulet avait atteint cet homme à l'épaule et lui avait arraché le bras ; l'endroit où ce boulet avait frappé présentait une plaie sinistre, une immense surface de chair rougie où se tordaient des fibres déchirées. Eh bien ! en passant devant l'Empereur, ce soldat, par je ne sais quel effort, car, outre cette horrible plaie, il avait au ventre une autre blessure, ce soldat parvint à se soulever, et, se mettant sur son séant, il appela l'Empereur. « Sire ! votre main, » s'écria-t-il avec cet accent étrange, violent et sourd, sonnant le formidable et l'inconnu que prend le verbe de l'homme quand il s'agite comme un oiseau de nuit effrayé entre les parois de la masure d'où le chasse la mort. A cet appel, l'Empereur, comme si une puissance surhumaine l'eût évoqué, s'avança lentement, et mit sa main nue dans la main que le soldat agonisant lui tendit par dessus sa capote, à quelques pouces de la plaie béante qui était la cause de cette étreinte. Après cette poignée de main, la civière poursuivit sa route. Le front du soldat était radieux, celui du souverain était voilé. L'Empereur donna encore la main à un officier blessé à la poitrine, qui, en passant devant lui, s'était soulevé également sur sa civière pour l'acclamer avec un accent qui avait quelque chose de jeune et de touchant. Toutefois c'est du soldat mutilé que j'ai gardé le plus vif souvenir. Cette poignée de main sur ce brancard décoré par des épaulettes de laine m'a singulièrement remué. »

Le 8 juin, l'Empereur fait son entrée triomphale dans Milan, à la poursuite de l'armée autrichienne qui recule devant l'armée française victorieuse.

Il adresse la proclamation suivante aux Italiens :

« Vos ennemis qui sont les miens, leur dit-il, ont tenté de diminuer la sympathie universelle qu'il y avait en Europe pour votre cause, en faisant croire que je ne faisais la guerre que par ambition personnelle ou pour agrandir le territoire de la France.

« S'il y a des hommes qui ne comprennent pas leur époque, je ne suis pas du nombre. Dans l'état éclairé de l'opinion publique, on est plus grand aujourd'hui par l'influence morale qu'on exerce que par des conquêtes stériles, et cette influence morale je la cherche avec orgueil en contribuant à rendre libre une des plus belles parties de l'Europe .... Je ne viens pas ici avec un système préconçu pour déposséder les souverains ni vous imposer ma volonté ; mon armée ne s'occupera que de deux choses : combattre vos ennemis et maintenir l'ordre intérieur ; elle ne mettra aucun obstacle à la libre manifestation de vos vœux légitimes... Unissez-vous donc dans un seul but : l'affranchissement de votre pays... Ne soyez aujourd'hui que soldats ; demain, vous serez citoyens libres d'un grand pays. »

Rien de modéré comme ce langage, qui demeure d'ailleurs le même dans le bulletin adressé à l'armée et que voici :

« Soldats !

« Il y a un mois, confiant dans les efforts de la diplomatie, j'espérais encore la paix, lorsque tout à coup l'invasion du Piémont par les troupes autrichiennes nous appela aux armes. Nous n'étions pas prêts. Les hommes, les chevaux, le matériel, les approvisionnements manquaient, et nous devions, pour secourir nos alliés, déboucher à la hâte, par petites fractions, au delà des Alpes, devant un ennemi redoutable et préparé de longue main.

« Le danger était grand ; l'énergie de la nation et votre courage ont suppléé à tout. La France a retrouvé ses anciennes vertus, et, unie dans un même but comme en un seul sentiment, elle a montré la puissance de ses ressources et la force de son patriotisme. Voici dix jours que les opérations ont commencé, et déjà le territoire piémontais est débarrassé de ses envahisseurs.

« L'armée alliée a livré quatre combats heureux et remporté une victoire décisive qui lui ont ouvert les portes de la capitale de la Lombardie. Vous avez mis hors de combat plus de 35,000 Autrichiens, pris 17 canons, 2 drapeaux 8,000 prisonniers ; nous aurons encore des luttes à soutenir, des obstacles à vaincre.

« Je compte sur vous. Courage donc, braves soldats de l'armée d'Italie ! Du haut du ciel, vos pères vous contemplent avec orgueil ! »

Le 7 juin, c'est-à-dire, la veille de l'entrée dans Milan, l'armée française remportait, avec le maréchal Baraguey-d'Hilliers, une nouvelle victoire à Melegnano.

La guerre était poussée avec une incroyable activité ; pendant que l'Empereur marchait en avant, le prince Napoléon s'avance vers Mantoue, par Lucques, Massa et Parme ; les parcs de siége s'organisent rapidement à Alexandrie et une flotte se prépare à jeter un corps de débarquement à Venise.

Enfin le 24 juin, jour de la bataille de Solférino, l'armée franco-sarde, composée de 150,000 hommes au plus, aborde l'armée autrichienne forte de plus de 235,000 hommes et l'aurait peut-être complétement prise, si le soir de la bataille, un orage épouvantable, n'était venu séparer les combattants.

C'était néanmoins une grande et belle victoire.

Le général Niel fut nommé maréchal de France et l'Empereur s'exprima dans les termes suivants par un ordre du jour :

« Soldats, leur dit-il, l'ennemi qui avait cru nous rejeter au delà de la Chièse, a repassé le Mincio ; vous avez su, comme toujours, défendre dignement l'honneur de la France. Solférino surpasse les éclatants souvenirs de Lonato et de Castiglione.

« Pendant douze heures, vous avez repoussé les efforts de 150,000 hommes ; votre élan n'a été arrêté ni par la nombreuse artillerie de l'ennemi, ni par les positions formidables s'étendant sur un rayon de trois lieues. La patrie, qui vous remercie de votre bravoure et de votre persévérance, déplore le sort de ceux de ses enfants qui sont tombés... Le sang versé ne l'aura pas été inutilement pour la gloire de la France et le bonheur des peuples. »

Cependant la Prusse, alarmée des succès de la France, menaçait de venir au secours de l'Autriche, réfugiée dans le fameux quadrilatère.

L'Empereur, dans le discours prononcé par lui au Corps législatif et au Conseil d'Etat réunis à Saint-Cloud, l'explique d'une façon très-saisissante et montre les préoccupations graves et solennelles devant lesquelles il s'est décidé à traiter de la paix :

« Lorsqu'après une heureuse campagne de deux mois les armées françaises et sarde arrivèrent sous les murs de Vérone, la lutte allait inévitablement changer de nature, tant sous le rapport militaire que sous le rapport politique. J'étais fatalement obligé d'attaquer de front un ennemi retranché derrière de grandes forteresses, protégé contre toute diversion sur les flancs par la neutralité des territoires qui l'entouraient ; et, en commençant la longue et stérile guerre des siéges, je trouvais en face l'Europe en armes, prête soit à disputer nos succès, soit à aggraver nos revers. »

Et il ajoute, rappelant que l'attaque contre Vérone impliquait la violation du Tyrol, territoire allemand :

« Investir Vérone, c'est accepter la lutte sur le Rhin, comme sur l'Adige. Il fallait partout franchement se fortifier du concours de la révolution ; il fallait répandre encore un sang précieux qui n'avait que trop coulé déjà ; en un mot, pour triompher, il fallait risquer ce qu'il n'est permis à un souverain de mettre en jeu que pour l'indépendance de son pays. »

Le 7 juillet, une suspension d'armes fut signée et les commissaires des deux armées se réunirent à Villafranca.
Le 11 juillet a lieu l'entrevue des deux Empereurs. Enfin, le 12 juillet, la paix fut signée.
L'Empereur adresse la proclamation suivante à l'armée :

« Soldats ! les bases de la paix sont arrêtées avec l'Empereur d'Autriche ; le but principal de la guerre est atteint, l'Italie va devenir pour la première fois une nation.

« Une Confédération de tous les États de l'Italie, sous la présidence honoraire du Saint-Père, réunira en un faisceau les membres d'une même famille ; la Vénétie reste, il est vrai, sous le sceptre de l'Autriche : elle sera néanmoins une province italienne faisant partie de la Confédération.

« La réunion de la Lombardie au Piémont nous crée de ce côté des Alpes un allié puissant qui nous devra son indépendance ; les gouvernements restés en dehors du mouvement ou rappelés dans leurs possessions comprendront la nécessité de réformes salutaires.

« Une amnistie générale fera disparaître les traces des discordes civiles. L'Italie, désormais maîtresse de ses destinées, n'aura plus qu'à s'en prendre à elle-même si elle ne progresse pas régulièrement dans l'ordre et la liberté.

« Vous allez bientôt retourner en France ; la patrie reconnaissante accueillera avec transport ces soldats qui ont porté si haut la gloire de nos armes à Montebello, à Palestro, à Turbigo, à Magenta, à Marignan et à Solférino, qui, en deux mois ont franchi le Piémont et la Lombardie, et ne se sont arrêtés que parce que la lutte allait prendre des proportions qui n'étaient plus en rapport avec les intérêts que la France avait dans cette guerre formidable.

« Soyez donc fiers de vos succès, fiers des résultats obtenus, fiers surtout d'être les enfants bien-aimés de cette France qui sera

BATAILLE DE SOLFÉRINO.

toujours la grande nation, tant qu'elle aura un cœur pour comprendre les nobles causes et des hommes comme vous pour les défendre.

Au quartier impérial de Valeggio, le 12 juillet 1872.

NAPOLÉON.

Les bases de la paix étaient les suivantes :
On créait une Confédération italienne sous la présidence honoraire du pape ; l'Empereur d'Autriche cédait ses droits sur la Lombardie à l'Empereur des Français, qui les remettait au roi de Sardaigne. Enfin, l'Empereur d'Autriche conservait la Vénétie, mais cette province faisait désormais partie intégrante de la Confédération italienne.

Cette paix brillante et sage à la fois prouve bien à quel point l'Empereur se préoccupait surtout du bien de la nation et savait résister aux entraînements les plus séduisants. Il sut s'arrêter dans la victoire, et c'est un exemple bien rare dans l'histoire.

Le traité de Villafranca, ne pouvait être qu'un traité sommaire et préparatoire, ce qu'on appelle ordinairement des *préliminaires*. Le traité de Zurich, signé d'abord entre la France et l'Autriche, ensuite entre la France, l'Autriche et la Sardaigne (16 octobre — 10 novembre 1859), régla la cession de la Lombardie et la question des finances. Il admettait le maintien des diverses principautés d'Italie.

Mais une chose est plus forte que toutes les négociations de la diplomatie, c'est l'élan de l'unité populaire qui parfois se manifeste dans une nation et qui vint éclater en Italie. Parme, Modène, Florence, réclamèrent la grande patrie italienne ; les légations elles-mêmes demandèrent par un vote presque unanime d'être unies au Piémont. Que pouvait faire l'Empereur, devant cette levée de l'opinion publique ? Libérateur de l'Italie contre l'Autriche, pouvait-il la condamner à vivre sous des princes détestés ?

Il fit tout ce qu'il put pour maintenir les engagements pris ; il essaya de toutes les combinaisons, proposa un royaume central d'Italie, un vicariat sous l'autorité du roi de Piémont ; il supplia le

Pape de faire des réformes capables d'arrêter le mouvement unitaire ; il proposa un congrès pour tout régler définitivement. Rien n'y fit ; l'influence anglaise poussait l'Italie, qui, d'elle-même, marchait déjà à l'unité ; et, en présence de ce mouvement irrésistible, l'Empereur Napoléon ne trouva qu'un moyen pratique de donner à la France les compensations matérielles et morales auxquelles elle avait droit ; il exigea la cession à la France de la Savoie et du comté de Nice. L'Italie accepta, et ces deux provinces, par un vote libre et spontané, rentrèrent dans le sein de la vieille patrie française. Le 14 juin 1860, le drapeau tricolore flottait au sommet du Mont-Blanc, et la France possédait trois départements de plus.

La cour de Rome s'était opposée à tout ce que l'Empereur avait voulu faire dans son intérêt ; désormais le sort en était jeté. L'Italie, suivant le mot célèbre, se faisait d'elle-même. La Toscane et l'Emilie se réunissaient au Piémont les 11, 12, 14 et 15 mars 1860. La Sicile s'insurge contre le roi François II, qui n'avait pas voulu suivre les conseils de la France et de l'Angleterre et suivait les errements détestables de son père Ferdinand II. Garibaldi, à la tête de mille volontaires, débarque à Marsala, sous la protection de deux bâtiments anglais. Palerme est pris ; la bataille de Milazzo est gagnée le 20 juillet et Naples tombe au pouvoir des volontaires Italiens le 7 septembre. Garibaldi veut aller plus loin ; il envahit les États du Pape, défendus par le général Lamoricière à la tête des pontificaux. Lamoricière est vaincu à Castelfidardo par l'armée piémontaise qui se réunit à l'armée garibaldienne ; le Piémont vint également au secours de Garibaldi dans les États napolitains ; Gaëte, dernier refuge du roi François II, est pris après un long siége, et, le 18 février 1861, le premier parlement italien proclame Victor-Emmanuel roi d'Italie.

L'Empereur avait sauvé l'Italie des Autrichiens ; mais l'impopularité des divers souverains de l'Italie amenait naturellement la revendication de l'autonomie italienne.

Tout ce que l'Empereur put faire, ce fut d'arrêter les progrès de l'Italie envahissante et de signer la convention du 15 septembre 1864, par laquelle nos troupes devaient évacuer dans l'intervalle de deux ans la ville de Rome que le roi d'Italie s'engageait à protéger contre toute tentative révolutionnaire.

Nous n'aborderons pas encore les événements qui, six ans après, donnèrent la Vénétie à l'Italie et nous nous bornons à cet abrégé rapide des faits qui suivirent la guerre d'Italie, qui se résume dans l'esprit de l'Empereur à ces deux résultats : l'indépendance de l'Italie et l'indépendance du Saint-Siége.

Il faudra que la république soit proclamée en France, pour que le drapeau protecteur de l'Empire laisse la ville de Rome à la merci des révolutionnaires Italiens, aidés par les révolutionnaires Français.

Nous revenons un peu en arrière et nous trouvons, en 1857, la prise de Canton par les Anglais, le traité de Tien-Tsin (1858), traité ouvrant la Chine aux Européens et leur garantissant le libre exercice du culte chrétien.

Au mois de juin 1859, les Chinois violent ce traité, tirent sur les plénipotentiaires Français, Anglais et Américains, et nécessitent par cette conduite en dehors de tout droit des gens, une intervention de la France et de l'Angleterre.

Les Anglais envoient vingt-trois mille hommes, les Français douze mille hommes, sous les ordres du général Cousin Montauban, et les escadres alliées commencent les hostilités du 12 au 20 août 1860. Battus de tous les côtés, les Chinois essayèrent de leurs ruses et de leurs mensonges habituels ; il fallut les combats de Tchang-Kia et de Palikao pour mener les troupes anglo-françaises à Pékin même le 7 octobre. Le 24 et le 25 octobre les conventions anglaises et françaises furent signées.

Le 26 août 1858, un traité nous avait ouvert les ports du Japon.

De tous les côtés, l'influence française se faisait donc sentir et l'Empereur Napoléon portait aux extrémités du monde l'honneur du pavillon français.

De 1855 à 1860, ont lieu les expéditions au Sénégal, qui consolident notre possession ; en 1857, la conquête de la Kabylie était effectuée.

De 1858 à 1861, la Cochinchine avait été conquise, nous donnant une magnifique colonie, une des plus belles dont la France ait à s'enorgueillir. C'est le 5 juin 1862 que le traité fut définitivement conclu avec l'empereur d'Annam, qui nous cédait les trois provinces de Saïgon, de Bien-Hoa et de Mytho.

La Nouvelle-Calédonie nous appartenait depuis le 24 septembre 1853, jour où le contre-amiral Febvrier-Despointes planta le drapeau français dans cette île.

Nous n'avons fait que résumer cette brillante période qui augmenta la gloire de la France en Asie et en Afrique, et qui nous donna des colonies nouvelles pour remplacer toutes les colonies perdues par la révolution et par la monarchie bourbonienne.

Nous n'ajouterons qu'un mot et ce mot à toute l'éloquence des chiffres; l'Algérie qui, en 1847, n'atteignait que cent millions pour le commerce général d'importation, arrivait, en 1860, à 237 millions.

En 1860 éclatait le conflit entre les Maronites et les Druses, les deux factions religieuses de la Syrie.

La Syrie, rendue à la Turquie en 1840, était dans l'impossibilité de protéger les populations chrétiennes contre les populations musulmanes.

D'horribles massacres eurent lieu en mai 1860. Les Druses étaient en train d'exterminer les Maronites, lorsque la France jugea nécessaire d'intervenir.

Une expédition française, commandée par le général de Beaufort d'Hautpoul, vint au secours des chrétiens Maronites et occupa la Syrie pendant plusieurs mois, jusqu'en juin 1861, forçant la Turquie à réorganiser le pays et à donner des garanties sérieuses de protection.

Jamais, comme on le voit, le gouvernement de la France ne s'était plus occupé de faire respecter partout et de tous, soit la religion chrétienne, soit la dignité du nom français.

En même temps, un Français illustre, M. de Lesseps, le 15 décembre 1858, obtenait du vice-roi d'Égypte la concession du canal de Suez, dont l'inauguration devait avoir lieu le 17 novembre 1869, avec une flottille que montaient l'empereur d'Autriche et l'impératrice Eugénie.

Ce canal, qui ouvrait un chemin rapide et nouveau vers les Indes, est une des gloires les plus belles du règne de l'empereur Napoléon.

Sans avoir l'intention d'entrer dans le détail des différentes expéditions qui eurent lieu en Algérie, nous avons le devoir de rappeler ce que l'Empereur fit pour ce magnifique pays.

Depuis longtemps déjà, un conflit incessant régnait entre l'élément militaire et l'élément civil.

L'élément militaire, excellent pour la conquête, gênait la colonisation par son extrême rigidité.

D'un autre côté, l'élément purement civil pouvait, à bon droit, passer pour manquer un peu de vigueur dans un pays aussi complétement neuf et qui n'était pas mûr pour l'administration régulière et ordinaire, telle qu'elle s'exerçait en France.

L'Empereur comprit cela d'une façon merveilleuse, et résolut de créer pour l'Algérie un gouvernement spécial, procédant de deux éléments contraires et accordant à chacun sa part légitime d'influence.

Après un essai fait en 1858 et dans lequel on eut le tort de donner la prééminence à l'élément civil, l'Empereur créa le 10 décembre 1860, après un voyage qu'il fit exprès, pour étudier la question, le gouvernement général de l'Algérie.

La haute administration de la colonie fut centralisée entre les mains du gouverneur, tandis que la justice, l'instruction publique et les cultes demeurèrent dans l'attribution et le ressort des différents ministères respectifs, en France.

De plus un conseil de gouvernement, qui prit le titre de *conseil supérieur*, fut composé de tous les grands fonctionnaires et de membres du conseil général. Ce *conseil supérieur* avait pour mission de donner son avis sur l'équilibre du budget et sur la répartition des impôts.

Le territoire fut divisé en deux zones, la zone du territoire civil et la zone du territoire militaire. La première fut abandonnée à des préfets, des sous-préfets, à des conseils généraux, et s'inspira autant que possible de l'administration de la France. La deuxième demeura entre les mains de l'armée, et fut comme une frontière gardée par le drapeau français et permettant à la civilisation de s'épanouir à l'abri de nos armes.

Des écoles furent ouvertes de toutes parts; on faisait, dans ces écoles, l'étude de la langue arabe et l'étude de la langue française, à tel point qu'en 1856, plus de trente mille enfants reçurent les bienfaits de l'éducation.

L'Empereur fit davantage encore. Il voulut attacher les Arabes au sol.

Malheureusement, une grande partie des douze cents tribus qui peuplent l'Algérie appartenait au principe de la propriété indivise dans la tribu. L'individu ne possédait pas, le *Douar* seul possédait. D'une autre part, les propriétés étaient à l'état extrêmement vague; nulle limite n'était définie et c'était un des graves inconvénients de cette situation indigène qui défendait aux colons une extension trop grande, en ne donnant pas à la propriété arabe ses véritables et ses exactes limites.

Après bien des discussions et bien des combinaisons, l'Empereur s'arrêta à un système sérieux qui produisit le meilleur effet dans la population indigène.

Voici les termes mêmes dans lesquels il s'expliquait avec le maréchal de Mac-Mahon, gouverneur de l'Algérie, dans une lettre en date du 7 février 1863.

« — Cherchons par tous les moyens à nous concilier cette
« race intelligente et fière, guerrière et agricole. La loi de 1851
« avait consacré les droits de propriété et de jouissance existant
« au temps de la conquête; mais la jouissance, mal définie, était
« demeurée incertaine. Le moment est venu de sortir de cette situa-
« tion précaire. Le territoire des tribus une fois reconnu, on le
« divisera en *douars*, ce qui permettra plus tard à l'initiative
« prudente de l'administration d'arriver à la propriété individuelle.
« Maîtres incontestables de leur sol, les indigènes pourraient en
« disposer à leur gré, et de la multiplicité des transactions naî-
« traient entre eux et les colons des rapports journaliers, plus
« efficaces pour les amener à notre civilisation, que toutes les me-

« sures coercitives... L'Algérie n'est pas une colonie proprement
« dite, mais un royaume arabe. Les indigènes ont, comme les
« colons, un droit égal à ma protection, et je suis aussi bien l'Em-
« pereur des Arabes que l'Empereur des Français. »

A la suite de cette lettre si belle, les indigènes virent leurs droits de propriété et de jouissance permanente et traditionnelle, consacrés par un sénatus-consulte solennel.

Un autre sénatus-consulte de 1865 donna aux Israélites et aux Arabes le droit de citoyen Français, mais ne leur en accordait les priviléges politiques que s'ils acceptaient les lois civiles et politiques de la France. Quant aux étrangers, il leur suffisait d'avoir trois années de séjour, pour être admis à l'égalité politique et civile.

Mais l'État n'abandonna jamais son initiative éclairée. Le gouvernement distribuait des concessions de terrain, élevait des villes, des villages, faisait des routes, poussait à l'exécution des chemins de fer algériens et encourageait la culture du coton, de la cochenille, du tabac et de la garance.

Tout ce qu'un gouvernement intelligent et bienveillant pouvait faire pour l'Algérie, l'Empire l'a fait, et elle lui devra sa prospérité croissante, un instant ébranlée par les événements de 1871, mais qui, depuis, a repris un élan nouveau et que rien désormais ne saurait entraver.

Le moment est venu de nous occuper de la guerre du Mexique. On a comparé avec raison cette guerre à la guerre qui eut lieu en Espagne sous le premier Empire. Dans ces deux guerres, en effet, l'Empire de Napoléon Ier et l'Empire de Napoléon III usèrent leurs forces sans un grand profit matériel : ils donnèrent prise plus tard, par l'affaiblissement qui suivit, aux attaques de l'Europe féodale, perpétuellement suspendues sur la France démocratique.

L'Empereur Napoléon III n'avait pas tort quand il disait au sujet de la guerre du Mexique : « C'est la plus belle idée de mon règne. »

Cette idée était grande et lumineuse en effet, grande comme

RENTRÉE DE L'ARMÉE D'ITALIE.

l'idée de Bonaparte, voulant atteindre la puissance anglaise dans les Indes et tentant de se frayer un chemin dans l'Égypte.

En effet la guerre d'Amérique nous avait créé une situation fort difficile. Lorsque les États du Sud se préparèrent à déchirer le pacte de l'Union américaine et à se séparer du Nord, la politique du bon sens conseillait à la France de prendre parti pour le Sud qui, par sa religion, ses mœurs, ses traditions et ses sympathies, se rapprochait le plus complétement de nos idées et de nos intérêts : mais la presse républicaine, en cette circonstance comme en bien d'autres, vint se jeter en travers de ce que commandaient impérieusement les intérêts français.

Obéissant à un sentimentalisme absurde, les républicains firent de la question de l'esclavage, une fausse question humanitaire. Ils oublièrent à dessein que si le Sud avait des esclaves, c'est que le Nord les lui avait vendus, attendu que le Nord avait possédé dès le début des États-Unis le monopole presque complet de la traite des nègres. Or, dans le Sud, comme dans toutes les colonies françaises en 1848, les colons ne demandaient pas mieux que d'arriver au travail libre ; seulement ils trouvaient exorbitant qu'au nom de la philosophie et de la fraternité des races, on vînt leur demander de mettre en dehors de leurs habitations du soir au lendemain, et presque gratuitement, une masse considérable d'esclaves, qui représentait pour eux le plus net de leur capital.

A l'aide de légendes stupides, avec les commérages de pauvres romans comme la *Case de l'oncle Tom*, on en arriva à changer complétement l'opinion publique en France, et à la mettre tout à fait du côté de l'oppresseur, c'est-à-dire du côté du Nord.

On empêcha de cette façon l'intervention française en Amérique. C'était la première pensée de l'Empereur qui voulait couper les États-Unis en deux, afin d'avoir dans le Sud un empire latin, catholique, presque français, empire frère de l'Empire français, et l'isoler complétement comme influence et comme rapport, de ces États du *Nord* qui, par l'agglomération des émigrants allemands, réunissaient contre nous les éléments les plus hostiles, soit au point de vue religieux, soit au point de vue politique.

Dans cette circonstance, comme dans les circonstances qui suivirent les affaires du Luxembourg, le parti républicain empêcha l'Empereur de pratiquer la véritable politique française.

Un incident particulier vint ouvrir à l'Empereur la possibilité de reprendre cette politique d'intervention en Amérique et de s'opposer à l'envahissement progressif et continuel du continent américain par les États-Unis.

Cet incident fut soulevé par le président Juarez.

A une autre époque, la France avait dû intervenir déjà dans la politique mexicaine.

C'était en 1838. Nous fîmes une expédition sous le gouvernement de Louis-Philippe, qui, pourtant, ne s'était jamais montré bien soucieux de l'honneur national.

L'expédition française s'empara de Saint-Jean-d'Ulloa et arriva en 1839, le 9 mars, à la conclusion d'un traité destiné à mettre nos nationaux à l'abri des vexations incessantes dont ils étaient l'objet.

Et nous n'étions pas les seuls, à cette époque, à comprendre les nécessités qu'imposait l'honneur national, puisque plus tard, en 1846, les États-Unis eux-mêmes, et pour des raisons analogues, déclarèrent la guerre au Mexique, et allèrent planter le drapeau de l'Union à Mexico même.

On le voit, et en mettant même de côté la sublime idée de l'Empereur, de créer soit dans le Sud des États-Unis, soit dans le Mexique, un grand État, allié de la France, nous nous trouvions en 1861 dans la même situation que le gouvernement de Louis-Philippe, en 1838, et que le gouvernement des États-Unis, en 1846.

Nos nationaux étaient maltraités au dernier degré ; assassinés et pillés de tous côtés, ils réclamaient à grands cris l'intervention de la mère-patrie. Et de bonne foi, comment la France pouvait-elle refuser aux Français résidant au Mexique l'appui et le secours qu'elle avait accordés aux missionnaires de la Chine et aux simples chrétiens de la Syrie ?

D'autant que nous n'étions pas les seuls à avoir des griefs sérieux et de nature à amener une intervention armée. L'Angleterre et l'Espagne étaient dans la même situation, et se prononçaient également pour une intervention énergique et commune.

Cette intervention fut décidée par un traité, dit Convention de Londres, et signé le 30 octobre 1861.

Et qu'on ne vienne pas ici renouveler toutes les infâmes accusations, qui essayèrent depuis de donner à notre expédition du Mexique, le caractère odieux d'intérêt personnel ou de spéculation honteuse ! Les républicains ne sont-ils pas allés, dans leur mauvaise foi et dans leur déloyauté, jusqu'à affirmer qu'un fameux banquier mexicain, le banquier Jecker, avait intéressé à sa cause, des personnages marquants du gouvernement impérial. Une pareille affirmation tombe devant les faits les plus simples et devant le bon sens le plus vulgaire.

En effet, un banquier, quelque riche qu'il soit, n'est pas en état de corrompre à la fois trois grandes nations, comme la France, comme l'Angleterre, comme l'Espagne, décidées, d'une façon unanime, à sortir d'une situation intolérable pour leur dignité.

Et nous dirons pour la guerre du Mexique, avant d'en commencer le récit, ce que nous avons dit de la guerre d'Italie, ce que nous dirons plus tard de la guerre de 1870 : Un pays, quand il s'appelle la France, fait son devoir d'abord, obéit à la loi de l'honneur national, et il ne faut juger la détermination prise que par la nécessité qui l'imposait. Là seulement, s'arrête la part de l'homme, quelque grand, quelque intelligent qu'il soit et quel que soit son génie. Quant au reste, c'est-à-dire, quant au résultat, il appartient à la Providence seule, et l'histoire qui condamnerait une guerre parce qu'elle n'a pas réussi, ne l'oublions pas, ne serait pas loin de condamner l'honnête homme victime de son devoir, pour applaudir le coquin triomphant dans le crime.

Donc, les trois puissances étaient d'accord. Le 17 décembre 1861, l'Espagne, qui était encore plus pressée que nous, occupait la Vera-Cruz et faisait flotter son drapeau sur le fort de Saint-Jean-d'Ulloa. Ce n'est qu'en janvier 1862, que l'amiral français Jurien de la Gravière, débarquait avec 2,500 hommes.

L'Angleterre faisait surveiller les côtes par une escadre considérable.

Mais nous avions affaire, dans le président Juarez, à un homme **profondément** habile et profondément rusé. Son premier soin fut d'essayer de jeter la division parmi les trois alliés. Les trois puissances, trompées par lui, signèrent la convention dite de la Solelad (19 février 1862), et par laquelle la France, l'Espagne et l'Angleterre, au lieu de poursuivre les hostilités, consentaient à accepter des pourparlers, et allaient s'établir à Orizaba en attendant la signature d'un traité illusoire.

L'Angleterre et l'Espagne avaient voulu tirer à elles tout le bénéfice de l'expédition. Elles ne croyaient à rien de sérieux de la part de Juarez; mais pour arrêter la politique française nettement dessinée, elles feignirent d'y croire et de trouver des motifs d'être pleinement satisfaites.

Le rôle de la duplicité, en cette circonstance, fut surtout joué par le général Prim, qui, dans son ambition extravagante, avait rêvé pour lui l'Empire mexicain.

L'intention bien arrêtée de l'Empereur de tirer un avantage sérieux de l'expédition du Mexique, et les puissants moyens d'action dont nous disposions, tout cela joint aux intrigues du président Juarez, décidèrent l'Espagne et l'Angleterre à nous abandonner par pur esprit de jalousie. Si elles eussent été seules, elles fussent allées jusqu'au bout. Avec nous, et avec nous conservant surtout la direction de l'affaire, elles préférèrent abandonner tous les principes, toutes les idées qui avaient décidé la convention de Londres et elles donnèrent le spectacle réellement bien triste de deux puissances qui désertaient le drapeau de la civilisation pour des ambitions mesquines et personnelles, et qui, à peu de jours de distance, se déjugeaient d'une façon déplorable.

Comme rien n'était modifié dans la situation et que les motifs d'intervention restaient les mêmes depuis la convention de Londres, la France jugea à propos de ne pas les imiter et de continuer à faire son devoir, dût-elle demeurer seule à l'accomplir.

C'est alors que le général de Lorencez se décida à marcher sur Mexico à la tête de cinq mille hommes seulement; après un brillant combat, il traversa les défilés de Cumbres, mais il fut arrêté devant Puebla par toute l'armée mexicaine retranchée dans des positions inexpugnables, eu égard à la faiblesse numérique de l'armée française.

Il dut revenir à Orizaba le 18 mai 1862 et y installer ses quartiers d'hiver.

Des renforts arrivèrent de France, avec le général Forey, au mois de septembre.

Le nouveau général en chef de l'armée française publia en arrivant une proclamation qui contenait cette phrase significative : « Ce n'est pas au peuple mexicain que je viens faire la guerre, mais à une poignée d'hommes sans scrupules et sans conscience, qui ont foulé aux pieds le droit des gens, gouvernent par une terreur sanguinaire, et, pour se soutenir, n'ont pas honte de vendre par lambeaux à l'étranger le territoire de leur pays. »

Cette phrase faisait allusions aux infâmes manœuvres de Juarez, qui était allé jusqu'à offrir aux États-Unis, pour les mettre dans son jeu, de leur abandonner les plus belles provinces du Mexique.

Et l'intervention française au Mexique, qu'on s'en rende bien compte, n'avait pas, aux yeux des Mexicains eux-mêmes, le caractère anti-national qu'on a essayé de lui prêter. Un grand parti dans la population mexicaine, composé des gens les plus honorables, les plus marquants, était fatigué des agitations incessantes, des continuelles insurrections qui déchiraient leur malheureuse patrie. Ils s'étaient groupés autour des Français, rêvant pour leur pays ce que nous rêvions nous-mêmes, c'est-à-dire un gouvernement autonome, indépendant, fermant l'ère des révolutions et essayant de rendre au Mexique toute la prospérité que la richesse de son sol lui donnait le droit d'espérer.

Le général Forey, aidé par cette portion de la population, partit d'Orizaba dans le mois de février 1863, et après la victoire de San-Lorenzo, remportée par le général Bazaine, enlevait la ville de Puebla où nous faisions prisonniers 12,000 hommes et 26 généraux.

Désormais la route de Mexico était libre. Le 10 juin, l'armée française entrait dans la vieille ville de Montézuma.

Que devait-on faire après ces brillants succès ? Devait-on évacuer le pays et rentrer en France, nous exposant ainsi à n'avoir rien fait d'utile et de pratique, ou bien devait-on essayer d'établir notre triomphe sur des bases durables, et constituer un gouvernement sérieux afin d'obtenir un traité sérieux lui-même ?

L'Empereur n'avait pas eu un seul instant l'idée de la conquête, idée qu'il n'a jamais eue nulle part, pas plus au Mexique qu'ailleurs. Il voyait là-bas, au Mexique, un parti considérable qui demandait la restauration de la monarchie. Il crut bien faire en lui indiquant pour souverain l'archiduc Maximilien, frère de l'empereur d'Autriche, qui fut proclamé Empereur du Mexique, par une assemblée de notables.

L'armée française continua d'occuper le Mexique jusqu'en 1867, et c'est alors seulement que l'Empereur Maximilien trahi et fait prisonnier le 15 mai, fut fusillé après une apparence de jugement, le 19 juin ; tous ces événements se passant peut-être beaucoup à l'instigation des Etats-Unis, qui n'avaient épargné au président Juarez aucune espèce de secours et d'aide.

Cet empire du Mexique était-il né viable ?

Nous répondons sans hésiter : oui.

Seulement l'intervention républicaine, qui avait jusqu'alors fait échouer les plus beaux projets de l'Empereur, vint encore faire échouer celui-là.

Les députés et les écrivains du parti républicain eurent l'ignominie de soutenir et de défendre le brigand Juarez contre l'armée française.

Notre mémoire est pleine encore de ces souvenirs lugubres, nous montrant à la tribune française du Corps législatif, des orateurs qui poussaient la jalousie et la haine de la gloire impériale jusqu'à vouloir atteindre la France à travers la poitrine de l'Empereur.

Ils refusaient l'argent, les hommes, les approvisionnements dont on avait besoin, à tel point que le gouvernement était obligé de vider les arsenaux et de dépouiller les magasins pour continuer une guerre qui intéressait l'honneur français, et qu'il eût été si facile de mener à bonne fin, si l'on eût trouvé dans l'opposition qui se faisait à l'Empire, le patriotisme qu'on trouve chez toutes les autres nations.

Aussi, et c'est à bon droit que l'on put dire que les fusils de Juarez qui tiraient sur l'armée française étaient bourrés avec les discours antipatriotiques des Jules Favre, des Picard et des autres ennemis de l'Empire qui devaient plus tard, par l'ignoble révolution du 4 septembre, donner aux armées de Bismark les mêmes moyens de triomphe qu'ils avaient donnés aux guerilleros de Juarez.

Cette campagne du Mexique, qui a eu lieu telle que nous venons de la raconter simplement et brièvement, ainsi dégagée de toutes les calomnies et de tous les mensonges, restera, malgré tout et quoi qu'on en dise, ce que l'Empereur Napoléon III appelait une grande grande idée de son règne.

Et pour la gloire française qui n'en souffrit aucune atteinte, le vieux territoire des Caciques aurait pu la contempler avec le même étonnement et la même admiration qu'en mettaient les pyramides d'Egypte en contemplant l'armée française de Bonaparte, au nom de ses quarante siècles d'antiquité.

Avant de reprendre la politique intérieure de l'Empire, il nous reste encore une question grave à traiter : la question de Rome.

Nous avons déjà vu qu'en 1849, puis en 1860 une intervention française avait été nécessaire pour sauvegarder l'indépendance des États pontificaux contre les tendances de plus en plus accentuées de l'unité italienne. Depuis cette époque, la conquête du royaume de Naples avait encore développé les tendances unitaires, et fortifié le parti qui voulait s'emparer de Rome et y transporter la capitale du nouveau royaume.

La Convention du 15 septembre 1864 par laquelle l'Italie s'était engagée à respecter les frontières des États romains, avait paru pendant quelque temps, enrayer le mouvement unitaire; mais les événements d'Allemagne ne devaient pas tarder à compliquer la situation et à pousser le gouvernement de Florence, sinon à violer lui-même, du moins à laisser violer le traité signé avec la France.

A la suite de la guerre du Danemarck, des difficultés s'étaient élevées entre la Prusse et l'Autriche. Le conflit éclata en 1866, et l'Italie profita des embarras de l'Autriche en Allemagne pour revendiquer la Vénétie.

L'armée du roi Victor-Emmanuel envahit donc la Vénitie dans les premiers jours de juin 1866, mais cette campagne ne tourna pas à son avantage : les Italiens furent complétement battus à Custozza le 24 juin, et le mois suivant, la flotte, commandée par l'amiral Persano, fut anéantie à Lissa par la flotte autrichienne.

Dans l'intervalle, la Prusse triomphait à Sadowa le 3 juillet, et l'Empereur d'Autriche, comprenant qu'il était impossible de conti-

LES FRANÇAIS EN SYRIE.

nuer la guerre, demandait à l'Empereur Napoléon III sa médiation et lui cédait la Vénitie.

L'Empereur n'était pas intervenu dans la lutte entre la Prusse et l'Autriche pour plusieurs motifs : il lui répugnait d'abord d'engager la France dans une guerre qui pouvait être longue, difficile et devenir européenne ; puis il avait été trompé par les promesses que M. de Bismark lui avait faites, et d'ailleurs, en 1866, personne ne doutait que la victoire ne restât à l'Autriche.

Sadowa fut un coup de foudre. L'Empereur craignant l'extension démesurée de la Prusse, si la guerre se prolongeait, se hâta d'intervenir : il entama des négociations qui aboutirent le 24 juillet ; les préliminaires de la paix furent signés à Nickolsbourg, et le 23 août le traité de Prague mettait fin à la lutte,

L'Italie, bien que battue sur terre et sur mer, gagnait la Vénitie que lui remettait l'Empereur Napoléon III.

Ce résultat inespéré d'une guerre désastreuse exalta les esprits dans la péninsule, et Garibaldi, qui n'avait pas été heureux dans la campagne contre l'Autriche, pensa que le moment était venu de faire oublier ses insuccès en dirigeant une expédition contre Rome. Il réunit donc une bande d'agitateurs et parvint à l'organiser, grâce à la connivence du gouvernement. Il allait envahir les États pontificaux, lorsque le gouvernement italien, cédant à la pression de la France, se décida à agir. Garibaldi fut arrêté à Asinalunga et reconduit à Caprera : mais ce n'était que partie remise, et le mouvement projeté devait éclater quelques jours plus tard.

Au mois d'octobre 1867, les bandes révolutionnaires que Garibaldi avait réunies et que le gouvernement italien avait négligé de dissoudre, franchirent la frontière des États romains. Aussitôt Garibaldi quitta Caprera, se montra à Florence, et alla prendre le commandement des volontaires.

La situation dans laquelle se trouvait l'Empereur Napoléon III était des plus difficiles. La question romaine servait de prétexte tour à tour aux ultra-catholiques et aux républicains pour attaquer le gouvernement. Les uns lui reprochaient de ne pas faire assez pour la papauté, les autres l'accusaient de s'opposer à l'unité de l'Italie et d'intervenir dans les affaires d'intérieur d'un peuple voisin et ami.

D'autre part, le gouvernement pontifical ne s'était jamais montré reconnaissant des efforts faits par l'Empereur pour maintenir l'indépendance du Saint-Siége et ne l'avait jamais aidé en rien.

De tous les côtés et quoiqu'il fît, l'Empereur devait donc s'attendre à mécontenter des hommes qui ne voyaient, en réalité, dans la question romaine, qu'une occasion de combattre la politique impériale, et de faire de l'opposition à la dynastie.

S'il intervenait, les républicains ne manqueraient pas de jeter les hauts cris, et les ultra-catholiques ne lui sauraient aucun gré de ses efforts. S'il n'intervenait pas, les ultra-catholiques l'attaqueraient avec violence, et les républicains continueraient, sous un autre prétexte, leurs récriminations.

Mais au-dessus des mesquines intrigues des partis, se trouve l'intérêt de la France, et c'est cet intérêt seul qui allait dicter la détermination de l'Empereur.

La France est catholique, et il importait de rassurer les consciences et de sauvegarder la dignité de notre sainte religion, en maintenant l'indépendance du Saint-Siége et en empêchant que le pape pût devenir, à un moment donné, un instrument entre les mains du gouvernement italien.

Tels sont les motifs qui devaient, cette fois encore, déterminer l'Empereur à protéger la papauté. Il négocia d'abord avec le gouvernement du roi Victor Emmanuel et lui rappela les engagements qu'il avait pris par la convention du 15 septembre : mais les esprits étaient surexcités au plus haut point en Italie, le ministère Rattazzi avait été renversé, et il n'existait plus, pour ainsi dire, de gouvernement à Florence.

Bientôt se constitua un nouveau ministère qui fut présidé par le général Ménabréa. Ce nouveau ministère, tout en assurant à la France qu'il respecterait la Convention du 15 septembre, donna l'ordre à l'armée italienne de franchir la frontière des États romains.

L'Empereur protesta : un conflit était imminent, et déjà un corps d'armée français avait débarqué à Civita-Vecchia, lorsque le gouvernement italien, voulant éviter une guerre avec la France, rappela ses troupes.

Cependant Garibaldi, à la tête d'une armée composée d'aventuriers de tous les pays, continua son mouvement en avant : mais il fut battu à Mentana par l'armée pontificale, soutenue par plusieurs bataillons français, et il dut s'enfuir avec les débris de ses bandes cosmopolites.

La papauté était encore une fois sauvée grâce à l'Empereur.

Un mois plus tard, le gouvernement, à la suite de vives discussions au Corps législatif, faisait une déclaration solennelle en faveur du Pape qu'il promettait de n'abandonner jamais.

Et il tint parole. Jusqu'en 1870, nos troupes restèrent à Rome, malgré les réclamations des députés et des journaux républicains : elles ne furent rappelées qu'au moment où la guerre d'Allemagne faisait un devoir à l'Empereur de réunir sur la frontière du Rhin toutes les forces dont il pouvait disposer.

On le voit, en 1849, en 1860, en 1867, l'Empereur a défendu la papauté. Eh bien ! malgré cela, aujourd'hui, les ultra-catholiques osent encore lui reprocher d'avoir été la cause de la chute du pouvoir temporel. A cette calomnie, nous n'avons qu'un mot à répondre : Si l'Empire n'avait pas été renversé le 4 septembre, jamais les Italiens ne seraient entrés à Rome.

LIVRE DIXIÈME

Situation en 1860. — Politique intérieure. — Réforme économique. — Agitation des esprits. — L'empereur s'ouvre à M. Rouher pour étendre les attributions du Sénat et du Corps législatif. — M. Rouher résiste. — M. Billault et M. Magne ministres sans portefeuille. — Discussion brillante, mais violente des adresses. — Carrière politique de M. Billault. — Sa mort. — M. Rouher le remplace. — Proposition d'un congrès, faite par l'Empereur. — Question des duchés du Holstein et du Schleswig. — La Prusse et l'Autriche les envahissent et se les approprient. — Conférences de Londres. — L'Angleterre propose à la France d'intervenir par les armes en faveur du Danemark. — Hésitation de l'Empereur. — Il se résout un jour trop tard. — Rivalité déclarée de l'Autriche et de la Prusse. — Réserve de la politique française. — Illusion générale sur l'issue de la lutte imminente. — Pourquoi l'Empereur favorise l'union de l'Italie et de la Prusse. — Custozza et Sadowa. — Le Luxembourg. — Etat des esprits en France. — L'opposition pousse à la guerre. — Retrait de l'adresse du Sénat et du Corps législatif. — Droit d'interpellation. — L'Empereur veut faire entrer M. Ollivier au ministère. — Résistance de M. Rouher. — Loi sur la presse. — Discours de M. Granier de Cassagnac. — Incident qu'il amène. — Hésitation de l'Empereur. — Conseil privé. — L'empereur dit à M. Rouher qu'il le traite en maréchal de France. — Il lui ordonne de soutenir la loi sur la presse. — Elle est votée. — Les sept sages. — Présentation et discussion de la loi sur l'armée. — Le maréchal Niel. — Elections de 1869. — Agitation qui les domine. — Les 116. — M. Rouher offre de résister. — Il donne sa démission. — Formation du ministère du 2 janvier 1870.—Affaiblissement graduel de l'autorité.—Retour des émeutes, — Plébiscite du 8 mai 1870. — Pensée qu'il suggère à l'Empereur. — Incident imprévu qui amène la rupture avec la Prusse. — 15 juillet 1870, et déclaration de guerre.

L'année 1860 peut être considérée comme le point culminant du régime impérial. Il venait d'illustrer ses armes en Italie, comme il les avait précédemment illustrées en Crimée ; et la puissance qui avait successivement imposé la paix à la Russie et à l'Autriche ne paraissait pas pouvoir trouver de rivale en Europe.

Néanmoins, de la guerre d'Italie vont sortir des émotions intérieures qui, de religieuses d'abord, deviendront plus tard politiques, et qui, réunies aux inquiétudes, aux rancunes de la vieille routine industrielle et commerciale, vivement secouée dans sa torpeur par une plus grande liberté donnée au travail et aux échanges, concourront à l'affaiblissement graduel des institutions, sans que le clergé, qui fomentait les unes, et la riche bourgeoisie, qui envenimait les autres, eussent le sentiment de l'œuvre désorganisatrice qu'ils poursuivaient.

C'est le 5 janvier que le public fut averti, par une lettre de l'Empereur à son ministre d'État, qui était alors M. Fould, de la réforme industrielle qui se préparait, et dont les principes, déjà élaborés dans de secrètes négociations, engagées dès le mois de novembre précédent avec l'Angleterre, furent posés avec éclat, le 23 janvier, dans un traité de commerce préparé par M. Richard Cobden, au nom de la Grande-Bretagne, et par M. Eugène Rouher, au nom de la France.

Laisser au travail et aux échanges une liberté qui les stimule et les développe, et dont le terme définitif est le rapprochement, la richesse et la civilisation des peuples, est une idée française inaugurée par Colbert, poursuivie par Turgot, acceptée en 1846 en Angleterre par Robert Peel, sur l'initiative de Richard Cobden, et finalement réalisée dans notre pays par M. Eugène Rouher, dont elle associe le nom à celui de ces hommes illustres.

Les difficultés qui avaient arrêté Colbert à moitié chemin de son œuvre et celles contre lesquelles Turgot se brisa, n'existaient plus en 1860.

Colbert avait trouvé la France divisée en provinces ayant chacune son administration, ses finances et ses douanes. La circulation générale des denrées et des marchandises y était donc entravée par un nombre infini de barrières et de tarifs. Colbert réussit à grouper cinq de ces provinces sous un tarif commun établi en 1664. Les autres résistèrent. L'idée d'un tarif commun pour toute la France ne fut pas néanmoins abandonnée; l'intendant des finances Trudaine en avait, dès 1760, préparé les éléments par sept années de travail; mais la France était encore partagée en quatre grandes régions douanières en 1774, lorsque Turgot entreprit d'établir la liberté du commerce des grains et des farines dans l'intérieur du royaume, tâche alors bien ardue, et dans laquelle il échoua.

En 1860, l'unité douanière, comme l'unité administrative de la France existait depuis la Révolution, et, grâce à l'énergique effort de Napoléon Ier et de Napoléon III, des canaux et des chemins de fer sillonnaient déjà sa surface. Il devenait donc possible non-seulement d'établir réellement sur le territoire, à l'aide de voies rapides et à bon marché, une vaste et uniforme distribution des denrées et des marchandises, mais de puiser dans cette circulation à bon marché, appliquée aux matières premières, à l'importation, et aux matières fabriquées, à l'exportation, les éléments d'un commerce d'échanges fructueux avec les autres nations. L'Angleterre étant alors la plus grande puissance industrielle et commerçante du monde, son exemple devait naturellement entraîner et même forcer les autres. C'est donc par elle que l'on commença. L'exemple qu'elle avait donné, en abolissant, en 1846, les droits à l'entrée sur les céréales étrangères, justifiait d'abord de sa bonne foi; il était en outre un témoignage fovorable à la liberté commerciale, puisque les appréhensions de l'agriculture anglaise ne s'étaient pas réalisées, et que sa prospérité n'avait pas été atteinte.

Deux hommes, diversement doués, auront laissé, plus que tous les autres, une trace glorieuse et ineffaçable de leur passage aux affaires sous l'Empire : l'un est M. Haussmann, auteur de la transformation de Paris; l'autre est M. Rouher, auteur du traité de commerce avec l'Angleterre, et du système économique appelé libre-échange, substitué au système protecteur, qui avait été le berceau de notre industrie, lorsqu'elle était encore dans les langes. Encore faut-il ajouter, pour être juste, qu'en transformant Paris, M. Haussman avait réalisé une conception personnelle de l'Empereur; tandis qu'en établissant la liberté de l'industrie et des échanges, M. Rouher avait réalisé ses propres vues, auxquelles néanmoins l'Empereur avait donné son adhésion et son appui.

L'œuvre générale que M. Rouher avait rêvée et préparée, depuis son entrée au ministère de l'agriculture, du commerce et des travaux publics, en 1855, embrassait les trois grandes divisions de l'industrie, de l'agriculture et des transports.

La première comportait les traités de commerce et les tarifs des marchandises, tarifs appropriés à la puissance de l'industrie nationale, et se substituant au système des prohibitions.

La seconde comprenait d'abord la liberté du commerce des

céréales, par l'abolition du système de l'échelle mobile. Elle s'appliquait encore au régime et à l'aménagement des eaux, qui retournent des montagnes et des sources à la mer, avec une perte annuelle de plusieurs centaines de millions de produits, perte qu'épargnerait un emploi intelligent de l'irrigation et des forces hydrauliques.

Enfin, la troisième division avait trait, non-seulement au développement des voies de transport intérieures, mais encore aux réformes qu'appelait la législation relative à la marine marchande.

Toutes les parties de cette œuvre d'ensemble ne purent pas être pratiquement abordées. L'aménagement et le régime des eaux restèrent à l'étude, avec le code agricole. La suppression de l'échelle mobile et la réforme du régime de la marine marchande, en raison de la délicatesse de la matière, durent être dévolues à l'examen du Corps législatif, qui les discuta et les vota ; mais la suppression du système prohibitif et l'établissement de tarifs combinés avec l'état de l'industrie nationale et la liberté des échanges auraient rencontré dans les intérêts privés des résistances qu'il eût été impossible de vaincre ; et c'est avec raison que M. Rouher fit rentrer ces divers ordres de questions dans le domaine des traités de commerce, prudemment réservés par le sénatus-consulte de 1852, à l'initiative de l'Empereur.

Voici donc les parties importantes de celui que M. Rouher avait négocié avec Richard Cobden, et qui avait reçu, le 23 janvier, la signature de lord Cowley et celle de M. Baroche, comme représentants de l'Angleterre et de la France.

L'Empereur s'engageait à admettre les objets d'origine et de manufacture britanniques tels que sucre raffiné, fer forgé, tissus divers, etc., importés du Royaume-Uni en France, moyennant un droit qui ne devait en aucun cas dépasser trente pour cent de leur valeur, y compris les deux centimes additionnels.

Il devait réduire les droits d'importation en France sur la houille et le coke britanniques au chiffre de quinze centimes les cent kilogrammes, plus les deux décimes.

De son côté, le gouvernement anglais s'engageait à abolir les droits d'importation sur les objets fabriqués en France tels que : acides, armes, étoffes, dentelles, fer ouvré, machines, tissus de soie, etc.

ENTRÉE DE L'ARMÉE FRANÇAISE A MEXICO.

Les droits à l'importation des vins français devaient être réduits à un taux variant entre un shilling et deux shillings par gallon, suivant la quantité d'alcool qu'ils contenaient. Les eaux-de-vie et les alcools français devaient être soumis à des droits identiques à ceux d'accise qui grévaient les produits anglais similaires. Les rhums et tafias provenant des colonies françaises, les papiers de tenture et l'orfévrerie provenant de France devaient être traités de la même façon.

Les puissances contractantes s'engageaient en outre à permettre sans droits l'importation de la houille. Les sujets de chacune des puissances devaient jouir dans les États de l'autre de la même protection que les nationaux, pour tout ce qui concerne la propriété des marques de commerce et des dessins de fabrique.

Enfin les deux puissances contractantes prenaient l'engagement de faire profiter l'autre puissance de toute faveur, de tout privilége ou abaissement dans les tarifs des droits sur l'importation que l'une d'elles pourrait accorder à une autre puissance.

Le traité était valable pour dix ans.

Le Corps législatif, réuni le 1er mars, reçut communication dans le discours de l'Empereur de l'état où était arrivée la question d'Italie, la question religieuse qui s'y trouvait impliquée, et la question économique posée par le traité de commerce avec l'Angleterre. Ces deux dernières agitèrent, pendant toute l'année 1860, les esprits à l'intérieur.

Le 13 mars, la Chambre des députés fut saisie de divers projets de loi concernant les tarifs des laines, des cotons et autres matières premières; et le 15 mars une nouvelle loi fut déposée, autorisant le gouvernement à faire jusqu'à concurrence de quarante millions des prêts à l'industrie nationale, en vue de l'aider à transformer ou à perfectionner son outillage, pour qu'elle fût en mesure de lutter contre l'industrie étrangère. Ces questions économiques remplirent la plus grande partie de la session, et l'examen en fut soutenu avec un grand talent de parole et d'affaires par M. Baroche, président du Conseil d'État.

Les événements qui se déroulèrent en Italie et qui réduisirent successivement au domaine de saint Pierre l'autorité temporelle du Pape, avaient eu naturellement leur contre-coup en France.

La presse religieuse commettait la faute d'exagérer les faits et de passionner les esprits. Le Gouvernement, gardien de la paix publique, dut intervenir. Sur trois rapports de M. Billault, ministre de l'intérieur, le journal l'*Univers* fut supprimé le 29 janvier ; la *Bretagne*, feuille catholique de Saint-Brieuc, fut également supprimée le 15 février ; et l'*Ami de la Religion* reçut, le 2 avril, un avertissement.

Toutefois, le Gouvernement ne crut pas que sa tâche, à cet égard, fût suffisamment remplie par ces actes. Par une dépêche du 16 février, adressée à l'ambassadeur de France à Rome, M. Thouvenel, ministre des affaires étrangères, reprit et regretta l'esprit de l'Encyclique du Pape aux évêques. M. Rouland, ministre des cultes, fit appel, dans une circulaire du 17 février, à la sagesse de l'Épiscopat, et M. Billault, par une circulaire aux Préfets, donna les instructions nécessaires pour mettre un terme aux agitations de la chaire.

Le développement que, par des moyens de tout genre, les uns réguliers, les autres révolutionnaires, avait pris ou poursuivait toujours le nouveau royaume d'Italie, la part que la France y avait eue ou qu'on supposait qu'elle pourrait y avoir encore, avaient causé une certaine agitation en Allemagne. Une entrevue amicale avec les souverains allemands et les loyales explications de l'Empereur Napoléon devaient suffire à tout dissiper.

L'Empereur se rendit à Bade, près du grand duc, en vue de ce résultat, le 15 juin. Il y vit, le 16, le prince régent de Prusse et la princesse de Prusse, le roi de Wurtemberg, le roi de Bavière, le roi de Saxe, le roi de Hanovre, le grand-duc de Hesse-Darmstadt, le duc de Nassau, le grand-duc de Saxe-Weimar, le duc de Saxe-Cobourg et le prince de Hohenzollern. L'Empereur fut courtoisement, et, d'après toutes les apparences, cordialement accueilli ; et, le 19 juin, après la rentrée de l'Empereur à Paris, le *Moniteur* appréciait en ces termes le caractère et les effets de son voyage :

« Le voyage rapide que vient de faire l'Empereur aura, nous n'en doutons pas, d'heureux résultats. Il ne fallait rien moins que la spontanéité d'une démarche aussi significative pour faire cesser ce concert unanime de bruits malveillants et de fausses appréciations.

« En effet, l'Empereur, en allant expliquer franchement aux souverains réunis à Bade comment sa politique ne s'écarterait jamais du droit et de la justice, a dû porter dans des esprits si distingués et si exempts de préjugés la conviction que ne manque pas d'inspirer un sentiment vrai expliqué avec loyauté.

« Aussi est-il entré plus que de la courtoisie dans les rapports réciproques des membres de cette auguste réunion. Ils ont presque passé ensemble la journée du dimanche. A midi, le grand-duc de Bade les avait tous réunis à un déjeuner au vieux château. Ils se sont retrouvés à dîner à cinq heures.

« Après le dîner, l'Empereur étant retourné dans son hôtel, la plupart des souverains sont venus lui dire adieu. Sa Majesté a encore pu prendre congé d'eux tous, à neuf heures, chez la princesse Marie de Bade, duchesse d'Hamilton, qui les avait engagés à venir prendre le thé au Pavillon.

« Ainsi, tous ceux qui désirent le rétablissement de la confiance et la continuation des bons rapports internationaux doivent se féliciter d'une conférence qui consolide la paix de l'Europe. »

Trois voyages importants de Leurs Majestés remplirent la seconde moitié de cette belle année, qu'attristèrent néanmoins deux grands deuils de famille, la mort du roi Jérôme, arrivée le 24 juin, et celle de madame la duchesse d'Albe, sœur de l'Impératrice, décédée le 17 septembre. L'Empereur et l'Impératrice visitèrent la Savoie et le comté de Nice, réunis à la France, et y reçurent les plus éclatantes ovations. Ce voyage dura du 23 août au 13 septembre. De Nice, Leurs Majestés se rendirent en Corse, et arrivèrent, le 14, à Ajaccio. Elles trouvèrent, au berceau des Napoléon, l'accueil affectueux et enthousiaste qu'elles étaient en droit d'y attendre. Le 17 septembre, l'Empereur et l'Impératrice arrivèrent à Alger, où le bey de Tunis et un frère de l'empereur du Maroc vinrent les saluer ; et le lendemain eut lieu, dans la plaine de la Mitidja, une réunion immense des chefs et des députations de toutes les tribus arabes, au milieu desquelles l'Empereur reçut les hommages de ces populations guerrières.

Le 22 septembre, Leurs Majestés étaient rentrées à Saint-Cloud.

Ici va commencer une phase politique nouvelle. L'Empereur,

dont les qualités du cœur étaient admirables, qui se savait aimé de la France, qui se sentait investi d'un pouvoir immense et irrésistible, eut l'ambition louable en elle-même, mais que les plus grands souverains n'ont jamais pu satisfaire, de ne laisser autour de lui aucun mécontent. Les événements d'Italie en avaient produit dans le parti religieux, les nouvelles réformes économiques, que l'expérience a consacrées et justifiées, en produisaient parmi la riche bourgeoisie, engagée dans les opérations industrielles ; enfin, le parti républicain, vaincu le 2 décembre 1848, se plaignait naturellement d'une Constitution qui ne lui laissait pas la faculté d'agiter de nouveau le pays par la tribune et par la presse.

Au lieu de laisser au temps la solution des problèmes qui relèvent surtout de lui ; au lieu d'attendre que les agitations religieuses se fussent calmées, que les réformes économiques fussent jugées par leurs effets, que les populations ouvrières, égarées par la démagogie, fussent ramenées et définitivement conquises par la prospérité générale et croissante de la France, l'Empereur conçut la pensée d'ouvrir la carrière aux mécontentements, fondés ou non, et de les vaincre par la force de sa loyauté et par l'ascendant de la raison et de la logique.

Donc, vers la fin de septembre 1860, l'esprit encore tout rempli des ovations de Chambéry, d'Annecy, de Nice, d'Ajaccio et d'Alger, persuadé que tant d'affection et d'autorité lui commandaient plus de bonté et lui permettaient plus de confiance, l'Empereur pensa qu'il pouvait desserrer les liens de la Constitution, et donner la liberté à la tribune.

Lorsque son dessein fut à peu près arrêté, il s'en ouvrit à M. Rouher, qui s'attacha à le dissuader. M. Rouher fit observer que l'opinion ne demandait pas de telles innovations ; que les institutions fonctionnaient régulièrement, avec le concours manifeste et convaincu de l'immense majorité du pays ; que le désir de fermer la bouche à quelques opposants, chose toujours difficile et souvent impossible, risquait d'affaiblir la confiance et le zèle de ceux qui s'étaient énergiquement dévoués à l'Empire.

Néanmoins, malgré ces sages conseils, l'Empereur persistait ; il alléguait le péril qu'il y avait, selon lui, à laisser à M. Baroche seul, président du Conseil d'État, la tâche de défendre et de faire prévaloir sa politique : il croyait bon et prudent de partager cette tâche entre deux ministres spéciaux, ministres sans portefeuille, et consacrés à l'œuvre de la parole, dans le débat loyalement ouvert, à l'aide d'une adresse que le Sénat et le Corps législatif seraient autorisés à voter, en réponse au discours du chef de l'État. Le fond de la volonté du pays se ferait jour dans cette discussion ; il croyait juste d'accueillir ce qu'il y aurait de bon, et il comptait sur son autorité et sur le bon sens du pays pour écarter ce qu'il y aurait de mauvais. M. Rouher était, dans sa pensée, l'un des orateurs les plus propres à l'accomplissement de son œuvre ; et l'Empereur lui demanda d'accepter le rôle qu'il lui avait destiné.

M. Rouher ne se laissa pas vaincre ; il resta frappé du danger qu'il y avait dans un changement que l'opinion publique ne sollicitait à aucun degré, et dans un ébranlement moral prématuré, inutile, qu'une telle innovation ne pouvait manquer de produire, sans qu'il fût possible de lui assigner des limites. Il pria donc l'Empereur de renoncer à son projet, et, quant à lui, il refusa respectueusement son concours.

Un peu ébranlé par cette résistance, l'Empereur dit qu'il réfléchirait, et il recommanda le plus grand secret à M. Rouher ; mais, à cette époque, le décret était déjà préparé par M. Walewsky, et M. Thiers en était le confident.

Mais l'Empereur n'avait pas seulement autour de lui des conseillers préoccupés du maintien de la Constitution et de son acclimatement nécessaire ; d'autres, dévoués sans contredit, mais ayant habitué leur esprit à des idées appartenant à d'autres régimes, étaient moins frappés de la nécessité et de la supériorité pratique des principes de 1852. De ce nombre était M. Walewski, ami de M. Thiers, dont il avait autrefois soutenu la politique dans la presse, et qui lui avait ouvert la carrière diplomatique en 1840. Ses relations avec lui s'étaient maintenues depuis le 2 décembre ; et c'est pénétré de ses insinuations, entraîné par ses conseils, qu'il avait poussé l'Empereur à la nouveauté délicate et inopportune dont l'esprit du souverain était obsédé. M. de Morny était dans la confidence des démarches de M. Walewski, et il ne fut pas étranger à leur succès définitif.

L'Empereur se décida en effet ; il rédigea ses décrets du

24 novembre, sans consulter de nouveau M. Rouher ; et se croyant sûr d'un ascendant absolu sur lui, il le nomma ministre sans portefeuille, avec M. Magne, qui était alors ministre des finances. Le décret rédigé et signé, un officier d'ordonnance fut chargé de le porter au *Moniteur*, et, quelques instants auparavant, un autre officier alla chercher M. Rouher, de la part de l'Empereur, qui s'était réservé de lui annoncer l'événement, et de lui arracher un consentement moins obtenu qu'imposé.

C'était le 22 novembre au soir. M. Rouher arriva chez l'Empereur, et trouva dans le salon d'attente l'officier d'ordonnance qui portait les décrets au *Journal officiel*. Rapidement averti du contenu des décrets, il le pria d'attendre, et entra dans le cabinet.

Informé par le souverain des dispositions qu'il venait d'arrêter, et du rôle qu'il y remplissait, M. Rouher opposa un refus nouveau et absolu. Il ne revint sur les dangers qu'il avait déjà signalés que pour les maintenir ; et il se cantonna dans la nécessité de poursuivre l'œuvre économique dont le traité de commerce avec l'Angleterre avait été l'inauguration. Il rappela les négociations nombreuses engagées avec divers pays, et qu'il fallait poursuivre ; les difficultés soulevées par les intéressés, et qu'il fallait vaincre. Il ajouta qu'à ses yeux la liberté du travail et des échanges était une œuvre plus utile, plus pratique, plus urgente que l'établissement de l'Adresse ; qu'il s'y était engagé avec l'autorisation et l'appui de l'Empereur ; que son unique désir était de la mener à bien ; que l'Empereur pouvait bien lui retirer le ministère de l'agriculture et du commerce, si telle était sa pensée ; mais qu'en l'état où se trouvait la question économique, il était bien résolu à ne pas changer son ministère pour un autre, quel qu'il fût. Il termina en suppliant l'Empereur de lui épargner la douleur d'un éclat et d'un refus public.

L'Empereur, sans entrer dans aucune discussion, demanda si les décrets étaient envoyés au *Moniteur*, et, informé du retard demandé par M. Rouher, il les reprit. Celui-ci sortit du cabinet, laissant le souverain dans un état de mécontentement peu dissimulé ; et il rentra chez lui pour préparer son déménagement, bien persuadé que, le lendemain matin, il ne serait plus ministre.

Le lendemain matin, ce ne fut pas la révocation qui arriva, ce fut M. Walewski, fort intéressé au succès de l'entreprise, puisque l'un des décrets en suspens le faisait ministre d'État. Il vint reprendre la première thèse de l'Empereur, avec force insistances affectueuses et flatteuses ; mais il ne tarda pas à s'apercevoir qu'il faisait peu de progrès dans l'esprit de son interlocuteur. Il venait d'ailleurs de la part de l'Empereur, et il portait des propositions qui, de la part d'un grand souverain envers un serviteur éprouvé, sont toujours très-honorables. L'Empereur considérait que l'état de fortune de M. Rouher, son dévouement et services appelaient de sa part un témoignage public de satisfaction. En conséquence, il lui faisait offrir par M. Walewski un hôtel d'un million, qui pourrait faciliter plus tard l'établissement de ses enfants. M. Rouher écouta cette offre avec une respectueuse déférence ; et puis, regardant M. Walewski, il lui dit avec un sourire : « Mon cher Walewski, veuillez dire à l'Empereur que je suis prêt à rester ici à vingt sous par jour, s'il m'y veut, ou à m'en aller, s'il ne m'y veut pas ; mais que je ne veux pas aller ailleurs, et que je n'accepte pas le million que vous m'offrez de sa part. »

M. Walewski se retira ; l'Empereur, satisfait de l'abnégation et de la dignité de son ministre du commerce et des travaux publics, le laissa à son poste. Le lendemain, 23 novembre, la nomination de M. Walewski, comme ministre d'État, en remplacement de M. Fould, parut au *Moniteur* ; M. Billault fut appelé au poste refusé par M. Rouher ; et la combinaison élaborée avec tant de peine parut au *Moniteur* du 24 novembre ; la voici :

Paris, le 24 novembre 1860.

NAPOLÉON,

Par la grâce de Dieu et la volonté nationale, Empereur des Français,

A tous présents et à venir, salut :

Voulant donner aux grands corps de l'État une participation plus directe à la politique générale de notre gouvernement et un témoignage éclatant de notre confiance,

Avons décrété et décrétons ce qui suit :

ART. 1er. — Le Sénat et le Corps législatif voteront tous les

ATTAQUE DES FORTIFICATIONS CHINOISES DANS LE PEI-HO.

ans, à l'ouverture de la session, une adresse en réponse à notre discours.

Art. 2. — L'adresse sera discutée en présence des commissaires du Gouvernement, qui donneront aux Chambres toutes les explications nécessaires sur la politique intérieure et extérieure de l'Empire.

Art. 3. — Afin de faciliter au Corps législatif l'expression de son opinion dans la confection des lois et l'exercice du droit d'amendement, l'article 54 de notre décret du 22 mars 1852 est remis en vigueur, et le règlement du Corps législatif est modifié de la manière suivante :

« Immédiatement après la distribution des projets de loi, et au « jour fixé par le président, le Corps législatif, avant de nommer sa « commission, se réunit en comité secret ; une discussion sommaire « est ouverte sur le projet de loi, et les commissaires du Gouver- « nement y prennent part.

« La présente disposition n'est applicable ni aux projets de loi « d'intérêt local, ni dans le cas d'urgence. »

Art. 4. — Dans le but de rendre plus prompte et plus complète la reproduction des débats du Sénat et du Corps législatif, le projet de sénatus-consulte suivant sera présenté au Sénat :

« Les comptes rendus des séances du Sénat et du Corps législatif, « rédigés par des secrétaires-rédacteurs placés sous l'autorité du « président de chaque assemblée sont adressés chaque jour à tous « les journaux. En outre, les débats de chaque séance sont repro- « duits par la sténographie et insérés *in extenso* dans le *Journal* « *officiel* du lendemain. »

Art. 5. — Pendant la durée des sessions, l'Empereur désignera des ministres sans portefeuille pour défendre devant les Chambres, de concert avec le président et les membres du conseil d'État, les projets de loi du Gouvernement.

Art. 6. — Le ministère de notre Maison est supprimé : Ses attributions sont réunies à celles du grand maréchal du Palais.

Art. 7. — Le ministère de l'Algérie et des colonies est supprimé. Les colonies sont réunies au ministère de la marine.

Art. 8. — Sont distraits du ministère de l'Instruction publique, pour être placés dans les attributions du ministère d'État, les services qui ne touchent pas directement à l'enseignement public ou aux établissements spéciaux de l'Université.

Art. 9. — Le service des haras est distrait du ministère de l'agriculture, du commerce et des travaux publics, pour être placé dans les attributions du ministère d'État.

Art. 10. — M. le comte de Chasseloup-Laubat, ancien ministre de l'Algérie et des colonies, est nommé ministre de la marine et des colonies, en remplacement de M. l'amiral Hamelin, appelé à d'autres fonctions.

Art. 11. — M. l'amiral Hamelin est nommé grand chancelier de la Légion d'honneur, en remplacement de M. le maréchal Pélissier, duc de Malakoff, appelé à d'autres fonctions.

Art. 12. — M. le maréchal Pélissier, duc de Malakoff, est nommé gouverneur général de l'Algérie.

Art. 13. — Les ministres sans portefeuille ont le rang et le traitement des ministres en fonctions ; ils font partie du conseil des ministres et sont logés aux frais de l'État.

Art. 14. — Notre ministre d'État est chargé de l'exécution du présent décret.

Fait au Palais des Tuileries, le 24 novembre 1860.

Napoléon.

L'article 13 promettait aux ministres sans portefeuilles qu'ils seraient logés aux frais de l'Etat. L'Empereur prit la promesse à son compte. MM. Billault et Magne reçurent chacun un hôtel acheté aux frais de la liste civile.

Au moment où l'Empereur tentait ainsi la fortune et mettait loyalement dans les mains de ses adversaires politiques les moyens de lui faire payer cher sa générosité, le personnel militant qu'il avait sous la main était nombreux et plein d'ardeur.

Ainsi que nous venons de la rapporter, M. Billault reçut la mission difficile et glorieuse de défendre le gouvernement par la parole dans l'une et l'autre chambre. Il s'en acquitta avec autorité et avec éclat. La session de 1861 et celles de 1862 et de 1863 furent l'apogée de sa situation et de son talent. Il parla comme avait parlé M. Guizot; et si, plus tard, M. Rouher le dépassa comme orateur pénétré de l'esprit et de la pratique des affaires, M. Billault fut alors sans rival au point de vue de l'élévation, de la mesure et de la correction de la parole.

M. Magne demeura chargé de la partie des débats plus spécialement consacrés au budget, et il ne cessa d'apporter dans l'accomplissement de sa tâche, la netteté, la finesse et la bonhomie railleuse qui caractérisent sa discussion.

M. de Persigny, ambassadeur à Londres, venait remplacer M. Billault à l'intérieur ; M. de Forcade La Roquette prenait la place de M. Magne aux finances ; M. Baroche restait président du conseil d'État avec le titre de ministre sans portefeuille; M. Delangle était à la justice, M. Rouland à l'instruction publique, M. Thouvenel aux affaires étrangères ; M. Randon à la guerre ; M. De Chasseloup-Laubat à la marine. On a déjà vu M. Walewsky entrer au ministère d'État ; et M. Rouher conservait ce ministère de l'agriculture, du commerce et des travaux où il avait voulu rester à tout prix, pour y accomplir la grande œuvre de la liberté de l'industrie et des échanges.

En dehors du ministère était un homme important, plein d'ambition, courageux, dévoué, mais auquel le goût des spéculations n'avait pas permis de prendre un ascendant moral et politique proportionné à la distinction de son esprit et à l'importance de ses services. C'était M. de Morny. Il avait succédé, en 1854, à M. Billault comme président du Corps législatif, et il dirigeait les discussions de la Chambre avec les façons les plus élégantes et les plus courtoises. Il était moins mordant que ne l'avait été M. Dupin, mais il n'était pas moins spirituel. Son goût pour les beaux arts, son luxe de grand seigneur, la fréquence et l'éclat de ses fêtes l'avaient pour ainsi dire préparé aux grandes séances qui furent inaugurées par l'Adresse, et pendant lesquelles il resta au niveau des difficultés de sa mission.

Toujours échauffé par un reste de levain parlementaire puisé dans le gouvernement de 1830, il avait favorisé l'évolution politique opérée le 24 novembre, et il exagéra même l'exécution de la partie des décrets qui inaugurait la nouvelle extension donnée à la publicité des débats. En Angleterre, foyer du régime parlementaire, les séances de la Chambre des Communes comme celles de la Chambre des Lords ont principalement lieu de nuit. Cette circonstance amortit la curiosité du public, qui se contente généralement de suivre dans la presse périodique les débats du parlement. M. de Morny fit rétablir les deux rangs de tribunes du gouvernement de juillet, et le Corps législatif devint comme une enceinte théâtrale, encombrée de femmes frivoles et d'oisifs, venus pour assister à l'imprévu et aux émotions des luttes oratoires.

La discussion de la première Adresse du Sénat et du Corps législatif fit bien pressentir combien les passions extérieures pénétreraient désormais dans la politique ; car, dès le premier jour, la direction calme, sage, pratique, imprimée jusqu'alors aux affaires par l'Empereur, sera troublée et, dans une forte mesure, remplacée par l'initiative et l'impulsion individuelles.

Un décret du 15 janvier 1861 convoqua le Sénat et le Corps législatif pour le 4 février suivant. Le Sénat s'était réuni quelques jours auparavant pour libeller et voter un sénatus-consulte portant modification de l'article 42 de la constitution relatif à la publicité des débats.

La session fut ouverte, le 4 février, dans la salle des États, par l'Empereur en personne. Son discours, plein de loyauté et d'abandon, respire le sentiment de confiance avec lequel il remettait en quelque sorte dans les mains du pays une portion de l'autorité qu'il en avait reçue, et il permet des mesurer le chemin plein d'illusions qu'il parcourut depuis cette époque jusqu'à la catastrophe de 1870.

Voici ce beau discours, le premier pas qui fut fait dans la voie de concessions généreuses, mais imprudentes, et dont on peut dire qu'elles n'étaient ni nécessaires, ni désirées par la France :

« MESSIEURS LES SÉNATEURS,
« MESSIEURS LES DÉPUTÉS,

« Le discours d'ouverture de chaque session résume, en peu de mots, les actes passés et les projets à venir. Jusqu'à ce jour, cette communication, restreinte par sa nature, ne mettait pas mon gouvernement en rapport assez intime avec les grands corps de l'État, et ceux-ci étaient privés de la faculté de fortifier le gouvernement par leur adhésion publique ou de l'éclairer par leurs conseils.

« J'ai décidé que tous les ans un exposé général de la situation de l'Empire serais mis sous vos yeux, et que les dépêches les plus importantes de la diplomatie seraient déposées dans vos bureaux.

« Vous pourrez également, dans une adresse, manifester votre sentiment sur les faits qui s'accomplissent, non plus, comme autrefois, par une simple périphrase du discours du Trône, mais par la libre et loyale expression de votre opinion.

« Cette amélioration initie plus amplement le pays à ses propres affaires, lui fait mieux connaître ceux qui le gouvernent comme ceux qui siégent dans les Chambres, et malgré son importance, n'altère en rien l'esprit de la Constitution.

« Autrefois, vous le savez, le suffrage était restreint. La Chambre des députés avait, il est vrai, des prérogatives plus étendues, mais le grand nombre de fonctionnaires publics qui en faisaient partie donnait au gouvernement une action directe sur ses résolutions.

« La Chambre des pairs, votait aussi les lois, mais la majorité pouvait être à chaque instant déplacée par l'adjonction facultative de nouveaux membres.

« Enfin, les lois n'étaient pas toujours discutées pour leur valeur réelle, mais suivant la chance que leur adoption ou leur rejet pouvait avoir de maintenir ou de renverser le ministère. De là, peu de sincérité dans les délibérations, peu de stabilité dans la marche du gouvernement, peu de travail utile accompli.

« Aujourd'hui, toutes les lois sont préparées avec soin et maturité par un conseil d'hommes éclairés, qui donnent leur avis sur toutes les mesures à prendre. Le Sénat, gardien du pacte fondamental, et dont le pouvoir conservateur n'use de son initiative que dans les circonstances graves, examine les lois sous le seul rapport de leur constitutionnalité, mais, véritable cour de cassation politique, il est composé d'un nombre de membres qui ne peut être dépassé.

« Le Corps législatif ne s'immisce pas, il est vrai, dans tous les détails de l'administration, mais il est nommé directement par le suffrage universel, et ne compte dans son sein aucun fonctionnaire public. Il discute les lois avec la plus entière liberté; si elles sont repoussées, c'est un avertissement dont le gouvernement tient compte; mais ce rejet n'ébranle pas le pouvoir, n'arrête pas la marche des affaires et n'oblige pas le souverain à prendre pour conseillers des hommes qui n'auraient pas sa confiance.

Telles sont les différences principales entre la Constitution actuelle et celle qui a précédé la révolution de février.

« Epuisez, messieurs, pendant le vote de l'adresse, toutes les discussions, suivant la mesure de leur garantie, pour pouvoir ensuite vous consacrer entièrement aux affaires du pays, car, si celles-ci réclament un examen approfondi et consciencieux, les intérêts à leur tour, sont impatients de solutions promptes.

« A la veille d'explications plus détaillées, je me bornerai à vous rappeler sommairement ce qui s'est fait au dedans et au dehors.

« A l'intérieur, toutes les mesures prises tendent à augmenter la production agricole, industrielle et commerciale. Le renchérissement de toute chose est la conséquence inévitable d'une prospérité naissante, mais, au moins, devrions-nous chercher à rendre les objets de première nécessité le moins chers possible.

« C'est dans ce but que nous avons diminué les droits sur les matières premières, signé un traité de commerce avec l'Angleterre, projeté d'en contracter d'autres avec les pays voisins, facilité partout les voies de communication et les transports.

« Pour réaliser ces réformes économiques, nous avons dû renoncer à quatre-vingt-dix millions de recettes annuelles, et cependant le budget vous sera présenté en équilibre, sans qu'il ait été nécessaire de recourir à la création de nouveaux impôts, ni au crédit public, ainsi que je vous l'avais annoncé l'année dernière.

« Les changements opérés dans l'administration de l'Algérie

ont placé la direction supérieure des affaires au sein même des populations. Les services illustres du maréchal, mis à la tête de la colonie, sont de sûrs garants d'ordre et de prospérité.

« A l'extérieur, je me suis efforcé de prouver, dans mes relations avec les puissances étrangères, que la France désirait sincèrement la paix ; que sans renoncer à une légitime influence, elle ne prétendait s'ingérer nulle part où ses intérêts n'étaient pas en jeu ; enfin que, si elle avait des sympathies pour tout ce qui est noble et grand, elle n'hésitait pas à condamner tout ce qui violait le droit des gens et la justice.

« Des événements difficiles à prévoir, sont venus compliquer en Italie, une situation déjà si embarrassée. Mon gouvernement d'accord avec ses alliés, a cru que le meilleur moyen de conjurer de plus grands dangers était d'avoir recours au principe de non intervention, qui laisse chaque pays maître de ses destinées, localise les questions et les empêche de dégénérer en conflits européens.

« Certes, je ne l'ignore pas, ce système a l'inconvénient de paraître autoriser bien de fâcheux excès, et les opinions extrêmes préféreraient, les uns que la France prît fait et cause pour toutes les révolutions, les autres qu'elle se mît à la tête d'une réaction générale.

« Je ne me laisserai détourner de ma route par aucune de ces excitations opposées. Il suffit à la grandeur du pays de maintenir son droit là où il est incontestable, de défendre son honneur là où il est attaqué, de prêter son appui là où il est imploré en faveur d'une juste cause.

« C'est ainsi que nous avons maintenu notre droit en faisant accepter la cession de Nice et de la Savoie : ces provinces sont aujourd'hui irrévocablement réunies à la France.

« C'est ainsi que pour venger notre honneur à l'extrême Orient, notre drapeau uni à celui de la Grande-Bretagne, a flotté victorieux sur les murs de Péking, et que la croix, emblème de la civilisation chrétienne, surmonte de nouveau dans la capitale de la Chine, les temples de notre religion, fermés depuis plus d'un siècle.

VUE DE SAIGON.

« C'est ainsi qu'au nom de l'humanité, nos troupes sont allées en Syrie, en vertu d'une convention européenne, protéger les chrétiens contre un fanatisme aveugle.

« A Rome j'ai cru devoir augmenter la garnison, lorsque la sécurité du Saint-Père a été menacée.

« A Gaëte j'ai envoyé une flotte au moment où elle semblait devoir être le dernier refuge du roi de Naples. Après l'y avoir laissée quatre mois, je l'ai retirée, quelque digne de sympathie que fût une infortune royale noblement supportée. La présence de nos vaisseaux nous obligeait à nous écarter tous les jours du système de neutralité que j'avais proclamé, et elle donnait lieu à des interprétations erronées. Or, vous le savez, en politique, on ne croit guère à une démarche désintéressée.

« Tel est l'exposé rapide de la situation générale. Que les appréhensions se dissipent donc et que la confiance se raffermisse ! Pourquoi les affaires commerciales et industrielles ne reprendraient-elles pas un nouvel essor ?

« Ma ferme résolution est de n'entrer dans aucun conflit où la cause de la France ne serait pas basée sur le droit et sur la justice. Qu'avons-nous à craindre ? Est-ce qu'une nation unie et compacte, comptant quarante millions d'âmes, peut redouter soit d'être entraînée dans des luttes dont elle n'approuverait pas le but, soit d'être provoquée par une menace quelconque.

« La première vertu d'un peuple est d'avoir confiance en lui-même et de ne pas se laisser émouvoir par des alarmes imaginaires. Envisageons donc l'avenir avec calme, et, dans la pleine conscience de votre force comme dans nos loyales intentions, livrons-nous sans préoccupations exagérées au développement des germes de prospérité que la Providence a mis entre nos mains. »

Le premier résultat de l'innovation tentée par l'Empereur fut une perte de temps considérable. L'Adresse du sénat ne fut prête et ne put entrer en discussion que le 27 février.

Ce fut une passe d'armes, comme on devait s'y attendre. Trois grands discours la caractérisèrent ; celui de M. de Larochejacquelein, plein de violences, contre les Italiens et le roi Victor-Emmanuel ; celui du Prince Napoléon, non moins excessif, contre la papauté, les catholiques et le jeune et malheureux roi de Naples ; celui de M. Billault, qui entrait dans son rôle de ministre de la parole, et qui débuta avec une sérénité d'esprit et de talent dignes du souverain au nom duquel il parlait.

M. Billault n'hésita pas à rompre la solidarité que l'opinion publique aurait pu être portée à établir entre le discours intempérant du Prince Napoléon et les sentiments réels de l'Empereur, et il ramena la discussion des régions de l'exaltation à celles de la réalité et de la pratique des affaires.

Il y eut néanmoins dans le discours du Prince Napoléon de nobles sentiments, heureusement exprimés ; le Sénat les applaudit, et il est bon de les rappeler, afin que l'histoire les juge :

« Si dans toutes les familles souveraines, il y a des divergences d'opinion, des appréciations et des opinions personnelles différentes, elles ne doivent se manifester que pendant les jours heureux et aux époques de succès, mais jamais dans le malheur. (Très-bien ! très-bien !). Dans le malheur il n'y a qu'un devoir qui domine tous les autres, et ce devoir, c'est de rester unis. (Très-bien, très-bien !)

« Dans la famille de l'Empereur nous avons vu, à une certaine époque, des divergences intérieures ; nous avons vu son frère Lucien se séparer de lui sur différentes questions, mais, dans les cent jours il était à côté de lui. (Nouvelle et vive approbation.)

« Dans l'avenir, si des jours de malheur viennent jamais, soyez en sûrs, l'histoire n'aura pas à enregistrer une trahison..... (Bravo ! bravo ! — Applaudissements)..... comme dans la maison de Bourbon ; et jamais les Napoléon ne formeront qu'un faisceau pour faire face au danger (Bravo ! bravo ! — Nouveaux applaudissements. — Mouvement prolongé). »

L'Adresse du Sénat fut votée le 7 mars, et portée à l'Empereur, le 8, par une députation tirée au sort. L'Empereur, après en avoir écouté la lecture, adressa au Président, M. Troplong, les paroles suivantes :

« Le nouveau droit donné aux corps politiques d'examiner librement tous les actes du gouvernement a eu pour but d'éclairer le pays sur les grandes questions qui l'agitent aujourd'hui.

« La discussion a dû lui prouver que malgré les difficultés nées à l'étranger du conflit de situations extrêmes, nous n'avons abandonné aucun des intérêts opposés qu'il s'agissait de sauvegarder. Ma politique sera toujours ferme, loyale et sans arrière-pensée. »

L'Adresse du Corps législatif, plus longuement et plus laborieusement élaborée que celle du Sénat, dans laquelle la personnalité de son président avait dominé, fut confiée, après une discussion animée dans les neuf bureaux, à une commission élue, composée de MM. Larrabure, de Belleyme, Corta, Jérome David, Schneider, de Grouchy, Granier de Cassagnac, Guillaumin et Rigaud. La commission fut nommée le 14 février. M. de Morny en faisait partie de droit et la présidait.

Deux longues séances furent consacrées par la commission à discuter le discours de l'Empereur et à arrêter les bases de l'Adresse. On nomma un rapporteur, chargé de la rédaction. Sur la proposition de M. de Morny, ce rapporteur fut M. Granier de Cassagnac. Sa rédaction faite, le rapporteur alla soumettre son travail à M. de Morny, avant de le lire à la commission, qui l'approuva. La discussion commença le 11 mars.

La session avait été ouverte le 4 février ; il y avait donc un mois de perdu pour les affaires, et gagné pour l'agitation des esprits.

Toutes les personnalités en relief au sein du Corps législatif et placées à divers points de vue, prirent part à la discussion de l'Adresse.

Trois groupes d'orateurs distincts se formèrent ; l'un, âpre défenseur du pouvoir temporel du Saint-Siége et adversaire de l'indépendance italienne ; l'autre, patron des révolutionnaires partout, au dedans comme au dehors, et ennemi irréconciliable de l'Eglise catholique ; le troisième, rangé autour du gouvernement de l'Empereur et secondant sa politique calme, forte et modérée.

Le premier groupe comprenait M. de Flavigny, M. Kolb-Bernard, M. Plichon, M. Keller, M. O'Quin.

Dans le second figuraient M. Jules Favre, M. Emile Ollivier et M. Ernest Picard.

Le troisième réunit M. Jérôme David, M. Nogent Saint-Laurent, M. de Belleyme, et M. Granier de Cassagnac, auxiliaires libres de M. Billault, de M. Baroche et de M. Magne.

A côté et en dehors de ces trois groupes, principalement voués à la politique, il s'en forma un quatrième, exclusivement préoccupé de la question économique et des finances, et dans lequel s'affirmèrent avec des talents divers M. Gouin, M. Kœnigswarter, M. Jules Brame, M. Pouyer-Quertier, M. Schneider, M. Arman, M. Ancel, M. Edouard Dalloz et M. Dewinck.

M. Billault, secondé par M. Baroche, porta avec le plus grand éclat le poids de la discussion politique; M. Baroche seul soutint brillamment la lutte économique, et M. Magne fit honneur à son nouveau titre dans la question financière.

S'il n'avait été question que de savoir, d'esprit, de talent de parole, le gouvernement et ses amis n'auraient eu rien à redouter. Quoique nouveaux dans les luttes publiques, les orateurs qui soutinrent la politique de l'Empereur ne restèrent pas au-dessous des athlètes les plus exercés du palais; mais le droit de proposer des amendements à l'Adresse avait permis aux adversaires de l'Empire de saper l'autorité de la Constitution, de mettre en doute son efficacité dans le présent, son maintien dans l'avenir. Tout fut attaqué dans des amendements qu'on proposait, non pour les faire voter, mais pour en faire des occasions de bruit, d'agitation et de scandale. M. Picard demanda le rétablissement du Conseil municipal élu de Paris; M. Hénon demanda le rétablissement de celui de Lyon. La France fut représentée comme inquiète et agitée par le régime impérial; et M. Jules Favre put terminer son premier discours par les déclarations suivantes :

« ..... Oui, nous sommes révolutionnaires, si on entend le mot ainsi. Mais sachez-le bien, la France nous jugera. La France prononcera entre nous et vous, la France depuis qu'elle souffre, depuis qu'elle attend, depuis qu'elle espère, depuis qu'elle est patiente, la France a vu se former dans son sein un grand parti, une opinion qui domine toutes les autres, et que je pourrais appeler même en me servant d'un mot usé, mais qui est le seul qui puisse peindre ma pensée, c'est l'opinion libérale, celle qui a soif de garanties, de régime légal, celle qui a horreur de toute espèce de servitude, de violence, de tyrannie, de révolution, et ceux qui préparent les abîmes dans lesquels s'engloutissent les droits, la sécurité et la fortune des peuples, ce sont précisément ceux qui demandent que ces peuples soient soumis au joug des dominateurs qui les gouvernent sans les consulter.

« Mais ce grand parti légal qui s'est formé, qui se recrute de tous les hommes généreux, de tous ceux qui travaillent, de tous ceux qui économisent, de toutes les intelligences, ce grand parti est celui, permettez-moi de le dire, qui a combattu avec nous le drapeau rouge dans les plis factieux duquel nous lisons le mot détesté de dictature et de servitude; mais nous n'en voulons pas, qu'elle vienne de la rue ou du Trône (Très-bien !). Ce que nous voulons c'est un régime d'égalité et d'honnêteté. C'est enfin ce que la France veut. »

Le but de l'Empereur était donc manqué. Le décret du 24 novembre, au lieu de placer les actes du gouvernement en face de l'opinion calme, loyale, patriotique, les livrait à la prévention, à la haine, à la calomnie des partis; et au lieu d'être jugés, ces actes seront dénaturés.

A l'époque où l'Empereur se désaisissait de la direction exclusive des affaires publiques, et en livrait une bonne partie aux assemblées délibérantes, l'opposition hostile, systématique, se composait de cinq personnes, qui étaient M. Jules Favre, M. Ernest Picard, M. Hénon, M. Emile Ollivier et M. Darimon. Les trois premiers faisaient une guerre sans merci aux institutions impériales ; les deux derniers devaient s'y rallier plus tard; et M. Émile Ollivier, effrayé sans doute de la solidarité que pouvaient faire peser sur lui les paroles violentes de M. Jules Favre, indiqua, dans la même séance, une première nuance de dissentiment, au sujet du décret du 24 novembre, dont il osa faire l'éloge, et dont il dit : « Ce décret, nous pouvons en désirer l'extension, mais nous en reconnaissons et le courage, et la générosité et le bienfait. »

L'Adresse du Corps législatif dut refléter et refléta en effet la pensée de l'Empereur ; le temps n'était pas encore venu de le décourager, encore moins de l'avertir des périls dont cette voie était semée. Voici les passages principaux de l'Adresse, qui fut portée à l'Empereur par une députation, le 23 mars, et lue par le président du Corps législatif :

« Sire,

« Le Corps législatif ne saurait user, pour la première fois, des prérogatives nouvelles et importantes qu'il doit à l'initiative de Votre Majesté, sans applaudir à la pensée libérale et prévoyante qui les a inspirées, et sans se montrer fier et reconnaissant de la confiance dont elles sont le témoignage.

« Ces libertés développent les principes de la Constitution, en appropriant, d'une manière sagement progressive, son mécanisme et son jeu à l'état présent de la société.

« Cette constitution, fondée en vue des difficultés qu'elle devait surmonter et de l'œuvre de pacification qu'elle devait produire, a préparé et rendu possibles les développements qu'elle reçoit. Nous acceptons, avec la résolution de la faire tourner au bien général, la part plus large qu'elle fait à nos travaux et à notre responsabilité. Témoin de nos loyaux efforts pour faire connaître la vérité au pays comme à vous-même, l'opinion publique sanctionnera d'autant mieux nos décisions, et rendra encore plus efficace notre dévouement à votre personne et à votre dynastie, car rien ne saurait être donné à notre popularité qui ne s'ajoute à votre force.

. . . .

« Sire, l'intérêt national et traditionnel que nous portons aux destinées de l'Italie s'est accru par les énergiques et glorieux efforts que vous avez faits, à la tête de nos armées, en faveur de sa délivrance.

« Le Corps législatif, en s'associant au respect que vous avez montré pour les vœux des peuples italiens, approuve la sage réserve qui a maintenu la France sur le terrain des traités, du droit des gens et de la justice, et qui, sans amoindrir vos sympathies pour les nations qui se relèvent, ne vous a pas permis d'associer votre politique à des actes que vous réprouvez.

« Sire, les documents diplomatiques et le dernier envoi de troupes à Rome, dans une circonstance critique, ont prouvé au monde entier que vos constants efforts ont assuré à la Papauté sa sécurité et son indépendance, et ont sauvegardé sa souveraineté temporelle, autant que l'ont permis la force des choses, et la résistance à de sages conseils.

« En agissant ainsi, Votre Majesté a fidèlement rempli les devoirs de fils aîné de l'Église, et répondu aux sentiments religieux comme aux traditions politiques de la France.

« Pour cette grave question, le Corps législatif s'en rapporte entièrement à votre sagesse, bien persuadé que, dans les éventualités de l'avenir, Votre Majesté s'inspirera toujours des mêmes principes et des mêmes sentiments, sans se laisser décourager par des injustices qui nous affligent.

« Sire, depuis bientôt dix ans que la France vous a confié ses destinées, les obstacles et les luttes n'ont ni déconcerté votre prudence, ni lassé votre courage. La Providence vous a couvert de son égide, et la France de ses acclamations.

« Persistez, sire, dans cette politique prudente et résolue, libérale et ferme, qui abrite sous un pouvoir fort des libertés durables, et qui n'a d'autre ambition que l'éclat et l'honneur du nom français.

« Votre fils, à l'ombre des travaux et des vertus qui l'environnent, grandira fortifié par votre exemple ; il aura appris ainsi à gouverner un jour, d'une manière digne d'elle, une grande nation maîtresse de ses destinées, trop juste pour qu'on la craigne, trop loyale pour qu'on la soupçonne, trop forte pour qu'on l'intimide ou qu'on l'entraîne. »

L'Empereur répondit à l'Adresse par le discours suivant où percent à la fois l'impression pénible que lui avait causée la violence des débats parlementaires, et la confiance qu'il avait dans le bon sens et dans l'affection du pays :

« Messieurs les députés,

« Je remercie la Chambre des sentiments qu'elle m'exprime, et de la confiance qu'elle met en moi. Si cette confiance m'honore

L'EMPEREUR A ALGER.

et me flatte, je m'en crois digne par ma constante sollicitude à n'envisager les questions que sous le point de vue du véritable intérêt de la France.

« Être de son époque, conserver du passé tout ce qu'il avait de bon, préparer l'avenir en dégageant la marche de la civilisation, des préjugés qui l'entravent ou des utopies qui la compromettent, voilà comment nous préparerons à nos enfants des jours calmes et prospères.

« Malgré la vivacité de la discussion, je ne regrette nullement de voir les grands Corps de l'État aborder les questions si difficiles de la politique extérieure. Le pays en profite sous bien des rapports. Ces débats l'instruisent, sans pouvoir l'inquiéter.

« Je serai toujours heureux, croyez-le bien, de me trouver d'accord avec vous. Issus du même suffrage, guidés par les mêmes sentiments, aidons-nous mutuellement à concourir à la grandeur et à la prospérité de la France. »

La discussion de l'adresse du Corps Législatif avait duré onze jours, du 11 mars au 22. La durée trimestrielle de la session approchant de sa fin, sans que la tâche normale eut été encore abordée, on dut la proroger d'abord jusqu'au 4 juin, puis jusqu'au 19, puis encore jusqu'au 27. A l'exception de l'abolition de la contrainte par corps pour le paiement des dettes commerciales, aucune loi ne passionna les débats. La lutte et le bruit recommencèrent à l'occasion de la discussion du budget.

Ce fut le budget de la guerre qui eut les honneurs des plus vives attaques. Chose à noter, aussitôt que la parole fut complétement donnée au Corps législatif, et qu'à l'aide des amendements, il eut l'initiative des questions, les forces militaires de la France furent attaquées.

C'est dans l'opposition et dans la bourgeoisie financière que se produisirent les attaques contre l'armée. On demanda la diminution de l'effectif. MM. Picard, Guyard-Delalain, Kœnigswarter, Emile Ollivier, furent les principaux qui poursuivirent ce résultat. L'argument général consistait à dire que la paix n'avait pas besoin d'être protégée par des armées permanentes aussi nombreuses.

M. Emile Ollivier prit même l'initiative d'une idée qu'il voudra réalisée plus tard, lorsque la roue de la fortune politique l'aura élevé au pouvoir. Il proposa d'imposer à l'Europe un désarmement général : « Ce que je demande au gouvernement, dit-il le 6 juin, et je puis le lui demander sans être chimérique, car, dans les questions européennes, je puis avoir cet orgueil pour lui comme pour mon pays, il a une telle influence, que lorsqu'il veut résolument une chose, il y a grande espérance que cette chose soit, ce que je demande au gouvernement, c'est qu'après avoir fait des traités de commerce, il pose nettement à l'Europe la question des traités de désarmement, afin que la France sache quelle est sa situation. S'il y a des questions d'honneur, des questions de liberté à vider par les armes, nous les soutiendrons. Le pays fera des efforts énergiques et vigoureux. »

On voit que M. Emile Ollivier était de bonne heure disposé à la guerre, et qu'il n'avait pas sur l'organisation militaire de la Prusse des notions bien exactes, puisqu'il fondait des espérances sérieuses de paix sur des traités de désarmement. Or, le mode d'organisation de l'armée allemande, armée qui embrasse toute la population valide, est tel, que la réduction de l'effectif sous les armes, quelque considérable qu'elle fût à un jour donné, ne serait pas un obstacle à la mobilisation et la mise en ligne immédiates de toutes les forces du pays. Sans soldats aujourd'hui, l'Allemagne peut en être couverte demain. Ce n'est donc pas dans le désarmement des autres puissances, mais dans son propre armement, que la France pouvait trouver sa sécurité.

La session de 1861 finit comme elle avait commencé, par des attaques violentes contre les institutions fondées en 1852. M. Jules Favre avait déposé un amendement sur le régime de la presse, et il le développa, dans la séance du 18 juin, avec une amertume de récriminations qui amena un véritable tumulte.

Emu de l'injustice de l'opposition, qui tenait si peu de compte à l'Empereur de l'énorme concession spontanément faite par le décret du 24 novembre précédent, M. Billault constata le chemin qui avait déjà été fait, en six mois, dans la voie du désordre et du désarmement de la société.

« Le décret du 24 novembre, dit-il, a été pour l'opposition une occasion de demander l'abrogation des lois de sûreté, de la loi sur la presse, de celles sur le droit de réunion, l'abandon des candidats gouvernementaux en face des candidats hostiles ; la métamorphose prochaine du gouvernement fondé sur la constitution en ce qu'on appelle le gouvernement parlementaire. Toutes ces choses ont été produites, proclamées comme les conséquences directes, nécessaires, immédiates du décret du 24 novembre. N'en croyez rien, messieurs. Le Gouvernement n'entend laisser entrer dans la citadelle dont la France lui a confié la garde, ni ennemis déclarés, ni ennemis déguisés.

« Il est résolu à garder et à exercer, suivant les besoins, les pouvoirs qu'en 1852 le pays tout entier et l'Empereur ont confiés à l'administration pour assurer l'ordre, fonder la dynastie, et constituer un état social assez solide pour qu'après soixante-dix ans de révolutions, la révolution ne soit plus que dans le passé. »

C'étaient là de sages résolutions. Exécutées avec fermeté, elles auraient, sinon arrêté, du moins contenu dans de certaines limites le travail de désorganisation commencé par les ennemis de l'Empire ; mais les conséquences logiques du décret du 24 novembre se produiront peu à peu d'elles-mêmes ; et M. Billault, après avoir fourni, en deux années, la plus brillante carrière d'orateur politique, aura la chance de mourir assez jeune pour ne pas voir ses assurances démenties et ses espérances trompées.

Quelques actes, utiles à rappeler, signalèrent, pendant cette année 1861, l'active initiative de l'Empereur.

Le 10 juillet, dans une lettre adressée au ministre de la marine, il arrêta le recrutement des engagés noirs, enrôlés sur la côte occidentale d'Afrique, pour la culture des colonies, en vue de leur substituer des ouvriers indiens.

Le 19 août, dans une lettre à M. de Persigny, ministre de l'intérieur, il exprima la volonté d'activer l'amélioration de la viabilité dans les campagnes, en affectant 25 millions au prompt achèvement des chemins d'intérêt commun.

Vers la même époque, et en vue de favoriser les travaux de l'art et de l'histoire, il acheta du roi de Naples, à Rome, la partie la plus considérable des anciens jardins et des ruines du Palais des Césars, où des fouilles intéressantes furent opérées.

Le 4 octobre, il adopta, dans une lettre célèbre, attestant sa perpétuelle loyauté, un mémoire lu au conseil privé par M. Fould, sur un mode plus sévère de gérer les finances, et consistant à renoncer aux ouvertures de crédit supplémentaires ou extraordinaires, pendant l'ouverture des sessions.

Cette détermination parut au monde financier si importante pour le crédit public et privé, que la compagnie des agents de change de Paris demanda à l'Empereur, par la lettre suivante, la permission de lui ériger une statue dans l'enceinte du Palais de la Bourse :

« Paris, le 28 novembre 1861.

« SIRE,

« Le décret qui supprime la perception d'un droit d'entrée à la Bourse, est un véritable bienfait pour le crédit de la France.

« La compagnie des agents de change de Paris n'est que l'interprète du sentiment public, en venant offrir à Votre Majesté l'expression de sa reconnaissance.

« Cette mesure libérale, l'une des conséquences du nouveau programme financier que l'Empereur a si noblement adopté dans sa lettre du 12 novembre à son ministre d'État, sera, nous en sommes sûrs, le prélude d'une grande PÉRIODE NOUVELLE D'ACTIVITÉ ET DE RICHESSE POUR LA FRANCE.

« En dix ans de règne, Votre Majesté a su pacifier les esprits, *relever le crédit public* et inscrire de nouvelles victoires sur notre drapeau. Il n'appartient qu'*au génie de l'Empereur* d'accomplir cette tâche si difficile, de donner en même temps satisfaction *à l'amour du pays pour la gloire* et *à ses intérêts légitimes*.

« Nous avons, Sire, naguère applaudi avec la France entière à *votre grandeur dans la guerre;* elle applaudira avec nous à *votre grandeur dans la paix*.

« Permettez-nous d'élever UN MONUMENT DE NOTRE RECONNAISSANCE en plaçant LA STATUE DE VOTRE MAJESTÉ DANS L'ENCEINTE DU PALAIS DE LA BOURSE.

«Le guerrier aura, sur nos voies publiques, ses colonnes triomphales. La statue du prince pacificateur, dans le palais de la Bourse, protégera ces immenses négociations qui fécondent le travail des peuples et proclament la sagesse des souverains.

« Nous sommes, Sire, avec le plus profond respect,

« De Votre Majesté,

« Les très-humbles, très-obéissants et très-fidèles sujets :

« *Les agents de change près la Bourse de Paris.* »

Egalement au-dessus de l'orgueil et des engoûments irréfléchis, l'Empereur déclina avec finesse l'offre des financiers, et leur écrivit en ces termes :

« Compiègne, 29 novembre 1861.

« Messieurs, les termes par lesquels vous appréciez mes efforts pour le bien de la France et pour le progrès du crédit, comme l'intention de me donner une preuve publique de votre reconnaissance, ne pouvaient que me toucher profondément ; mais n'est-ce pas en exagérer le témoignage que de vouloir, à l'occasion d'une simple mesure, m'élever une statue dans l'enceinte même du Palais de la Bourse ?

« Quelque flatteuse que soit la proposition, permettez-moi de n'y pas souscrire. Je trouve plus naturel de vous offrir MON PORTRAIT, pour le placer dans la salle de vos séances, et je vous prie de l'accepter. Il vous rappellera combien m'a été précieuse LA MANIFESTATION DE VOS SENTIMENTS.

« Recevez, messieurs, l'assurance de ma considération distinguée.

« NAPOLÉON. »

Enfin, le 16 octobre, justement blessé des attaques immodérées dirigées contre son pouvoir, basé sur le choix répété de la nation, par un fonctionnaire public, tenu à plus de respect envers l'autorité souveraine, il accepta la proposition que lui fit son ministre de l'instruction publique de retirer sa chaire à M. Victor de Laprade, professeur de littérature française à Lyon.

Quelques souverains visitèrent l'Empereur durant le cours de cette année. Le 6 août, le roi de Suède et le prince Oscar vinrent passer quelques jours à Paris. Le 6 octobre, le roi de Prusse vint à Compiégne, où il fut suivi, le 12, par le roi des Pays-Bas.

Le 1ᵉʳ décembre 1861 mourut à Windsor le prince Albert, époux de la reine d'Angleterre, homme remarquable par la distinction de sa personne et de son esprit, et la sagesse de sa conduite.

Un décret du 8 janvier 1862 convoqua le Sénat et le Corps législatif pour le 27. Réuni quelques jours avant la session, le Sénat autorisa par un sénatus-consulte la modification proposée par M. Fould dans l'ouverture des crédits, ainsi que la présentation du budget par sections, chapitres et articles, nouvelle concession spontanée faite par le souverain au contrôle des finances, exercé par le Corps législatif et par l'opinion publique.

La session s'ouvrit, comme à l'ordinaire, dans la salle des États, le 27 janvier. Le fond de la pensée de l'Empereur se montra dans son discours, il sentait l'injustice des partis, sans en être découragé :

« Le sort de ceux qui sont au pouvoir, je ne l'ignore pas, est de voir leurs intentions les plus pures méconnues, leurs actes les plus louables dénaturés par l'esprit de parti. Mais les clameurs sont impuissantes lorsqu'on possède la confiance de la Nation et que l'on ne néglige rien pour la mériter. Ce sentiment qui se manifeste en toutes circonstances est ma récompense la plus précieuse ; il faut une plus grande force. Survient-il de ces événements imprévus, tels que la cherté des subsistances et le ralentissement du travail ? Le peuple souffre, mais dans sa justice, il ne me rend pas responsable de ses souffrances, parce qu'il sait que toutes mes pensées, tous mes efforts, toutes mes actions, tendent sans cesse à améliorer son sort et à augmenter la prospérité de la France. »

Le projet d'Adresse du Sénat fut lu en séance le 17 février. La discussion renouvela les excès de langage de l'année précédente.

Au dehors, les événements d'Italie furent de nouveau l'occasion de luttes d'une violence regrettable. Le prince Napoléon s'y sentait poussé par son talent de parole, et il y compromettait son nom et son rang par la véhémence de ses idées. Il se produisit, le 22, un violent tumulte, au sujet de son opinion sur le retour de l'Empereur, revenant de l'île d'Elbe. Il dit, ou l'on crut qu'il avait dit, que l'Empereur était rentré aux cris de : *A bas les nobles! à bas les prêtres!* Après un échange de paroles plus que vives, le prince accepta la phrase : *à bas les traîtres*, à la place de : *à bas les prêtres,* et le calme put se rétablir, mais sans avoir effacé la profonde et pénible impression que l'incident avait causé.

Le prince Napoléon demanda, pour la seconde fois, le 1er mars, que les troupes françaises fussent retirées de Rome, et que la Papauté fût laissée à la merci des Italiens. Pour la seconde fois aussi, M. Billault, au nom du Gouvernement, combattit et repoussa la politique du prince Napoléon, et déclara que la France poursuivait à la fois l'indépendance du Saint-Siége et l'indépendance de l'Italie.

Au dedans, la discussion alla plus loin que l'année précédente. Le Sénat, qui avait la garde des institutions impériales, dut écouter les attaques les plus passionnées contre le régime auquel la presse avait été soumise depuis 1852 ; et la demande de substituer à la juridiction administrative des avertissements et des suspensions, la juridiction de droit commun, essayée par la Restauration et par la monarchie de 1830, et dont l'expérience avait pourtant démontré l'impuissance radicale.

Au Corps législatif, la commission de l'Adresse, nommée le 4 février, n'eut achevé son travail que le 22, et la discussion ne commença que le 6 mars.

Dès le 19 février s'était produit un regrettable incident ; par décret du 22 janvier, l'Empereur avait décerné au général Cousin-Montauban le titre de comte de Palikao, afin de perpétuer dans sa famille le souvenir et la gloire de l'expédition de Chine, et des faits d'armes légendaires qui précédèrent l'entrée de l'armée Franco-Anglaise à Pékin. Par un nouveau décret du 19 février, le Corps législatif fut saisi d'un projet de loi ayant pour objet de donner au comte de Palikao une dotation de 50,000 francs.

Rien de plus naturel et de plus légitime qu'un pareil acte de

M. BILLAULT

munificence. Il était conforme aux précédents du deuxième Empire, qui avait donné une dotation de 100,000 francs au duc de Malakoff; il continuait la tradition du premier Empire, qui avait doté tous les Maréchaux; il était conforme à la conduite de la Convention qui, à plusieurs reprises, avait voté un milliard, pour être distribué à l'armée républicaine; il rappelait enfin les usages de l'ancienne monarchie, qui avait donné Chambord au maréchal de Saxe.

Ce décret arriva incidemment au Corps législatif; il fut lu avec plusieurs autres de moindre importance par un vice-président; M. de Morny, qui exerçait une grande influence sur ses collègues, n'en avait parlé à personne; quelques députés appartenant au parti orléaniste et au parti légitimiste, affectèrent de trouver cette dotation insolite, l'opposition contre l'armée faisait déjà beaucoup de chemin; enfin, le Corps législatif dévoué à l'Empereur, qui avait applaudi, comme la France, à l'expédition de Chine, et qui était fort sympathique à son noble chef, se trouva pénétré à son insu par des impressions vaguement défavorables au projet, et qui se firent jour le lendemain, dans la discussion du comité secret. M. de Morny, à la négligence duquel l'Empereur avait imputé, non sans quelque raison, ce manque d'égards et de justice, fit de grands efforts pour effacer l'impression première; il y réussit complétement, et la dotation du comte de Palikao aurait été votée à une immense majorité, malgré le rapport fait par M. de Jouvenel, au nom d'une commission hostile; mais la juste susceptibilité du général comte de Palikao ne voulut pas souffrir qu'une récompense qu'on lui décernait fut discutée; et, par une lettre des plus nobles, en date du 22 février, il pria l'Empereur de retirer le projet de loi.

L'Empereur, justement blessé de l'incident survenu au Corps législatif, adressa au général la réponse suivante :

« Paris, 22 février 1862.

« Mon Cher Général,

« La demande que vous me faites de retirer le projet de dotation vous est inspiré par un sentiment dont j'aime à vous voir animé; mais je ne retirerai pas ce projet.

« Le Corps législatif peut à son gré ne pas trouver digne d'une récompense exceptionnelle le chef d'une poignée d'héroïques soldats, qui, à travers tant de difficultés et de dangers, oubliés le lendemain du succès, ont été au bout du monde planter le drapeau de la France dans la capitale d'un empire de 200 millions d'âmes ; le chef qui tout en maintenant la dignité et l'indépendance de son commandement a su conserver avec nos alliés les relations les plus utiles et les plus amicales.

« A chacun la liberté de ses appréciations ; quant à moi, je désire que le pays et l'armée surtout, juge obligé des services politiques et militaires, sachent que j'ai voulu honorer par un don national une entreprise sans exemple, car les grandes actions sont le plus facilement produites là où elles sont le mieux appréciées, et les nations dégénérées marchandent seules les récompenses publiques.

« Recevez, mon cher général l'assurance de ma sincère amitié. »

NAPOLÉON.

Cependant, l'Empereur dut céder, quoique à regret, aux délicates instances du comte de Palikao, et le projet de dotation fut définitivement retiré.

La discussion de l'Adresse du Corps législatif dura quatorze jours, du 6 mars au 20 de ce mois. Deux idées s'y accentuèrent encore un peu plus que l'année précédente ; la première fut une croisade contre les armées permanentes, continuée par les représentants de la bourgeoisie parisienne ; la seconde fut une guerre de principes faite à la constitution. Les *cinq* députés de l'opposition proposèrent un amendement qui demandait la liberté de la presse, sous la répression du jury ; la suppression de ce qu'on appelait les candidatures officielles ; la liberté pour toutes les grandes villes, y compris Paris et Lyon, de nommer leurs conseils municipaux ; enfin, l'abrogation des lois de sûreté générale.

Les auteurs de cet amendement savaient bien qu'il serait repoussé à une immense majorité, mais ils le reproduiront périodiquement pendant sept années, jusqu'à la suppression de l'Adresse, parce que le droit d'amendement leur était une occasion et un moyen d'agiter l'opinion, et de saper les bases des institutions impériales.

L'Adresse fut présentée à l'Empereur le 3 mars. Rien de notable ne signala la fin de la session, qui fut close le 27 juin. Leurs Majestés visitèrent l'Auvergne, dans les premiers jours de juillet, après quoi l'Empereur se rendit seul, à Vichy, et ensuite à Biarritz, jusqu'au 8 octobre. Le 15 de ce mois, M. Drouyn de l'Huys rentra au ministère des affaires étrangères, en remplacement de M. Thouvenel; et un décret du 20 décembre convoqua le Sénat et le Corps législatif pour le 12 janvier 1863.

La session de 1863 offrit des symptômes d'apaisement. La discussion de l'Adresse fut très-courte au Sénat, et beaucoup moins longue au Corps législatif. Les mêmes questions furent partout débattues, mais avec beaucoup moins de vivacité. Ainsi, la guerre aux candidatures dites officielles continua, et M. Emile Ollivier, après avoir attaqué la législation sur la presse, la loi de sûreté générale, et réclamé de nouveau la liberté municipale, finit par demander toutes les libertés, ou, selon la formule qu'il employa, « la liberté sans épithète. »

Néanmoins, les excès de langage des sessions précédentes ne se reproduisirent pas. Les élections générales du Corps législatif approchaient; la popularité de l'Empereur parmi les populations était immense, et l'on est autorisé à supposer que nul ne se soucia de la braver trop ouvertement par des attaques irritantes.

L'Empereur lui-même parut s'être abusé sur ce retour à la modération, qui ne devait pas être de bien longue durée; et sa satisfaction perça clairement dans la réponse qu'il fit le 14 février, à l'Adresse du Corps législatif. Voici ses paroles :

« Monsieur le Président,

« L'Adresse que vous me présentez est une nouvelle preuve de l'accord qui existe entre le Corps législatif et mon gouvernement. Je la reçois donc avec la plus vive satisfaction. Cet accord est plus indispensable que jamais, à une époque où, sur tous les points du globe, la vérité est obscurcie par tant de passions contraires.

« La France doit être forte et calme à l'intérieur, pour être toujours en mesure d'exercer sa légitime influence en faveur de la justice et du progrès, dont le triomphe est trop souvent compromis par l'exagération des partis extrêmes.

« Une confiance réciproque a toujours maintenu les bonnes relations entre nous ; elle est due, sans doute, au sentiment patriotique qui nous anime tous, mais, je me plais à le reconnaître, la position du Président qui fait à la fois partie du gouvernement et du Corps législatif contribue aussi à cet heureux résultat. Continuez donc, Monsieur le Président, à remplir, comme par le passé, la noble mission d'adoucir et de rendre plus intimes nos rapports officiels. Ne cessez pas de me faire connaître les désirs et les observations de la Chambre et soyez auprès d'elle l'interprète de ma gratitude et de ma sympathie. »

D'ailleurs, les illusions semblaient les mêmes des deux côtés. Pendant que l'empereur croyait au désarmement des partis dans le Corps législatif, M. Emile Ollivier, parlant de ces mêmes partis, le 4 février, s'écriait : « Que sont-ils, ces anciens partis ? des fantômes ! »

Un seul incident fit exception à cet apaisement général. Dans une séance du Sénat, d'ailleurs fort calme, le 19 mars, le Prince Napoléon crut devoir interrompre inopinément M. Billault, pour lui reprocher d'avoir, le 10 décembre 1848, voté pour le général Cavaignac. Au milieu de l'impression pénible causée par cet appel aux luttes du passé, M. Billault répondit au Prince avec dignité : « Le fait personnel que cite Son Altesse Impériale me paraissait inutile dans ce débat ; mais il est vrai ; je n'ai pas voté pour le Prince-Président ; mais, depuis dix ans, l'ayant vu à l'œuvre, je le sers avec fidélité et honneur. »

Le Sénat applaudit cette réponse, et l'Empereur adressa à son ministre la lettre suivante :

« Mon cher Monsieur Billault,

« Je viens de lire votre discours, et comme toujours, j'ai été heureux de trouver en vous un interprète si fidèle et si éloquent de ma politique. Vous avez su concilier l'expression de nos sympathies pour une cause si chère à la France avec les égards dus à des souverains et à des gouvernements étrangers.

« Vos paroles ont été sur tous les points conformes à ma pensée, et je repousse toute autre interprétation de mes sentiments. Croyez à ma sincère amitié.

« NAPOLÉON. »

Un seul événement de quelque importance s'était produit en dehors de la session, et pendant sa durée. L'exposition universelle de Londres, dite du Palais de Cristal, avait été close ; les exposants Français y occupèrent un rang honorable, et l'Empereur jugea que ces triomphes de l'industrie française méritaient des récompenses spéciales. La distribution solennelle de ces récompenses eut lieu le 25 janvier, et le Souverain adressa aux vainqueurs une allocution où il disait :

« ..... L'état d'une société se revèle par le degré plus ou moins avancé des divers éléments qui la composent, et comme tous les progrès marchent de front, l'examen d'un seul des produits multiples de l'intelligence suffit pour apprécier la civilisation du pays auquel il appartient. Ainsi, lorsque aujourd'hui nous découvrons un simple objet d'art des temps anciens, nous jugeons par sa perfection plus ou moins grande, à quelle période de l'histoire il se rapporte. S'il mérite notre admiration, soyez sûrs qu'il date d'une époque où la société bien assise était grande par les armes, par la parole, par les sciences comme par les arts. Il n'est donc pas indifférent pour le rôle réservé à la France, d'avoir été placer sous les yeux de l'Europe les produits de notre industrie ; à eux seuls en effet ils témoignent de notre état moral et politique.

« Je vous félicite de votre énergie et de votre persévérance à rivaliser avec un pays qui nous avait devancés dans certaines branches du travail... »

Ainsi la même pensée, seconder ceux qui travaillent, soulager ceux qui souffrent, ne cessait d'occuper l'esprit de l'Empereur ; et il se montrait prodigue de distinctions à Paris, comme il s'était montré prodigue de bienfaits à Lyon.

Le Corps législatif, qui avait été prorogé jusqu'au 7 mai, fut dissous par décret de ce jour, comme ayant atteint la limite de ses six sessions constitutionnelles, et les élections générales pour son renouvellement furent fixées au 31 mai.

Ces élections seront l'événement capital de cette année.

M. de Persigny était, comme on sait, ministre de l'intérieur. Homme souverainement autoritaire, il n'hésita pas un seul instant à soutenir le droit et l'obligation qu'avait le gouvernement d'éclairer les populations sur leurs intérêts, et de les guider dans les choix qu'elles avaient à faire. Ces populations, par des plébiscites successifs, avaient fondé l'Empire; l'Empereur, qui était le dépositaire de leur confiance et l'exécuteur de leurs vœux, était donc tenu, lors du renouvellement de la représentation nationale, de désigner aux électeurs, sous la réserve de leur réflexion et de leur libre choix, les candidats que les ministres de l'Empereur considéraient comme les plus propres et les plus résolus à maintenir et à seconder le gouvernement.

D'ailleurs, les ennemis des institutions impériales ne se faisaient pas faute d'appuyer les candidats qu'ils supposaient les plus propres à les combattre. Il était donc à la fois naturel, légitime et nécessaire que l'administration fît, de son côté, ce que l'opposition ferait du sien. S'abstenir d'avoir des candidats avoués et de les soutenir par des voies loyales, lorsqu'on est un pouvoir né, comme le pouvoir impérial, du choix populaire, c'est proprement abdiquer, et trahir la confiance du pays.

La circulaire de M. de Persigny aux préfets fut donc nette, ferme et explicite. La voici :

« Monsieur le Préfet,

« S'il n'y avait en France comme en Angleterre que des partis divisés sur la conduite des affaires, mais tous également attachés à nos institutions fondamentales, le gouvernement pourrait se borner dans les élections à assister à la lutte des opinions diverses. Mais dans un pays comme le nôtre, qui, après tant de convulsions, n'est sérieusement constitué que depuis dix ans, ce jeu régulier des partis, qui, chez nos voisins, féconde si heureusement les libertés publiques, ne pourrait dès aujourd'hui se reproduire qu'en prolon-

L'EMPEREUR DISTRIBUANT DES

AUX INONDÉS DE LYON

geant la révolution et en compromettant la liberté ; car chez nous il y a des partis qui ne sont encore que des factions. Formés des débris des gouvernements déchus, et, bien qu'affaiblis chaque pour par le temps qui seul peut les faire disparaître, ils ne cherchent à pénétrer au cœur de nos institutions que pour en vicier le principe et n'invoquent la liberté que pour la tourner contre l'État.

« En présence d'une coalition d'hostilités, de rancunes, de dépits opposée aux grandes choses de l'Empire, votre devoir, Monsieur le préfet, est tout naturellement tracé. Pénétré de l'esprit libéral et démocratique de nos institutions que l'Empereur s'applique chaque jour à développer, ne vous adressez qu'à la raison et au cœur des populations. Laissez librement se produire toutes les candidatures, publier et distribuer les professions de foi et les bulletins de vote, suivant les formes prescrites par nos lois. Veillez au maintien de l'ordre et à la régularité des opérations électorales. C'est pour tous un droit et pour nous un devoir de combattre énergiquement toutes les manœuvres déloyales, l'intrigue, la surprise et la fraude, d'assurer enfin la liberté et la sincérité du scrutin, la probité de l'élection.

« Le suffrage est libre. Mais afin que la bonne foi des populations ne puisse être trompée par des habiletés de langage ou des professions de foi équivoques, désignez hautement, comme dans les élections précédentes, les candidats qui inspirent le plus de confiance au gouvernement. Que les populations sachent quels sont les amis et les adversaires plus ou moins déguisés de l'Empire, et qu'elles se prononcent en toute liberté, mais en parfaite connaissance de cause. »

Néanmoins, M. de Persigny, comme ministre présidant aux élections, commit deux fautes. Il exclut un certain nombre de députés, honnêtes gens, hommes d'ordre, ayant une importance personnelle plus ou moins considérable, en souvenir de la fidélité qu'ils avaient conservée au Saint-Siége, et de la vivacité qu'ils avaient montrée dans la discussion des affaires de Rome et d'Italie. Le temps et les événements calmèrent ces ardeurs, et l'on créa contre l'Empire des inimitiés gratuites et regrettables. M. de

Persigny, peu favorable par lui-même au Saint-Siége, céda à ses préventions, qu'il reconnut et qu'il regretta plus tard.

En même temps qu'il excluait un certain nombre de candidats, sous prétexte qu'ils étaient des cléricaux, M. de Persigny prêta l'oreille aux propositions qui lui étaient faites, au nom de la presse parisienne, par un groupe d'hommes politiques, foncièrement hostiles aux institutions impériales, mais qui laissaient espérer un vague concours, pour entrer au Corps législatif par les élections Paris. M. Havin, rédacteur en chef du *Siècle*, homme honnête et modéré, mais subissant en définitive la pression du parti dont il était le chef, fut l'agent de cette négociation. Les bases étaient les suivantes : la presse de Paris désignerait quatre candidats que le gouvernement agréerait, et, en retour de cette concession, les autres candidats présentés par le gouvernement pour Paris et le département de la Seine, obtiendraient l'appui des journaux de l'opposition. M. Thiers devait être un des quatre candidats de la Presse parisienne.

M. de Persigny porta et soumit au Conseil cette combinaison. Ses défauts sautèrent aux yeux des ministres et de l'Empereur. Le premier consistait à se séparer sans raison d'anciens députés fidèles aux institutions, dont quelques-uns, tels que M. Devinck et M. Véron, avaient rendu de grands services; le second consistait à ouvrir soi-même la porte à des adversaires qui pouvaient, pour le moment, ne pas accuser leur hostilité, mais que leur origine, leurs doctrines connues et leurs amis forceraient bientôt à la déclarer. La proposition de M. de Persigny fut donc repoussée, et il fut résolu que, dans le département de la Seine, comme ailleurs, le gouvernement n'appuierait que des candidats favorables aux institutions impériales.

Les élections donnèrent le résultat qu'il était naturel d'en attendre après trois sessions livrées aux discussions les plus vives : les populations, toujours dévouées à l'Empire, envoyèrent une énorme majorité; mais Paris nomma dix députés de l'opposition, et quelques grandes villes de province, Marseille, Lyon, Le Havre, et quelques départements en nommèrent quatorze. L'opposition compta donc, à partir de 1863, vingt-quatre membres au Corps-Législatif, en y comprenant les cinq qui y étaient déjà.

Cette opposition représentait des nuances très-diverses : Marseille avait nommé M. Berryer, légitimiste, mais en nommant M. Marie, républicain. M. Lambrecht, du Pas-de-Calais; M. Lanjuinais, de la Loire-Inférieure ; M. Ancel, du Havre; M. Havin lui-même, étaient de purs parlementaires de l'École de 1830. Quant à M. Thiers, on le croyait alors dévoué à la monarchie de 1830; le temps a montré qu'il ne l'était qu'à sa propre ambition. L'Empereur ne se dissimulait pas que la secousse imprimée aux esprits par trois années de discussions entièrement libres aurait pour résultat d'augmenter, dans une certaine mesure, le nombre des opposants au Corps législatif. Il songea à y fortifier en conséquence la défense de sa politique. Le résultat des élections confirma ses prévisions. M. Billault avait conquis dans les débats une autorité considérable, mais il sembla que son titre de ministre sans portefeuille, qui constituait une position isolée, en dehors de l'administration, ne mettait pas assez directement la connaissance des grandes affaires à sa portée. L'Empereur remania le ministère d'État, il lui enleva les attributions secondaires qui lui avait été données, lorsque M. Fould et M. Walewski en avaient été investis, et il en fit un grand ministère politique, centralisant les rapports du cabinet avec le souverain, et portant devant le Sénat et le Corps législatif l'exposition de ses doctrines et de ses avis.

M. Billault reçut, le 23 juin, le ministère d'État ainsi constitué, et il eut dans M. Rouher, investi de la Présidence du Conseil d'État, un compagnon de lutte déjà apprécié, mais qui n'avait pas encore donné la mesure de sa force, et qui prendra bientôt, en y ajoutant un nouvel éclat, le rôle enlevé à M. Billault par une mort prématurée.

La note suivante, insérée au *Moniteur* du 24 juin, expliquait les motifs qui avaient déterminé l'Empereur, et faisait connaître les résultats qu'il se promettait de l'organisation nouvelle.

« Le plébiscite sur lequel se base la Constitution de 1852, en établissant que les ministres étaient responsables envers l'Empereur seul, a voulu mettre un terme à la compétition d'ambitions parlementaires, causes continuelles d'agitation et de faiblesse pour les gouvernements passés.

« Sans altérer en rien la force et la liberté d'action nécessaires au pouvoir, l'Empereur, par le décret du 24 novembre, a voulu donner aux grands corps de l'État une participation plus directe dans la politique générale de son gouvernement; mais ce décret n'a pas modifié les principes fondamentaux du plébiscite de 1852, qu'un nouveau plébiscite seul pourrait changer.

« La discussion plus large et plus complète des affaires publiques devant le Sénat et le Corps législatif avait motivé la création de ministres sans portefeuille, c'est-à-dire de ministres n'ayant dans les faits à débattre aucune part personnelle.

« L'Empereur, par le décret de ce jour, leur substitue le ministre chargé des rapports du gouvernement avec les grands corps de l'État, dans le but d'organiser plus solidement la représentation de la pensée gouvernementale devant les Chambres, sans s'écarter de l'esprit de la Constitution.

« Le ministre d'État, dégagé de toutes attributions administratives, et le ministre présidant le Conseil d'État, avec le concours des membres de ce Conseil, sont désormais chargés d'expliquer et de défendre les questions portées devant le Sénat et le Corps législatif. »

Un remaniement ministériel accompagna la mesure principale. M. Baroche passa à la justice, M. Boudet à l'intérieur, M. Béhic à l'agriculture, au commerce et aux travaux publics, et M. Duruy à l'instruction publique. Inspecteur général de l'Université, M. Duruy sembla une concession ou un concours aux idées libérales qui prévalaient. Il caractérisa son entrée au ministère en rétablissant, le 29 juin, pour la dernière année des études classiques, le titre de *Classe de Philosophie*, remplacé depuis M. Fortoul, par celui de *Classe de Logique*. Ce n'était pas seulement une différence de mots, c'était surtout une différence de tendances, et l'esprit philosophique dominant dans l'Université n'a pas conquis l'approbation des familles au changement introduit par M. Duruy.

M. de Persigny quitta donc, après les élections, le maniement direct des affaires, qu'il ne reprendra plus. C'était un serviteur de la première heure; l'Empereur lui donna, le 9 septembre, un témoignage d'estime et d'affection; il lui conféra le titre de Duc.

Le Sénat et le Corps législatif venaient d'être convoqués en session ordinaire pour le 5 novembre, par décret du 10 octobre, lorsque le *Moniteur* du 13 annonça la mort bien inattendue de M. Billault. L'organisation politique du 23 juin perdait son pivot, et l'Empire une personnalité précieuse. Un décret du 18 octobre appela M. Rouher au ministère d'État. Il était seul à la hauteur d'un rôle si important et si difficile. Avec lui, le gouvernement aura un noble lutteur sur la brèche, mais, sans la mort de M. Billault, il en aurait eu deux. M. Rouland prit la présidence du Conseil d'État.

La session fut ouverte, le 25 novembre, par l'Empereur en personne. Le discours qu'il prononça accepta loyalement les conditions nouvelles du gouvernement à l'intérieur, et, à l'extérieur, il marqua le point de départ de complications ultérieures, en invitant l'Europe à la révision des traités de 1815.

Voici d'abord ce qui a trait à la politique intérieure :

« L'exposé de la situation intérieure, vous montrera que, malgré la stagnation forcée du travail, dans certaines branches, le progrès ne s'est pas ralenti. Notre industrie a lutté avec avantage contre la concurrence étrangère, et, devant des faits irrécusables, les craintes suscitées par le traité de commerce avec l'Angleterre se sont évanouies.

« Nos exportations dans les huit premiers mois de l'année 1863, comparées à celles des mois correspondants de l'année 1862, se sont accrues de 233 millions.

« Pendant la même période, le mouvement de la navigation maritime a surpassé le chiffre de l'époque précédente de 175,000 tonneaux dont 136,000 sous pavillon français.

« La récolte abondante de cette année est un bienfait de la Providence, qui doit assurer à meilleur marché la subsistance de la population ; elle constate aussi la prospérité de notre agriculture.

« Les travaux publics ont été poursuivis avec activité. Environ mille kilomètres nouveaux de chemin de fer ont été livrés à la circulation. Nos ports, nos rivières, nos canaux, nos routes ont continué à s'améliorer.

« La session ayant lieu plus tôt que de coutume, le rapport du Ministre des finances n'a pas encore été publié. Il le sera prochainement. Vous y verrez que, si nos espérances ne sont pas complétement réalisées, les revenus ont suivi une marche ascendante, et que, sans ressources extraordinaires, nous avons fait face aux dépenses occasionnées par la guerre au Mexique et en Cochinchine.

« Je dois vous signaler plusieurs réformes jugées opportunes, entre autre le décret relatif à la liberté de la boulangerie, celui qui rend l'inscription maritime moins onéreuse à la population des côtes, le projet qui modifie la loi sur les coalitions, et celui qui supprime les priviléges exclusifs pour les théâtres. Je fais également étudier une loi destinée à augmenter les attributions des conseils généraux et communaux et à remédier à l'excès de la centralisation.

« En effet, simplifier les formalités administratives, adoucir la législation applicables aux populations dignes de toute notre sollicitude, ce sera là un progrès auquel vous aimerez à vous associer.

« Vous aurez aussi à vous occuper de la question des sucres qui demande à être enfin résolue par une législation plus stable. Le projet soumis au Conseil d'État tend à accorder aux produits indigènes la facilité d'exportation dont jouissent les sucres d'autres provenances. Une loi sur l'enregistrement fera disparaître le double décime, et remplacera cette surtaxe par une répartition plus juste.

« En Algérie, malgré l'anomalie qui réunit les mêmes populations, les unes au pouvoir civil, les autres au pouvoir militaire, les Arabes ont compris combien la domination française était réparatrice et équitable, sans que les Européens aient moins confiance dans la protection du gouvernement.

« Nos anciennes colonies ont vu disparaître les barrières gênantes pour leurs transactions, mais les circonstances n'ont pas été favorables au développement de leur commerce. L'établissement récent d'institutions de crédit, viendra, je l'espère, améliorer leur sort.

« Au milieu de ces soins matériels, rien de ce qui touche à la religion, à l'esprit et au moral n'a été négligé, les œuvres religieuses de bienfaisance, les arts, les sciences et l'instruction publique, ont reçu de nombreux encouragements. Depuis 1848, la population scolaire s'est accrue d'un quart. Aujourd'hui, près de cinq millions d'enfants, dont un tiers à titre gratuit, sont reçus dans les écoles primaires ; mais nos efforts ne doivent pas se ralentir, puisque six cent mille sont encore privés d'instruction.

« Les hautes études ont été ranimées dans les écoles secondaires où l'enseignement spécial se réorganise.

« Tel est, Messieurs, le résumé de ce que nous avons fait et de ce que nous voulons faire encore. »

Ce langage était sincère. L'Empereur se sentait fort de l'affection et de la confiance du pays ; et, appuyé sur elles, il se croyait en état de contenir et de surmonter les difficultés qu'il avait lui-même autorisées, en vue du bien public. Il n'y avait donc qu'à persévérer, au moins jusqu'à ce que l'expérience complète eût été faite.

Le langage adressé à l'Europe posait une question grave. L'agencement général des États était évidemment ébranlé. La Pologne voyait à peine s'éteindre l'incendie périodique qui venait d'y éclater ; la Vénétie cherchait toujours son centre d'attraction ; la Confédération germanique semblait pressentir sa dislocation prochaine ; les Duchés du Nord créaient un conflit immédiat entre le Danemarck et l'Allemagne. Il était donc naturel et opportun que l'Europe se concertât pour donner aux peuples une assiette solide et durable, et l'Empereur était l'interprète sincère des intérêts Européens en provoquant la réunion d'un congrès.

Voici ses paroles :

« L'insurrection polonaise à laquelle sa durée imprimait un caractère national, réveilla partout des sympathies, et le but de la diplomatie fut d'attirer à cette cause le plus d'adhérents possible, afin de peser sur la Russie de tout le poids de l'opinion de l'Europe. Ce concours de vœux presque unanime nous semblait le moyen le plus propre à opérer la persuasion sur le cabinet de Saint-Pétersbourg. Malheureusement nos conseils désintéressés, ont été interprétés comme une intimidation, et les démarches de l'Angleterre, de l'Autriche et de la France, au lieu d'arrêter la

M. VALEWSKI.

lutte n'ont fait que l'envenimer. Des deux côtés se commettent des excès qu'au nom de l'humanité on doit également déplorer.

« Que reste-t-il donc à faire ? Sommes-nous réduits à la seule alternative de la guerre ou du silence ? Non.

« Sans courir aux armes comme sans nous taire, un moyen nous reste : c'est de soumettre la cause polonaise à un tribunal européen.

« La Russie l'a déjà déclaré, en acceptant les conférences où toutes les autres questions qui agitent l'Europe seraient débattues, et ne blesseraient en rien sa dignité.

« Prenons acte de cette déclaration. Qu'elle nous serve à éteindre, une fois pour toutes, les ferments de discorde prêts à éclater de tous côtés, et que, du malaise même de l'Europe, travaillée par tant d'éléments de dissolution, naisse une ère nouvelle d'ordre et d'apaisement.

« Le moment n'est-il pas venu de reconstruire sur de nouvelles bases l'édifice miné par le temps et détruit pièce à pièce par les révolutions ?

N'es-il pas urgent de reconnaître par de nouvelles conventions ce qui s'est irrévocablement accompli, et d'accomplir d'un commun accord ce que réclame la paix du monde.

« Les traités de 1815 ont cessé d'exister. La force des choses les a renversés, ou tend à les renverser presque partout. Ils ont été brisés en Grèce, en Belgique, en France, en Italie comme sur le Danube. L'Allemagne s'agite pour les changer, l'Angleterre les a généreusement modifiés par la cession des îles Ioniennes, et la Russie les foule aux pieds à Varsovie.

« Au milieu de ce déchirement successif du pacte fondamental européen, les passions ardentes se surexcitent, et au Midi comme au Nord, de puissants intérêts demandent une solution.

« Quoi donc de plus légitime et de plus sensé que de convier les puissances de l'Europe à un congrès, où les amours-propres et les résistances disparaîtraient devant un arbitrage suprême.

« Quoi de plus conforme aux idées de l'époque, aux vœux du plus grand nombre que de s'adresser à la conscience, à la raison des hommes d'État de tous les pays et de leur dire :

« Les préjugés, les rancunes qui nous divisent n'ont-ils pas déjà trop duré ?

« Les rivalités jalouses des grandes puissances empêcheront-elles sans cesse le progrès de la civilisation ?

« Entretiendrons-nous toujours de mutuelles défiances par des armements exagérés.

« Les ressources les plus précieuses doivent-elles indéfiniment s'épuiser dans une vaine ostentation de nos forces ?

« Conserverons-nous éternellement un état qui n'est ni la paix ni la guerre avec ses chances heureuses ?

« Ne donnons pas plus longtemps une importance factice à l'esprit subversif des partis extrêmes en nous opposant par d'étroits calculs aux légitimes aspirations des peuples.

« Ayons le courage de substituer à un état maladif et précaire une situation stable et régulière, dût-elle coûter des sacrifices.

« Réunissons-nous sans système préconçu, sans ambition exclusive, animés par la seule pensée d'établir un ordre des choses fondé désormais sur l'intérêt bien compris des souverains et des peuples.

« Cet appel, j'aime à le croire, sera entendu de tous. Un refus ferait supposer de secrets projets qui redoutent le grand jour ; mais quand même la proposition ne serait pas unanimement agréée, elle aurait l'immense avantage d'avoir signalé à l'Europe où est le danger, où est le salut. Deux voies sont ouvertes : l'une conduit au progrès par la conciliation et la paix ; l'autre, tôt ou tard mène fatalement à la guerre par l'obstination à maintenir un passé qui s'écroule.

« Vous connaissez maintenant, Messieurs, le langage que je me propose de tenir à l'Europe. Approuvé par vous, sanctionné par l'assentiment public, il ne peut manquer d'être écouté puisque je parle au nom de la France. »

En conséquence de son discours au Sénat et au Corps législatif l'Empereur adressa, le 11 novembre, une lettre à tous les Souverains de l'Europe, pour les inviter à réunir un congrès.

Les adhésions ne tardèrent pas à se produire. La reine d'Espagne, le roi de Suède, la Confédération Suisse, le roi de Saxe, le roi de Wurtemberg, le roi des Belges, le roi d'Italie, le Pape, le roi de Bavière, le roi des Hellènes, le roi de Danemark, acceptèrent le congrès purement et simplement.

La reine d'Angleterre, l'empereur de Russie, l'empereur d'Autriche, le roi de Prusse, la Confédération germanique l'acceptèrent aussi, mais sous la réserve que les questions sur lesquelles le congrès aurait à délibérer seraient indiquées et précisées au préalable.

C'était par avance l'avortement du congrès. Les puissances qui avaient à redouter la révision des traités de 1815 subordonnaient leur adhésion à des explications préalables, que la France n'était pas en situation de donner, et parce qu'elle ne pouvait pas afficher la prétention de limiter le haut arbitrage et la suprême juridiction de l'Europe, et parce qu'elle ne devait pas accepter la responsabilité de solutions qui, proposées par elle seule, avaient la chance de se heurter à des oppositions intéressées. L'accord sincère et pratique des puissances manqua donc à l'Europe, juste au moment où surgissaient des difficultés suivies des plus redoutables déchirements.

Telle fut celle qui venait d'éclater, au sujets des duchés de Schleswig et de Holstein, après la mort du roi de Danemark Frédéric VII, arrivée en 1863. Ces deux duchés appartenaient au Danemark, dont le roi, à raison de leur possession, faisait partie de la Confédération germanique. Des luttes intestines entre les habitants de race allemande et les Danois amenèrent, en décembre 1863, l'intervention de la diète germanique, qui réclama l'exécution du règlement des prétentions respectives des populations, fixées par un traité signé à Londres le 8 mai 1852, sous la garantie des grandes puissances européennes. L'avénement du roi Christian IX, quoique prévu et sanctionné par le traité de Londres, amena de nouvelles complications. La Diète, après une sommation adressée au roi de Danemark, comme membre de la Confédération, fit occuper le Holstein par un corps de Saxons et de Hanovriens. Les Danois avaient volontairement évacué ce duché, comme relevant légitimement de la Confédération; mais ils résolurent de défendre le Schleswig, comme province danoise.

En ce moment, la Prusse et l'Autriche proposèrent à la Diète d'occuper ce duché, jusqu'au règlement définitif des questions en litige ; la Diète refusa, mais l'Autriche et la Prusse persistèrent comme grandes puissances, parties au traité de Londres, et, le 1ᵉʳ février 1864, elles firent envahir le Holstein par le feld-maréchal Wrangel, à la tête de quatre-vingt-dix mille hommes, qui chassèrent les troupes fédérales, franchirent l'Eyder, et occupèrent le Schleswig, le Jutland, et enlevèrent Düppel et Frédéricia, après des assauts meurtriers soutenus par les Danois avec une bravoure héroïque. Une fois entrées, sous prétexte d'occupation provisoire, l'Autriche et la Prusse garderont leurs conquêtes, qu'elles se partageront par le traité de Gastein, du mois d'août 1865. Dépouillé, malgré les garanties stipulées par le traité de Londres, le malheureux roi de Danemark dut se soumettre, et signer, le 30 octobre, le traité de Vienne, qui lui enlevait le Holstein, le Schleswig, le Lauenbourg, les îles de la mer du Nord, et celles de Ichmann et d'Alsen, dans la Baltique.

En possession des dépouilles du Danemark, la Prusse et l'Autriche éprouvèrent des sentiments de rivalité qui amenèrent en s'aigrissant, la terrible guerre de 1866 et la disparition de la diète germanique.

La session législative, ouverte le 5 novembre, vit sa tâche régulière et annuelle retardée au Corps législatif par les débats passionnés de la vérification des pouvoirs, qui dura un mois, et par la préparation et la discussion de l'Adresse, qui en durèrent près de deux. Les deux assemblées étaient réunies depuis environ trois mois, lorsque l'adresse du Corps législatif fut présentée à l'Empereur le 29 janvier.

On a vu que l'opposition, favorisée par les élections générales s'était augmentée de vingt membres. Les nouveaux élus, à l'exception d'un seul, M. Berryer, appartenaient aux idées républicaines ou aux idées orléanistes. Les orateurs adverses et écoutés s'y étaient fortifiés de M. Thiers, de M. Berryer, de M. Marie et de M. Jules Simon.

La thèse qu'ils soulevèrent pendant la discussion de l'adresse était la même que celle des cinq. Ils demandèrent la liberté de la presse, la liberté électorale, la liberté de réunion, la liberté d'association, et le rappel de la loi de sûreté générale, pour représenter, disaient-ils, la liberté individuelle. Toutes ces revendications, formulées en amendements aux paragraphes de l'Adresse, étaient l'objet de discussions violentes qui, quoique n'aboutissant jamais à un vote approbatif, n'en ébranlaient pas moins les principes des institutions, dont elles étaient la négation manifeste. Aucune des libertés réclamées avec tant de bruit ne faisait défaut au pays ; mais l'usage de chacune d'entr'elles était modéré par la constitution, et approprié à la préservation du gouvernement que la nation avait institué. Les secrets desseins de l'opposition étaient faciles à pénétrer ; et l'événement a bien prouvé qu'elle ne voulait pas améliorer les institutions impériales, mais les détruire.

Ce groupe nouveau d'opposition, plus nombreux, plus puissant, plus âpre encore que l'ancien, trouva en face de lui, sur les bancs des orateurs du gouvernement, M. Rouher, titulaire du nouveau ministère d'État, créé pour M. Billault, et qu'il n'avait pas eu le temps d'occuper.

On sentait en M. Rouher une puissance énorme de travail, un besoin d'être clair et probant pour lui-même comme pour les autres, une parole rompue aux luttes, un souffle puissant se faisant jour à travers les obstacles, et qui était comme l'expansion d'une plétore de savoir et de bon sens. Le décret du 23 juin, en le plaçant à côté de M. Billault, les avait destinés tous deux à soutenir ensemble le choc des partis. Si la mort ne les eût pas séparés, ils eussent accompli leur tâche avec un égal dévouement, y apportant chacun son éclat particulier, et sans qu'aucun des deux eût affaibli ou voilé la gloire de l'autre.

La session dura jusqu'au 28 mai, c'est-à-dire six mois, ou le double du temps que lui assignait la constitution. La loi sur les coalitions fut sa préoccupation la plus importante. L'examen du budget ramena les discussions et les luttes théoriques sur les gouvernements, ce qui était pour l'opposition un prétexte et une occasion de miner l'Empire ; et M. Thiers inaugura alors ces longs discours épisodiques, sortes de conférences de faculté libre, chères à sa vieillesse, et dans lesquelles il cherchait à faire illusion sur la profondeur de son esprit par l'étendue de sa surface.

La session, successivement prorogée, ne fut close, comme nous venons de le dire, que le 28 mai, n'ayant produit de loi notable que celle qui accepta et qui régla le droit de coalition. Le 22 mai, le maréchal Pélissier, duc de Malakof, gouverneur général de l'Algérie, termina sa glorieuse carrière.

Pendant la discussion du budget, et à l'occasion de la loi fixant le contingent, M. Picard demanda de nouveau la réduction de l'armée, et reprocha au gouvernement d'avoir laissé écraser le Danemark par les forces combinées de la Prusse et de l'Autriche. Ce sera là désormais le jeu habituel de l'opposition, travaillant à diminuer les forces militaires de la France, et exaltant en même temps la fierté militaire de la nation, en reprochant au gouvernement de ne point faire sentir assez au dehors le poids de son influence, et en persuadant à l'opinion publique que nulle grosse entreprise ne pouvait et ne devait être faite, en Europe, sans notre aveu.

Il est certain que la violence faite au Danemark par la Prusse et par l'Autriche avait créé une situation délicate et difficile à la France et à l'Angleterre. Le Danemark est lié avec nous, depuis longtemps par des sympathies que le malheur a cimentées deux fois; l'intérêt maritime de l'Angleterre lui commandait de faire obstacle au développement d'une forte marine allemande dans la Baltique, et l'affection naturelle du peuple anglais pour la princesse de Galles, future reine d'Angleterre, et fille du roi Christian, rendait la cause du Danemark aussi naturellement sympathique en Angleterre qu'en France.

De cette communauté de sympathies de la France et de l'Angleterre envers le Danemark à une intervention commune ayant pour objet de maintenir les stipulations du traité de Londres contre la main mise un peu brutale de la Prusse et de l'Autriche sur les duchés, il n'y avait qu'un pas. L'Angleterre eut un instant la pensée de le franchir, et elle s'en ouvrit au cabinet des Tuileries. L'entreprise était considérable, surtout pour la France que sa situation plaçait au premier plan pour la lutte. Les intérêts matériels ont pris une place si considérable dans la société moderne qu'il devient très-délicat et très-dangereux de les compromettre dans de pures questions de principes.

L'Empereur, dans le préliminaire des pourparlers, dut naturellement penser à réclamer deux choses : la participation directe de l'Angleterre à la guerre continentale, et de légitimes compensations, en cas de succès. Le cabinet de lord John Russell hésita d'abord sur les compensations et finit néanmoins par en accepter le principe. Il fut plus long à se décider sur l'envoi d'un corps de troupes sur le continent, ayant d'abord voulu borner son action au concours maritime. La gravité de la question et les hésitations de l'Angleterre refroidirent l'Empereur.

Cependant la conférence de Londres siégeait toujours, et le parti Tory poussait à la guerre. Pendant la première semaine de juin, lord Cowley fit une démarche nouvelle, et se décida enfin pour une coopération armée sur le continent : il offrit un corps de trente mille hommes. C'était une compromission réelle et sérieuse, qui engageait l'honneur anglais. L'Empereur, à qui l'ouverture fut faite, ajourna l'acceptation. Pendant qu'il réfléchissait de son côté, le gouvernement anglais réfléchit du sien ; et lorsque, à la séance de la chambre des Pairs, le 17 juin, lord Ellenboroug interpella le ministère, et lui demanda s'il n'était pas résolu à défendre le Danemark contre une injuste agression, le comte Russell répondit que la France s'était refusée à faire la guerre pour l'exécution du traité de 1852, et qu'en sa qualité de ministre de la Reine, il ne conseillait pas non plus de la faire, ajoutant que le traité de 1852 ne contenait pas à proprement parler des stipulations de garantie.

Les déclarations de lord John Russell n'étaient pas précisément l'exacte vérité, et la guerre aurait eu lieu si l'Empereur avait accepté, le 6 juin, avant de partir pour Fontainebleau, les propositions de l'Angleterre. Mais alors commença pour les plus grands gouvernements la nécessité de fléchir sous le poids que fait sentir aux cabinets les plus résolus l'état matériel et moral de l'Europe actuelle. La France avait eu le déboire de l'inexécution du traité de Zurich ; l'Angleterre eut alors celui de l'inexécution du traité de Londres.

Après le langage qu'avait tenu lord John Russell, la conférence de Londres dut reconnaître son impuissance et se dissoudre. Les hostilités reprirent immédiatement, et l'île d'Alsen fut enlevée par les Prussiens le 29 juin.

L'Empereur se rendit à Vichy le 7 juillet et y passa un mois. Il était déjà, dès cette époque, sous l'influence de la douloureuse et redoutable maladie dont il est mort, et sur laquelle ses médecins

M. MOCQUARD.

et lui-même se sont fait illusion jusqu'à la dernière heure. C'est pendant son séjour à Vichy que l'Empereur, toujours préoccupé du sort de ceux qui souffrent, adressa au maréchal Vaillant, ministre de sa Maison, la lettre touchante qu'on va lire :

« Vichy, le 31 juillet 1864.

« Mon cher maréchal, je viens vous faire part d'une réflexion qui m'est survenue pendant le repos dont je jouis ici. Deux grands établissements doivent être reconstruits à Paris, avec une destination bien différente : l'Opéra et l'Hôtel-Dieu. Le premier est déjà commencé, le second ne l'est pas encore.

« Quoique exécutés, l'Opéra aux frais de l'État, l'Hôtel-Dieu aux frais des hospices et de la Ville de Paris, tous deux ne seront pas moins pour la capitale des monuments remarquables ; mais comme ils répondent à des intérêts très-différents, je ne voudrais pas que l'un surtout parût plus protégé que l'autre.

« Les dépenses de l'Académie impériale de musique dépasseront malheureusement les prévisions, et il faut éviter le reproche d'avoir employé des millions pour un théâtre, quand la première pierre de l'hôpital le plus populaire de Paris n'a pas encore été posée.

« Engagez donc, je vous prie, le Préfet de la Seine à faire commencer bientôt les travaux de l'Hôtel-Dieu, et veuillez faire diriger ceux de l'Opéra de manière à ne les terminer qu'en même temps.

« Cette combinaison, je le reconnais, n'a aucun avantage pratique ; mais, au point de vue moral, j'attache un grand prix à ce que le monument consacré au plaisir ne s'élève pas avant l'asile de la souffrance.

« Recevez, mon cher maréchal, l'assurance de ma sincère amitié.

« Napoléon. »

Rentré à Paris, le 7 août, il ne tarda pas à se rendre au camp de Châlons, où il nomma, par un décret du 1er septembre, M. le maréchal de Mac-Mahon, gouverneur général de l'Algérie, et où il conféra, par un décret du 5, au général Bazaine, le titre de maréchal de France. Le 28 du même mois, M. Vuitry fut nommé vice président du Conseil d'État, en remplacement de M. Rouland, élevé à la dignité de sénateur.

Le 10 décembre 1864 mourut M. Mocquard, chef du cabinet de l'Empereur, ami des mauvais jours, cœur dévoué, caractère sociable, causeur charmant. Né à Bordeaux en 1791, avocat, sous-préfet, homme de lettres par-dessus tout, M. Mocquard avait été, sous la Restauration, l'un des hôtes fidèles d'Arenemberg. Sous le gouvernement de Juillet, il organisa à Paris une presse bonapartiste, à laquelle il rattacha M. Mauguin. Les événements de 1848 le trouvèrent aux côtés du Prince Louis, dont il fut le secrétaire et le principal confident, après le 10 décembre. M. Mocquard était un lettré du premier ordre, élevé à l'école de Tacite, de Corneille et de Bossuet, en possédant à fond les œuvres magistrales, gourmet en fait de style, comme l'Empereur, dont il partageait les goûts par ce côté, et réunissant, comme lui, dans ce qu'il écrivait, l'énergie, la précision et la finesse. M. Mocquard avait été fait sénateur.

L'Empereur confia son cabinet, le 21 décembre, à M. Étienne Conti, nommé, en 1848, procureur général à Bastia, devenu député de la Corse à l'Assemblée constituante, et conseiller d'État en 1852. M. Conti était aussi un lettré de distinction. Une maladie lente le minait déjà et assombrissait un peu son caractère sociable et bienveillant. Lié à l'Empereur par le dévouement le plus absolu, il s'établit par son ordre à Bruxelles après la catastrophe, et il fut le lien qui rattacha les fidèles au souverain prisonnier à Willemshoë. C'est de là qu'en exécution d'un désir de l'Empereur, il appela M. Granier de Cassagnac, retiré à Mons et rapproché ainsi de ses deux enfants prisonniers, et qu'il le chargea de la rédaction du *Drapeau*, journal destiné à mettre les prisonniers d'Allemagne en relation avec leurs familles. On sait que M. Conti, envoyé à l'Assemblée nationale par la Corse en 1871, est mort le 8 février de l'année suivante, non sans avoir donné à l'Empereur, jusqu'à la dernière heure, des témoignages de son inviolable fidélité. Le vote précipité et un peu irréfléchi de déchéance, prononcé sans discussion contre l'Empire, sera lié dans l'histoire au souvenir du courage d'Étienne Conti.

Un décret du 25 janvier convoqua le Sénat et le Corps législatif pour le 15 février. Comme d'habitude, l'Empereur ouvrit la session dans la salle des États ; son discours sembla marquer un point d'arrêt dans la politique de concessions volontaires qu'il avait inaugurée ; et il déclara, dans les termes suivants, sa résolution de maintenir les bases de la Constitution de 1852, qui aurait préservé la France des terribles épreuves qui l'attendaient.

Voici comment il s'exprima à ce sujet :

« Continuons à suivre la marche tracée ; à l'extérieur, vivons en paix avec les différentes puissances, et ne faisons entendre la voix de la France que pour le droit et la justice ; à l'intérieur, protégeons les idées religieuses, sans rien céder des droits du pouvoir civil ; répandons l'instruction dans toutes les classes de la société ; simplifions, sans le détruire, notre admirable système administratif ; donnons à la commune et au département une vie plus indépendante ; suscitons l'initiative individuelle et l'esprit d'association ; enfin élevons l'âme et fortifions le corps de la nation. Mais, tout en nous faisant les promoteurs ardents des réformes utiles, maintenons avec fermeté les bases de la Constitution.

« Opposons-nous aux tendances exagérées de ceux qui provoquent des changements dans le seul but de saper ce que nous avons fondé. L'utopie est au bien ce que l'illusion est à la vérité, et le progrès n'est point la réalisation d'une théorie plus ou moins ingénieuse, mais l'application des résultats de l'expérience consacrés par le temps et acceptés par l'opinion publique. »

Malheureusement pour la France, ces bonnes dispositions fondirent sous l'action délétère des influences qui entraînaient l'Empereur vers le régime parlementaire.

L'adresse du Sénat ne fit que ressasser les vieux thèmes sur les questions de Rome et de l'Italie.

La discussion de l'adresse du Corps législatif fut beaucoup plus longue et surtout beaucoup plus grave. Elle dura du 27 mars au 15 avril.

Deux adversaires de la Constitution de 1852 s'y dessinèrent, avec des vues diverses ; M. Emile Ollivier pour *rajeunir* l'Empire, ce fut son expression ; M. Thiers pour le détruire, c'était sa pensée.

M. de Morny, mort le 10 mars, ne put pas assister au développement des principes qu'il avait partagés et encouragés.

C'est le 27 mars que M. Emile Ollivier prononça son discours. Toujours partisan des concessions spontanées de l'Empereur, et prenant son point d'appui sur elles, il dit qu'à son avis le décret du 24 novembre était trop ou trop peu ; trop, si l'on était résolu à s'y tenir ; trop peu, si l'on voulait arriver à un régime constitutionnel. Dans une espèce d'invocation oratoire au fauteuil du président, où son regard ému chercha M. de Morny, il plaça ses aspirations sous le patronage du défunt, et déclara n'exprimer que des idées qui leur avaient été communes. Il ajouta que M. de Morny avait exprimé la conviction que l'Empire trouverait son *rajeunissement* dans l'établissement de la liberté, telle que l'entendaient alors et que l'entendent encore les partisans de la charte de 1830. Ce rajeunissement ne pouvant s'opérer qu'à la condition de détruire la Constitution de 1852, il fallait commencer par tuer l'Empire, qui n'était pourtant encore âgé que de douze ans.

Tout en demandant la liberté, M. Emile Ollivier se sépara un peu de ses collègues de la gauche ; car il déclara que si l'Empire devenait libéral, il l'accepterait et lui donnerait son concours. Comme gage de la loyauté de son langage, il déclara qu'il voterait l'adresse, ce qu'il n'avait pas encore fait.

Agissant comme il parlait, M. Emile Ollivier semblait de bonne foi ; et il paraissait convaincu qu'en devenant *libéral*, l'Empire *dissoudrait la coalition de ses adversaires*. Tel n'était pas l'espoir que l'on pouvait puiser dans l'attitude de M. Thiers.

C'est le 28 mars que M. Thiers prononça le fameux discours dans lequel il déclara ne reconnaître le caractère d'un véritable gouvernement qu'au régime qui réunirait un minimum de certaines libertés, qu'il appelait *les Libertés nécessaires*. Ce minimum comprenait la liberté individuelle, la liberté électorale, la liberté de la tribune et la liberté de la presse ; et l'insistance qu'il mit à réclamer ces quatre libertés semblait évidemment prouver que la France n'en possédait aucune.

Il y avait alors sur les bancs des commissaires du gouvernement chargés de soutenir la discussion un homme d'une grande énergie et d'un tempérament oratoire remarquable. C'était M. Thuilier, ancien avocat d'Amiens, devenu, sous l'Empire, préfet, directeur de l'administration communale et conseiller d'État. Il répondit à M. Thiers en faisant toucher du doigt, réelles, vivantes, efficaces, toutes ces libertés qu'il feignait de ne pas voir, et dont il usait largement pour saper le régime qui les avait établies.

M. Thiers, appuyé sur l'autorité de son âge, de sa longue carrière politique, s'abandonnant à sa parole, un peu molle et décousue, mais facile et abondante, affectait de prendre au Corps législatif une sorte de protectorat des libertés politiques. Il pontifiait volontiers comme grand prêtre du régime parlementaire.

Ces allures ne plaisaient guère qu'au groupe d'alliés politiques auxquels elles profitaient. Aussi le Corps législatif couvrit-il de ses applaudissements, le 15 avril, une puissante sortie de M. Rouher, réglant, au nom du bon sens et de l'histoire, les comptes de cette carrière plus prétentieuse qu'illustre, pleine d'agitations, vide d'actes, troublant tout, n'organisant rien, inaccessible aux leçons du temps et de l'expérience, traversant la société moderne sans la comprendre, ayant nié la possibilité des chemins de fer, ayant combattu la liberté du commerce et de l'industrie, et n'ayant rien de réellement grand que la soif du pouvoir et l'impuissance de le conserver, après l'avoir obtenu.

Le Corps législatif, fidèle aux principes qui servaient de base à la Constitution de 1852, restait encore inaccessible aux attaques de leurs adversaires. Il savait bien, lui, qu'il était réellement en possession de ces *libertés nécessaires* réclamées avec tant d'apparat par M. Thiers ; il savait que les élections étaient sincères, que la presse avait la faculté de discuter toutes les questions discutables ; que la liberté individuelle des honnêtes gens ne courait aucun risque ; et, en ce qui touchait la tribune, les déclamations violentes qui s'y produisaient chaque jour attestaient suffisamment des franchises dont elle était investie.

L'Adresse du Corps législatif fut apportée à l'Empereur par une députation, le 16 avril, selon l'usage. Comme elle était toujours votée à une immense majorité, elle ne portait aucune trace des attaques violentes et annuelles dont la Constitution était l'objet ; mais ces attaques faisaient leur chemin et opéraient leur œuvre souterraine. M. Pelletan avait comparé leur travail à celui des termites, qui creusent et dévorent à l'intérieur les œuvres vives d'un édifice, si bien que la ruine certaine ne s'accuse que par l'effondrement.

La session arriva, par des prorogations successives, au 8 juillet. La discussion du budget amena, comme les années précédentes, l'examen et le vote du contingent. L'armement d'une garde nationale universelle fut demandé par M. Garnier-Pagès, partisan, comme beaucoup d'autres l'étaient alors, des levées de volontaires faites en 1792, et adversaire déclaré, comme ses amis, des armées régulières et permanentes.

Pendant la durée de la session, l'Empereur se rendit de nouveau en Algérie pour en étudier les besoins et en préparer une organisation plus efficace. Avant de partir, il conféra à l'Impératrice le titre de Régente.

En l'absence de l'Empereur, le prince Napoléon Jérôme avait été chargé d'aller présider à Ajaccio l'inauguration de la statue que la Corse érigeait, à son berceau même, à l'immortel fondateur de la dynastie. Le discours que prononça le Prince était empreint de cette politique déjà exposée par lui devant le Sénat, et qui avait blessé les sentiments conservateurs et religieux du pays.

Dès que l'Empereur eut connaissance de ce discours, il adressa au Prince Napoléon une lettre qui était un complet et énergique désaveu. Cette lettre, insérée au *Moniteur* du 27 mai, était ainsi conçue :

« Monsieur et très-cher Cousin,

« Je ne puis m'empêcher de vous témoigner la pénible impression que me cause la lecture de votre discours prononcé à Ajaccio.

« En vous laissant, pendant mon absence, auprès de l'Impératrice et de mon Fils comme vice-président du Conseil privé, j'ai voulu vous donner une preuve de mon amitié, de ma confiance, et j'espérais que votre présence, votre conduite, vos discours, témoigneraient de l'union qui règne dans notre famille.

« Le programme politique que vous placez sous l'égide de l'Empereur ne peut servir qu'aux ennemis de mon gouvernement.

A des appréciations que je ne saurais admettre vous ajoutez des sentiments de haine et de rancune qui ne sont plus de notre époque.

« Pour savoir appliquer aux temps actuels les idées de l'Empereur il faut avoir passé par les rudes épreuves de la responsabilité et du pouvoir. Et d'ailleurs pouvons-nous réellement, pygmées que nous sommes, apprécier à sa juste valeur la grande figure historique de Napoléon ! Comme devant une statue colossale, nous sommes impuissants à en saisir à la fois l'ensemble. Nous ne voyons jamais que le côté qui frappe nos regards ; de là l'insuffisance de la reproduction et les divergences des opinions.

« Mais ce qui est clair aux yeux de tout le monde, c'est que pour empêcher l'anarchie des esprits, cette ennemie redoutable de la vraie liberté, l'Empereur avait établi dans sa famille d'abord, dans son Gouvernement ensuite, cette discipline sévère qui n'admettait qu'une volonté et qu'une action : je ne saurais désormais m'écarter de la même règle de conduite.

« Sur ce, monsieur et cher cousin, je prie Dieu qu'il vous ait en sa sainte garde.

« Napoléon. »

L'Empereur quitta l'Algérie le 7 juin, en adressant à l'armée une proclamation éloquente.

Dans le courant de cette année, M. Sainte-Beuve fut nommé sénateur, le 29 avril. C'était un lettré plus mièvre que fin, voué surtout à la critique, œuvre dans laquelle il apportait plus de commérage que de doctrine ; il aimait à braver l'opinion de ses contemporains par ses opinions anti-religieuses, et il n'attendit pas la fin de l'Empire pour se montrer ingrat envers lui.

La session, close le 4 juillet, ne parut avoir laissé dans l'esprit de l'honorable vice-président M. Schneider d'autre impression que celle des belles passes d'armes oratoires qui s'y étaient accomplies. Après les éloges donnés aux talents consacrés par le succès, il ajouta : « Vous me permettrez de dire, à l'honneur de cette assemblée et à ma satisfaction profonde, que nous avons vu se révéler cette année de nombreux et de solides talents, qui doivent ajouter à la confiance du pays ». Illusion que tout cela ; quand les institu-

M. EMILE OLLIVIER

tions ne préservent pas un pays, ce ne sont pas les discours qui le sauvent.

Après s'être rendu à Plombières, au camp de Châlons et à Fontainebleau, l'Empereur alla, comme d'habitude, passer les beaux jours d'automne à Biarritz.

C'est là qu'il fut visité, dans les premiers jours d'octobre, par M. de Bismarck, destiné à diriger de si redoutables événements, et que le roi de Prusse venait de faire comte. Arrivé à Paris le 1er octobre, et reçu par le ministre des affaires étrangères le 2, M. de Bismarck repartit le soir même pour Biarritz, où il arriva le 3, accompagné de madame la comtesse et de Mlle de Bismarck.

Rien ne transpira d'absolument certain des entretiens qui eurent lieu entre M. de Birmarck et l'Empereur. Les luttes éventuelles, suite forcée des prétentions opposées de l'Autriche et de la Prusse, au sujet de la prépondérance en Allemagne, y furent examinées et discutées. L'attitude que la France pouvait prendre dans ces événements était naturellement un élément considérable de la question. M. de Bismarck, qui avait mission de la pressentir, ne ménagea pas les perspectives d'agrandissement qui pouvaient flatter et tenter l'Empereur. Ces ouvertures furent reçues avec la plus grande réserve; et ce qu'on en sut de positif, c'est que la Prusse n'aurait pas vu d'un mauvais œil l'agrandissement de la France, pourvu qu'elle ne fût pas gênée dans l'accomplissement du sien.

Le 12 octobre, l'Empereur, l'Impératrice et le Prince impérial rentrèrent à Saint-Cloud. Le choléra sévissait à Paris. L'Empereur alla visiter les cholériques de l'Hôtel-Dieu le 21 octobre, et l'Impératrice, quoique très-souffrante, s'y rendit le 23; quand ils ne pouvaient pas soulager les malheureux, Leurs Majestés tenaient au moins à les consoler.

Deux hommes diversement considérables disparurent, vers la fin de l'année, de la scène politique, où ils avaient joué un grand rôle. Lord Palmerston mourut le 18 octobre, et le roi Léopold le 10 décembre. L'un et l'autre s'étaient montrés bienveillants envers l'Empire.

Le 26 décembre, M. de Sacy, l'écrivain le plus élégant du *Journal des Débats*, fut nommé au Sénat, où ira le joindre, le

18 novembre suivant, M. Désiré Nisard, un ferme talent et un noble esprit.

Un décret du 3 janvier 1866 fixa l'ouverture de la session législative au 22 du même mois. M. Walewski, qui avait présidé avec succès le congrès de Paris, crut qu'il pourrait présider de même le Corps législatif. Il sollicita de l'Empereur la succession de M. Morny, et il l'obtint ; il avait fallu qu'avant de présider les députés, il le devint lui-même. Une petite combinaison, imaginée dans ce but, porta au Sénat M. Corta, député des Landes, et livra son siége à M. Walewski ; mais l'événement trompa son attente. Les orages du Corps législatif désarçonnèrent le président du congrès, et il dut se retirer avant la fin de la deuxième session.

L'adresse de 1866 au Corps législatif, qui fut la dernière, avait été, comme les cinq précédentes, rédigée par M. Granier de Cassagnac, qui prit une part importante à sa discussion.

Le caractère de la session fut le même, avec une aggravation redoutable. Pendant cinq années, on avait vu la constitution de 1852 attaquée avec acharnement par l'opposition républicaine, légitimiste et orléaniste, mais défendue avec une grande énergie d'ensemble par les conservateurs. Pendant la discussion de l'Adresse de 1866, un groupe important de ces derniers se forma qui, sans se joindre formellement à l'opposition, poursuivit de son côté ce qu'il appelait les conséquences du décret du 20 novembre 1860.

Ce groupe comprenait 45 députés, occupant tous une situation plus ou moins considérable à la chambre, la plupart convaincus et modérés, et d'autant plus dangereux, que quelques-uns d'entre eux pouvaient être regardés comme dévoués aux institutions impériales.

Ce groupe déposa un amendement au paragraphe de l'Adresse où il était dit que la stabilité des institutions n'excluait pas les progrès désirables. L'amendement était ainsi conçu :

« Cette stabilité n'a rien d'incompatible avec le sage progrès de nos institutions. La France, *fermement attachée à la dynastie qui lui garantit l'ordre*, ne l'est pas moins à la liberté, qu'elle considère comme nécessaire à l'accomplissement de ses destinées. Aussi le Corps législatif croit-il aujourd'hui être l'interprète du sentiment public, en apportant aux pieds du trône le vœu que Votre Majesté donne au grand acte de 1860 les développements qu'il comporte. Une expérience de cinq années nous paraît en avoir démontré la convenance et la nécessité. La nation, plus intimement associée par notre libérale initiative à la conduite des affaires, envisagera l'avenir avec une entière confiance. »

On le voit, le groupe des 45, dans lequel figuraient M. Buffet, M. Chevandier de Valdrôme, M. le marquis de Talhouet, M. Maurice Richard, M. Lambrecht, M. Jules Brame, M. Kolb Bernard, M. de Torcy, M. de Richemond, M. Justinien Clary, M. Eschassériaux, commençait par affirmer son attachement à la dynastie impériale, et, pour quelques-uns de ses membres, la sincérité n'était pas douteuse ; que voulait ce groupe ? Sans le croire et sans le dire encore, il poussait à l'établissement du régime parlementaire, sur les ruines de la constitution de 1852.

M. Buffet et M. de Talhouët caractérisèrent la portée de l'amendement, en le défendant dans la séance du 19 mars. Il tendait à obtenir la présence des ministres à la chambre, mais sans la responsabilité ministérielle, une plus grande liberté pour la presse dans l'appréciation des débats législatifs, et le droit de réunion pour discuter les questions politiques, pendant la période électorale.

Le but restait encore voilé ; mais l'usage que l'opposition avait fait, depuis cinq ans, des libertés spontanément décrétées par l'Empereur le 20 novembre 1860, permettait de pressentir avec netteté celui qu'elle ferait des libertés nouvelles ; et, dans un discours plein d'énergie et de talent, M. Jérôme David prononça ces paroles prophétiques : « Ce n'est pas l'amour de la liberté qui réunit les anciens partis, c'est une rancune commune qui les pousse vers un but commun, l'affaiblissement du gouvernement impérial. Si l'édifice venait à être renversé et qu'il fallût reconstruire, on aurait bientôt la preuve de leurs profondes divisions. On les verrait de nouveau se déchirer impitoyablement sur les ruines sanglantes de la patrie. »

M. de Talhouët, M. Martel, M. Emile Ollivier se réunirent à M. Buffet, pour solliciter les libertés nouvelles. M. Emile Ollivier résuma ainsi son discours : « Si ceux qui pensent que l'Empereur peut donner la liberté triomphent, la dynastie sera fondée et assise sur le roc ; si ceux qui pensent que l'Empereur ne peut pas donner la liberté l'emportent, la dynastie est condamnée aux aventures. »

L'événement qui domina la discussion de l'Adresse, ce fut, avec la présentation de l'amendement des quarante-cinq, un discours magistral que prononça M. Rouher dans la séance du 19 mars, et dans lequel il prit corps à corps et les illusions des auteurs de l'amendement, et les doctrines analogues, mais plus nettes encore, exposées par M. Thiers, dans la séance du 16 février.

Il n'y avait pas à s'y tromper ; ce que l'opposition ancienne ou nouvelle poursuivait, c'était, qu'elle le pensât ou non, l'établissement de la responsabilité ministérielle, la prédominance du Corps législatif, et le régime parlementaire se substituant à la monarchie dirigeante et autoritaire, fondée par les plébiscites en la personne et en la dynastie impériales. La constitution de 1852 était directement attaquée et prise corps à corps ; à ce point que, d'après M. Emile Ollivier, le décret du 20 novembre 1860 l'avait déjà atteinte et *abrogée dans sa partie substantielle ;* assertion assurément bien hasardée, car un décret, même intentionnel, n'aurait pu détruire ce que le plébiscite de 1852 avait fondé.

M. Rouher se trouvait en face de deux corps de doctrine, développés par les adversaires de la constitution ; le premier, consistant à prétendre que le Corps législatif représentait les volontés et les droits de la nation ; le second, consistant à penser que le système parlementaire pouvait être appliqué à la situation de la France, telle que l'a faite l'établissement du suffrage universel.

Entré dans le débat avec une hauteur de raison et une étude pratique de la société moderne qui l'élevait fort au-dessus de ses adversaires, il n'eut pas de peine à montrer, sur le premier point, que si le Corps législatif résumait la confiance de la nation pour la bonne gestion de ses affaires, l'Empereur en personnifiait les droits et la volonté, pour la direction générale du gouvernement et de la politique, étant le mandataire direct, général et permanent de la souveraineté nationale. Le rôle du Corps législatif était considérable, et il était nécessaire qu'il le fût ; mais la constitution lui avait indiqué un but et tracé des limites, elle l'avait placé dans un cercle dont il ne pouvait pas sortir sans se détruire lui-même, en détruisant le pacte constitutionnel, source et fondement de ses attributions.

Sur le second point, M. Rouher était à l'aise avec ses adversaires. Il rappela les grandes discussions du gouvernement de juillet, dans lesquelles M. Guizot et M. Thiers avaient repoussé le suffrage universel, comme incompatible avec le régime parlementaire.

M. Thiers avait dit, le 5 décembre 1834 : « Les *classes populaires* n'ont jamais pris part au gouvernement que pour le rendre *anarchique, violent et sanguinaire.* » Il ajoutait : « à ceux qui voudraient pousser la *réforme électorale jusqu'au suffrage universel*, il faut répondre : voulez-vous faire sortir le pouvoir des classes sages et modérées pour le faire entrer dans les *classes turbulentes et passionnées;* voulez-vous donc amener dans les colléges électoraux *les populaces du Midi, les partisans de Henri V et de la République ?* »

Eh ! bien, ce que M. Guizot et M. Thiers avaient flétri comme dangereux, ou dédaigné comme impossible, l'état social fondé sur le suffrage universel existait. La souveraineté nationale était en plein exercice ; plus de neuf millions d'hommes avaient fondé un gouvernement régulier et puissant, nommé des députés. Comment pouvait-on concilier ces deux choses, suffrage universel et régime parlementaire, déclarés inconciliables ? Maintenu, le suffrage universel rendait le régime parlementaire impraticable ; poursuivi et atteint, le régime parlementaire rendait le suffrage universel impossible.

C'est qu'en effet, à un état de la société répond le gouvernement qui en est la forme naturelle et l'expression nécessaire.

A la société féodale, l'ancienne monarchie; à la société moderne, fondée sur la souveraineté nationale et agissant par le suffrage universel, la monarchie impériale, autorité puissamment concentrée, plaçant la direction dans le souverain, le contrôle et le conseil dans les corps élus.

Les assemblées délibérantes, mer toujours agitée par le remou du corps électoral, n'ont jamais pu mettre le pouvoir dirigeant à l'abri du naufrage, même lorsqu'elles n'étaient exposées qu'à la fluctuation de deux cent mille électeurs : comment le conserveraient-elles intact, fermé, respecté, sous l'impulsion formidable et le souffle irrésistible et variable de neuf millions d'hommes?

La conclusion du beau discours de M. Rouher se tirait d'elle-même. C'était le spectacle des institutions impériales ayant, depuis quinze années, mené à bien de grandes guerres, des travaux immenses, et recevant les bénédictions d'un pays laborieux, calme, prospère, étranger aux fausses inquiétudes, aux aspirations factices, inventées et exploitées, dans les régions politiques, au profit d'un petit groupe d'ambitieux.

Tout cela était vrai, concluant, accepté par l'immense majorité du Corps législatif, qui, au scrutin, repoussa l'amendement des 45 par 269 voix, contre 63 qui l'appuyèrent; mais ces attaques contre la constitution, ces appels à de nouvelles libertés cheminaient dans l'opinion publique, toujours un peu légère en France, et à qui quinze années de sécurité et de prospérité avaient fait oublier les luttes et les transes passées.

L'Empereur, dont la loyauté était ainsi méconnue, fut péniblement affecté de cette injustice des partis, qui lui devaient jusqu'à ces armes tournées contre lui; et il accueillit l'Adresse avec un sentiment de tristesse exprimé dans les paroles suivantes :

« La grande majorité du Corps législatif a affirmé une fois de plus, par le vote de l'Adresse, la politique qui nous a donné quinze années de calme et de prospérité. Je vous en remercie. Sans vous laisser entraîner par de vaines théories qui, sous de séduisantes apparences, s'annoncent comme pouvant seules favoriser l'émancipation de la pensée et de l'activité humaine, vous vous êtes dit que nous aussi nous voulons atteindre ce même but, en réglant notre marche sur l'apaisement des passions et sur les besoins de la société.

« Notre mobile n'est-il pas l'intérêt général? Et quel attrait aurait donc, pour vous votre mandat, pour moi le pouvoir, séparés de l'amour du bien? Supporteriez-vous tant de longs et de pénibles travaux si vous n'étiez animés du vrai patriotisme? Supporterais-je, depuis dix-huit ans, le fardeau du Gouvernement, les préoccupations de tous les instants et cette lourde responsabilité devant

Dieu comme devant la nation, si je ne trouvais en moi la force que donnent le sentiment du devoir et la conscience d'une utile mission à remplir ?

« La France veut ce que nous voulons tous : la stabilité, le progrès et la liberté, mais la liberté qui développe l'intelligence, les instincts généreux, les nobles efforts du travail, et non la liberté qui, voisine de la licence, excite les mauvaises passions, détruit toutes les croyances, ranime les haines et enfante le trouble. Nous voulons cette liberté qui éclaire, qui contrôle, qui discute les actes du Gouvernement, et non celle qui devient une arme pour le miner sourdement et le renverser.

« Il y a quinze ans, chef nominal de l'Etat, sans pouvoir effectif, sans appui dans la Chambre, j'osai, fort de ma conscience et des suffrages qui m'avaient nommé, déclarer que la France ne périrait pas dans mes mains. J'ai tenu parole. Depuis quinze ans la France se développe et grandit. Ses hautes destinées s'accompliront. Après nous nos fils continueront notre œuvre. J'en ai pour garants le concours des grands corps de l'État, le dévouement de l'armée, le patriotisme de tous les bons citoyens, enfin, ce qui n'a jamais manqué à notre patrie, la protection divine. »

Cependant, d'autres événements venaient s'ajouter à cette agitation intérieure, et ils emprunteront à l'intervention de moins en moins mesurée du Corps législatif un degré spécial de gravité.

Le désaccord survenu entre l'Autriche et la Prusse, sorti de leur action commune dans l'invasion des duchés du Nord, s'était accentué d'une manière si rapide et si publique, que la guerre semblait inévitable et imminente. En effet, dès le mois d'avril, l'Autriche ayant fait appel à l'arbitrage armé de la Confédération germanique, la Prusse répondit en déclarant qu'elle ne reconnaissait plus l'autorité de la Diète. C'était, en fait, la guerre déclarée. Elle ne tardera pas à éclater de trois côtés à la fois ; à l'ouest de l'Allemagne, entre la Prusse et les Etats restés fidèles à la Confédération ; en Bohême, entre l'Autriche et la Prusse ; en Vénétie, entre l'Autriche et l'Italie, devenue l'alliée de la Prusse.

Comme on doit le penser, l'Italie n'était pas devenue l'alliée de la Prusse au moment où la guerre était près d'éclater, sans

M. DROUYN DE LHUYS

avoir obtenu l'assentiment de la France. Lorsqu'il avait commencé la guerre d'Italie, en 1859, l'Empereur avait eu la pensée d'affranchir la Péninsule jusqu'à Venise. Les intérêts de la France, menacée au Nord par l'Allemagne, l'avaient forcé de s'arrêter, avant le complet accomplissement de sa parole. En s'alliant à la Prusse, l'Italie avait la promesse d'obtenir la Vénétie comme compensation de sa coopération à la lutte. L'Empereur, qui tenait à dégager sa promesse de 1859, trouva bon que l'Italie acquît par elle-même le territoire qu'il n'avait pas pu lui donner.

Au moment où la guerre allait éclater, vers le milieu du mois de juin 1866, l'opinion unanime des militaires et des hommes politiques en Europe, était que l'Autriche triompherait, et que la Prusse serait vaincue. Dans une discussion qui eut lieu au Corps législatif, le 3 mai 1866, M. Thiers traita la conduite de la Prusse de *burlesque*, M. Emile Ollivier *d'infâme*; et l'orateur n'épargna pas ses sarcasmes aux Prussiens, qu'il déclara incapables de dominer l'Allemagne, encore moins de se l'approprier. Cette conviction universellement répandue en Europe de l'infériorité de la Prusse, dans la lutte qu'elle engageait, constitua une bonne partie de son succès inattendu, parce que les grands Etats intéressés à l'équilibre général, n'eurent ni la pensée, ni le temps de mettre obstacle à ses opérations militaires.

Tout le monde, en effet, était convaincu en France qu'on aurait le temps d'intervenir, s'il y avait lieu, pour circonscrire la lutte ou l'empêcher de compromettre nos intérêts. C'est ce sentiment qui domine dans la lettre adressée par l'Empereur à M. Drouyn de Lhuys, ministre des affaires étrangères, le 11 juin 1866. On y trouve, avec les légitimes prétentions de la France, les illusions communes à tout le monde :

« Palais des Tuileries, le 11 juin 1866.

« Monsieur le ministre, au moment où semblent s'évanouir les espérances de paix que la réunion de la conférence nous avait fait concevoir, il est essentiel d'expliquer par une circulaire aux agents diplomatiques à l'étranger les idées que mon gouvernement se proposait d'apporter dans les conseils de l'Europe, et la conduite qu'il compte tenir en présence des événements qui se préparent.

« Cette communication placera notre politique dans son véritable jour.

« Si la conférence avait eu lieu, votre langage, vous le savez, devait être très-explicite ; vous deviez déclarer en mon nom que je repoussais toute idée d'agrandissement territorial *tant que l'équilibre européen ne serait pas rompu*. En effet nous ne pourrions songer à l'extension de nos frontières que *si la carte de l'Europe venait à être modifiée au profit d'une grande puissance* et si les provinces limitrophes demandaient, par des vœux librement exprimés, leur annexion à la France.

« En dehors de ces circonstances, je crois plus digne de notre pays de préférer à des acquisitions de territoire le précieux avantage de vivre en bonne intelligence avec nos voisins en respectant leur indépendance et leur nationalité.

« Animé de ces sentiments et n'ayant en vue que le maintien de la paix, j'avais fait appel à l'Angleterre et à la Russie pour adresser ensemble aux parties intéressées des paroles de conciliation.

« L'accord établi entre les puissances neutres restera à lui seul un gage de sécurité pour l'Europe. Elles avaient montré leur haute impartialité en prenant la résolution de restreindre la discussion de la Conférence aux questions pendantes. Pour les résoudre, je croyais qu'il fallait les aborder franchement, les dégager du voile diplomatique qui les couvrait et prendre en sérieuse considération les vœux légitimes des souverains et des peuples :

« Le conflit qui s'est élevé a trois causes :

« La situation géographique de la Prusse *mal délimitée* ;

« Le vœu de l'Allemagne demandant une reconstitution politique plus conforme à ses besoins généraux ;

« La nécessité pour l'Italie d'*assurer son indépendance nationale*.

« Les puissances neutres ne pouvaient vouloir s'immiscer dans les affaires intérieures des pays étrangers ; néanmoins les cours qui ont participé aux actes constitutifs de la Confédération germanique, avaient le droit d'examiner si les changements réclamés n'étaient pas de nature à compromettre l'ordre établi en Europe.

« Nous aurions en ce qui nous concerne désiré pour les États secondaires de la Confédération une union plus intime, une organisation plus puissante, un rôle plus important ; pour la Prusse plus d'homogénéité et de force dans le Nord ; pour l'Autriche le *maintien de sa grande position en Allemagne.*

« Nous aurions voulu en outre que, moyennant une compensation équitable, l'Autriche *pût céder la Vénétie à l'Italie ;* car si, de concert avec la Prusse et sans se préoccuper du traité de 1852, elle a fait au Danemark une guerre au nom de la nationalité allemande, il me paraissait juste qu'elle reconnût en Italie le même principe en complétant l'indépendance de la Péninsule.

« Telles sont les idées que, dans l'intérêt du repos de l'Europe, nous aurions essayé de faire prévaloir. Aujourd'hui il est à craindre que le sort des armes seul en décide.

« En face de ces éventualités, quelle est l'attitude qui convient à la France ? Devons-nous manifester notre déplaisir parce que l'Allemagne trouve les traités de 1815 impuissants à satisfaire ses tendances nationales et à maintenir sa tranquillité ?

« Dans la lutte qui est sur le point d'éclater, nous n'avons que deux intérêts : *la conservation de l'équilibre européen*, et le maintien de l'œuvre que nous avons contribué à édifier en Italie. Mais pour sauvegarder ces deux intérêts, la force morale de la France ne suffit-elle pas ? Pour que sa parole soit écoutée, sera-t-elle obligée de tirer l'épée ? Je ne le pense pas.

« Si, malgré nos efforts, les espérances de paix ne se réalisent pas, nous sommes néanmoins assurés, par les déclarations des cours engagées dans le conflit, que, quels que soient les résultats de la guerre, aucune des questions qui nous touchent ne sera résolue sans l'assentiment de la France. Restons donc dans une neutralité attentive, et, forts de notre désintéressement, animés du désir sincère de voir les peuples de l'Europe oublier leurs querelles et s'unir dans un but de civilisation, de liberté et de progrès, demeurons confiants dans notre droit et calmes dans notre force.

« Sur ce, Monsieur le Ministre, je prie Dieu qu'il vous ait en sa sainte garde.

« Napoléon. »

L'événement trompa l'attente universelle ; le 24 juin, l'armée italienne, qui était entrée dans le quadrilatère, fut complétement battue à Cuztozza par l'archiduc Albert, et dut repasser le Mincio ; et la flotte italienne, commandée par l'amiral Persano, fut défaite, le 20 juillet, à Lissa, sur les côtes de la Dalmatie, par l'amiral Tégéthoff ; mais l'Italie fût sauvée par la victoire signalée que les Prussiens remportèrent sur l'armée Autrichienne à Sadowa ou Kœnigsgræetz, le 3 juillet, événement qui donna lieu à la note suivante, publiée officiellement par le *Moniteur*, journal officiel de l'Empire, le 4 juillet :

« Un fait important vient de se produire :

« Après avoir sauvegardé l'honneur de ses armes en Italie, l'empereur d'Autriche, accédant aux idées de l'Empereur Napoléon, dans sa lettre adressée le 11 juin à son ministre des affaires étrangères, cède la Vénétie à l'Empereur des Français, et accepte sa médiation pour amener la paix entre les belligérants.

« L'Empereur s'est empressé de répondre à cet appel, et s'est immédiatement adressé aux rois de Prusse et d'Italie, pour amener un armistice. »

Cette remise de la Vénétie à l'Empereur jeta un moment d'éclat sur la France, au milieu de ces graves événements, accomplis en dehors de son action. Le général Le Bœuf se rendit à Venise, pour recevoir la ville et les forteresses du quadrilatère des mains de l'Autriche ; et l'Empereur adressa au roi Victor-Emmanuel la lettre suivante :

« Monsieur mon Frère,

« J'ai appris avec plaisir que Votre Majesté avait adhéré à l'armistice et aux préliminaires de paix signés entre le roi de Prusse et l'Empereur d'Autriche. Il est donc probable qu'une nouvelle ère de tranquillité va s'ouvrir pour l'Europe. Votre Majesté sait que j'ai accepté l'offre de la Vénétie pour la préserver de toute dévastation et prévenir une effusion de sang inutile. Mon but a toujours été de la rendre à elle-même, afin que l'Italie fût libre des

Alpes à l'Adriatique. Maîtresse de ses destinées, la Vénétie pourra bientôt, par le suffrage universel, exprimer sa volonté.

« Votre Majesté reconnaîtra que dans ces circonstances l'action de la France s'est encore exercée en faveur de l'humanité et de l'indépendance des peuples.

« Je vous renouvelle l'assurance des sentiments de haute estime et de sincère amitié avec lesquels je suis,

« De Votre Majesté,
« le bon Frère,

« Napoléon.

« Saint-Cloud, le 11 août 1866. »

L'armistice, d'abord accepté, amena les préliminaires de Nicholsbourg, signés le 26 juillet, et la paix de Prague, signée le 23 août. Par cette paix, l'Autriche reconnaissait la dissolution de la Confédération Germanique, et la réorganisation future de l'Allemagne, sans la participation de l'Autriche.

Des traités particuliers, conclus d'août à octobre 1866, entre la Prusse et les États au nord du Mein, organisèrent une confédération de l'Allemagne du Nord ; et des articles secrets, insérés dans des traités signés en 1866, avec la Bavière, le Wurtemberg, Bade et Hesse-Darmstadt, placèrent par avance, sous la main de la Prusse, toute l'Allemagne du Sud.

A coup sûr, le cas prévu par l'Empereur dans sa lettre du 11 juin, venait de se réaliser : l'équilibre européen était rompu ; les traités de 1815 étaient détruits en Allemagne au profit d'une seule puissance ; mais quelle conduite la raison, la situation nouvelle de l'Europe, l'intérêt de la France conseillaient-ils de suivre ?

La bataille de Sadowa avait révélé une arme nouvelle et inconnue, aux effets de laquelle la victoire fut attribuée : c'était le *fusil à aiguille*. Il en fut dit tant de merveilles, qu'aucun homme de guerre n'aurait alors conseillé de lutter, avec les meilleures carabines, contre ce fusil destructeur. La première nécessité qui s'imposa au gouvernement, fut donc de modifier l'armement de l'infanterie, pour laquelle on adopta le fusil dit *Chassepot*, du nom de son inventeur. En même temps, la réorganisation de l'armée parut à l'Empereur devoir être immédiatement mise à l'étude. Un décret du 26 octobre créa une commission chargée d'*étudier les moyens de mettre nos forces militaires en situation d'assurer la défense du territoire et le maintien de notre influence politique*. Cette commission, présidée par l'Empereur, était composée de tous les maréchaux et des généraux Fleury, Allard, Bourbaki, Le Bœuf, Frossard, Trochu et Lebrun. M. Rouher en faisait également partie.

La session avait été close le 14 juillet, et l'Empereur était parti pour Vichy le 28. Il en était revenu le 7 août, très-souffrant. Il était alors en proie aux premières atteintes sérieuses de la douloureuse maladie à laquelle il a succombé, et les médecins, pas plus à sa première période qu'à sa dernière, ne se rendirent exactement compte de sa nature. Cet état de souffrance, que seul il pouvait apprécier, et sur lequel, pour ne pas inquiéter l'opinion publique, il s'abstenait de s'expliquer, l'avait vivement frappé, et il crut à sa fin prochaine. Sa principale préoccupation était le maintien de l'ordre en France et l'avenir de sa dynastie. Il voyait la paix de l'Europe menacée, l'influence de la France atteinte par l'expansion excessive de la Prusse ; et, au dedans, un groupe nouveau d'hommes plus ou moins importants, formé au sein du Corps législatif, poussait le gouvernement à de nouvelles expériences constitutionnelles. Il avait foi dans son œuvre politique, dont l'expérience lui avait prouvé l'efficacité ; mais il y avait dans le langage de la nouvelle opposition tant et de si formelles assurances de dévouement à la dynastie, M. Emile Ollivier déclarait si fermement que si les nouvelles libertés étaient accordées, elle serait désormais *assise sur le roc*, que l'Empereur entrevit l'espoir d'entrer, par cette concession, dans une voie d'apaisement.

Il s'ouvrit à M. Rouher, qui lui fit observer que la faiblesse n'avait jamais aidé à résoudre les sérieuses difficultés ; que plus l'hypothèse d'un nouveau règne faisait pressentir de luttes, plus il était indispensable de conserver l'énergie inhérente à la pratique correcte de la constitution de 1852, qui mettait la direction dans les mains du souverain, au lieu de la compromettre en la livrant aux compétitions d'une assemblée.

L'Empereur insista, en faisant connaître que M. Emile Ollivier, conseillé par M. Walewski, était tout prêt à faire partie du cabinet, où il se contenterait du ministère de l'instruction publique. Sans le séduire absolument, l'entrée du jeune orateur lui souriait, et il pressa vivement M. Rouher de s'associer à cette combinaison. M. Rouher refusa, et en termes d'une fermeté calme, qui ne permettaient pas d'espérer un retour.

Dès ce moment, c'était dans les derniers mois de 1866, après le retour de Biarritz, qui eut lieu le 20 septembre, l'Empereur s'isola dans son projet, qu'il mûrit seul, écoutant M. Emile Ollivier, sans l'adopter, et M. Walewski, sans l'écarter encore. Ses réflexions le conduisirent au système formulé par l'amendement des 45 ; il résolut de retirer l'Adresse, qui n'avait été qu'une occasion de violences et d'attaques contre la constitution, et de la remplacer par le droit d'interpellation ; d'accorder l'envoi des ministres à la chambre, une loi nouvelle sur la presse, et le droit de réunion.

Le 19 janvier, le *Moniteur* publia la lettre suivante, adressée au ministre d'État, avec le décret qui l'accompagne.

« Monsieur le Ministre.

« Depuis quelques années on se demande si nos institutions ont atteint leur limite de perfectionnement ou si de nouvelles améliorations doivent être réalisées ; de là une regrettable incertitude qu'il importe de faire cesser.

« Jusqu'ici vous avez dû lutter avec courage en mon nom pour repousser des demandes inopportunes et pour me laisser l'initiative des réformes utiles, lorsque l'heure en serait venue. Aujourd'hui, je crois qu'il est possible de donner aux institutions de l'Empire tout le développement dont elles sont susceptibles et aux libertés publiques une extension nouvelle, sans compromettre le pouvoir que la nation m'a confié.

« Le plan que je me suis tracé consiste à corriger les imperfections que le temps a révélées et à admettre les progrès compatibles

M. DE FORCADE LA ROQUETTE.

avec nos mœurs, car gouverner c'est profiter de l'expérience acquise et prévoir les besoins de l'avenir.

« Le décret du 24 novembre 1860 a eu pour but d'associer plus directement le Sénat et le Corps législatif à la politique du gouvernement; mais la discussion de l'Adresse n'a pas amené les résultats qu'on devait en attendre; elle a parfois passionné inutilement l'opinion, donné lieu a des débats stériles, et fait perdre un temps précieux pour les affaires; je crois qu'on peut sans amoindrir les prérogatives des pouvoirs délibérants, remplacer l'Adresse par le droit d'interpellation sagement réglementé.

« Une autre modification m'a paru nécessaire dans les rapports du gouvernement avec les grands corps de l'État; j'ai pensé qu'en envoyant les ministres au Sénat et au Corps législatif, en vertu d'une délégation spéciale, pour y participer à certaines discussions, j'utiliserais mieux les forces de mon Gouvernement, sans sortir des termes de la Constitution, qui n'admet aucune solidarité entre les ministres et les fait dépendre uniquement du chef de l'État.

« Mais là ne doivent pas s'arrêter les réformes qu'il convient d'adopter; une loi sera proposée pour attribuer exclusivement aux tribunaux correctionnels l'appréciation des délits de presse et supprimer ainsi le pouvoir discrétionnaire du gouvernement. Il est également nécessaire de régler législativement le droit de réunion en le contenant dans les limites qu'exige la sécurité publique.

« J'ai dit, l'année dernière, que mon Gouvernement voulait marcher sur un sol affermi, capable de supporter le pouvoir et la liberté. Par les mesures que je viens d'indiquer, mes paroles se réalisent; je n'ébranle pas le sol que quinze années de calme et de prospérité ont consolidé, je l'affermis davantage en rendant plus intimes mes rapports avec les grands pouvoirs publics, en assurant par la loi aux citoyens des garanties nouvelles, en achevant enfin le couronnement de l'édifice élevé par la volonté nationale.

« Napoléon. »

DÉCRET DU 19 JANVIER.

Napoléon, par la grâce de Dieu et la volonté nationale, Empereur des Français,

A tous présents et à venir salut.

Voulant donner aux discussions des grands corps de l'État, sur la politique intérieure du Gouvernement, plus d'utilité et plus de précision,

Avons décrété et décrétons ce qui suit :

Art. 1ᵉʳ. Les membres du Sénat et du Corps législatif peuvent adresser des interpellations du Gouvernement.

Art. 2. Toute demande d'interpellation doit être écrite ou signée par cinq membres au moins. Cette demande explique sommairement l'objet des interpellations ; elle est remise au Président qui la communique au ministre d'Etat et la renvoie à l'examen des bureaux.

Art. 3. Si deux bureaux du Sénat, ou quatre bureaux du Corps législatif émettent l'avis que les interpellations peuvent avoir lieu, la Chambre fixe le jour de la discussion.

Art. 4. Après la clôture de la discussion, la Chambre prononce l'ordre du jour pur et simple ou le renvoi au Gouvernement.

Art. 5. L'ordre du jour pur et simple a toujours la priorité.

Art. 6. Le renvoi au Gouvernement ne peut être prononcé que dans les termes suivants :

Le Sénat (ou le Corps législatif) appelle l'attention du Gouvernement sur l'objet des interpellations.

Dans ce cas un extrait de la délibération est transmis au ministre d'Etat.

Art. 7. Chacun des ministres peut par une délégation spéciale de l'Empereur être chargé de concert avec le ministre d'Etat, les présidents et les membres du conseil d'Etat de représenter le Gouvernement devant le Sénat ou le Corps législatif, dans la discussion des affaires ou des projets de loi.

Art. 8. Sont abrogés les art. 1 et 2 de notre décret du 24 novembre 1860, qui statuait que le Sénat et le Corps législatif voteraient tous les ans à l'ouverture de la session une Adresse en réponse à notre discours. »

Comme complément de ces mesures, le maréchal Niel entrait au ministère de la guerre, à la place du maréchal Randon. L'amiral Rigaud de Genouilly remplaçait à la marine M. de Chasseloup-Laubat, M. de Forcade la Roquette devenait ministre du commerce et des travaux publics, en remplacement de M. Béhic; M. Rouher restait ministre d'Etat. Le ministère de la justice et des cultes conservait son titulaire.

Quel fut l'effet de cette innovation? celui qu'on devait logiquement attendre; l'opposition se plaignit plus amèrement que jamais. Elle accepta toutes les nouvelles armes qu'on lui donnait; mais, loin d'en remercier l'Empereur, elle alla jusqu'à donner la forme de l'invective aux reproches que lui inspira le retrait de l'Adresse. Dans la séance du 25 février, M. Jules Favre s'écria *qu'il valait mieux fermer la Chambre*. M. Picard dit que les réformes du 19 janvier, c'était *la dictature organisée;* M. Bethmont déclara que c'était *le gouvernement personnel;* et comme la majorité se récriait contre tant d'injustice, M. Thiers ajouta : *Faire et défaire les constitutions, n'est-ce pas la dictature?* M. Jules Favre termina ce scandaleux incident par une menace : « *L'Adresse nous appartenait, c'est à nous de la maintenir.* »

Cette ingratitude des partis ne détourna pas l'Empereur de la marche qu'il s'était tracée. Il présida le 4, le 6 et le 9 février les séances du conseil d'État délibérant sur la réorganisation de l'armée; le 28 février, l'examen de la loi sur la presse; et le 4 mars, l'examen de la loi sur les réunions publiques.

La session législative se traînait. Le Corps législatif était présidé par M. Schneider, en remplacement de M. Walewski, qui avait donné sa démission le 29 mars. Deux incidents s'y produisirent. Le 8 avril fut votée une loi qui accordait 500,000 francs à M. de Lamartine, pour l'aider à vivre et à mourir en paix. C'est ainsi que l'Empereur se vengeait des diatribes du poète contre sa personne et contre sa dynastie. Le 12 juillet, M. Emile Ollivier, faisant avec des réserves l'éloge du décret du 19 janvier, fit une sortie que rien ne motivait contre le ministère d'État. L'Empereur y répondit en envoyant à M. Rouher la plaque de Grand'Croix de la Légion d'honneur en diamants. La session fut close pour le Corps législatif le 24 juillet, et pour le Sénat le 27.

En dehors des agitations politiques et en dépit d'elles s'accomplit un grand événement, qui marqua l'apogée de l'éclat de la France, sous l'Empire. Le 2 avril avait eu lieu l'inauguration de la grande Exposition universelle de 1867, au Champ de Mars, close le 1ᵉʳ juillet, par la distribution publique des récompenses, faite au palais de l'Industrie, en présence du sultan Abdul-Azis. Cette exposition avait attiré à Paris les personnes remarquables et les souverains de l'Europe. Ces derniers furent tous les hôtes de l'Empereur. L'empereur de Russie arriva le 1ᵉʳ juin; le roi de Prusse le 5; le Sultan le 31. De grandes fêtes, semant partout l'abondance, eurent lieu aux Tuileries et à l'Hôtel de Ville, deux monuments aujourd'hui détruits, comme le gouvernement qui les remplit de sa gloire.

L'année s'acheva dans la préparation des lois annoncées et les pérégrinations habituelles de Saint-Cloud et de Biarritz, où l'Empereur trouvait un peu de soulagement à la douleur qui le minait. Le 6 octobre mourut, dans sa villa de Tarbes, M. Achille Fould. C'était un serviteur de l'Empire, aussi dévoué que capable, d'une grande autorité dans les matières financières et d'un grand bon sens dans toutes. Quoique étranger au département des Hautes-Pyrénées, il s'y était créé une influence immense par son caractère et sa bonté inépuisable. Sa mort y fut un deuil public.

M. Magne fut appelé aux finances, et M. Pinard, procureur général d'un grand talent, fut nommé ministre de l'intérieur, en vue des discussions que ne manqueraient pas d'appeler les lois nouvelles.

Un décret du 28 octobre marqua l'ouverture de la session pour le 18 novembre.

La loi sur l'organisation de l'armée et de la garde nationale mobile, présentée la première, entra en discussion générale le 19 décembre. Elle fut l'objet des attaques systématiques de l'opposition, et c'est par là que les ennemis de l'Empire préparèrent l'écroulement de la dynastie et l'envahissement de la France. Tous les chefs de l'opposition s'acharnèrent contre l'organisation des forces militaires : M. Jules Simon, M. Jules Favre, M. Garnier-Pagès, M. Pelletan, M. Ollivier ; M. Jules Simon ouvrit la discussion générale.

La thèse de l'orateur fut digne de cet esprit errant dans le vague des conceptions idéales. Il dit que « ce qui rend les armées invincibles, c'est la liberté ; » et que les Autrichiens avaient été vaincus à Sadowa parce qu'ils n'avaient pas d'institutions libérales à défendre. Thèse étrange, en face de la bataille de Custozza, où ces mêmes Autrichiens avaient vaincu l'Italie constitutionnelle !

M. Jules Simon s'attacha surtout à détruire l'esprit militaire, à supprimer l'armée régulière et à la remplacer par des levées de volontaires, appelés au moment du danger. « S'il n'y a pas d'armée sans esprit militaire, répondit-il à une observation de M. Wast-Vimeux, *je demande que nous ayons une armée qui n'en soit pas une* », et il ajouta au nom de la gauche : « Nous demandons sans ambages de *supprimer l'armée permanente, et d'armer la nation entière,* de la rendre, je répète le mot, invincible au dedans, *incapable de faire la guerre au dehors.* »

M. Jules Favre demanda également que l'on remplaçât les armées par des institutions républicaines. « Les peuples, dit-il, marchent fatalement à la guerre ; pourquoi ? parce qu'ils ne sont pas libres ! Ils sont séparés par des intérêts dynastiques. Si ces intérêts n'existaient pas, les peuples n'auraient aucune espèce de raison de se faire la guerre. » Cette étrange théorie laissait sans réponse la question de savoir pourquoi, dans les temps anciens, Rome républicaine, n'ayant à faire prévaloir les intérêts d'aucune dynastie, fit la guerre au monde entier ; et, dans les temps modernes, pourquoi les républicains de l'Amérique du Nord et les républicains de l'Amérique du Sud se sont égorgés pendant trois années.

M. Emile Ollivier lui-même vint soutenir la même thèse, véritable défi adressé au bon sens et à l'histoire. Il dit, le 23 décembre, en examinant les moyens à l'aide desquels pouvaient être conjurés les périls de la situation : « Ces moyens sont au nombre de deux : premièrement, le gouvernement doit établir un régime libéral et constitutionnel, à la place du régime personnel ; deuxièmement, la chambre doit repousser la loi sur l'organisation de l'armée. » La Providence permit que, deux ans plus tard, M. Emile Ollivier fut le premier ministre d'un gouvernement constitutionnel, et qu'il lançât imprudemment la France et l'Empereur dans une guerre que rendit fatale l'avortement de la loi sur l'organisation de l'armée.

M. Thiers n'était pas assez privé de bon sens pour soutenir qu'il suffit de telles ou telles chartes, de telles ou telles institutions pour éviter les chocs entre les nations et pour rendre les armées invincibles. Il prit donc un autre chemin pour combattre l'organisation des forces militaires de la France ; il dit qu'elle était inutile, que l'armée, telle qu'elle était, suffisait, qu'on aurait toujours le temps d'organiser la garde nationale mobile, et qu'il n'était pas vrai que les forces des puissances européennes fussent aussi considérables que le gouvernement le prétendait. Voici le langage qu'il tint le 28 décembre ; l'histoire doit faire connaître les efforts qui furent faits pour empêcher la France d'être en état de se défendre :

« On vous présentait l'autre jour, — dans un discours de M. Rouher, du 24, — des chiffres de douze cent, de treize cent mille hommes comme étant ceux que les différentes puissances de l'Europe pourraient mettre sur pied... Quand on vous les a cités ils vous ont fait une impression fort vive. Eh bien, *ces chiffres-là sont parfaitement chimériques.*

« Il ne faut pas se fier à *cette fantasmagorie de chiffres...* Il y a une funeste impulsion vers les armements exagérés, je la déplore comme vous, mais il ne faut pas présenter comme réels *des chiffres qui sont tout à fait chimériques ; et je le dis, parce qu'il faut rassurer notre pays ;* il ne faut pas que les paroles qui sont prononcées ici *lui persuadent qu'il court des périls effroyables.*

« Eh bien, quand nous voyons que l'armée que nous pourrions présenter à l'ennemi serait, dépôts déduits, n'oubliez pas cela, de cinq cent quarante mille hommes... je dis que *la France aurait le temps de respirer derrière une aussi puissante armée,* et j'ai la confiance, moi, que cette armée *donnerait le temps à la garde nationale mobile de s'organiser...* Est-ce que *vous n'aurez pas toujours deux à trois mois pour organiser la garde nationale mobile ?* »

C'est ainsi qu'on endormait la France, pour la livrer à l'ennemi.

De la thèse générale qui précède, passant à la garde nationale mobile, M. Thiers demanda qu'elle ne fût pas organisée, parce que son organisation coûterait trente millions. M. Emile Ollivier demanda aussi l'ajournement de cette organisation, pour ne pas développer dans les départements la manie des emplois.

Et comme le ridicule se mêle à toutes les questions, il y eut des orateurs pour combattre l'extension des forces militaires, dans l'intérêt du développement de la population. M. Segris, le futur collègue de M. Emile Ollivier, soutint cette opinion.

Trois hommes de cœur, de talent, animés du même sentiment de patriotisme, le maréchal Niel, M. Rouher et M. Baroche soutinrent la loi. Il fut très-nettement établi que les forces de la Confédération de l'Allemagne du Nord, placées dans les mains de la Prusse, s'élevaient à treize cent mille hommes, et l'Empereur, n'ayant pas osé affronter les résistances prévues, se bornait à demander, armée active et réserve comprises, sept cent cinquante mille hommes, avec une garde nationale mobile, longue à organiser, et pouvant donner de trois cent à quatre cent mille hommes supplémentaires. L'opposition trouva que c'était trop et que c'était inutile.

Ce que le maréchal Niel, M. Rouher et M. Baroche dépensèrent de bon sens, d'esprit pratique, de connaissance approfondie du sujet, fut immense. Ils firent passer la loi, mais ils ne purent pas faire qu'elle n'arrivât aux populations affaiblie, discréditée, presque déshonorée. Tous les députés, tous les journaux de l'opposition la présentèrent comme aggravant sans nécessité les charges des contribuables ; et il a fallu l'effroyable expérience de 1870 pour montrer à quel point la prévoyance de l'Empereur avait été fondée et patriotique.

La seconde loi qui vint en discussion fut la loi sur la presse.

Jusqu'alors, et pendant seize années, on avait vécu sous

M. LE DUC DE GRAMONT

l'empire de la loi du 17 février 1852, qui soumettait la presse au pouvoir discrétionnaire de l'autorité administrative. La presse était absolument libre de discuter toutes les matières, avec un esprit de modération et d'équité, sauf à recevoir un avertissement lorsqu'elle dépassait la mesure. Deux avertissements pouvaient être suivis d'une suspension. En fait, les suspensions avaient été très-rares, et il était d'usage, à la fin de l'année, de faire remise aux journaux des avertissements encourus.

La loi nouvelle soumettait la presse au droit commun, c'est-à-dire la rendait justiciable de la cour d'assises pour les crimes, et de la police correctionnelle pour les délits. Elle rouvrait donc l'ère de la prison et des amendes ; mais l'opposition l'avait demandée par une série d'amendements aux adresses.

Chose moins étrange qu'on ne serait porté à le penser, lorsque la loi sur la presse fut présentée, l'opposition la combattit avec la dernière énergie. Elle supprimait un motif régulier de plainte ; car, l'ayant obtenue, l'opposition ne pourrait plus la demander.

L'immense majorité du Corps législatif repoussait la loi ; elle ne la subissait qu'avec peine et par respect pour l'Empereur, qui l'avait annoncée le 19 janvier. Un membre de cette majorité, dont le dévouement à la dynastie ne pouvait être mis en doute, se fit l'interprète des répugnances de la Chambre, et il porta dans la question l'expérience qu'il devait à ses études d'historien et à trente années de pratique de la presse.

Voici le discours de M. Granier de Cassagnac ; nous le donnons d'après le *Moniteur officiel*, et parce qu'il obtint l'approbation de la majorité, et parce qu'il fut l'occasion de questions sérieuses et délicates, soulevées à son sujet dans les conseils du gouvernement :

M. le Président Schneider. La parole est à M. Granier de Cassagnac.

M. Granier de Cassagnac. Messieurs, j'ai pris hier l'engagement d'apporter ici, en toute sincérité, mes sentiments sur la liberté de la presse ; je viens tenir ma promesse.

Si la chambre me permet — je l'espère bien d'ailleurs et je l'en prie — d'aborder ce débat avec la plus entière liberté d'esprit et de parole, je lui dirai que, depuis trois jours, je marche en suivant la discussion, non pas seulement de discours en discours, mais encore et surtout de surprise en surprise (Mouvement et rires), et je sens se poser dans mon esprit deux questions auxquelles je n'ai pas encore trouvé de réponses.

La première question qui se pose dans mon esprit est celle-ci : Pour qui donc faisons-nous la loi ? La majorité, on me l'accordera, ne l'a pas réclamée ; l'opposition la combat à outrance (Très-bien ! sur plusieurs bancs), et je me demande — et je vous demande à vous, messieurs, — quelles pourront être, dans l'avenir, l'autorité et l'efficacité d'une mesure que personne n'accueille franchement, et que ceux-là mêmes auxquels elle semble concédée attaquent, affaiblissent, discréditent, déshonorent à l'avance par les plus amères objurgations. (Très-bien ! sur quelques bancs.)

La seconde question qui se pose dans mon esprit est celle-ci : Le projet de loi sur la presse est-il donc une de ces conceptions idéales que les esprits méditatifs et précurseurs introduisent dans les sociétés pour les guider, et dont la vertu intrinsèque est telle qu'elle sert et préserve ceux mêmes qui ne la comprennent pas ?

A ce point de vue je conçois Turgot. La France du temps de Turgot ne comprenait pas les lois économiques. Turgot les comprenait et il désirait les appliquer, parce que, après avoir fait l'étude de ces lois et de son pays, il les trouvait utilement applicables. Je me suis placé à ce même point de vue pour juger le projet de loi : je me suis demandé et je me demande encore avec vous, s'il y a dans la France actuelle quelques éléments de prospérité, de sécurité, de grandeur, d'avenir qui resteraient inertes faute de la liberté de la presse, et auxquels cette liberté serait destinée à communiquer le mouvement et la vie. (Marques d'adhésion.)

Eh bien, messieurs, si le projet de loi actuel est le résultat, est le produit d'une pareille conception, il y a quelqu'un qui doit avoir tracé le tableau de ces éléments abandonnés, au secours desquels il faudrait aller.

Ce tableau, je l'attends depuis trois jours, et je ne le vois pas venir ; je ne l'ai même pas trouvé dans la parole très-élevée, très-éloquente de l'honorable ministre de l'intérieur.

Par conséquent, au point actuel du débat, je suis forcé de considérer le projet de loi sur la presse, sinon comme une conception purement utopique, au moins comme une mesure à laquelle manquent jusqu'ici les étais nécessaires, c'est-à-dire le vœu de la majorité, la gratitude de l'opposition, et les aspirations claires, nettes et éclatantes du pays. (Nouvelle approbation.)

Hier, l'honorable monsieur Thiers nous disait que la France avait demandé ce projet de loi, et que c'était le vœu de la France qui l'avait imposé au Gouvernement. Il est vrai qu'il s'est hâté d'ajouter que cette France qui appelait le projet de loi, c'était la France intelligente. Vous savez, messieurs, que pour quelques-uns de nos honorables collègues, pour l'honorable monsieur Jules Favre, pour l'honorable monsieur Thiers, il y a deux France.

M. Thiers. Non, ce n'est pas moi qui ai dit : la France intelligente ! J'ai répété le mot d'un de nos honorables collègues, M. Javal.

M. Granier de Cassagnac. Vous l'avez répété, monsieur Thiers! je l'ai vérifié au *Moniteur*. Vous avez pris ce mot pour votre propre compte, et je peux vous l'appliquer.

Je vous rappelais, messieurs, que, pour quelques-uns de nos honorables collègues, pour l'honorable M. Jules Favre, pour l'honorable M. Thiers, il y a deux France : il y a d'abord la France du suffrage universel, la France des paysans; pour ces messieurs, c'est la France des imbéciles. (Rires sur les bancs en face et à la droite de l'orateur. — Très-bien! très-bien! C'est cela!)

Il y a une seconde France, il y a la France intelligente; il y a la France qui veut obtenir la liberté de la presse, afin de changer ce qu'elle nomme le gouvernement personnel, et ce que j'appelle, moi, le gouvernement constitutionnel, tel que la France l'a établi. (Très-bien! très-bien!) Messieurs, je l'avoue en toute humilité, j'aime mieux être avec les imbéciles, qui sauvent l'ordre, qu'avec les savants qui le troublent. (Nouvelles marques d'approbation.)

Après avoir examiné rapidement les bases sur lesquelles le projet de loi devrait reposer, je les trouve absentes. Je considère, je le répète, le projet de loi sinon comme une idée absolument utopique, du moins comme une mesure isolée dans le pays, et c'est là une des raisons qui m'ont déterminé à le combattre.

Ce n'est pas sans regret, ce n'est pas sans chagrin, croyez-le bien, messieurs, que je me suis déterminé à combattre un projet de loi présenté par des hommes politiques avec lesquels je m'honore d'être en communauté générale de sentiments, et signalé à la sollicitude de la Chambre par l'Empereur, pour lequel mon respect et mon dévouement sont sans bornes. Mais j'ai contre la loi, contre son principe, contre son organisation, des objections si radicales et si absolues, que ce respect et ce dévouement mêmes m'interdisent de les passer sous silence.

Nous avons tous ici la même pensée et le même but.

Ce but, je le dis bien haut, pour moi, c'est d'asseoir solidement la liberté de la presse en la conciliant avec la sécurité publique. Si le Gouvernement a la pensée de concilier ces deux... (Interruption provoquée par une exclamation partie de l'une des tribunes publiques.)

Un membre à la droite de l'orateur. Nous demandons à M. le Président de vouloir bien faire cesser les interruptions qui partent des tribunes.

M. le Président Schneider. S'il se produisait une manifestation quelconque dans une tribune, je donnerais aux huissiers l'ordre de la faire évacuer.

De toutes parts, à l'orateur. Continuez! continuez!

M. Granier de Cassagnac. Je disais que ma pensée et mon but, — et je croyais parler pour vous tous en disant : notre pensée et notre but, — c'était d'asseoir solidement la liberté de la presse en la conciliant avec la sécurité publique. J'ajouterai que, si le Gouvernement a la ferme espérance d'atteindre ce but par le projet de loi, il a bien fait de le présenter. Et si la Chambre partage cette espérance, elle fera très-bien de le voter.

Quant à moi, les travaux de ma vie m'ont placé dans une situation entièrement différente. J'aime la liberté de la presse et sa dignité. J'estime qu'avec ces deux conditions réunies, la société n'a pas, pour le progrès, d'auxiliaire plus désirable et plus utile. Mais dans ma conviction profonde, le projet de loi aura pour double résultat de troubler la société et de perdre la presse elle-même. (Très-bien!)

Ayant dans mon esprit cette conviction profondément mûrie et inébranlable, je ne me serais point pardonné de ne pas soumettre mes raisons au Gouvernement, à la Chambre, à mes commettants et à la presse elle-même, qui n'est ni la moindre, ni la moins chère de mes sollicitudes. Mais avant d'entrer dans mon sujet, il y a une interversion de rôles qui se produit ici depuis trois jours, et que je ne dois, ni ne puis, ni ne veux accepter.

Comment! j'ai pratiqué, honoré, servi la presse toute ma vie, et c'est moi qui suis son adversaire; et l'honorable M. Thiers qui a fait les lois de septembre, c'est-à-dire le régime le plus odieux qui ait jamais été imposé à la presse (Oh! oh!), et c'est lui qui est le patron de la presse! Comment! j'ai toute ma vie, dans la mesure de mes forces et de mon esprit, j'ai toute ma vie servi, honoré, pratiqué la presse, et c'est M. Jules Favre, un homme de 1848, de ce régime qui a foulé la presse aux pieds, qui l'a supprimée en un quart d'heure, qui est le patron de la presse!... Allons donc! (Applaudissements sur quelques bancs. — Murmures sur les bancs à la gauche de l'orateur.)

M. Glais-Bizoin. A l'ordre!

M. Granier de Cassagnac. Ayez, sur ce point et sur d'autres, toutes les prétentions qu'il vous plaira; mais, si vous voulez qu'on les respecte, arrangez-vous pour que, aux yeux de l'histoire et du bon sens, elles ne soient pas ridicules. (Nouveaux murmures à la gauche de l'orateur.)

M. le Président Schneider. Je prie l'orateur, quand il cite des noms propres et des opinions personnelles, de vouloir bien ne rien dire qui puisse être blessant pour des collègues. (Assentiment.)

M. Jules Favre. Cela ne blesse personne, monsieur le Président.

M. Granier de Cassagnac. Cela dit, messieurs, j'arrive à mon sujet.

Je ne me dissimule pas que la nature des sentiments que je viens d'exprimer et d'énoncer me crée de grands devoirs: j'ajoute que je n'ai compté pour les remplir, si je le puis, que sur l'indulgente bonté de la Chambre. (Parlez! parlez!)

Le projet de loi sur la presse, messieurs, repose évidemment sur deux idées générales qui sont les suivantes:

La première idée consiste à croire que la presse, placée sous le régime de liberté légale et définie qu'on lui offre, puisera dans cette concession un sentiment de gratitude, et, dans sa propre responsabilité, un sentiment de modération; si bien que, de cette modération et de cette gratitude réunies, il résultera moins de vivacité dans les allures de la presse et plus d'apaisement dans les esprits.

La deuxième idée consiste à croire que si la presse était tentée d'abuser de la liberté qu'on lui donne, la société et le Gouvernement seraient suffisamment armés par les garanties inscrites dans la loi nouvelle.

Telles m'apparaissent avec une entière évidence les deux idées générales sur lesquelles la loi repose; elles résument, je crois, fidèlement les motifs exposés devant le conseil d'Etat; et ces idées sont assez loyales par elles-mêmes pour avoir pu et dû déterminer la conduite du Gouvernement.

Eh bien, dans ma conviction profonde, ces deux idées, ces deux espérances sont deux pures et complètes illusions. Je vais essayer de leur donner, pour la Chambre, la clarté, l'évidence qu'elles ont pour moi-même.

Je commence par l'idée qui consiste à croire qu'il est, je ne dirai pas dans la volonté, mais dans le pouvoir de la presse d'avoir envers le Gouvernement, je ne dirai pas une attitude bienveillante, je dis une attitude impartiale.

Au point de vue général de la presse, les pays peuvent se diviser en deux grandes catégories : ceux où la presse passionne les esprits et ceux où elle laisse calmes.

Les pays où la presse trouve les esprits calmes, ce sont ceux qui, en possession d'institutions traditionnelles sincèrement et généralement acceptées, n'ont plus à résoudre de ces délicates et difficiles questions qui impliquent la forme du gouvernement ou le choix d'une dynastie.

Dans ces pays-là, — et de ce nombre sont l'Angleterre, la Suisse, la Hollande, les Etats-Unis, — dans ces pays-là on peut dire que les questions de presse n'existent pas; les partis politiques y représentent des façons différentes d'appliquer les mêmes institutions, mais jamais aucun d'eux n'a la pensée de les affaiblir et encore moins de les détruire. La presse reflète cet état de choses; elle discute, elle éclaire, elle contrôle, mais elle ne mine jamais le gouvernement au profit de prétendants anciens ou de régimes nouveaux.

Les autres pays dans lesquels la presse passionne vivement les esprits, ce sont ceux où des révolutions nombreuses et fréquentes ayant changé les institutions n'ont pu le faire sans froisser des principes, sans blesser des intérêts et sans détruire des traditions. Dans ces pays, la presse trouve les esprits politiques toujours vivement préoccupés ; les journaux y sont une arme de guerre, que certains principes, certaines traditions, certains intérêts retournent sans cesse contre le régime qui les a déplacés ; et, dans cette guerre, les questions de personnes viennent toujours mêler leur véhémence aux questions de choses. (C'est vrai ! c'est vrai ! — Très-bien !)

Dans cette dernière catégorie, se trouve la France.

Vous m'avez permis, messieurs, de croire que je pouvais parler ici en toute liberté d'esprit, je fais appel de nouveau à ce sentiment.

La révolution française n'a pas pu créer, n'a pas pu produire un grand nombre de principes, de sentiments, d'intérêts nouveaux qu'il a fallu satisfaire, sans ajouter aux difficultés inhérentes à tout gouvernement les difficultés propres aux gouvernements des sociétés modernes.

La position centrale de la France a encore augmenté cette complication. Un pays comme le nôtre ne peut évidemment se désintéresser de la politique de ses voisins, pas plus que ses voisins ne peuvent se désintéresser de la sienne.

Le Gouvernement, dans notre pays, après ses nombreuses et douloureuses épreuves, est une œuvre si délicate, si difficile, que quatre régimes y ont échoué, après avoir épuisé chacun sa part de force et avoir accompli sa part de bien.

Le cinquième gouvernement est à l'œuvre depuis seize années. Animé d'intentions loyales, héritier de l'expérience de ses prédécesseurs, il réussira, j'en ai la conviction profonde, à donner leur forme dernière et leur sanction définitive aux principes de 89 ; mais s'il a été appelé par la Providence et par le vœu national à reprendre et à achever l'œuvre interrompue de ses prédécesseurs, j'ai trop de franchise pour ne pas reconnaître qu'il n'a pas encore réussi complétement ni à rallier les partisans de ses prédécesseurs, ni à détruire leurs espérances, ni à décourager leurs efforts. (Marques nombreuses d'approbation.)

J'ai toujours pensé, Messieurs, qu'on ne gagne rien à ne pas envisager virilement les situations difficiles. Eh bien, indépendamment des difficultés naturelles à tout gouvernement, la difficulté spéciale de l'Empire est dans ces résistances, dans cette persistance des partisans des régimes tombés. (Nouvelles marques d'assentiment.)

L'honorable M. Thiers vous disait hier que la liberté de la presse s'est établie en Angleterre. Il avait raison, et il avait raison surtout quand il a ajouté qu'en Angleterre, la liberté de la presse a été la conséquence de l'apaisement des passions politiques. Voilà pourquoi, en France, je désire que la liberté de la presse soit la conséquence de l'apaisement des passions politiques, car elle ne saurait en être le principe.

Je ne dis pas, après vous avoir fait ce tableau de la situation de la France, qu'il faille ou s'étonner ou s'irriter, encore moins se décourager d'un pareil état de choses. Je ne sais pas une seule révolution qui n'ait laissé après elle des hommes honorablement attachés au passé. Cette persistance des vœux honnêtes, des espérances convaincues, peut gêner les pouvoirs, elle honore la nature humaine ; il faut la respecter, seulement il ne faut pas lui céder. C'est, d'ailleurs, la tâche des gouvernements qui s'élèvent de savoir se faire absoudre par les gouvernements qui tombent. On doit à ces derniers la justice, la modération, la patience, on leur doit tout, excepté la faiblesse, car on ne saurait la leur accorder sans trahir le pays. (C'est vrai ! c'est vrai ! — Très-bien !)

Si, de ces considérations générales et de ces faits, nous revenons à la thèse spéciale de la presse, n'est-il pas vrai, messieurs, que le plus grand nombre des journaux, les plus anciens, les plus importants, les plus accrédités ont leur clientèle précisément dans le personnel de ces anciens partis ? Eh bien, je vous le demande, croyez-vous, de bonne foi, que les concessions que vous leur offrez soient de nature à leur persuader d'employer leur crédit à rallier aux institutions impériales cette clientèle qu'ils n'ont conservée précisément qu'à la condition d'attaquer ces institutions ? (Mouvements divers.)

Est-ce que, si l'un d'entre eux était tenté de déserter un jour l'intérêt qui lui a donné et qui lui maintient la vie, est-ce qu'il n'en serait pas abandonné à l'instant même ? et la place qu'il laisserait vide, est-ce que d'autres ne viendraient pas la remplir à l'instant ? (C'est vrai ! c'est vrai !)

J'avais donc raison de dire, Messieurs, qu'il n'y a pas d'illusion plus profonde que celle qui consiste à croire que les droits nouveaux que vous donnerez à la presse contribueront à l'apaisement des esprits. Hélas ! Messieurs, la loi sera votée à peine depuis quarante-huit heures, que la presse tournera contre le Gouvernement les forces que vous lui aurez données. Et cela est si naturel, que vous n'aurez même pas le droit de vous en plaindre. (Mouvement.)

Ainsi, Messieurs, et en résumé, le projet donne évidemment aux adversaires du Gouvernement une force nouvelle.

Plusieurs membres. — C'est évident ! c'est évident.

M. Granier de Cassagnac. A Fontenoy, on disait : « Tirez les premiers ! » Ce n'était que fier. Le projet de loi prête son fusil ; c'est imprudent et inutile. (On rit.)

J'arrive, Messieurs, à la deuxième illusion sur laquelle me paraît reposer le projet de loi. Cette illusion consiste à croire, non pas seulement que les dispositions de ce projet de loi, mais qu'un système de répression judiciaire quelconque ait le pouvoir de contenir une presse hostile, qui se croira un intérêt sérieux à attaquer, à affaiblir et à renverser un gouvernement.

Cette illusion que vous avez, Messieurs, mais tous les gouvernements l'ont eue en France depuis trois quarts de siècle ; ils l'ont eue et ils l'ont perdue aux leçons et à l'école de l'expérience.

Permettez-moi, Messieurs, de tracer rapidement sous vos yeux ce tableau des illusions de tous les gouvernements qui ont précédé celui-ci, et de la ruine des espérances qu'ils avaient fondées sur l'efficacité d'un système exactement pareil au vôtre, et dont le vôtre n'est que la reproduction.

L'honorable ministre de l'intérieur, a déjà placé hier ces faits sous vos yeux, mais il le faisait à un autre point de vue.

Ainsi, la pensée que vous avez, mais l'Assemblée constituante l'a eue, mais la Convention l'a eue aussi, lorsqu'on a fondé la liberté en France. La Constitution de 91 et celle de 93 ont établi la liberté de la presse, sous la garantie d'un système de répression judiciaire. Le malheureux Louis XVI,

M. TROPLONG

vous savez que tout ce qu'il a pu faire, ç'a été de courber la tête jusqu'à ce qu'on la lui ait coupée. La Convention a pris la responsabilité et la direction du gouvernement au mois d'octobre 1792 ; la presse l'a harcelée, et qu'a fait la Convention ? En moins de deux ans, à la fin de juillet 1794, à la chute du système de la Terreur, le comité de salut public et la Convention s'étaient cru obligés — je n'approuve pas naturellement le système qui les faisait agir — le comité de salut public et la Convention s'étaient cru obligés d'envoyer à l'échafaud 25 journalistes.

La Constitution de l'an III (22 août 1795), qui succède à la Convention, fait comme ses aînées, elle déclare établir le principe de la liberté de la presse sous la garantie d'un système de répression judiciaire. Combien de temps le Directoire a-t-il pu résister à l'exercice de la liberté de la presse sous une pareille garantie ? Deux ans. Le 5 septembre 1797, en un seul jour et par un seul décret, le gouvernement du Directoire s'est cru obligé de supprimer 54 journaux et d'envoyer leurs rédacteurs, leurs imprimeurs, et leurs employés à Cayenne.

M. Glais-Bizoin. Il a succombé lui-même.

M. Granier de Cassagnac. Ce jour-là, le 5 septembre 1797, a commencé la sévère et trop légitime expiation des excès de la presse : elle est passée sous ce régime administratif et politique que l'honorable M. Pelletan croyait, il y a trois jours, d'invention récente, mais qui est d'invention ancienne, car il date du 5 septembre 1797, et il est d'invention républicaine. (On rit.)

La presse a été placée, le 5 septembre 1797, sous le régime administratif et politique, et savez-vous combien de temps elle y est restée ? vingt-deux ans !

M. Eugène Pelletan. C'est la preuve que vous n'êtes que des plagiaires, et que vous n'avez pas l'honneur de l'invention. (Exclamations.)

M. Granier de Cassagnac. Je disais, Messieurs, que la presse a été placée, le 5 septembre 1797, sous le régime administratif et politique, et qu'elle y est restée vingt-deux ans, c'est-à-dire pendant les trois dernières années du Directoire, pendant le Consulat, pendant l'Empire et pendant les quatre années de la Restauration, jusqu'au 17 mai 1819.

Si, en présence de ces faits, Messieurs, vous voulez bien me permettre de m'arrêter, rien qu'un instant, sur ces vingt-deux années, et si vous voulez bien vous demander avec moi quelle a été, pour la société, pour la civilisation du pays, cette éclipse de vingt-deux ans de la liberté de la presse, en voici, Messieurs, les résultats : le chaos de la révolution débrouillé, l'ordre rétabli, la Banque fondée, le Concordat signé, le Code civil, le Code pénal, le Code de procédure, le Code de commerce rédigés, toute l'administration, toutes les institutions de la France moderne fondées, et, pour couronnement, le Gouvernement constitutionnel.

M. Glais-Bizoin. Et la France avilie.

M. Granier de Cassagnac... Et, pour couronner encore ce résultat, quatorze ans d'une gloire sans égale dans le monde.

M. Eugène Pelletan. Et deux millions de Français tués ! et Waterloo pour couronnement !

M. le Président Schneider. S'il y a eu une journée douloureuse dans l'histoire de notre pays, il est malheureux de l'entendre rappeler ici. (Vive approbation.)

M. Eugène Pelletan. Soit, mais qu'on ne glorifie pas le gouvernement qui l'a amenée.

M. le Président Schneider. On glorifie un règne d'un grand nombre d'années de gloire, et il est triste qu'on vienne, à cette occasion, jeter ici le souvenir d'un jour de revers. (Très-bien ! très-bien !)

M. Granier de Cassagnac. Ces vingt-deux années que je viens de rappeler, Messieurs, elles n'ont pas été remplies par le silence de la presse, elles ont été remplies par la modération de la presse. (Interruption.)

C'est une preuve que cette modération n'est pas exclusive de l'ordre public, de la prospérité, de la grandeur d'un pays, du développement de ses institutions, ni même du développement des lettres et des arts.

Vous savez qu'à cette époque remontent les grandes œuvres de Chateaubriand...

M. Eugène Pelletan. Exilé ! (Bruit.) Et Mme de Staël aussi !

M. Granier de Cassagnac. J'ajoutais, Messieurs, que le 17 mai 1819, le gouvernement de la Restauration, reprenant les traditions interrompues, avait rétabli la liberté de la presse, toujours sous la même garantie d'un système de répression judiciaire.

Combien de temps ce gouvernement a-t-il pu résister à cette mesure ? Neuf mois ; il a rétabli la censure le 31 mars 1820.

M. le duc de Marmier. C'était la conséquence de l'occupation étrangère ! (Exclamations et bruit.)

M. Granier de Cassagnac. L'occupation étrangère, en 1820 ?

M. le Président Schneider. Franchement, cela ne valait pas la peine d'interrompre. (On rit.)

M. Granier de Cassagnac. Je disais donc que le gouvernement de la Restauration n'avait pu résister que neuf mois, du 17 mai 1819 au 31 mars 1820, à la liberté de la presse. La censure a été rétablie, maintenue en fait jusqu'au 25 mars 1822, et en droit jusqu'au 18 juillet 1828.

De telle sorte que sur ces trente-neuf années, qui commencent à 1789 et finissent à 1828, vous trouvez trente-deux ans de régime administratif et judiciaire, ce qui prouve peu ou en faveur de la modération de la presse ou en faveur de l'efficacité du système de répression judiciaire qu'on lui avait appliqué.

Ainsi que je l'ai dit à la Chambre, la Restauration rétablit la liberté de la presse pour la deuxième fois, le 18 juillet 1828. Combien de temps put-elle y résister ? Deux ans.

Vous savez, Messieurs, l'origine, l'histoire et les conséquences des ordonnances de juillet. Le gouvernement de la Restauration a voulu, en 1828, faire ce qu'il avait fait avec succès le 31 mars 1820. Il a voulu reprendre, dans l'intérêt de l'ordre public et de la sécurité générale, une liberté qu'il avait imprudemment donnée : il ne l'a pas pu ! Cela prouve, Messieurs, qu'il est quelquefois trop tard pour réparer le mal qu'on a laissé faire.

J'arrive au régime et au gouvernement de 1830.

Issu d'un mouvement politique qui avait été produit, excité, développé par la presse, il lui devait des garanties ; il lui en a donné par la Charte ; il en a donné dans la loi du 8 octobre 1830 ; alors la liberté de la presse est rétablie, mais toujours, toujours, je le répète, sous la garantie du système de répression judiciaire.

Il est arrivé au gouvernement de 1830 ce qui était arrivé à tous les gouvernements précédents, c'est-à-dire que les partisans des régimes déchus ont créé contre lui les journaux dont ils se sont fait des armes de guerre pour l'affaiblir et pour le renverser à son tour.

La monarchie de 1830 s'est défendue comme elle l'a pu, pied à pied, par une loi contre les crieurs publics, par une loi sur le timbre, par une loi sur le cautionnement. Toutes ces précautions n'ont pas pu empêcher une excitation des esprits qui s'est formulée par l'effroyable boucherie du 18 juillet 1835.

A coup sûr, il est loin de ma pensée d'en attribuer, à quelque degré que ce soit, la responsabilité directe à la presse, mais il m'est impossible aussi de séparer certains journaux de la perversion des esprits qui avait amené cet abominable attentat.

Et lorsque le gouvernement de 1830 s'est trouvé placé en présence de la nécessité qui s'imposait à lui de sauver l'ordre et la société, il a médité, il a arrêté, il a apporté et soutenu dans cette enceinte et à cette tribune le système répressif qui porte le nom de lois de septembre.

J'ai caractérisé sévèrement ces lois, parce qu'elles me paraissent mériter aux yeux de l'histoire, qui a déjà commencé pour elles, la sévérité qu'appellent toujours le manque de franchise et l'abandon des principes.

En quoi se résument ces lois de septembre ? Elles ont inventé trois crimes ; c'est peut-être le seul cas de l'histoire où on trouve des crimes inventés. On a inventé trois crimes pour avoir le droit de les punir, comme on avait violé les filles de Séjan pour avoir le droit de les assassiner comme femmes.

Oui, on a pris dans le code de la Restauration et dans le code de l'Empire trois délits : l'offense au roi, la prise d'une qualification de légitimiste ou de républicain contraire à la charte de 1830, enfin l'excitation au complot non suivie d'effet. Le cautionnement des journaux, contre lequel s'élevait hier M. Thiers, était porté à 100,000 francs ; les amendes qu'il trouve énormes dans ce projet de loi, étaient portées à 50,000 francs.

Mais, messieurs, ce n'est pas tout que de faire des lois : il faut trouver des juges pour les appliquer ; oui, il faut trouver des juges pour les appliquer. C'est alors qu'on a échappé aux engagements de la Charte et aux engagements de la loi du 8 octobre 1830, en créant la juridiction de la Chambre des pairs.

Et à quoi ont servi, à quoi, je vous le demande, messieurs, ont abouti toutes ces sévérités ? Qu'ont-elles protégé ? qu'ont-elles défendu ? Rien et personne. Au bout de peu d'années, en pleine sécurité, en pleine majorité, lorsque les hommes politiques de ce temps apportaient à la tribune des questions de légalité pure, comme les anciens théologiens de Constantinople, lorsqu'ils discutaient sur des arguties scolastiques, tout d'un coup, le sol s'est effondré sous les pieds des disputeurs, et ils sont tombés dans l'abîme avec le gouvernement et avec la monarchie. (Très-bien ! très-bien !)

Enfin, messieurs, nous arrivons au régime qui, en principe et en fait, devait naturellement être le plus protecteur de la liberté de la presse ; nous arrivons au régime de 1848.

Le régime de 1848 n'a rien eu de plus pressé que de mettre des journalistes dans le gouvernement, et puis ces journalistes se hâtent naturellement d'abolir les lois de septembre ; on est à peine installé que, le 6 mars, on rapporte les lois de septembre.

Et combien de temps le gouvernement de 1848 a-t-il pu résister à la liberté qu'il venait de créer ? Quatre mois ! oui, quatre mois ! Le 24 juin, jour pour jour, quatre mois après la proclamation de la république, le général Cavaignac, pour sauver Paris, pour sauver la France, pour sauver la civilisation, a été obligé de mettre cette loi-là sous ses pieds, de mettre la liberté de la presse sous ses pieds, et, par le même décret, il a supprimé onze journaux et retenu illégalement pendant neuf jours un journaliste au secret.

Voix diverses. Très-bien !

M. Granier de Cassagnac. Voilà, messieurs, voilà l'histoire fidèle des tentatives faites, de très-bonne foi, par tous les gouvernements pour établir et maintenir la liberté de la presse, à l'aide du système de répression judiciaire qui se reproduit aujourd'hui.

Ainsi, comme je le disais, tous les gouvernements ont eu la même illusion, et tous en sont revenus. Et vous voudriez recommencer la même épreuve !

Je comprends qu'on reprenne la solution d'un problème que d'autres n'ont pas résolu, mais au moins, dans ce cas, il faut que le problème se présente avec des données nouvelles. Eh bien, ici il n'y en a que deux ; il faut de deux choses l'une, pour que des hommes prudents puissent espérer, avec quelque fondement, d'obtenir un succès là où d'autres n'ont trouvé que des échecs, il faut de deux choses l'une : ou que les institutions actuelles soient plus difficilement vulnérables par la presse que les institutions précédentes, ou que le système que l'on propose soit plus efficace que les anciens systèmes. Cela est bien évident. (Oui ! oui !)

Eh bien, en est-il ainsi ? Mais non ! C'est précisément le contraire qui est la vérité. Il est incontestable que les institutions actuelles se présentent beaucoup plus que toutes les institutions qui les ont précédées aux coups de la presse.

Ainsi la Constitution s'est déclarée perfectible, et par cela même elle a évidemment ouvert la porte aux ardeurs indiscrètes de tous ceux qui ne pouvant ni l'attaquer, ni la discuter légalement, prendront pour prétexte le droit d'exprimer des vœux pour l'améliorer.

Ainsi le souverain s'est déclaré responsable. Eh ! messieurs, évidemment par là même il a exposé son autorité, son prestige, beaucoup plus que tous les souverains précédents, aux coups de tous ceux qui sont intéressés à les amoindrir et à les détruire.

Ainsi enfin, messieurs, le développement graduel de l'instruction primaire initie tous les jours un plus grand nombre de citoyens à la connaissance, au jugement des affaires publiques, et par là le gouvernement étend tous les jours la surface sur laquelle peuvent porter les coups de ses ennemis.

Il est donc vrai, messieurs, que les institutions actuelles se livrent plus complétement, plus loyalement que toutes les autres à l'examen du pays. Je les en remercie, mais il n'en est pas moins vrai qu'elles présentent par cela seul, je le répète, une surface plus étendue aux coups de ceux qui veulent les attaquer et les renverser. (Très-bien ! très-bien !)

Eh bien, messieurs, si nos institutions sont plus aisément vulnérables que les institutions qui ont précédé, est-ce que le système de répression que l'on veut opposer à la presse est plus efficace ?

Vous savez bien que non; vous avez renoncé à la prison, vous avez renoncé aux amendes...

Sur divers bancs. Mais non ! mais non ! pas aux amendes !

M. Granier de Cassagnac. Vous avez renoncé aux grosses amendes ; vous avez renoncé à toutes ces sévérités, dont je ne parle pas pour les regretter, je ne regrette ni le cautionnement de 100,000 fr., ni les amendes de 50,000 fr., ni la prison de quatre années; mais j'en parle pour avoir le droit de dire que si des lois sévères n'ont pas protégé la société, une loi débonnaire, une loi soliveau ne la protégera pas davantage. (Mouvements en sens divers.)

Messieurs, il ne suffirait pas d'établir, de constater de la manière la plus certaine l'impuissance du système judiciaire qui vous est proposé, si je ne m'efforçais de dégager clairement les causes de cette impuissance.

Puisque, depuis trois quarts de siècle, les hommes d'Etat les plus éminents, les jurisconsultes les plus habiles ont échoué, puisqu'ils ont tous échoué dans la recherche et l'application d'un système judiciaire de nature à contenir la presse, il est bien évident que la faute doit en être non pas aux hommes, non pas aux circonstances, mais à la nature même des choses. Eh bien, oui, c'est dans la nature même des choses que se trouve le vice du système. Les esprits méditatifs, les penseurs ont trouvé cette cause depuis longtemps ; malheureusement les hommes pratiques l'ont un peu trop oubliée.

Cette cause de l'impuissance de tous les systèmes judiciaires pour contenir les délits ou les crimes commis par la voie de la presse, Royer-Collard l'indiquait avec une grande hauteur d'esprit dans la discussion des lois de septembre : ce défaut, ce vice, cette impuissance, elle est dans l'impossibilité matérielle qu'il y a à définir le délit de la presse, le crime de la presse. Royer-Collard disait, et avec raison, que cette définition est impossible, qu'il est impossible de trouver des délits, des crimes commis par la voie de la presse une définition assez claire, assez nette, assez précise, pour que le juge n'hésite pas dans l'application de la loi.

Prenons pour exemple un des crimes inventés par les lois de septembre, prenons pour exemple l'offense au roi. Eh bien ! je vous le demande, y a-t-il parmi vous quelqu'un qui voudrait se charger de définir assez clairement ce délit d'offense, — car c'est redevenu un délit, — pour que le juge puisse appliquer toujours avec le repos de sa conscience la définition que vous lui aurez donnée ?

Les Anglais, qui sont des hommes pratiques, ont cherché à définir l'offense. Savez-vous à quoi ils sont arrivés ? Le voici : Ils sont arrivés à trouver que l'offense peut se produire sous six formes différentes : elle peut être directe, détournée, interrogative, conjecturale, exclamative et ironique. (Rires.)

Trouvez-vous cela clair ?

M. Belmontet. Oh non !

M. Granier de Cassagnac. Ni moi non plus !

Il est donc bien évident que tout ce que la sagesse et le savoir des jurisconsultes, des hommes d'État anglais ont pu trouver pour définir l'offense, se réduit à une classification. Il est évident encore que le délit commis par la voie de la presse est indéfinissable, dans quelque langue que ce soit. Cela est vrai, surtout dans une langue comme la nôtre, qui a la faculté de tout dire à demi-mot, et avec des lecteurs comme les lecteurs français, qui ont la faculté de comprendre à quart de mot. (Rires d'approbation.)

Si vous me permettiez d'employer une expression un peu vulgaire, indigne peut-être de cette assemblée, mais qui rend bien ma pensée, je vous dirais : Il est aussi impossible d'enfermer les délits de la presse dans une définition qu'il serait impossible de porter de l'eau avec une écumoire. (Nouveaux rires.)

Eh bien, messieurs, quelle est la conséquence de cette impossibilité de définir les crimes ou les délits commis par la voie des journaux ?

Cette conséquence est grave, et la voici : Le juge, ayant devant lui un cas vague, par conséquent discutable, le juge s'abstient, et il a raison, car il cesserait d'être juge s'il mettait même sa conscience à la place de la loi.

Ce n'est pas un autre sentiment que celui-là qui détermina le législateur de 1835 à déférer les crimes et les délits de la presse à la cour des pairs. Ce qu'il n'osait pas espérer de la loi, il le demandait aux juges.

Et, qu'on me permette de le dire, sans offenser les intentions de personne, ce n'est pas une autre pensée qui a déterminé, en tout temps, en 1835 comme aujourd'hui, ceux qui ont demandé et qui demandent que les délits de la presse soient déférés au jury. Toutes les fois qu'il doit y avoir appréciation personnelle et en quelque sorte jugement discrétionnaire dans l'application de la loi, il est tout naturel que chacun cherche à bénéficier des obscurités et des défaillances du texte.

Aussi MM. Marie, Jules Favre et leurs amis ont proposé un amendement ayant pour but de déférer les délits de la presse au jury. Pourquoi l'ont-ils fait ? Parce qu'ils espèrent que les délits vagues et mal définis de la presse échapperont plus facilement aux jurés, hommes du monde, qu'aux magistrats dont l'esprit est pratique et exercé.

Je ne veux pas examiner la théorie du jury ; vous devez vous rappeler que l'honorable M. Thiers, dans la discussion des lois de septembre, a vidé définitivement cette question de l'application des délits de la presse au jury ; il l'a traitée et vidée avec une hauteur de raison et une puissance de bon sens auxquelles il n'y a rien à ajouter.

Maintenant, messieurs, je vous prie de me permettre d'appeler, en finissant, vos méditations sur ce point, sur cet accord des hommes de gouvernement et des hommes d'opposition pour se défier de l'efficacité de la loi. Ecoutez les uns, ils vous disent : si vous ne déférez pas les délits de la presse au jury, la liberté est perdue ! Ecoutez les autres, ils vous disent : si vous ne déférez pas les délits de presse aux magistrats, la société est perdue !

Dans ma conviction profonde, ils ont raison les uns et les autres. La loi ne défendra rien, elle ne protégera quoi que ce soit, ni la presse ni la société. Des écrivains ardents, passionnés, imprudents, jetteront au vent de leurs fantaisies et de leurs rancunes ces seize années de sécurité, de paix, de liberté, de prospérité, de gloire, qui sont dues à l'accord des grands pouvoirs de l'Etat. (Marques nombreuses d'approbation.) La société ne tardera pas à se sentir profondément menacée, et comme la société ne doit et ne veut pas périr, elle réagira violemment contre ceux qui l'auront compromise.

Que ceux qui ne voient pas ou ne redoutent pas ces deux résultats passent outre, c'est leur affaire ; c'est un point qui ne relève que de leur conscience et de leur responsabilité ; mais, quant à moi, qui ai les deux résultats sous les yeux, qui les vois éclairé de la double lumière de l'expérience et de la raison, je m'arrête au bord du précipice où la presse périra, quand bien même la société y périrait avant elle.

Je conclus, messieurs, en demandant l'ajournement de la loi jusqu'à ce que l'apaisement des passions politiques, jusqu'à ce que le désarmement

M. DE LESSEPS.

des partis nous permettent d'appliquer à la France le régime anglais et le régime américain, c'est-à-dire nous permettent de ne faire relever la presse que des mœurs publiques.

Je demande que le Gouvernement conserve et applique avec modération, comme il l'a fait, le décret du 17 février 1852. Ce décret, il a protégé la France et la liberté pendant seize années, et il les protégera encore ; il est accepté par le pays et sanctionné par l'expérience. Oui, il protégera encore notre pays, surtout s'il est appliqué avec cet esprit d'impartialité et de libéralisme dont la pensée même du projet actuel est un éclatant témoignage. (Vives marques d'approbation et applaudissements. — L'orateur, en retournant à son banc, est entouré et félicité par ses collègues).

Il était visible pour tous, après ce discours, que l'immense majorité du Corps législatif repoussait la loi sur la presse. La séance fut levée immédiatement ; et les ministres présents à la discussion se réunirent dans le cabinet du président, M. Schneider, où il fut résolu que l'Empereur serait informé sans retard des dispositions manifestes de la Chambre.

Le conseil des ministres délibéra le 1er février. M. Rouher, ministre d'État, déclara qu'il partageait la répugnance du Corps législatif pour la loi de la presse ; il demanda à l'Empereur la permission de décliner, à cet égard, toute intervention ; et pour donner au souverain la liberté qu'il revendiquait lui-même, il donna sa démission.

Il en coûtait à l'Empereur de paraître, en retirant la loi, reculer dans la voie où il était entré le 19 janvier. Cependant, il lui répugnait de paraître faire violence au Corps législatif. M. Baroche fut chargé de sonder de nouveau le terrain à la séance du 2 février, et de faire entendre à la majorité que, tout en soutenant la loi, le gouvernement n'entendait pas l'imposer. M. Baroche, malgré son talent et l'estime dont il était l'objet, ne parut pas avoir produit un effet satisfaisant sur l'assemblée.

Inquiet et mécontent, l'Empereur fit appeler M. Rouher et le consulta. Le Ministre d'État fit observer que la loi sur la presse fesait partie d'un ensemble de mesures que le pays n'avait pas demandées, et qui inquiétaient les conservateurs ; il émit l'avis d'avoir recours à une mesure qui permettrait au pays de se prononcer ; c'était de dissoudre le Corps législatif, et de procéder à des élections générales à propos de la loi sur la presse, ce qui eût plus ou moins réagi sur la loi relative au droit de réunion. L'Empereur, frappé de la simplicité et de l'efficacité du moyen qui lui était offert, l'accepta immédiatement, et donna ordre à M. Rouher de préparer le décret, qui serait soumis le lendemain au conseil des ministres et au conseil privé réunis.

Le lendemain, 3 février, le projet de décret fut soumis au conseil. L'Impératrice y assistait. On sait que M. Walewski en faisait partie, et M. de La Valette venait d'y être appelé. M. Rouher n'avait parlé de cette importante question à personne, pas même à M. de La Valette, auquel des liens de famille l'attachaient.

Le comte Walewski saisit du premier coup d'œil le danger que des élections, faites à propos des réformes du 19 janvier, feraient courir aux efforts qui lui étaient communs avec M. Ollivier pour arriver à établir le régime parlementaire. Autant l'Empereur était populaire, autant les théories de l'opposition l'étaient peu. Il s'éleva avec force contre le décret, au nom de la gloire de l'Empereur, lequel, le 24 novembre 1860 et le 19 janvier 1867, avait, disait-il, pris spontanément l'initiative des réformes. L'Impératrice, qui savait au contraire à quelle pression et à quelles obsessions extérieures l'Empereur avait cédé, interrompit M. Walewski avec une vivacité de langage et d'attitude qui impressionna fortement les assistants.

M. de La Valette, qui n'avait pas été prévenu par M. Rouher, et qui était arrivé tard au conseil, se jeta aussi dans la voie déjà ouverte. M. Rouher, démissionnaire depuis deux jours, crut devoir garder le silence. Finalement, l'Empereur, triste, contrarié, chagrin, leva la séance, et se retira dans ses appartements, sans avoir rien résolu.

Le 4 février au matin, M. Rouher fut mandé à dix heures dans le cabinet de l'Empereur. Là, le Souverain, ému, lui déclara qu'après réflexion, il croyait s'être trop avancé pour pouvoir reculer avec dignité. Il dit à son ministre : « Je vous traite en maréchal de France ; je ne vous demande pas un conseil ; je vous donne un ordre. Si je dis à un maréchal d'aller occuper tel point et de s'y faire tuer, il ira. Eh bien, je vous dis : Rouher, allez à la Chambre, et faites voter la loi. » La voix de l'Empereur tremblait. Le Souverain et le fidèle serviteur s'embrassèrent ; M. Rouher, avec une émotion que tout le monde comprit, vint demander l'adoption de la loi, qui fut votée par 215 suffrages contre 7.

Comme M. le président Schneider proclamait le résultat du scrutin, M. de Cassagnac, en entendant ce nombre, ce nombre de sept opposants, dont il était, dit tout haut : « Ce sont *les sept sages de la Grèce !* »

Ils étaient restés fidèles à la fois à leurs convictions et à leur souverain.

La discussion de la loi sur les réunions publiques suivit de près. Elle commença le 14 mars. M. Emile Ollivier, qui en avait été le principal promoteur, soutint, en invoquant l'autorité de Platon, de Machiavel et de M. de Vatimesnil, que la raison l'emporte toujours, dans les réunions publiques, sur les passions tumultueuses, que l'âme humaine incline vers le bien, et que les hommes réunis ont plus de sagesse et de constance qu'un seul. La loi fut votée le 25 mars ; et sa promulgation fut le signal de la réouverture de plusieurs clubs, où des hommes de désordre et des femmes dévergondées firent assaut d'attaques contre la société.

La session fut close le 28 juillet, et, au cri habituel de *vive l'Empereur,* par lequel elle se terminait, M. Bethmont ajouta celui de *vive la liberté*, et M. Eugène Pelletan celui de *vive la nation !*

Pendant le séjour habituel de la famille impériale à Biarritz, une révolution éclata en Espagne, et la reine Isabelle dut passer la frontière le 30 septembre. L'Empereur, l'Impératrice et le Prince impérial allèrent attendre l'auguste exilée à la gare de la Négresse, entre Saint-Jean-Pied-de-Port et Bayonne. La reine d'Espagne se retira à Pau, avec le roi, et le prince des Asturies, son fils.

Le comte Walewski, qui avait exercé, pendant les six dernières années, une influence regrettable sur l'Empereur, mourut subitement à Strasbourg le 27 octobre.

Un décret du 26 décembre fixa au 10 janvier l'ouverture de la session ; et, dès le 18 décembre, le marquis de Moustier avait été remplacé par M. de La Valette au ministère des affaires étrangères, et M. Pinard par M. de Forcade la Roquette au ministère de l'intérieur.

Le discours prononcé par l'Empereur à l'ouverture de la session, dans la salle des États, constatait les troubles qui résultaient déjà du vote des lois nouvelles ; en voilà les principaux passages :

... « La tâche que nous avons entreprise ensemble est ardue. Ce n'est pas, en effet, sans difficulté qu'on fonde, sur un sol remué par tant de révolutions, un gouvernement assez pénétré des besoins de son époque pour adopter tous les bienfaits de la liberté, assez fort pour en supporter même les excès.

« Les deux lois votées dans votre dernière session qui avaient pour but de développer le principe de la discussion, ont produit deux effets opposés qu'il est utile de constater : d'un côté, la presse et les réunions publiques ont créé dans un certain milieu une agitation factice, et fait reparaître des idées et des passions qu'on croyait éteintes ; mais d'un autre côté, la nation, insensible aux excitations les plus violentes, comptant sur ma fermeté pour maintenir l'ordre, n'a pas senti s'ébranler sa foi dans l'avenir.

« Remarquable coïncidence ! Plus des esprits aventureux et subversifs cherchaient à troubler la tranquillité publique, plus le calme devenait profond. Les transactions commerciales reprenaient une féconde activité, les revenus publics augmentaient considérablement, les intérêts se rassuraient et la plupart des élections partielles venaient donner un nouvel appui à mon gouvernement.

. . . .

« Soutenu par votre approbation et votre concours, je suis bien résolu à persévérer dans la voie que je me suis tracée, c'est-à-dire à accepter tous les progrès véritables, mais aussi à maintenir hors de toute discussion les bases fondamentales de la constitution, que le vote national a mises à l'abri de toute attaque.

« On reconnaît la bonté de l'arbre aux fruits qu'il porte, a dit l'Évangile, eh bien, si l'on fait un retour vers le passé, quel est le régime qui a donné à la France dix-sept années de quiétude et de prospérité toujours croissantes ? Certes, tout gouvernement est sujet à erreur, et la fortune ne sourit pas à toutes les entreprises ; mais ce qui fait ma force, c'est que la nation n'ignore pas que, depuis vingt ans, je n'ai pas eu une seule pensée, je n'ai pas fait un seul acte qui n'ait eu pour mobile les intérêts et les grandeurs de la France. Elle n'ignore pas non plus que j'ai été le premier à vouloir un contrôle rigoureux de la gestion des affaires, que j'ai augmenté à cet effet les attributions des assemblées délibérantes, persuadé que le véritable appui d'un gouvernement est dans l'indépendance et le patriotisme des grands corps de l'État..... »

Les réunions publiques étaient devenues un juste sujet d'effroi. Un homme de sens et de cœur, le baron de Benoît, député de la Meuse, adressa une interpellation au gouvernement, à ce sujet, le 1ᵉʳ février. M. Emile Ollivier, qui n'était pas encore sorti des théories sociales pour entrer dans la pratique des affaires, défendit les clubs. « Laissez dire, laissez parler, et n'ayez crainte, s'écria-t-il. Dieu, la famille, la propriété, la morale, le devoir, ce sont quatre puissances qui n'ont rien à redouter de quelques clubistes, énivrés par des idées déraisonnables. » Assurément, les clubistes n'ont pas le pouvoir de détrôner Dieu, mais ils troublent l'ordre public et inquiètent la société, que le gouvernement a l'obligation de défendre. M. Emile Ollivier ne tarda pas à s'apercevoir lui-même de la puissance des déclamations les plus creuses. Les clubs vont faire échouer son élection à Paris, et il ne sera élu, dans le Var, que grâce à une intervention extraordinaire et un peu anormale du gouvernement.

La session fut courte, le Corps législatif touchait à son terme, et il fallait le renouveler. L'ouverture des clubs et la fondation de feuilles nouvelles, à Paris et dans les départements, faisaient pressentir une guerre acharnée organisée par l'opposition, contre les candidats dévoués au gouvernement. La session elle-même fut employée à préparer cette lutte et à la rendre plus ardente. Le vote de la loi relative à la réorganisation de l'armée fut le prétexte choisi. Toutes les vieilles déclamations furent remises à neuf et employées. On reprocha à la loi de dépeupler les campagnes, et d'enlever à l'agriculture les bras qui lui étaient nécessaires. On dit qu'elle favorisait les riches aux dépens des pauvres ; on ajouta que le maintien des jeunes soldats sous les drapeaux diminuait les mariages; en un mot, on chercha à irriter l'esprit des populations rurales contre les députés qui l'avaient votée.

La France n'avait pas encore reçu la terrible leçon de l'invasion, qui a rendu nécessaire et populaire une réorganisation de l'armée bien autrement rigoureuse que celle qui était alors l'objet des critiques de l'opposition.

Pour donner une sanction et un corps à ce nouvel et dernier assaut livré à la loi militaire, un amendement fut déposé par MM. Pelletan, Magnin, Bethmont, Hénon, Picard, Garnier-Pagès, Jules Favre, Dorian et Marie, demandant une réduction de 20,000 hommes sur le contingent. Cet amendement devint l'occasion d'un tournoi de paroles, dans lequel d'ardentes invocations furent adressées au corps électoral, en vue de rapporter la loi militaire et de désarmer la France.

La session finit le 26 avril. Sa durée avait été marquée par la mort de deux hommes, diversement distingués, M. de Lamartine, mort le 1er mars, et M. Troplong, mort le 2 mars 1869.

M. de Lamartine, esprit élevé, noble cœur, l'un des plus remarquables poètes de ce siècle, était entré dans la politique pratique le 24 février 1848, c'est-à-dire à une époque où la société ébranlée et cherchant sa voie, avait besoin pour se diriger d'hommes ayant des principes et du caractère; et il n'avait que du talent de plume et de parole, et cette exagération de la personnalité, qui est la petitesse des grands poètes. Après avoir traversé la révolution de 1848 avec autant d'éclat que de courage, M. de Lamartine disparut de la scène tout à coup et sans retour, pour avoir méconnu l'impérieux et irrésistible besoin d'ordre que manifestait hautement la France. L'Empereur, dont il s'était déclaré l'adversaire public, à la tribune, oublia l'injure pour ne se souvenir que du talent et des services; et l'on a vu que, sur son initiative, les dernières années du poète furent consolées par un don national digne de lui.

Né en 1790, M. de Lamartine mourait à 79 ans. Plus jeune que lui de cinq ans, M. Troplong avait nourri sa longue existence des études fortifiantes du droit et de l'histoire. C'était un savant jurisconsulte, une âme honnête et un esprit droit. Après avoir monté tous les degrés de la hiérarchie judiciaire, il mourait au sommet, et comme premier président de la Cour de cassation, et comme président du Sénat.

Le Corps législatif avait été dissous le 27 avril, et les élections fixées au 23 mai. Un de ses membres les plus importants trouvait dans le renouvellement de son mandat un sujet de légitime préoccupation. C'était M. Émile Ollivier. Les opinions relativement modérées auxquelles il s'était rangé, depuis deux sessions, en le rapprochant du gouvernement l'avaient éloigné de l'opposition. Le temps de l'impopularité arrivait donc pour lui. Il craignait de n'être plus réélu à Paris, dont il était l'un des députés ; et un échec électoral aurait entraîné l'écoulement de sa fortune politique. Il fit négocier avec le gouvernement pour obtenir en province une candidature qui fût un en cas. La négociation réussit. L'Empereur demanda à un loyal député, M. l'Ecuyer d'Attainville, le retrait de de sa candidature dans le Var, qu'il représentait ; et le Préfet du département reçut de M. de Forcade la Roquette l'ordre d'appuyer M. Émile Ollivier, qui fut élu. Comme il l'avait redouté, M. Émile Ollivier n'obtint que 12,000 voix à Paris, où M. Bancel en obtint contre lui 22,000.

Une autre condescendance, celle-ci bien moins justifiée, ouvrit le Corps législatif à M. de Rochefort. La publication d'un misérable pamphlet, la *Lanterne*, lui avait créé dans le personnel des clubs de Paris une popularité malsaine ; mais une condamnation encourue précisément pour ce pamphlet l'avait fait fuir en Belgique. L'Empereur lui fit donner un sauf-conduit, et il vint soutenir sa candidature à Paris, où il fut nommé.

Les élections ne furent ni plus, ni moins mauvaises qu'il était naturel de s'y attendre. Les nouvelles lois sur la presse et sur les réunions publiques avaient à ce point perdu Paris, que M. Henri de Rochefort y était devenu possible et M. Emile Ollivier impossible. Le 1er arrondissement élut M. Gambetta. C'était un avocat inconnu et un tribun en herbe. Il avait, comme M. Rochefort, insulté l'Empereur : c'était là son titre. Paris blasé avait besoin de candidatures pimentées. M. Thiers ne fut pas élu au 1er tour de scrutin, ni M. Jules Favre non plus. Ce dernier, fort démodé, n'avait pas été élu à Lyon, ni à Mirande, ni dans quatre ou cinq autres circonscriptions, où il avait été présenté.

M. LE MARQUIS DE LA VALETTE.

L'élément légitimiste avait presque disparu ; mais le parti parementaire ou orléaniste s'était un peu renforcé. Il avait gagné comme représentants notables, M. Estancelin, dans la Seine-Inférieure; M. de Barante, dans le Puy-de-Dôme, et M. Daru, dans la Manche.

Le Corps législatif se réunit le 28 juin, et siégea jusqu'au 12 juillet en session extraordinaire, pour la vérification des pouvoirs. Toutefois, une œuvre politique considérable s'était accomplie dans son sein, dans cet intervalle.

Quelles qu'eussent été les assurances de fermeté données par l'Empereur au pays, dans le discours d'ouverture de la session, son pied glissait un peu plus chaque jour, et comme à son insu, sur le terrain incliné où il s'était placé le 2 janvier 1860. La nouvelle Chambre, quoique essentiellement conservatrice, n'en avait pas moins été élue au milieu des attaques dirigées contre la Constitution de 1852, et des appels décevants à l'esprit de liberté : le petit groupe, qui avait accepté M. Emile Ollivier pour chef, grossissait. M. de Forcade La Roquette, qui avait présidé aux élections, était un parlementaire pur. Son ambition était de devenir le collègue de M. Ollivier dans un ministère libéral. Il avait du talent et il s'en croyait assez pour se faire lui-même, dans un parlement libre, une situation plus considérable que celle qu'il tenait de l'Empereur. Le ministère d'Etat, agrandi encore par la haute personnalité qui l'occupait, pesait d'un poids gênant et était devenu insupportable pour des ambitions de second ordre, qui se trouvaient étiolées à son ombre; et une sorte de ligue s'organisa au sein du Corps législatif, avec la complicité d'une partie du cabinet, en vue d'agrandir les prérogatives de la tribune aux dépens de celles de la couronne.

Une requête, qui finit par porter le nom de pétition des 116, se signa pour solliciter de nouvelles concessions. D'abord peu remarquée, et portant des noms recueillis sur les frontières, elle acquit tout à coup une importance considérable, lorsqu'elle eut reçu la signature de M. le duc de Mouchy, qui avait l'honneur d'être devenu l'allié de la famille impériale. Dès ce moment, la pétition des 116 devint un document politique dont la Chambre s'émut, et sur lequel le gouvernement dut délibérer.

L'Empereur reçut le Corps législatif à Saint-Cloud, au sujet de la pétition. Ses sentiments étaient les mêmes, associer le plus possible le pays à la gestion des affaires publiques ; et sa résolution de défendre l'autorité que la nation avait placée dans ses mains n'avait non plus rien perdu de son énergie.

La situation était délicate, car il s'agissait d'ajouter encore aux concessions déjà faites.

Le cabinet se partagea.

M. Rouher, qui avait été opposé, comme on l'a vu, à toutes les dérogations déjà apportées à la Constitution de 1852, n'hésita pas à se déclarer contre la pétition des 116, qu'il trouvait dangereuse, inconstitutionnelle et destructive de l'autorité impériale fondée par la nation. Il offrit d'attaquer au Corps législatif la doctrine des 116, et se porta fort de son rejet. Seulement, il demanda que la campagne qu'il était prêt à commencer eût une sanction ; cette sanction, c'était la dissolution du Corps législatif, et des élections nouvelles, faites au nom des principes conservateurs nettement accusés. Appuyé sur une majorité nouvelle, dont il ne doutait pas, et qui n'aurait eu aucune compromission avec les doctrines parlementaires sur la pente desquelles on roulait depuis 1860, il aurait repris l'une après l'autre toutes les armes contenues dans la constitution de 1852, et remis l'autorité monarchique dans la situation que le peuple lui avait faite.

Les ministres qui fondaient des espérances de grandeur personnelle sur le jeu du mécanisme parlementaire ne pouvaient pas s'accommoder d'un pareil projet. Ils firent ressortir les difficultés et les périls d'un retour à des principes déjà écartés, et de l'abandon d'espérances fondées sur l'initiative et les promesses du souverain lui-même.

L'Empereur, qui était fermement résolu à conserver ou à reprendre sa couronne en bloc, même après l'avoir peu à peu cédée en détail, voulut encore une fois accueillir les sollicitations d'hommes qui se disaient dévoués, et dont, après tout, l'action sur l'opinion publique était loin d'égaler la sienne.

Le 12 juillet, il adressa au Corps législatif un message dans lequel il déclarait céder aux vœux exprimés par les 116 ; et le Sénat fut convoqué extraordinairement pour le 12 août, afin de formuler et de voter les nouveautés demandées et accordées ; et la session ordinaire du Corps législatif fut indiquée pour le 29 novembre.

Voici le texte du sénatus-consulte qui fut promulgué le 10 septembre :

Art. 1er. — L'Empereur et le Corps législatif ont l'initiative des lois.

Art. 2. — Les ministres ne dépendent que de l'Empereur.

Ils délibèrent en conseil, sous sa présidence.

Ils sont responsables.

Ils ne peuvent être mis en accusation que par le Sénat.

Art. 3. — Les ministres peuvent être membres du Sénat ou du Corps législatif.

Ils ont entrée dans l'une ou dans l'autre assemblée, et doivent être entendus toutes les fois qu'ils le demandent.

Art. 4. — Les séances du Sénat sont publiques. La demande de cinq membres suffit pour qu'il se forme en comité secret.

Art. 5. — Le Sénat peut, en indiquant les modifications dont une loi lui paraît susceptible, décider qu'elle sera renvoyée à une nouvelle délibération du Corps législatif.

Il peut, dans tous les cas, s'opposer à la promulgation de la loi.

La loi à la promulgation de laquelle le Sénat s'est opposé ne peut être présentée de nouveau au Corps législatif dans la même session.

Art. 6. — A l'ouverture de chaque session, le Corps législatif nomme son président, ses vice-présidents et ses secrétaires.

Il nomme ses questeurs.

Art. 7. — Tout membre du Sénat ou du Corps législatif a le droit d'adresser une interpellation au Gouvernement.

Des ordres du jour motivés peuvent être adoptés.

Le renvoi aux bureaux de l'ordre du jour motivé est de droit, quand il est demandé par le Gouvernement.

Les bureaux nomment une Commission, sur le rapport sommaire de laquelle l'Assemblée prononce.

Art. 8. — Aucun amendement ne peut être mis en délibération, s'il n'a été envoyé à la Commission chargée d'examiner le projet de loi, et communiqué au Gouvernement.

Lorsque le Gouvernement et la Commission ne sont pas d'accord, le Conseil d'Etat donne son avis, et le Corps législatif prononce.

Art. 9. — Le budget des dépenses est présenté au Corps législatif par chapitres et articles.

Le budget de chaque ministère est voté par chapitre, conformément à la nomenclature annexée au présent sénatus-consulte.

Art. 10. — Les modifications apportées à l'avenir à des tarifs de douanes ou de postes par des traités internationaux ne seront obligatoires qu'en vertu d'une loi.

Art. 11. — Les rapports constitutionnels actuellement établis entre le Gouvernement de l'Empereur, le Sénat et le Corps législatif, ne peuvent être modifiés que par un sénatus-consulte.

C'était, qu'on se l'avouât ou non, le passage de la constitution de 1852 dans un ordre d'idées nouvelles. L'article premier, en partageant entre l'Empereur et le Corps législatif l'initiative des lois, enlevait au souverain la direction générale et supérieure du gouvernement, que la Constitution lui avait donnée ; et l'article trois, en permettant aux députés et aux sénateurs d'être des ministres, rendait ceux-ci responsables devant les assemblées, et ouvrait la porte à toutes les compétitions de pouvoir.

Les changements introduits par le sénatus-consulte entraînaient la suppression du ministère d'État. Quelques ministres, qui espéraient que leurs talents et leurs services les mettraient à l'abri des intrigues parlementaires, inaugurèrent avec une satisfaction à peine dissimulée le régime nouveau. Le cabinet fut reconstitué le 17 juillet.

M. de Forcade La Roquette garda l'intérieur ; M. Magne les finances ; M. Gressier les travaux publics ; le maréchal Niel la guerre ; mais M. Baroche fut remplacé à la justice par le modeste et savant M. Duvergier ; M. le prince de La Tour d'Auvergne, aux affaires étrangères, par M. de La Valette ; M. de Chasseloup, à la marine, par l'amiral Rigault de Genouilly ; M. Duruy, à l'instruction publique, par M. Bourbeau, l'éminent doyen de la faculté de droit de Poitiers ; et le ministère de l'agriculture et du commerce rétabli, fut donné à M. Alfred Leroux.

M. Rouher, qui sortait véritablement de la politique, reçut, le 20 juillet, la présidence du sénat.

Le 14 août, le cœur généreux de l'Empereur compléta ces mesures en décrétant une amnistie générale pour tous les crimes ou délits politiques.

Parmi les événements qui remplirent l'intervalle des deux sessions, quelques-uns veulent être notés. Le maréchal Niel mourut le 13 août, et fut remplacé le 21 par le général Le Bœuf. Sa Majesté l'Impératrice, après un rapide voyage en Corse et en Savoie, exécuté à la fin d'août, avec le Prince Impérial, fit ce grand et féerique voyage d'Orient, ayant pour objet l'inauguration du canal de Suez, qui eut lieu, le 16 novembre, à Port-Saïd, et à la suite de laquelle Sa Majesté, à bord de l'*Aigle*, se rendit dans la mer Rouge, à Suez, le 29 novembre. Le 5 décembre, l'Impératrice rentrait à Paris.

Le 27 septembre, le général Fleury avait été nommé ambassadeur à Saint-Pétersbourg.

L'Empereur, qui était pénétré des conditions dans lesquelles le peuple avait fondé sa dynastie, se sentait rempli de doutes à la pensée de les modifier complètement. Il avait déjà fait des pas bien nombreux et bien compromettants vers le régime parlementaire; une hésitation suprême le saisit un peu avant l'heure où il allait y tomber tout à fait.

C'était pendant le séjour à Compiègne, avant l'ouverture de la session. Le désordre moral produit par la presse et par les réunions publiques était extrême. La liberté que l'Empereur avait accordée aux corporations ouvrières de se réunir pour discuter les problèmes du travail, était employée à fomenter des idées immorales et à hâter la fermentation de germes anarchiques; et il avait beau multiplier les concessions aux exigences parlementaires, ce qui avait été l'objet des vœux de la veille se trouvait l'objet des attaques du lendemain.

Il eut la pensée de s'arrêter sur cette pente, et il fit appeler M. Rouher, qui était à sa villa de Cercey. Le fidèle serviteur de vingt années se sentait découragé et blessé de tant d'essais qu'il avait déjà faits pour arrêter le souverain dans sa nouvelle voie. Il hésita à obéir, et il fallut renouveler l'invitation. Il se rendit enfin à Compiègne.

L'Empereur s'ouvrit à lui du dessein qu'il avait de faire un appel nouveau et solennel au pays, et de lui proposer de reprendre purement et simplement les principes de la Constitution de 1852, auxquels la France devait de si belles années de calme, de prospérité et de gloire. Il exposa les bases et les détails de son projet, et pria M. Rouher, rédacteur de la Constitution de 1852, de les coordonner et de les mettre en œuvre. Soit que ce retour à des idées simples et vraies, qui avaient pour elles la sanction du temps et la consécration de la volonté nationale, n'inspirât pas une confiance suffisante à M. Rouher, soit qu'il le trouvât tardif et inopportun, il déclina respectueusement le concours qui lui était demandé. Il était témoin des efforts multipliés pour entraîner le souverain. M. Ollivier était déjà introduit nuitamment à Compiègne, par des complices de ses idées et de son ambition ; et M. Rouher n'eut pas de peine à s'apercevoir de la gêne qu'il causait aux ministres déjà embarqués sur l'esquif parlementaire. Il revint à Cercey, sans avoir encouragé et secondé l'Empereur dans sa résistance salutaire. Il eut tort ; il trouvait l'occasion d'une revanche à prendre au profit des idées qui, en 1852, avaient sauvé le pays, et qui sont encore aujourd'hui sa ressource et son espérance.

Resté seul et livré aux obsessions anxieuses et tenaces des partisans du régime parlementaire, l'Empereur eut le malheur de céder ; et, le 27 décembre 1869, il adressa à M. Émile Ollivier une lettre, dans laquelle il le chargeait de composer un cabinet, d'accord avec la majorité, et en appliquant le sénatus-consulte du 8 décembre.

Après quelques jours de négociations, le cabinet de M. Émile Ollivier était formé. Il parut dans le *Journal officiel* du 2 janvier 1870. Il était composé de la manière suivante :

M. Émile Ollivier, à la justice ; M. Napoléon Daru, aux affaires étrangères ; M. Chevandier de Valdrôme, à l'intérieur ; M. Buffet, aux finances ; le général Le Bœuf, à la guerre ; l'amiral Rigault de Genouilly, à la marine ; M. Segris, à l'instruction publique ; M. de Talhouët, aux travaux publics ; M. Louvet, au commerce; M. Maurice Richard, aux Beaux-Arts, qui furent séparés de la maison de l'Empereur. M. de Parieu fut nommé président du Conseil d'État.

Ce cabinet devait durer six mois, du 2 janvier au 9 août, et précéder de vingt-cinq jours, par son effondrement, la chute de l'Empire, dont il fut la principale cause.

A peine établi, le cabinet de M. Émile Ollivier trouva sur son chemin les difficultés nées de sa politique : autour de lui, les passions révolutionnaires, excitées par une presse hostile et exaltées par les orateurs des réunions publiques ; devant lui, les sentiments d'ordre d'une chambre des députés à laquelle il avait été comme imposé, et dont la majorité, toujours prête à soutenir le pouvoir, n'était pas néanmoins disposée à abandonner sa politique traditionnelle.

Un événement regrettable, né de l'exaltation révolutionnaire, vint, le 10 janvier, mettre sérieusement en péril l'ordre public. Un journaliste inconnu, matamore de bas étage, nommé Victor Noir, alla insulter et frappa au visage, chez lui, le prince Pierre Bonaparte, sous prétexte de le provoquer en duel. Le prince, en état de légitime défense, dans son propre salon, tua l'agresseur d'un coup de pistolet, et se constitua immédiatement prisonnier. L'émotion causée par cet événement fut immense.

Les funérailles de Victor Noir parurent aux clubistes de toutes nuances une occasion favorable pour se compter. Une foule qui ne fut pas évaluée à moins de cent mille hommes, et qui peut-être dépassait ce nombre, se rendit à Chaillot. Rochefort se mit à sa tête, et il fut immédiatement résolu par les meneurs qu'on descendrait vers le centre de Paris par les Champs-Élysées et qu'on enlèverait le Corps législatif et les Tuileries.

Le cabinet de M. Émile Ollivier, qui portait précisément ce jour-là son programme politique dans les deux chambres, prit avec une grande fermeté les mesures nécessaires pour déconcerter les projets des clubs. Des troupes furent réunies aux Champs-Élysées, les sommations légales furent faites et les bandes se dispersèrent silencieusement. Si Rochefort, qui les commandait, ne s'était pas évanoui trois fois de suite, et si Flourens, qui diri-

A BERLIN !

geait en sous-ordre, avait pris la tête du mouvement, il est probable qu'un conflit très-grave aurait eu lieu.

La haute cour, réunie à Tours le 21 mars, jugea et acquitta le prince Pierre. Il est juste de reconnaître que le cabinet de M. Émile Ollivier tint résolûment tête au désordre matériel. Il fit mettre en prison Rochefort, malgré la résistance de la gauche; il fit opérer un très-grand nombre d'arrestations, à la suite de complots et d'émeutes; il déploya, dans quelques centres industriels et miniers, une louable énergie pour réprimer les abus de la loi sur les coalitions; mais cette fermeté était précisément dépensée pour maîtriser les excitations nées de sa propre politique.

La première pensée, ou la première ambition, de M. Émile Ollivier, avait été d'obtenir le renouvellement du Corps législatif. Il dut y renoncer, n'étant pas encore assez considérable par ses services pour obtenir le désaveu d'une majorité qui avait fait, depuis dix-huit années, ses preuves de dévouement. Il prit même de bonne grâce son parti à cet égard, déclarant à la tribune que la Chambre était l'expression fidèle des sentiments du pays, et que son ambition était de gouverner avec son concours.

La situation de M. Émile Ollivier était difficile. Il s'était dit républicain, et la gauche ne lui pardonna jamais sa défection. Elle l'acceptait comme instrument de ses rancunes, non comme représentant de ses doctrines, encore moins comme associé de ses projets. La droite n'avait aucune confiance dans sa nouvelle foi monarchique. Elle se sentait blessée par la guerre qu'il avait déclarée aux candidatures officielles, et qui tendait à affaiblir l'autorité morale de la majorité; guerre d'autant moins loyale que M. Émile Ollivier, ce n'était un secret pour personne, devait sa dernière élection à l'influence du gouvernement, énergiquement exercée, et que M. Segris, l'un des membres de son cabinet, menacé d'un échec certain, avait dû, à la dernière heure, solliciter *par écrit* du préfet de la Loire-Inférieure l'appui de l'administration. Il flottait donc entre la droite et la gauche, n'ayant ni base solide pour son pouvoir, ni fixité bien démontrée dans ses principes. Quoique prodigue de questions de cabinet, qu'il posait à tout propos, il ne se sentait pas assis. Le 23 mai, sur un amendement de M. Picard à la loi de la presse, qu'il avait énergiquement combattu, le cabinet obtenait deux voix de majorité, 99 voix contre 97. L'extrême droite avait voté toute entière pour le ministère.

La situation générale dans laquelle se trouvaient les pouvoirs publics, depuis les dernières réformes du mois de juillet dernier, appelait une régularisation indispensable. Une lettre de l'Empereur à M. Émile Ollivier, du 31 mars, l'invita à lui soumettre un projet de sénatus-consulte fixant d'une manière invariable les dispositions du plébiscite de 1852, réglant le partage du pouvoir législatif entre les deux Chambres, et restituant à la nation la part du pouvoir qu'elle avait légué au Sénat.

Quatre principes devaient dominer le nouveau sénatus-consulte ; il devait : 1° partager entre l'Empereur, le Sénat et la Chambre des députés le pouvoir législatif ; 2° restituer à la nation le pouvoir constituant attribué au Sénat par les articles 31 et 32 de la Constitution de 1852 ; 3° déclarer que la Constitution ne pouvait être modifiée que par le peuple, sur la proposition de l'Empereur ; et 4° enfin, établir que l'Empereur était responsable devant le peuple français, auquel il avait toujours le droit de faire appel.

Ce projet de sénatus-consulte souleva deux questions : l'une dans la presse, l'autre dans le cabinet.

Le journal le *Pays*, dirigé par M. Granier de Cassagnac, soutint énergiquement, dans une série d'articles, que le Sénat ne pouvait pas se dessaisir lui-même de l'autorité constituante dont la nation l'avait investi en 1852 ; que le peuple seul pouvait reprendre ce qu'il avait délégué, et que le sénatus-consulte serait constitutionnellement nul, s'il n'était sanctionné par un plébiscite. Cette doctrine prévalut, et, dans un conseil tenu le 3 avril, sous la présidence de l'Empereur, le ministère décida que le sénatus-consulte serait soumis à l'approbation directe du suffrage universel.

La seconde question était relative au droit de l'Empereur de faire toujours appel à la nation. Elle amena un remaniement du Cabinet.

Balloté entre la gauche et la droite, le ministère avait cherché un appui dans le milieu orléaniste et parlementaire, tenu depuis dix-huit ans hors des affaires par le suffrage universel. M. Daru avait un salon, M. Emile Ollivier n'était pas fâché d'en avoir un. Il appela auprès de lui M. Guizot, M. Odilon Barrot, et les mit à la tête de commissions extra-parlementaires, auxquelles il livra l'examen de notre système administratif et de nos codes. Les vieux délaissés accoururent avec empressement, et l'on rencontra chez les nouveaux ministres de l'Empire tous les ennemis de l'Empereur. Le public, quelque peu surpris de voir appelés à reformer la France ceux dont le peuple ne voulait pas, se moqua des assises de ce parlement forain, qu'on nomma le *Salon des Refusés*; mais dont les membres, rendant à M. Emile Ollivier politesse pour politesse, ouvrirent au jeune ministre, qui n'avait encore rien produit, les portes de l'Académie française. Le parti orléaniste et parlementaire avait donc pris une assez grande influence sur le cabinet. Il essaya de faire refuser à l'Empereur le droit permanent d'en appeler au peuple, à moins que la Chambre des députés n'eût consenti au plébiscite. C'est M. Thiers qui avait suggéré cette combinaison, qui annulait le droit du Souverain. L'Empereur résista, ce qui amena la retraite de M. Daru et de M. Buffet.

Reprise par M. Grévy, sous la forme d'une interpellation, la Chambre eut à se prononcer, le 5 avril, sur le droit plébiscitaire de l'Empereur. L'opinion de M. Thiers eut en sa faveur 53 votes, y compris le sien.

Tout se prépara donc pour le plébiscite, fixé au 8 mai, et qui avait à répondre à une question ainsi posée :

« Le peuple approuve les réformes libérales opérées dans la Constitution depuis 1860 par l'Empereur, avec le concours des grands pouvoirs de l'Etat, et ratifie le sénatus-consulte du 20 avril 1870. »

Dans une proclamation au peuple français, l'Empereur lui disait: VOTEZ OUI; VOUS RENDREZ PLUS FACILE DANS L'AVENIR LA TRANSMISSION DE LA COURONNE A MON FILS.

Le parti républicain accepta la question ainsi posée ; et, dans un manifeste délibéré rue de la Sourdière, n° 31, lieu ordinaire de ses réunions, il déclara ouvrir la lutte contre l'Empereur, et conseilla de voter NON.

Paris, gagné à la démagogie, donna la victoire à la République ; le scrutin offrit le résultat suivant :

Oui, 138,406.
Non, 184,945.

La France resta ce qu'elle était; elle donna une formidable majorité à l'Empire. Voici les chiffres :

Oui, 7,350,000.
Non, 1,560,709.

Et cependant, c'est appuyé sur une telle force morale, que l'Empire va tomber.

Quelques étincelles précédèrent l'incendie. Le 26 mai, le roi de Prusse, en clôturant la session du Reischtag, avait dit : « J'espère que la nation allemande *acquerra la place à laquelle elle est appelée et destinée!* » Le 9 juin, un député conservateur, M. Mony, demanda à interpeller le gouvernement sur un projet de chemin de fer du Saint-Gothard, à l'établissement duquel M. Delbruck, ministre d'Etat de l'Allemagne du Nord, proposait de contribuer pour 24 millions. L'interpellation fut acceptée pour le 20 juin, et M. le duc de Gramont, qui avait remplacé M. le comte Daru au ministère des affaires étrangères, donna des explications qui ajoutèrent à l'animation générale et déjà ancienne de l'opinion publique contre la Prusse. La question était de savoir si cette intervention pécuniaire de l'Allemagne du Nord dans le chemin de fer dont il s'agissait, ne pourrait pas avoir pour conséquence la destruction ultérieure de la neutralité et de l'indépendance helvétiques. M. de Gramont accepta cette hypothèse au nom du gouvernement, et déclara que « si l'indépendance de la Suisse était mise en péril par le chemin de fer du Saint-Gothard, nous la défendrions. »

La tension et l'irritabilité des esprits était extrême. L'opposition sonnait le tocsin perpétuel de Sadova. « Nous reprochons au gouvernement Sadova » disait M. Thiers à la tribune, le 30 juin. M. Jules Ferry jetait de son banc aux conservateurs l'injure de « majorité de Sadova! » Tout le monde voulait énergiquement ce qu'on appelait une revanche, une réparation des agrandissements excessifs et menaçants de la Prusse; et, le 15 juillet, dans la discussion sur la paix ou la guerre, toute l'opposition de M. Thiers se résuma dans ces paroles : « Vous saisissez mal l'occasion de LA RÉPARATION QUE JE DÉSIRE AUTANT QUE VOUS! »

C'est au milieu de cet état surexcité et maladif des esprits qu'une note du *Constitutionnel*, du 4 juillet, annonça que des agents du maréchal Prim s'étaient rendus à Berlin et avaient offert la couronne d'Espagne au Prince de Hohenzollern. Le fait était vrai. Un député de la gauche, M. Cochery, déposa, le 5 juillet, une demande d'interpellation sur la candidature éventuelle d'un prince de la famille royale de Prusse au trône d'Espagne.

M. le duc de Gramont donna le lendemain à la tribune du corps législatif les explications suivantes : « La négociation nous a été cachée; nous sommes restés neutres entre tous les candidats, par respect pour les droits du peuple espagnol; mais nous ne pensons pas qu'une puissance étrangère, en plaçant un de ses princes sur le trône de Charles-Quint, puisse déranger, à notre détriment, l'équilibre actuel des forces de l'Europe.

« S'il en était autrement, forts de votre appui, Messieurs, et de celui de la nation, nous saurions remplir notre devoir sans hésitation et sans faiblesse. »

Ces fermes paroles soulevèrent un immense applaudissement, dans l'enceinte du corps législatif, dans la presse et dans l'opinion publique. On se sentait, depuis trois ans, poussé à la guerre; et ceux qui depuis lors l'ont violemment reprochée à l'Empire, sont les mêmes qui l'avaient rendue imminente par leurs déclamations contre les envahissements de la Prusse.

Cette guerre était-elle juste? On va en juger. La déclaration lue simultanément, le 15 juillet, au Sénat et au Corps Législatif, contenait les deux passages suivants :

« Le roi de Prusse a soutenu qu'il était resté étranger aux négociations, quoi qu'il en ait été informé par M. de Bismarck, et qu'il n'était intervenu que comme chef de famille, non comme souverain.

« Nous demandions qu'à l'avenir aucun prince de la famille royale de Prusse ne se porte candidat à la couronne d'Espagne.

« Le Roi *a refusé*, en déclarant qu'il SE RÉSERVAIT DE CONSULTER LES CIRCONSTANCES. »

Un tel langage constituait une menace perpétuellement suspendue sur la France; pouvait-on, devait-on la supporter? Non ! M. Thiers ne le croyait pas non plus; il disait dans cette séance du 15 juillet, en répondant à M. Émile Ollivier : « M. le garde des

Sceaux a dit AVEC RAISON, que NOUS NE POUVIONS SOUFFRIR L'ENTREPRISE DE LA PRUSSE.

La guerre était donc juste, même aux yeux de M. Thiers, qui se bornait à conseiller de l'ajourner, et disait : « VOUS CHOISISSEZ MAL L'OCCASION DE LA RÉPARATION. »

En résumé, toute la question se réduisait à savoir si l'on était prêt. Le ministère l'assurait ; M. Thiers le croyait. Il avait dit à la tribune, le 30 juin : « Savez-vous pourquoi la paix est maintenue ? C'est parce que vous êtes forts... Si vous voulez la paix, restez forts. »

C'est parce qu'on se croyait prêt et que la guerre était juste, que les subsisdes, à l'octroi desquels elle était subordonnée, furent votés d'enthousiasme, par 248 suffrages contre 10 ; et parmi ceux qui votèrent *oui*, se trouvaient les plus fougueux républicains, M. Gambetta, M. Pelletan, M. de Kératry et M. Picard !

Il est indispensable, au moment où la guerre est déclarée, d'indiquer avec détail et précision où en était l'opinion publique à ce sujet. Dans l'étude de la guerre de 1870, deux points de vue doivent surtout nous guider, et nous en ferons les deux divisions principales et nécessaires de ce livre.

Le premier point de vue est celui-ci : Qui a voulu la guerre ?

Le deuxième : Qui doit être rendu responsable de ses désastres ?

L'opinion publique tout entière était surexcitée d'une façon incroyable contre la Prusse. Il s'était passé ce phénomène bizarre dans nos mœurs que l'ancienne et séculaire inimitié de la France contre l'Angleterre s'était tout d'un coup modifiée, mettant à Berlin l'objectif qui était à Londres.

Et dans un pays comme le nôtre il y a ceci de curieux, c'est que l'impressionnabilité des esprits semble avoir toujours besoin d'un côté sentimental. Pendant des centaines d'années, depuis Crécy, Poitiers et Azincourt, la haine de l'Anglais avait d'une façon étrange passionné le peuple français, et excité l'idée patriotique qui paraît avoir besoin, chez nous, d'un stimulant particulier.

La grande réconciliation de l'Angleterre et de la France est un phénomène extraordinaire dans la vie de notre nation. Il n'avait pu être accompli que par la dynastie napoléonienne qui en avait le plus souffert et qui seule pouvait en effacer le souvenir. En effet, la victime seule a le droit de pardonner au bourreau sans avoir à redouter d'être l'objet des soupçons. Le neveu du martyr de Sainte-Hélène, tendant la main aux compatriotes de Hadson Lowe, aux compatriotes de Pitt et de lord Castelreagh, et cela au nom des grands intérêts de la prospérité publique et de l'humanité, pouvait seul réconcilier dans une abnégation patriotique deux nations que le passé semblait diviser pour toujours.

Alors, et par un effet naturel, la passion française se porta sur un autre point. Ce point c'était la Prusse. La France féodale avait pour adversaire l'Angleterre féodale ; la France moderne, la France démocratique devait avoir pour adversaire la puissance européenne qui, la première, tenta de s'opposer à l'idée révolutionnaire.

Les événements voulaient que les souvenirs de 1793 fussent encore vivants parmi nous et vibrassent encore d'une façon éclatante à notre pensée. On se rappelait l'invasion de la Champagne, on se rappelait les proclamations insolentes de Brunswick voulant se rendre l'arbitre de nos destinées politiques ; on se rappelait surtout Waterloo, on se rappelait l'entrée des alliés en 1815, et la corde que les soldats de Blücher nouèrent autour du cou de la statue de bronze de la place Vendôme réveillait en nous plus de colère que n'en réveilla autrefois la captivité du roi Jean ou l'entrée d'Henri V d'Angleterre à Paris.

De plus, la France moderne qui avait lutté contre l'Europe coalisée considérait la Prusse comme le seul pays qui n'eût pas encore payé la dette nationale. On avait réglé les comptes avec l'Autriche et avec la Russie : Sébastopol et Solférino réclamaient un pendant qui manquait encore.

C'est dans cet ordre d'idées que s'est présentée l'affaire Hohenzollern. La question eut été soulevée par toute autre nation qu'elle n'eut pas eu la même importance. Suscitée par la Prusse, elle atteignait tout de suite des proportions incalculables.

Et quand on vient nous dire que c'est l'Empire qui a voulu la guerre, on ment, on ment sciemment, et c'est à la nation tout

PREMIER MOUVEMENT DES TROUPES.

entière, et non à l'Empereur, qu'incombe la responsabilité de la résolution prise.

Qui de nous, en effet, ne se souvient de l'enthousiasme populaire manifesté par l'opinion publique, sans distinction de nuances ou de partis.

Qui ne se rappelle les bandes se promenant à travers Paris, précédées de drapeaux, dans un appareil belliqueux, demandant la guerre à cor et à cris, et criant : *à Berlin* ! Partout, dans les théâtres, on réclamait la *Marseillaise*, le *Rhin allemand*, à tel point que le ministère du 2 janvier n'eut pas le courage de s'opposer à l'élan populaire et crut bien faire en le suivant aveuglément.

Les journaux de cette époque sont unanimes pour forcer la main au Gouvernement, et nous devons à l'histoire véridique, à l'histoire impartiale de rappeler leur langage à cette époque.

Voici ce que disait le *Soir*, dirigé alors par M. Edmond About, lequel maintenant s'est fait notre ennemi le plus acharné à la rédaction *du XIXme Siècle :*

« Quoi, on permettrait à la Prusse d'installer un proconsul sur notre frontière d'Espagne ! mais alors nous sommes trente-huit millions de prisonniers ! » (7 juillet 1870.)

Le *Temps* disait :

« Si un prince prussien était placé sur le trône d'Espagne, ce n'est pas jusqu'à Henri IV seulement, c'est jusqu'à François Ier que nous nous trouverions ramenés en arrière. »

Le *Siècle* disait :

« La France enlacée sur toutes ses frontières par la Prusse ou par les nations soumises à son influence, se trouverait réduite à un isolement pareil à celui qui motiva les longues luttes de notre ancienne monarchie contre la maison d'Autriche. La situation serait à beaucoup d'égards plus grave qu'au lendemain des traités de 1815. »

Le *Rappel* disait :

« Les Hohenzollern en sont venus à ce point d'audace qu'il ne leur suffit plus d'avoir conquis l'Allemagne, ils aspirent à dominer l'Europe. Ce sera pour notre époque une éternelle humiliation que ce projet ait été, nous ne dirons pas entrepris, mais seulement conçu. « Signé : François-Victor Hugo. »

Le *Gaulois* qui, à cette époque, faisait de l'opposition et ne s'était pas, comme depuis, rallié à l'Empire avec le désintéressement et le patriotisme que l'on sait, le *Gaulois*, sous l'inspiration de M. Pessard, le républicain, disait :

« Nous espérons que le Gouvernement français ne pourrait sans trahison, vis-à-vis de la France, supporter un jour de plus les agissements prussiens. On pourrait pardonner au cabinet d'avoir manqué à ses promesses, ravivé nos colères, on ne lui pardonnerait pas de n'avoir pas su être Français. »

Pour obéir au sentiment national, le Gouvernement de l'Empereur se résout à la fameuse déclaration Grammont par laquelle il s'oppose nettement à la candidature Hohenzollern. C'était le 7 juillet.

Dès le jour même, la presse française recommença de plus belle dans ses incitations guerrières.

Le *Gaulois* s'exprime ainsi :

« Pour la première fois depuis le 23 février, le ministère a parlé aujourd'hui le seul langage digne d'un cabinet français, digne du pays qui l'écoutait. Si nous avions supporté ce dernier affront, il n'y avait plus une femme au monde qui eût accepté le bras d'un Français. »

Le *Figaro* :

« Le concours que le Gouvernement peut attendre du pays a été caractérisé par les applaudissements de la Chambre, devant les déclarations de M. de Grammont. La gauche elle-même a dû céder devant la libre manifestation de l'opinion publique. »

Le *Journal de Paris* :

« Si M. de Grammont n'avait pas parlé, on aurait pu croire, à la fin, que la politique de la Chambre était dans la résignation et dans l'effacement. »

Le *Soir* :

« Le premier devoir pour l'opposition en France est d'être d'accord avec le sentiment populaire. Tout le monde est pour le cabinet. »

La *Presse* :

« Nous sommes convaincus que la Prusse cédera. La victoire morale sera donc complète. »

Le *Gaulois* (*Echos des Chambres*) :

« Il n'y avait plus de gauche ouverte, il n'y avait plus de droite, il n'y avait dans la Chambre que des Français. Toute la Chambre se lève et bat des mains : les tribunes elles-mêmes appuient la manifestation ; les femmes agitent leurs mouchoirs, l'émotion est indescriptible. »

L'*Univers* :

« Cette déclaration était hier au soir dans les cercles et dans les lieux publics l'objet de toutes les conversations : le ferme langage du Gouvernement était unanimement approuvé et même applaudi. Nos ministres ont été, dans cette circonstance, les organes contenus de l'opinion nationale. »

L'*Opinion nationale* :

« En restant sur ce terrain, le Gouvernement peut tenir, comme il l'a tenu, un langage haut et ferme. Il aura toute la France derrière lui. M. de Bismarck passe toutes les bornes ; s'il veut conserver la paix, qu'il recule ; quant à nous, nous ne le pouvons plus. »

Le *Correspondant* :

« Nous sommes de ceux qui applaudissent à la ferme attitude adoptée par le Gouvernement. Nous sommes soulagés de nous sentir enfin redevenus Français. Toutes les âmes patriotiques ont salué, comme la Chambre, la déclaration du pouvoir en y retrouvant avec joie le vieil accent de la fierté nationale. Si l'on réfléchit que les sentiments dont l'explosion vient de retentir étaient comprimés depuis quelques années dans toutes les poitrines, on ne s'étonnera pas que le Gouvernement lui-même ait cédé à l'entraînement universel. »

La Prusse avait cédé : le père du prince de Hohenzollern, d'accord avec le Gouvernement espagnol, décida son fils à retirer sa candidature.

Pour tout le monde, et surtout pour le Gouvernement français, les causes de la guerre disparaissaient naturellement. La solution pacifique, cherchée par l'Empereur, s'accordait avec ce que pouvait réclamer le sentiment national le plus susceptible. Mais, ce qui pouvait suffire à toute autre nation dans tout autre moment, ne suffisait plus à l'opinion publique effroyablement excitée.

Le *Constitutionnel* du 7 juillet, organe du cabinet, publie en vain la note suivante :

« Le prince Hohenzollern ne régnera pas en Espagne. Nous n'en demanderons pas davantage, et c'est avec orgueil que nous accueillons cette solution pacifique. Une grande victoire qui ne coûte pas une larme, pas une goutte de sang. »

Et le Gouvernement français était si sincère dans son désir de maintenir la paix que, lorsqu'il s'adressait au cabinet de Londres pour lui demander de l'aider à obtenir la retraite volontaire du prince de Hohenzollern, voici la dépêche que lord Lyons écrivait à ce sujet, le 8 juillet, à lord Granville :

« Il y aurait une autre solution de la question et le duc de Grammont m'a prié d'appeler sur ce point l'attention du Gouvernement de Sa Majesté. Le prince de Hohenzollern pourrait, de son propre mouvement, abandonner la prétention à la couronne d'Espagne. Une renonciation volontaire du prince serait, selon M. de Grammont, une solution heureuse d'une question difficile et compliquée. Il prie le gouvernement de Sa Majesté d'user de toute son influence pour y arriver. »

Eh bien, comment l'opinion publique, informée de cette solution pacifique, l'accueillit-elle ?

Par des huées !

Voici le langage des journaux :

La *Presse* :

« Cette victoire, dont parle le *Constitutionnel*, qui n'a coûté ni une larme ni une goutte de sang, serait pour nous la pire des humiliations et le dernier des périls. Que la Chambre intervienne donc ! Nous n'avons plus le choix qu'entre l'audace et la honte. Quel est l'orateur à la tribune ou l'écrivain dans un journal qui conseillerait d'hésiter ? »

L'*Opinion nationale* :

« Depuis hier toutes les feuilles amies du gouvernement répètent à l'envi que la paix est faite, que le différend est terminé, qu'il faut se réjouir. Cependant personne ne se réjouit. L'opinion est triste, désappointée, inquiète. »

Paris-Journal :

« La candidature espagnole était pour le Gouvernement français une occasion excellente, et qui ne se retrouverait plus, de rappeler à la Prusse qu'il existe une France frémissante depuis Sadowa. »

Le *Soir :*

« S'il y a une déclaration aujourd'hui, le Corps législatif croulera sous les applaudissements. Si la déclaration n'arrive pas, ce sera plus qu'une déception, ce sera un immense éclat de rire, et le cabinet restera noyé dans son silence. »

Le *Gaulois :*

« Paris a donné hier, la France donnera aujourd'hui le spectacle d'une grande nation plongée dans la stupeur par une nouvelle qu'on salue ordinairement avec des cris de joie. Les cœurs sont serrés ; on est triste et sombre. C'est que les masses, dix fois plus intelligentes que nos gouvernants, comprennent, avec leur instinct profond, que cette victoire pacifique coûtera, par ses conséquences fatales, plus de sang à la France que des batailles rangées. »

L'Univers :

« L'on ne peut nier que l'opinion ne soit presque unanime à réclamer une action énergique. Une guerre avec la Prusse serait populaire en France, l'opinion publique serait déçue si l'affaire venait à s'arranger par la diplomatie. »

Le *Figaro :*

« Le ministère doit être Français et agir en Français. D'ailleurs, tandis que les Prussiens ont intérêt à gagner du temps, nous avons intérêt à n'en pas perdre. »

Le *National :*

« C'est une paix sinistre que celle dont on parle depuis vingt-quatre heures. »

La *Liberté*, sous la signature de M. de Girardin :

« Si la Prusse refuse de se battre, nous la contraindrons, à coups de crosse dans le dos, de passer le Rhin et de vider la rive gauche. »

Ainsi donc, et pendant que le Gouvernement de l'Empereur se

cramponnait à la paix, l'opinion publique le rejetait violemment dans la guerre.

Nous terminerons cet examen rapide et concluant de l'opinion par la dépêche n° 60, adressée par lord Lyons à lord Granville :

« L'excitation du public et l'irritation de l'armée étaient telles qu'il devenait douteux que le Gouvernement pût résister aux cris poussés pour la guerre, même s'il était en mesure d'annoncer un succès diplomatique. On sentait qu'il serait bien difficile d'arrêter la colère de la nation, et l'on pensait généralement que le Gouvernement se sentirait obligé d'apaiser l'impatience, en déclarant formellement son intention de tirer vengeance de la conduite de la Prusse. »

On le voit, et la question est décidée par les documents que nous venons de donner, le seul qui ne voulût pas de la guerre en France, c'était l'Empereur. Tout le monde la désirait, tout le monde la réclamait, et il faudrait que la nation française fût bien misérable, ce qui n'est pas, Dieu merci ! pour reprocher à un homme seul, à l'Empereur, ce dont elle est uniquement responsable elle-même.

Dans cette guerre, comme dans toutes les autres guerres que nous avons racontées, nous pouvons montrer l'Empereur exclusivement préoccupé de la paix, faisant ce qu'il peut pour arrêter la guerre, et ne tirant l'épée qu'à regret alors seulement qu'il y est obligé. Mais dans cette guerre plus que dans toute autre, l'Empereur s'est efforcé, poussé évidemment par un instinct secret, d'enrayer la volonté nationale excitée jusqu'à la folie.

Avec quelle tristesse, avec quels sombres pressentiments s'exprimait-il, on ne l'a pas oublié, lorsqu'il écrivait sa dernière proclamation, au moment de partir pour se mettre à la tête de l'armée ! Quand chacun se confiait dans le souvenir enivrant des gloires d'autrefois, et s'imaginait que cette terrible guerre ne serait qu'une partie de plaisir pour la *furia* française, l'Empereur, lui, était triste, était morne, et y allait comme un homme y va malgré lui, contre son gré, et poussé par une fatalité.

Cette attitude de l'Empereur tranche et détourne au milieu de l'enthousiasme général, ce qui prouve qu'il était le seul à avoir le sentiment exact des difficultés de l'heure présente et des redoutables périls dans lesquels s'engageait l'imprévoyance de la nation.

D'ailleurs, le sentiment de l'opinion publique en faveur de la guerre ne se faisait pas jour seulement dans la presse et dans la rue. Le Corps législatif s'en montra l'écho complet.

Le 15 juillet, le Gouvernement porta devant lui la question de paix ou de guerre. Sur 257 députés votants, voici comment se partagèrent les votes :

Pour la guerre : 247 voix.
Contre la guerre : 10 voix.

Et quelle fut dans cette mémorable séance la conduite de l'opposition?

La voici : votèrent *pour la guerre :* M. Gambetta, membre du Gouvernement du 4 Septembre ; M. Jules Simon, membre du Gouvernement du 4 Septembre ; M. Jules Ferry, M. Ernest Picard, M. Magnin, membres du Gouvernement du 4 septembre ; M. de Kératry, préfet de police du 4 Septembre ; M. Rampont, directeur général des postes, M. Steenackers, directeur général des télégraphes du Gouvernement du 4 Septembre ; M. Barthélemy Saint-Hilaire, chef du cabinet de M. Thiers, M. Larrieu, préfet du 4 Septembre ; M. Lecesne, fournisseur du Gouvernement du 4 Septembre ; puis MM. Bethmont, Carré-Kérisouet, Javal, de Jouvencel, Keller, Malézieux, Riandel, Guyot-Montpayroux et Wilson, tous députés de l'opposition.

Et M. Thiers que fit-il sur la question de la guerre qu'il prétend aujourd'hui avoir vivement combattue ? Il imita les hommes prudents, et il s'abstint.

Néanmoins, et après avoir vu que toute la Chambre moins dix voix, avait voté la guerre, au milieu de l'enthousiasme indescriptible des tribunes, M. Thiers se ravisa ; et le ministre de la marine, ayant demandé immédiatement 16 millions pour commencer les opérations militaires contre la Prusse, M. Thiers les vota.

Qu'on juge maintenant, pièces en mains, de la sincérité de ceux qui ont accusé l'Empereur d'avoir excité à la guerre et qui prétendent que l'opposition l'a repoussée !

Et comme complément à tout cela, nous finirons par deux cita-

LE SÉNAT, LE 15 JUILLET.

tions bien instructives. Le lendemain de la déclaration, *l'Univers*, feuille catholique, royaliste, disait :

« La guerre où nous entrons n'est pour la France ni l'œuvre d'un parti, ni une aventure imposée par le souverain. La nation s'y donne de plein cœur. »

Et le journal le *Soir* du républicain About s'écriait :

« Ce n'est pas l'Empereur Napoléon III qui de son chef a déclaré la guerre actuelle ; c'est nous qui lui avons forcé la main. »

Cela rappelait le langage de la *Gazette de France*, jalouse de l'attitude patriotique qu'elle voyait prendre au Gouvernement, et demandant à l'Empereur, dans une ignoble inquiétude de parti : « Qu'allez-vous faire de la victoire, et comment l'emploierez-vous ? »

Voyons, et quel est l'homme de bon sens, quel est l'homme honnête et impartial qui peut, après avoir parcouru les textes que nous venons de citer, dire encore que c'est l'Empereur qui a voulu la guerre, et qu'il a violenté la France pour la faire ?

Voilà le premier point traité par nous, et sans réplique. Il ressort que l'opinion publique tout entière a précipité le Gouvernement malgré sa résistance dans la guerre. Mais avant de traiter le deuxième point et d'établir que l'Empire n'est pas responsable des désastres, il nous faut en passant et rapidement, écraser du talon une calomnie stupide qui a eu son cours.

Que de fois les adversaires de l'Empire n'ont-ils pas cherché à faire croire que l'Empire avait fait la guerre dans un intérêt dynastique ! Un simple examen suffit pour mettre à néant cette affirmation odieuse et mensongère.

En 1870, l'Empire était parvenu à son apogée. Comme force, comme grandeur, comme puissance, comme gloire, il pouvait défier tous les gouvernements qui l'avaient précédé sur le trône de France. Son prestige était immense : il était considéré comme l'arbitre des destinées du monde, et aucun événement n'avait lieu en Europe, en Asie, en Amérique, partout, sans qu'il fût consulté et écouté avec un respect religieux et craintif.

Le plébiscite du 8 mai était venu briser toute opposition, et avait imposé un frein définitif à toutes les revendications qui essayaient de survivre au premier plébiscite de décembre. Sept millions de suffrages, c'est-à-dire près d'un million de plus qu'à l'avénement, affirmaient, après dix-huit ans de règne, que la nation française avait plus que jamais confiance dans le souverain de son choix. S'il était alors un grand souverain dans l'univers, c'était l'Empereur. S'il était une dynastie qui parût à tout jamais fondée, c'était la dynastie napoléonienne...

Quel besoin l'Empereur avait-il de se lancer dans une aventure ? Aucun, s'il n'avait à considérer que son propre intérêt. Au contraire même, tout le lui défendait.

Avait-il besoin d'autorité ? Les sept millions de voix du plébiscite la lui donnaient formidable, incontestée, en face de l'opposition vaincue et terrassée.

Avait-il besoin de gloire ? Non. Le dôme des Invalides pavoisé par les étendards conquis en Crimée, en Italie, au Mexique, en Chine, en Algérie suffisait largement pour établir que le deuxième empire n'avait rien à envier à l'illustration du premier.

Qu'ajoutaient de nouveaux succès, comme chance de durée et de stabilité pour la dynastie ? Rien, et à aucune époque dans l'histoire, une race souveraine n'eut moins besoin de lauriers.

Mais, en revanche, quelles étaient les chances contraires ? Elles étaient effrayantes. Si on était battu, c'était l'humiliation après la gloire, c'était la faiblesse après la force, c'était la ruine après la prospérité, c'était ce que nous avons vu, la petite maison de Cambden-Place après les Tuileries, l'exil et la mort après l'apothéose.

L'Empereur le savait, l'Empereur le sentait, et c'est pour cela qu'il ne s'est résolu à la guerre qu'avec l'immense regret que l'on a vu et dont la dernière proclamation est un écho lugubre et saisissant.

Il faut être fou et malhonnête pour oser dire que l'Empereur a fait la guerre dans un intérêt dynastique, puisque dans la situation magnifique, merveilleuse, et sans précédents où il se trouvait, il avait tout à perdre, loin d'avoir quoi que ce soit à gagner.

Son intérêt lui commandait de jouir en paix de l'influence presque surnaturelle qu'il exerçait sur la population française, de s'endormir dans la grandeur qui l'entourait et de ne pas commencer, malade et sur le déclin de la vie, une des ces guerres qu'il jugeait lui-même longue et pénible, et qui pouvait en quelques heures lui ravir tout le fruit de dix-huit années d'un bonheur inouï.

L'enthousiaste acclamation du plébiscite qui reliait la chaîne du père au fils, et faisait naturellement le passage de Napoléon III à Napoléon IV, lui interdisait toute tentative aléatoire, et en présence de ces considérations qui s'imposent, on en est vraiment à se demander si les adversaires politiques de l'Empire n'ont pas eu, comme secret mobile, en poussant l'Empereur à la guerre malgré lui, de courir la chance d'une catastrophe imprévue, qui seule dans l'état présent des choses pouvait les débarrasser d'une dynastie rendue inexpugnable par le respect et l'amour de la France !

Et cette idée d'une grande trahison qui couvait déjà, qui consentait dans son infamie à sacrifier la France tout entière à une haine politique, ne fût-elle pas établie, est prouvée d'une façon irréfutable par la joie que ressentirent les ennemis de l'Empire en apprenant nos désastres, et par cette opinion qu'ils essayaient de répandre, dès les premières défaites, à savoir que la France n'avait rien à voir dans cette guerre, et que l'Allemagne n'en voulait qu'à la personne de l'Empereur.

C'est au nom de cette opinion que Jules Favre demandait la déchéance de l'Empereur dès le 10 août, offrant ainsi à l'ennemi vainqueur ce que le 4 Septembre devait réaliser quelques jours après, la France désorganisée, sans gouvernement et sans défense.

Et lorsque l'*Électeur libre*, journal des frères Picard, lorsque Beslay, l'orléaniste, écrivirent plus tard que *ce n'était pas trop de dix milliards dépensés et de deux provinces perdues et de deux cent mille hommes tués pour être débarrassés de l'Empire*, il y avait là l'explication du véritable but de cette guerre prêchée surtout par l'opposition, et ce but était, comme ils le disent, un but dynastique, c'est vrai, mais ce but dynastique n'était pas celui qu'ils essaient de faire croire : il consistait à perdre la France, à la ruiner, à la déshonorer, à l'assassiner dans l'espoir, même pas contenu, que l'Empire y resterait !

Maintenant, arrivons au deuxième point que nous avons indiqué et sur lequel nous ne nous étendrons pas longuement, le sujet ayant été traité déjà précédemment. Il s'agit de savoir à qui incombe la responsabilité de la guerre ?

La guerre a été, on l'a vu, rendu nécessaire et indispensable par les clameurs qui s'élevèrent, surtout des divers côtés de l'opposition, et c'est cette même opposition qui ayant rendu la guerre obligatoire, l'a rendue ensuite désastreuse.

L'Empereur avait été forcé de faire la guerre ; il a dû la faire sans être suffisamment prêt, et, cela, parce que les parties adverses coalisées lui avaient enlevé tous les moyens de s'y préparer.

Qui donc avait refusé les contingents ?

L'opposition.

Qui donc avait refusé les armes ?

L'opposition, toujours l'opposition !

C'est elle qui est cause qu'on n'avait ni hommes, ni fusils, ni canons; les débats du Corps législatif, que nous avons cités, sont là pour en faire foi.

Après avoir désarmé la France, ils l'ont donc forcée de se jeter impuissante, la poitrine nue, sur les baïonnettes, qui nous attendaient de l'autre côté du Rhin !

Ah ! s'il nous était permis, dans notre pieux respect pour la mémoire de Celui qui n'est plus, d'adresser un reproche à l'Empereur, nous lui dirions que les seuls torts qui lui reviennent sont contenus dans sa bonté, dans sa loyauté.

Au lieu de demeurer l'observateur fidèle et rigoureux d'une Constitution libérale, fatalement accordée, il aurait dû ne tenir aucun compte des déclamations anti-patriotiques et ignorantes des ennemis de la gloire française ; il aurait dû faire taire tous les braillards de la tribune et de la presse et agir comme ce roi Guillaume, notre vainqueur, qui sut, dans un jour de prophétique vigueur, passer par dessus de vaines barrières et forcer son pays à être prêt, à être armé, à être triomphant.

Mais l'Empereur fut trop bon, il fut trop confiant dans ses ennemis politiques ; il ne les crut pas capables de sacrifier la France par haine de l'Empire, et il se trouva subitement acculé à la guerre sans avoir eu ni le temps, ni les moyens d'y pourvoir suffisamment.

Donc la guerre était déclarée, l'Empereur partit; fidèle aux traditions de sa race, il allait pour payer de sa personne emmenant avec lui son fils, le Prince impérial, pour lui faire partager les dangers communs.

L'Empereur ne commandait pas l'armée, tout le monde le sait, et le plan de campagne conçu librement par ses généraux n'était pas de lui.

Nous n'avons pas ici à faire l'histoire de cette guerre, de cette campagne sanglante et douloureuse, qui comprend Forbach, Reischoffen et qui aboutit à la séparation de notre armée, dont une partie fut l'armée de Metz, sous le maréchal Bazaine, et l'autre l'armée de Châlons, sous le commandement du maréchal de Mac-Mahon.

L'Empereur, nous le répétons, fut complétement étranger aux opérations de ces deux armées, et dans deux procès solennels : celui du général Trochu et celui du général de Wimpffen, il a été démontré pour tous les gens d'honnêteté et de bonne foi qu'aucune responsabilité ne saurait monter jusqu'à lui.

Le procès du général Trochu a amené le maréchal de Mac-Mahon à faire une déclaration qui n'est pas la moindre gloire de ce noble soldat et par laquelle il revendiquait, pour lui seul, tout ce qui s'était passé de Châlons à Sedan.

Voici cette déclaration :

Je dois donc dire ici, car il faut rendre justice à tous, que, dans le cours des opérations, jamais l'Empereur ne s'est opposé aux mouvements par moi ordonnés, et que ces opérations ont toujours été commandées par moi, et non par lui.

A Reims, au Chêne-Populeux, l'Empereur était d'avis de reporter l'armée sur Paris : c'est moi seul qui ai prescrit le mouvement dans la direction de Metz.

Je déclare hautement et de toutes mes forces que la capitulation de Sedan, on peut l'appeler désastreuse, mais non honteuse.

Par le fait, ce n'est pas une capitulation préméditée, c'est une armée qui a livré bataille dans de mauvaises conditions, qui a été acculée par des forces supérieures à une rivière, à une place dont il lui était impossible de déboucher.

Dans le procès du général de Wimpffen, on a pu voir les plus illustres généraux de l'armée française s'entendre d'une façon unanime pour décharger la mémoire de l'Empereur et rejeter tout le poids du désastre de Sedan sur la tête du seul coupable, sur la tête de ce général vaniteux et incapable que le verdict de la Seine a justement marqué au front d'un signe indélébile.

Un troisième procès, et qui a eu plus de retentissement que les deux autres, le procès de Trianon, a établi victorieusement, et malgré les efforts de nos adversaires conjurés, que l'Empereur n'était pour rien dans les événements malheureux qui se sont accomplis autour Metz.

Donc, à l'armée de Metz, comme à l'armée de Châlons, l'Empereur n'était qu'un simple spectateur des faits militaires. Jamais l'idée ne lui vint de sortir de son rôle constitutionnel et de s'ingérer dans le commandement. Devenu irresponsable de par la loi, il laissait aux autres le droit de prendre les décisions qui leur revenaient.

Et quelle amère dérision que cette irresponsabilité ministérielle, telle que l'histoire nous la montre dans sa lugubre application !

C'est en vain que le souverain, quel qu'il soit, abdique l'autorité suprême et la partage entre ses ministres prétendus responsables ; la nation qui n'entend rien aux nuances insaisissables du parlementarisme, ne connaît qu'une chose, le souverain, et c'est à lui seul quelle fait remonter la culpabilité des agents secondaires.

Voyez Louis XVI, il est déclaré inviolable et on lui coupe le cou ;

Voyez Charles X, il est chassé, pendant que ses ministres vivent et meurent honorés dans leur pays.

Voyez Louis-Philippe, le même sort lui est réservé, et pourtant la constitution le proclamait irresponsable !

La même chose est arrivée à Napoléon III, et, pendant qu'il mourait tristement dans l'exil et en proie à toutes les insultes, à toutes les malédictions de ses ennemis, ses ministres responsables, MM. de Gramont, Émile Ollivier et tous les autres se promènent tranquillement parmi nous, ce dont nous ne nous plaignons pas, mais évitent toute espèce de sanction définitive.

Ce qui prouve que dans un pays comme la France, un souverain ne doit jamais se démunir, se dessaisir de la responsabilité politique, car le peuple n'admet pas ces subtilités, et tout ce qui est mal fait sous un gouvernement retombe, bon gré mal gré, sur la tête de celui qui est au pouvoir.

La responsabilité ministérielle est une simple fiction et une fiction néfaste, car elle enlève au souverain tous les moyens de faire dans un moment donné son devoir d'énergique décision.

L'histoire de l'Empereur pendant la campagne ne présente rien de particulier; c'est celle de chacun de ses soldats; il mangeait, couchait et marchait parmi les troupes, ne voulant jamais se séparer d'elles, même quand l'ennemi nous suivait de près, et quand les généraux pleins d'anxiété lui conseillaient de prendre le chemin de fer et de suivre, hors de la portée de l'ennemi, le Prince impérial, qu'on avait décidé à aller à Mézières. L'Empereur, plus le danger approchait, se sentait plus attaché encore à cette brave armée française qu'il aimait tant, et pour laquelle il devait bientôt se sacrifier héroïquement.

Nous n'avons pas ici pour objet de décrire les opérations de la guerre; c'est l'histoire de l'Empereur seul qui nous préoccupe, et d'ailleurs ce que nous avons de douloureux à dire au sujet de l'Empereur ne doit pas s'augmenter encore du récit détaillé et vraiment cruel pour nos âmes, de cette agonie de la France sur les champs de bataille.

L'Empereur arriva à Sedan avec le gros de l'armée, suivi d'une escorte des plus simples; et loin de présenter cet appareil pompeux et encombrant de voitures, que ses ennemis se sont complus à énumérer perfidement.

Il était malade, très-malade, de cette maladie qui devait le tuer peu de mois après; et sa figure, si insensible pourtant, portait les traces irrécusables de souffrances atroces. Mais il ne voulait pas que le soldat s'en aperçût et en tirât des motifs de découragement; et ses efforts devaient être surhumains pour cacher l'état vraiment affreux dans lequel il était.

On sait comment débuta la bataille de Sedan. Le maréchal,

LE 15 JUILLET AU CORPS LÉGISLATIF

blessé dès le commencement de la bataille, résigna le commandement suprême entre les mains de l'officier général le plus capable, le général Ducrot, qui lui était désigné par la voix publique et par son expérience personnelle.

Avec un admirable coup d'œil militaire, le général Ducrot comprit que rester plus longtemps dans cette position intenable qui s'appelle le champ de bataille de Sedan, c'était vouloir se faire écraser par les masses ennemies.

L'armée française comptait, en effet, quatre-vingt mille combattants à peine, fatigués, privés du nécessaire, découragés d'avance, et les ennemis étaient près de quatre cent mille avec une artillerie formidable.

Le général Ducrot eut, dès le premier moment, l'instinct de ce qui allait se passer; il vit l'ennemi s'efforçant de nous entourer, de nous enchâsser, et il n'eut qu'une idée dès le début de son commandement, lui échapper à tout prix, en prenant la route de Mézières.

C'est dans ce but qu'il ordonna la retraite et qu'il fit ses préparatifs pour se retirer en bon ordre.

Les rapports allemands, l'opinion unanime des hommes compétents ont démontré que ce plan était le seul sage, et nous savons que le maréchal de Mac-Mahon pense encore aujourd'hui, que c'était l'unique moyen d'éviter le terrible désastre qui nous attendait.

Mais alors, il se passa un fait inouï, tel que l'histoire guerrière de plusieurs siècles n'en saurait présenter un autre. Le général de Wimpffen, arrivé de Paris depuis la veille à peine, ne connaissant rien de l'état de l'armée, de ses forces, ignorant jusqu'à la géographie de la contrée, tira soudain un ordre du ministre de la guerre, qu'il tenait secret depuis deux heures et demie que le général Ducrot commandait, et il exigea qu'on lui remît la direction de l'armée.

Qu'est-ce qui s'était donc passé? Il s'était passé que l'ennemi qui nous avait attaqué sur le village de Bazeilles était repoussé victorieusement par le brave général Lebrun et que, pour le général de Wimpffen, le triomphe se dessinait.

Ce triomphe, il ne voulait pas le laisser à un autre; tant qu'il avait cru à la défaite il s'était tenu coi ; quand il vit, ou plutôt quand il crut voir la possibilité d'être vainqueur, il s'élança jaloux et envieux, et pressé d'arracher la victoire aux autres.

Il ne comprit pas, dans son aveuglement, que le combat livré à Bazeilles n'était qu'une feinte de l'ennemi pour nous y retenir, pendant qu'on nous coupait la retraite, et au lieu de continuer le mouvement en arrière savamment combiné par le général Ducrot, il cria dans sa folle jactance : en avant ! c'était le contraire qu'il eût fallu crier.

Bien plus même, rencontrant l'Empereur qui s'étonnait de ce brusque changement dans la marche de l'armée, il lui dit : « dans deux heures, nous les aurons jetés dans la Meuse ! »

C'est alors que le général de la Moskowa aide-de-camp de l'Empereur se prit à murmurer tout haut : « Pourvu que ce ne soit pas nous qui y soyons ! »

Pendant que le général de Wimpffen nous enlevait toute chance de salut et engageait cette funeste bataille que le général Ducrot comme le maréchal de Mac-Mahon voulait éviter à tout prix, l'Empereur allait et venait par le champ de bataille, risquant cent fois d'être tué et courant aux endroits les plus périlleux.

Ceux qui l'ont accusé d'avoir été lâche sont d'infâmes menteurs, et qui n'ont jamais vu la mort de si près que l'Empereur l'a vue à plusieurs reprises dans cette fatale journée.

Lâche l'homme qui fit Boulogne et Strasbourg !

Lâche, l'homme du coup d'État du 2 décembre et qui osa sauver son pays ce jour-là !

Lâche, l'homme que le pistolet de Pianori, que les bombes d'Orsini, que les tentatives de vingt autres assassins, laissèrent calme et souriant et qui ne frissonnait même pas quand la mort le frôlait !

Lâche l'homme du pont de Magenta et qui brava la mitraille au milieu de ses grenadiers pendant six heures !

Lâche enfin, l'homme qui passa sa journée sur le champ de bataille, y cherchant la balle qui devait le tuer ; c'est en vérité à douter de tout ; et il faudrait désespérer de l'histoire, si déjà et par un cours naturel, l'opinion publique n'avait pas fait justice de cette ignominie !

Vers deux heures de l'après-midi, ce qui avait été prévu prophétiquement par le général Ducrot arriva ; nous étions entourés, nous étions pris.

L'ennemi retiré sur les hauteurs nous canonnait de loin et nous écrasait petit à petit sans que la lutte pût même sembler possible encore.

Chaque minute qui s'écoulait coûtait la vie à des centaines de malheureux.

L'armée, après une défense courageuse et désespérée, était presque toute entière réfugiée au milieu des fortifications démantelées de Sedan, et, dans cet entassement de chair humaine, chaque projectile entrait, sans rien perdre de ses éclats meurtriers.

Il n'y avait plus de bataille ; les corps d'armée étaient décimés, dispersés, détruits.

Leurs chefs héroïques, Ducrot, Douay, Lebrun, Gallifet, étaient seuls, sans soldats, abandonnés sur le terrain sanglant, qu'ils quittèrent les derniers.

Le général de Wimpffen lui-même essayait en vain de rallier quelques braves et de renouveler une inutile boucherie, pour le compte de sa gloire personnelle.

C'est alors que l'Empereur, dans un élan d'humanité merveilleux, prit sur lui de faire lever le drapeau blanc et d'arrêter le massacre.

Oh! il n'ignorait pas qu'en agissant ainsi il se perdait aux yeux de ses ennemis, mais que lui emportait le sacrifice de sa personne, de sa dynastie, de son honneur même, si l'armée qu'il aimait y trouvait le moyen d'échapper à une tuerie certaine et sans profit pour personne.

L'Empereur le savait ; d'avance il prévoyait l'usage détestable qu'on ferait de cette sainte et superbe abnégation, et néanmoins il persévéra.

N'ayant pas pu mourir pour les siens, il fit davantage, il osa vivre !

Que d'insultes a valu à l'Empereur cette conduite héroïque ? que d'outrages l'ont abreuvé, venant de la part de tous les scélérats qui pillaient alors la France et qui parlaient de courage sans jamais oser se battre et de patriotisme quand ils ne donnaient cours qu'à leurs ignobles appétits !

— Mais l'histoire est là, l'histoire impartiale, et qui a porté sur tous ces événements son flambeau vengeur ; et la vérité est connue maintenant, car il est impossible à l'heure qu'il est de prononcer le nom de Sedan devant un bon citoyen, sans qu'une bénédiction ne s'élève pour la mémoire de celui qui sauva son armée, sans s'occuper un instant de lui-même.

Et il semble que la Providence elle-même s'en soit mêlée, pour que la justice se fît et pour que tous ceux qui trahirent la confiance de leur souverain fussent sévèrement punis.

Pris d'une espèce de vertige et conduits par une fatalité bizarre, le général Trochu et le général de Wimpffen sont venus s'asseoir dans le prétoire criminel, et s'y sont trouvés successivement transformés d'accusateurs en accusés.

C'est la main de Dieu qui les conduisait pour y recevoir le châtiment mérité par leur odieuse conduite.

Et il est nécessaire ici de reproduire une partie des débats qui eurent lieu devant la Cour d'assises de la Seine, car l'histoire de la journée de Sedan, l'histoire de l'Empereur et de l'armée, y sont tracées de main de maître, par les généraux eux-mêmes qui y prirent une si glorieuse part :

Le journal *le Pays* avait attaqué le général de Wimpffen dans les termes suivants :

On peut dire que le général de Wimpffen est l'unique auteur du désastre militaire de Sedan.

Il perd d'abord la bataille par sa faute en ne laissant pas s'achever le mouvement de Ducrot ; puis, la bataille perdue, il récrimine, proteste et ne veut plus accepter la responsabilité qu'il revendiquait auparavant.

Et vous ne méritez aucune pitié, pas même celle qui s'adresse aux généraux malheureux, car vous n'avez eu aucune grandeur dans la défaite, aucune noblesse dans le malheur.

Vos fautes, vous les rejetez sur les autres ; vos actes, vous les niez, et vous avez eu le rôle odieux d'un homme trahissant son Empereur, le livrant aux calomnies, aux haines, aux mensonges de ses ennemis, pour pouvoir vous sauver indemne, pendant que tous les ennemis s'acharnent sur celui que vous leur avez donné en pâture.

Voilà ce que vous avez fait.

Eh bien! si vous avez le droit de défendre ce que vous appelez votre honneur et le respect de la vérité, nous aussi nous avons le droit de défendre notre honneur et le respect de la vérité, et nous le ferons, pour venger vos collègues, pour venger l'Empereur, pour venger les milliers de soldats qui reposent sur le champ de bataille de Sedan, et pour attacher votre nom détesté sur ce vaste cimetière, votre œuvre, et où gisent pêle-mêle, sous l'herbe épaisse, l'intégrité de notre territoire et la gloire militaire de la France !

PAUL DE CASSAGNAC.

Le général de Wimpffen eut l'audace de vouloir faire un procès, conseillé qu'il était par M. Jules Favre. Seulement il voulut faire le procès devant le tribunal civil qui interdit la preuve et qui empêchait tout débat contradictoire.

M. Paul de Cassagnac, assisté d'un illustre avocat, de M. Grandperret, demanda d'être renvoyé devant la Cour d'assises afin que la vérité toute entière pût enfin apparaître.

Le général de Wimpffen ne voulait pas suivre son adversaire sur ce terrain dangereux, mais il y fut obligé par de véhémentes apostrophes, et le 13 février 1875, un solennel débat s'engagea.

Tous les généraux de l'armée française étaient là, cités à la requête de M. de Cassagnac, comme témoins.

M. le général de Wimpffen n'en avait aucun.

Personne n'avait voulu s'asseoir à côté de cet homme et lui prêter un appui quelconque.

Cela seul réglait d'avance, le différend, et faisait pronostiquer l'issue du procès.

Quand il était de son devoir de laisser le commandement au général Ducrot, il le lui arrache ; quand il était de son honneur de le conserver, il le récuse !

En un mot, il refuse de signer la capitulation à laquelle il a acculé son armée.

Après avoir rempli ce rôle odieux, qui consiste à disputer le commandement à un de ses collègues les plus éminents au plus fort du danger, alors qu'il n'y avait pas une minute à perdre, alors que l'esprit d'unité avait une si haute importance ; après avoir par ses fautes rendu la capitulation inévitable, il cherche, pour sauver sa considération, à entraîner son souverain dans d'impossibles aventures. Il lui demande de faire inutilement massacrer ses troupes exténuées, découragées, débandées, affolées par les mouvements indécis ordonnés par Wimpffen.

Puis, abandonnant son souverain, il l'insulte et passe avec armes et bagages dans le camp républicain.

Oui, quand on est le général de Wimpffen, on devrait observer plus de réserve. Pour lui, le moyen de faire oublier le désastre de Sedan, dont il est le principal auteur, ce n'est point de protester, de récriminer, d'accuser, c'est de garder le silence. En se taisant, il pourrait faire croire qu'il n'a été que malheureux ; en abusant comme il le fait de la parole et de la plume, il ne fait pas oublier qu'il est coupable.

Le général de Wimpffen devenu simple rédacteur du *XIX° Siècle* et qui mettait sa plume au service des haines républicaines, répondit au journal le *Pays*, par des dénégations calomnieuses pour la mémoire de l'Empereur.

Le *Pays* riposta, et nous extrayons de la polémique engagée les passages suivants :

. . . .

Et il vous sied bien de venir faire le délicat et de reprocher à l'Empereur d'avoir hissé le drapeau blanc !

A l'heure où le drapeau blanc a été hissé, de l'avis de tous les généraux et de votre propre avis il n'y avait plus de bataille possible, et le seul devoir qui s'imposât à un honnête homme, à un bon Français, était de sauver les débris de l'armée, de les soustraire à une lutte qui n'était plus qu'une boucherie inutile.

Entre vous qui avez sacrifié dix mille hommes à votre incapacité, à votre orgueil, et l'Empereur, qui en a sauvé cinquante mille à ses dépens, l'histoire n'hésitera pas, vous pouvez être tranquille.

. . . .

Vous avez voulu une explication publique. Vous l'avez eue. Tant pis pour vous si elle se trouve sanglante !

Voyez-vous, général, vous appartenez à une école avec laquelle il faut en finir, école de ceux qui déclarent qu'ils ne *capituleront pas* et qui, en effet, disparaissent au moment de la capitulation amenée par leur ignorance, leur imprévoyance et leur orgueil.

C'est à cette école fatale que nous devons Forbach, Beaumont, Sedan, Paris.

Vous n'êtes qu'un avocat égaré dans un pantalon rouge ; vous ne saviez ni la grammaire, ni la géographie, ni rien de votre métier.

Tous vos collègues, Ducrot, Douay, Lebrun, sont unanimes sur la responsabilité effroyable qui pèse sur vous dans la journée de Sedan.

C'est au milieu d'un religieux silence que les généraux

Ducrot, Douay, Lebrun, Robert, Galiffet, vinrent déposer et dire ce qu'ils savaient et ce qu'ils avaient vu.

Il est indispensable de citer quelques fragments de ces dépositions si importantes.

Dans celle du général Ducrot, nous lisons :

> L'Empereur m'a fait entrer dans son cabinet, et comme nous étions là depuis un instant, il est arrivé plusieurs obus, qui mirent le feu à des maisons assez rapprochées, et l'Empereur m'a dit : « J'ai fait mettre le drapeau parlementaire, il faut entrer en pourparlers ; il faut faire cesser le feu ; mettez-vous là, écrivez... » Et c'est alors qu'il me dicta quelques lignes qui étaient conçues à peu près en ces termes : « Le drapeau parlementaire est arboré, les pourparlers vont commencer ; donnez les ordres pour faire cesser le feu sur toutes les lignes. » J'écrivis alors sous sa dictée.
>
> Quand j'ai eu fini, Sa Majesté me dit : « Signez. — Oh ! non, Sire, je ne veux pas signer cela ; je n'ai aucun caractère pour le faire. J'exerce le commandement du 1er corps, je n'ai pas caractère pour donner des ordres à l'armée entière. — Par qui voulez-vous que je le fasse signer ? — Il y a le général de Wimpffen ou son chef d'état-major ; mais en tout cas, pour moi, je n'ai aucun caractère pour signer, je m'y refuse absolument, je ne puis pas signer. — Eh bien, alors le chef d'état-major signera, tâchez de lui faire parvenir ce papier. »
>
> Je sortis immédiatement, je trouvai mon chef d'état-major, et je lui dis : « Allez porter cela au général Faure, vous verrez s'il veut signer. » Le colonel Robert alla trouver le général Faure, qui lui répondit : « Non, je ne veux pas signer cela. Je viens de faire abattre le drapeau parlementaire qui était sur la citadelle, et je ne veux pas le remettre. »
>
> Quant à savoir s'il était possible de percer sur Carignan d'abord, à aucun moment de la journée cela n'était possible ; attendu que le chemin de Douzy par Balan passe dans le fond de la vallée, dominé de tous les côtés par des hauteurs, et qu'on serait venu se buter contre les défilés de Douzy.

Me Grandperret. — M. le général Ducrot voudrait-il dire ce qui s'est passé entre lui et le général de Wimpffen dans la soirée du 1er septembre, dans le cabinet de l'Empereur, quand le général de Wimpffen voulait donner sa démission ?

M. le général Ducrot. — Ces souvenirs sont bien douloureux ; est-ce qu'il est nécessaire que je rentre encore dans ce récit ? Il est écrit tout au long dans le livre que j'ai publié, dans le temps, en réponse au général de Wimpffen. Je confirme ce récit : si l'un des avocats veut le lire ? Vous me torturez bien inutilement, puisque ce récit est écrit.

M. P. de Cassagnac. — Je demande à M. le président de vouloir bien insister, parce que MM. les jurés peuvent ne pas connaître ce livre.

LA MARSEILLAISE A L'OPÉRA.

M. le général Ducrot. — Il était à peu près de six à sept heures du soir, lorsque l'Empereur m'a fait appeler et m'a dit : « Le général de Wimpffen m'a envoyé sa démission ; il faut que vous preniez le commandement de l'armée pour aller traiter de la capitulation. — Sire, je ne peux pas accepter ce rôle-là, ce n'est pas le moment de prendre le commandement de l'armée maintenant. Le général de Wimpffen n'a pas le droit de donner sa démission dans ce moment-ci. Insistez, Sire, insistez pour qu'il vienne prendre vos ordres. »

Alors l'Empereur écrivit de nouveau au général de Wimpffen, qui vint : J'étais dans le cabinet de l'Empereur, assis derrière son fauteuil, quelques personnes causaient lorsque le général de Wimpffen entra, marchant à grands pas, ouvrant les bras, et son premier mot fut celui-ci : « Sire, si j'ai perdu la bataille, si j'ai été vaincu, c'est la faute de vos généraux, qui n'ont pas exécuté mes ordres, qui ont refusé de m'obéir. » En entendant cela, je me levai subitement, je me mis en face du général de Wimpffen et lui dis : « A qui faites-vous allusion ? Est-ce à moi par hasard ? Je ne les ai que trop bien exécutés, vos ordres, nous ne les avons que trop bien exécutés, car si nous sommes dans la plus affreuse situation qu'on puisse voir pour une armée, c'est à vous que nous le devons, c'est à votre folle présomption ; et, si vous aviez voulu suivre mon conseil, nous serions en sûreté à Mézières. » Le général de Wimpffen me répondit : « Eh bien, raison de plus, si je suis incapable, qu'on donne le commandement de l'armée à un autre. — Non, non, vous avez envié le commandement de l'armée quand il y avait honneur et profit, c'est vous qui devez porter la responsabilité et la honte, s'il y en a, de la capitulation. » Là-dessus l'Empereur et ceux qui m'entouraient me calmèrent : je m'en allai ; le général de Wimpffen resta avec Sa Majesté et je n'ai pas su ce qui s'est passé.

. . . .

Maintenant, il y a une chose qu'il faut dire... On nous a reproché de n'avoir pas exécuté les ordres qui nous ont été donnés : ce reproche est tout à fait injuste ; car nous les avons exécutés avec une obéissance complète, avec un dévouement absolu et, je dois le dire, avec une abnégation entière, car à partir du moment où nous nous sommes reportés de l'ouest à l'est, nous ne pouvions plus nous faire d'illusion.

Nous savions très-bien qu'à partir de cet instant c'était uniquement pour l'honneur des armes que nous combattions, et quand je dis nous, je ne parle pas de moi personnellement, mais de tous les braves enfants qui étaient sous mes ordres ; j'avais l'honneur de commander le premier corps d'armée dont une division, à Wissembourg, a lutté toute la journée, 4,000 hommes contre 40,000 ; ce premier corps d'armée, qui à Frœschwiller, a lutté toute une journée, 35,000 hommes contre 120,000, et, je vous l'affirme, à Sedan comme à Frœschwiller, comme à Wissembourg, nous avons fait notre devoir jusqu'au bout : la division Lartigue a défendu pied à pied les hauteurs de la Moncelle et le village de Daigny ; elle a été écrasée par des forces sans cesse renouvelées.

Quand l'ennemi est entré, toutes les rues étaient pleines de morts et de blessés ; le général Lartigue était blessé cruellement, un autre général également blessé grièvement, le colonel d'Andigné était laissé pour mort sur le champ de bataille, tous les officiers supérieurs étaient tués ou blessés. Il n'y avait plus rien ; à gauche, le général Wolff a lutté sur les hauteurs jusqu'à deux heures et demie ou trois heures ; il n'a quitté cette position que quand il a été débordé, et il est rentré dans Sedan grièvement blessé. La brigade Carteret a également combattu jusqu'à la fin de la journée ; son général a été blessé.

Quant à nos batteries, que nous avons portées du côté de l'ouest, sur cette crête, elles ont lutté contre des forces dix fois supérieures comme nombre, et bien inférieures comme portée, comme justesse ; ces batteries, se sont fait écraser, broyer : il y en a dans lesquelles il n'est resté ni un servant, ni un cheval ; les caissons sautaient comme un feu d'artifice ; la cavalerie de Margueritte, ces vieux chasseurs d'Afrique à moustache grise, ces braves gens ont chargé trois fois, et trois fois il se sont brisés. Ils ont fait leur devoir ; mais la force humaine a des limites, et, quand nous sommes entrés dans Sedan, nous n'avions plus rien... (Applaudissements.) ils n'étaient plus capables de rien. (Applaudissements.)

Et le général Ducrot termine par cette phrase si nette et si claire : « Si on m'avait laissé accomplir ma retraite, nous pouvions perdre des bagages, des canons, peut-être beaucoup de monde, mais il est certain que la masse de cavalerie et d'infanterie aurait passé et que nous n'aurions pas eu sur notre honneur militaire cette sombre tache de la capitulation de Sedan. »

Le général Ducrot avait malheureusement vu juste et il avait bien raison, le matin de la bataille, quand le présomptueux Wimpffen lui arrachait le commandement en lui disant : « ce n'est pas une retraite qu'il nous faut, c'est une victoire. » Et Ducrot lui répondit avec tristesse « nous serons bien heureux si nous avons une retraite ce soir ! »

Nous trouvons plus loin le détail suivant qui jette une éclatante lumière sur l'humanité de l'Empereur :

M^e· JULES FAVRE. — Est-ce que dans l'entrevue avec l'Empereur le général Ducrot ne lui a point dit qu'une sortie était possible le soir ?

M. LE GÉNÉRAL DUCROT.—Pas le soir, mais dans la journée. L'Empereur paraissait beaucoup compter sur la générosité de l'Empereur Guillaume ; je lui dis : « Sire, vous avez bien tort de compter sur leur générosité, ils nous serreront le nœud autant qu'ils pourront; il n'y a plus qu'une chose à faire, réunir les troupes la nuit et percer n'importe comment. »

« — C'est bien impossible, me répondit l'Empereur, cela ferait tuer quelques braves gens de plus sans aucune espèce de résultat. »

La débâcle était en effet à son comble; quant à mon corps d'armée, je le répète, il n'existait plus...

Le général Ducrot avait déjà déclaré que l'Empereur ne s'était mêlé en aucune façon du commandement, le général Lebrun en dit autant :

M⁰ LACHAUD. — M. le général Lebrun croit-il que l'Empereur ait paralysé M. le général de Wimpffen?

M. LE GÉNÉRAL LEBRUN. — Rien ne m'a prouvé que l'Empereur eût donné aucun ordre.

Le général Lebrun cite également les belles paroles prononcées au moment où il faisait lever le drapeau blanc, pour épargner la vie de ses soldats:

M⁰ LACHAUD. — M. le général Lebrun a vu l'Empereur vers deux heures. Quelle conversation a-t-il eue avec lui et que s'est-il passé ensuite?

M. LE GÉNÉRAL LEBRUN. — Voyant le désordre épouvantable qui régnait dans la ville, je me dirigeai vers la Préfecture. On me jeta dans le cabinet de l'Empereur plutôt qu'on ne m'invita à y entrer. J'étais seul, absolument seul avec l'Empereur. Il me dit absolument ceci : « Comment se fait-il que la lutte continue? Il y a environ une heure que j'ai fait arborer le drapeau blanc; eh bien! malgré cela la lutte continue; il y a déjà trop de sang versé! »

Voici l'opinion très-importante du général Lebrun sur l'initiative prise par l'Empereur :

M⁰ JULES FAVRE. — Quand vous êtes venu à Sedan et que vous y avez trouvé le drapeau parlementaire, est-ce que vous n'avez pas considéré ce fait comme une ingérence fatale à l'armée? Vous disiez que l'Empereur n'avait pas donné d'ordre : il avait donné l'ordre suprême.

M. LE GÉNÉRAL LEBRUN. — Pardon il y a deux faits bien distincts : d'une part, le fait du drapeau arboré sur la citadelle de Sedan: je ne l'ai connu que vers deux heures. J'ai dit que ce drapeau, dans la pensée de l'Empereur, voulait dire : « Nous demandons un armistice. »

Quant à l'ingérence de l'Empereur dans un fait qui n'était pas de sa compétence, elle provenait du désir de faire trêve à l'effusion du sang, quand nous avions encore un semblant d'armée. Si nous avions pu obtenir une capitulation à ce moment-là, sans doute ç'eût été un immense malheur, mais pas aussi grand que si la question eût été traitée le lendemain.

Le général Douay dégage, comme l'ont fait d'ailleurs les autres généraux, la mémoire de l'Empereur et nous arrivons à la déposition du général Pajol, qui avait accompagné l'Empereur pendant toute la journée.

M. Paul de Cassagnac. — M. le général Wimpffen a particulièrement taxé l'Empereur de lâcheté. Je désire savoir ce que pense le témoin de la conduite de l'Empereur au feu.

M. le général Pajol. — La conduite de l'Empereur devant l'ennemi ne peut pas être mise en doute. Quatre officiers ont été blessés à ses côtés ; un général, son aide de camp, trois officiers d'ordonnance.

Le général de Wimpffen lui-même, dans son livre si venimeux et si mensonger, rend hommage à la bravoure froide de l'Empereur et donne ainsi une leçon à ses nouveaux amis les républicains qui ne craignirent pas d'élever contre l'Empereur, la seule accusation qui ne puisse se tenir un instant debout, l'accusation d'avoir manqué de cœur.

Et au sujet de la fameuse sortie sur Carignan dont il a été tant question et que les généraux Ducrot, Douay, Lebrun ont parfaitement traitée de folie, le général Robert dit :

Mᵉ Jules Favre. — Entre trois et quatre heures, le général de Wimpffen était rentré à Sedan. Vous savez qu'il avait fait appel à tous les hommes de bonne volonté, qu'il avait pu en trouver deux mille et deux pièces de canon, à la tête desquels il a fait la trouée sur Balan.

M. le général Robert. — Je l'ai entendu dire, je ne l'ai pas vu. Mais, encore une fois, je crois qu'il eût été impossible à l'homme le plus énergique de ramasser dans Sedan même un bataillon pour suivre sérieusement le mouvement vers Carignan.

De toutes parts, on le voit, les officiers les plus illustres de l'armée sont venus laver la réputation de l'Empereur et lui rendre le prestige qu'elle avait mérité, prestige de courage et de bonté.

Il ne nous reste plus qu'à donner quelques fragments des plaidoiries, pour achever de jeter la lumière sur cette bataille de Sedan si insultée et si calomniée, par les scélérats qui consentirent à déshonorer toute l'armée française qui avait fait noblement son devoir et dans l'unique but de déshonorer l'Empereur.

Voici quelques phrases du discours prononcé par M. Paul de Cassagnac :

Ah ! messieurs, quand le maréchal Niel, préoccupé de ce qui se passait sur nos frontières, demandait douze cent mille hommes, que répondait l'opposition coalisée ?

Elle refusa l'argent, elle refusa les hommes, elle refusa les armes, et ce n'est pas l'expédition du Mexique qui nous avait épuisés, c'est cette opposition systématique, anti-française, qui confondait dans son aveuglement, dans sa haine, l'Empire et la France, et qui, pour perdre plus sûrement l'un, consentit à perdre l'autre. (*Sensation prolongée*).

Oui, vous vous en souvenez : un député que je ne nommerai pas, car son nom ressemble singulièrement au nom d'un avocat que vous connaissez, interpella le ministre et lui dit : « Vous voulez donc faire de la France une vaste caserne ? »

M. le maréchal Niel lui répondit : « Prenez garde d'en faire un vaste cimetière ! »

Et, tous les matins, les députés de l'opposition arrivaient, disant la même chose, entravant l'armement, parlant de l'humanité, de la fraternité des nations, et, somme toute, nous livrant pieds et poings liés à l'ennemi.

Vous n'avez pas perdu la mémoire, messieurs, de ces jours néfastes où la populace descendait de Belleville, avec des drapeaux en tête, hurlant *la Marseillaise* et criant : A Berlin !

A Berlin ! nous y sommes allés, messieurs, mais vaincus, mais prisonniers, et par la faute de ces hommes qui avaient, par haine de l'Empire, refusé à la France le moyen de se défendre !

. . . .
. . . .

Défendant, contre le général de Wimpffen, les généraux de l'armée française, l'orateur dit :

Alors, nous n'avons pas de généraux sérieux, nous ? Et que sont donc les généraux qui sont devant vous ? Que sont pour lui ces gloires si pures et que j'ai plaisir et orgueil à énumérer ?

Voilà Ducrot, Ducrot qui nous eût sauvés dans la journée de Sedan sans vous, sans votre fatale intervention ; Ducrot, qui voulut mourir et que la mort elle-même n'a pas osé prendre ! (*Sensation.*)

Voilà Lebrun, le héros de Bazeilles, l'homme qui s'est taillé dans une défaite une gloire supérieure à celle de bien des victoires ! (*Sensation.*)

Voilà Douay, qui dans vingt combats fut au premier rang, qui dans les premiers jours de la guerre vit mourir son frère et qui attendit que la guerre fût terminée pour le pleurer ! (*Mouvement.*)

Voilà Galliffet, ce preux d'un autre âge, qui fit à Sedan ce qu'un autre fit à Waterloo et qui eut la bonne fortune, unique dans l'histoire, de renouveler la charge légendaire de la *Haie sainte !* (*Mouvement.*)

Et ce sont ces hommes-là que vous appelez des généraux peu sérieux, vous, tandis que la patrie en est fière ?

Puis, vous attaquez le maréchal de Mac-Mahon, vous le traitez cavalièrement, cet homme que la défaite a grandi et qui a trouvé dans nos revers sa plus grande gloire ; lui qui, à cette heure, sauve la France et se trouve être encore la seule barrière qui s'élève entre nous et cette chose haïe, détestée, la République !... (*Rumeurs prolongées.*)

M. LE PRÉSIDENT. — Monsieur de Cassagnac, je vous inviterai à être un peu plus modéré. Vous mettez de l'agitation dans l'auditoire.

M⁰ JULES FAVRE. — C'est *intolérable !*

M. PAUL DE CASSAGNAC. — Monsieur le président, je serai toujours heureux de déférer à votre désir ; mais ne demandant pas à l'auditoire des marques d'approbation, je n'ai que faire de ces marques d'improbation.

M. LE PRÉSIDENT. — Ce n'est pas un désir, monsieur, c'est un conseil.

M. PAUL DE CASSAGNAC. — Je m'incline, monsieur le président, et je poursuis.

Continuant ses attaques contre l'Empereur, M. le général de Wimpffen s'écrie : « Un autre plus grand coupable, c'est l'Empereur, qui livra les destinées de la France aux hasards des combats par *orgueil personnel*, *peut-être par intérêt dynastique*, ne devant pas ignorer que nous n'étions pas prêts, que l'ennemi l'était, et n'ayant à lui opposer que son fameux plan de campagne, péchant tout d'abord par la base. »

Le PEUT-ÊTRE est une simple merveille.

Il n'en sait rien, mais il essaye de déshonorer l'Empereur d'un seul mot.

Et puis, messieurs, il est temps d'en finir avec la *boue de Sedan*, avec *l'homme de Sedan*, avec toutes ces infamies et tous ces mensonges. (*Mouvement.*)

Pourquoi l'Empereur aurait-il fait la guerre par orgueil ?

Son orgueil avait largement de quoi être satisfait.

A l'extérieur, les victoires de Crimée, d'Italie, du Mexique, faisaient du drapeau français le plus glorieux qui fût au monde.

A l'intérieur, le plébiscite venait de consacrer d'une façon formidable le mandat populaire.

Ses ennemis se taisaient, confondus, et aucun souverain dans l'univers ne fut aussi puissant et aussi grand que Napoléon III avant la guerre.

Que lui indiquaient donc le bon sens, la raison, la logique ?

Tout lui indiquait de rester tranquille et de fuir une aventure. — Il ne pouvait avoir qu'une préoccupation, celle d'avoir son fils à ses côtés d'abord, et à sa place ensuite, et c'était si facile !

D'ailleurs, vous le savez, il fut le seul qui n'acceptât pas cette guerre avec joie et avec aveuglement, et sa tristesse à l'heure du départ montrait bien clairement quels étaient ses sombres pressentiments.

Puis, arrivant à la fameuse tentative de trouée, il dit :

L'Empereur n'avait donc pas à se placer au milieu de troupes qui n'existaient plus, et c'est alors qu'il a décidé d'arrêter le massacre inutile de ses soldats.

Il a fait hisser le drapeau blanc, c'est vrai ; et cet acte, qu'on lui jette au visage comme une injure, est l'acte le plus beau, le plus grand, le plus héroïque de sa vie. (*Mouvement.*)

L'Empereur, ainsi que vous l'a dit un des témoins, avait jugé qu'il y avait suffisamment de sang versé et qu'il *était temps pour lui de s'immoler.*

Il s'est immolé ; son sacrifice a été complet ; il a tout pris sur lui : la honte, le déshonneur, si toutefois il pouvait y avoir honte et déshonneur à faire abnégation de soi-même pour sauver les autres !

Il a bu le calice jusqu'à la lie, prenant le fiel pour lui et laissant dédaigneusement à ses ennemis le triste soin de travestir sa généreuse pensée ! (*Sensation.*)

Tout à l'heure le général de Wimpffen vous disait qu'il ne doit pas y avoir d'humanité à la guerre.

S'il veut une réponse à cette triste affirmation, qu'il la demande aux mères, aux sœurs, aux enfants de tous ceux que l'Empereur, par son intervention, a empêchés de mourir. (*Mouvement.*)

Messieurs, vous avez vu que le général était incapable, tout le monde vous l'a répété à l'envi et je relèverai ici un point, celui qui l'a tant émotionné tout à l'heure, et qui touchait à ses grades et à ses décorations.

Je n'ai pas voulu dire qu'il ne les eût pas gagnés et qu'il en est indigne. Ce que j'ai voulu dire, c'est qu'il les avait conquis tranquillement, facilement, trop facilement même, comme il arrive à beaucoup d'officiers médiocres, et malheureusement, dans cette terrible aventure, ce n'était pas un officier médiocre qu'il fallait, c'était un homme de génie, et il ne l'était pas !

J'arrive, messieurs, à la question délicate de la trahison.

Oui, le général de Wimpffen a trahi l'Empereur, et je maintiens le mot, sauf à l'expliquer.

L'ARBRE DE MAC-MAHON.

Ai-je voulu dire que le général de Wimpffen avait vendu son pays pour de l'argent?

Non, mille fois non, et ce n'est pas cela qu'il a compris.

Ai-je voulu dire que la veille de la bataille, ainsi qu'un autre à Waterloo, il est parti, portant à l'armée ennemie son plan caché sous son manteau?

Non encore! et plût au ciel qu'il fût passé à l'ennemi, la veille de la bataille, car il n'y eût pas été le lendemain, et nous n'eussions pas capitulé. (*Sensation.*)

D'ailleurs, il lui eût été difficile de livrer un plan, attendu qu'il n'en avait pas.

Il y a, messieurs, différentes formes de trahison, et celle du général de Wimpffen n'affecte pas la forme de ces quelques trahisons, heureusement bien rares dans l'histoire des peuples, et où des misérables livrèrent leur patrie à l'ennemi.

Mais il est une autre trahison, toute de sentiment, celle-là, qui s'adresse à la personne du souverain, et c'est de celle-là que le général de Wimpffen est coupable.

Oui, il a trahi, celui qui fut comblé des bienfaits de l'Empereur, qui porte sur sa poitrine, en ce moment, toutes ces décorations qui y furent attachées par la main du souverain; oui, il a trahi celui qui, le 2 septembre, au château de Bellevue, à ce nouveau jardin des Oliviers, donna à l'Empereur le baiser que l'on sait. Oui, il a trahi celui qui après tout cela écrivait sur l'Empereur cette phrase épouvantable:

« Et qui donc, dira l'impartiale histoire, a empêché Napoléon III de
« mourir en soldat? N'aurait-il pas été préférable pour lui de répondre à
« mon appel et de trouver ainsi la possibilité d'une mort glorieuse?

« Je ne sais si l'on doit attribuer à quelques-uns des personnages de
« l'entourage de l'Empereur la faute que commit ce souverain de n'être
« pas mort glorieusement à la tête de ses troupes; mais cette faute, il ne
« viendra jamais, je pense, à l'idée de personne de me l'imputer: et l'on me
« rendra cette justice que, si l'Empereur eût suivi mon conseil, il n'aurait
« pas eu la honte d'envoyer son épée à son ennemi et *bon frère* le roi
« Guillaume. » (*Sensation.*)

N'est-ce pas là l'accusation la plus complète de lâcheté.

Ah! général, vous reprochez à l'Empereur de n'être pas mort à Sedan?

Mais qui donc, de nous tous, de nous simples soldats qui y étions, de vous, général, a le droit de reprocher à quelqu'un de n'être pas tombé là-bas, quand nous sommes encore debout?

Vous êtes bien vivant, vous!

Ceux-là seuls ont le droit de nous reprocher de n'être pas morts, qui sont couchés là-bas, sous l'herbe, dans les fonds de Givonne ou sur le plateau de la Moncelle.

Et vous n'en êtes pas, vous! (*Mouvement prolongé.*)

D'ailleurs, n'est-il pas inouï d'en être réduit à défendre ici le courage de l'Empereur?

Moi, qui vous parle, je l'ai suivi pendant deux heures, le fusil au dos ; il cherchait la mort et ne la trouvait pas.

Epuisé, malade, l'Empereur, je l'ai vu, a été obligé, à plusieurs reprises, de descendre de cheval, et embrassait les arbres pour résister au mal qui le minait.

J'ai là, dans la main, une lettre du colonel d'artillerie de Saint-Aulaire : il raconte comment il vit l'Empereur s'avancer calme et impassible, avec sa bravoure froide, au milieu des projectiles qui éclataient, et venir se placer au milieu de ses batteries. Soudain, un obus éclate à trois pas de l'Empereur, et les canonniers, électrisés par son intrépidité, poussèrent alors, et ce fut la dernière fois que ce cri fut poussé, le cri : Vive l'Empereur !

D'ailleurs, Napoléon III n'est pas le seul, dans l'histoire, qui n'ait pas pu mourir quand il le voulut.

Napoléon Ier chercha en vain la mort à Waterloo, et, après Arcis-sur-Aube, il disait avec tristesse : « Je n'ai pas pu me faire tuer ; je suis un homme condamné à vivre ! »

Laissez-moi vous le dire, général : il ne vous a pas fait longtemps attendre cette mort que vous souhaitiez avec tant d'ardeur pour lui, et vous devez l'en excuser.

Quelques mois après, il s'éteignait en exil, au milieu d'une atroce agonie et mourant de la bataille de Sedan. (*Mouvement.*)

Et puisque nous y sommes, laissez-moi porter la main encore sur une légende abominable... car, en France, vous le savez, la légende s'attache aussi facilement au mal qu'au bien, au mensonge qu'à la vérité :

Dans un dessin qu'on a répandu à profusion, on a montré l'Empereur partant en voiture découverte traînée à quatre chevaux, fumant insoucieusement une cigarette, et foulant sur son passage les soldats blessés qui se redressaient pour le maudire et pour lui montrer le poing.

Eh bien! j'y étais, moi ; j'ai vu ce qui s'est passé : c'est sur mon épaule que l'Empereur s'est appuyé pour monter en voiture, et quand j'ai fermé la portière, je lui ai dit : « Sire, je suivrai l'Empereur jusqu'à Sainte-Hélène! »

Et vous voyez que j'ai tenu ma promesse.

Et quand l'Empereur, triste et éclatant en sanglots, a traversé la ville, les soldats qui le voyaient passer se découvraient, loin d'avoir un sentiment de haine ou de colère !

Et où allait-il ainsi ?

Il allait, précisément, sur les conseils du général de Wimpffen, espérant fléchir le roi de Prusse, comptant sur sa générosité, et disposé à l'implorer en faveur de l'armée française.

Voilà pourquoi il est allé au camp du roi de Prusse, et c'est pourtant de cette visite qu'on a essayé de lui faire un crime !

Arrivons maintenant à ce qui suivit la capitulation.

Le général de Wimpffen, dans les préliminaires qui l'ont précédée, et où, d'ailleurs, il s'est conduit d'une façon patriotique, eut une conversation avec M. de Moltke et M. de Bismarck, qu'il est utile de rappeler.

Dans cette conversation, répétée par lui, il demandait pour l'armée française qu'on lui accordât des conditions meilleures, telles qu'on en accorda à l'armée de Mayence, et il sollicita du vainqueur que l'armée française, en récompense de sa valeur, pût se retirer avec armes et bagages derrière la Loire. M. de Bismarck lui répondit, et cela est consigné dans le livre du général de Wimpffen: que cela était impossible, vu *l'instabilité des gouvernements en France.*

Cela veut dire, messieurs: Que c'est à la révolution du 4 Septembre que nous devons le triste sort éprouvé par l'armée de Sedan.

La capitulation étant signée, voici ce qui se passa: le 2 au soir et le 3 au matin, nous partîmes de Sedan entre deux rangées de soldats qui nous frappaient à coups de crosse quand nous nous écartions d'un seul pas.

Exténués, en butte à la pluie, nous allâmes camper dans la presqu'île d'Iges, dans ce champ de boue, surnommé par les soldats le *camp de la Misère*, où jusqu'au 14 nous mourûmes de faim, n'ayant que quelques légumes crus à manger et n'osant pas boire dans la rivière où les cadavres, qui suivaient le fil de l'eau, nous arrivaient jusqu'aux lèvres.

Et si je vous raconte toutes ces misères et toutes ces douleurs endurées par nous, c'est que le général de Wimpffen n'y était pas; et pendant que nous croupissions là, le général en chef abandonnait ses soldats, sollicitait de l'ennemi un ordre de prompt départ, choisissait la résidence de Stuttgart, qui lui était particulièrement agréable, et suppliait l'ennemi de lui accorder la permission d'emmener ses officiers, ses domestiques, jusqu'à ses deux chevaux, *vieux serviteurs*, disait-il, et dont il ne voulait pas se séparer.

Quelle amère dérision! Cet homme songeait à lui, songeait à ses bêtes, songeait à ses domestiques, et de ses soldats pas un mot! (*Sensation.*)

Et, pendant ce temps-là, le général Ducrot restait parmi nous, était l'objet de mille avanies, allait mendier à l'ennemi du pain pour ses soldats!

Le général Douay était là aussi; et le général Lebrun, quand le général Ducrot fut obligé de partir, réclama cet héritage superbe de douloureux dévouement! (*Sensation.*)

Messieurs, j'ai presque fini: je vous rappellerai seulement quel a été le cortége imposant des témoins qui sont venus m'accompagner ici et appuyer mon dire.

Il ne m'appartient pas de discuter la valeur des témoins de mon adversaire; mais je dois vous faire remarquer que sur les trente généraux de l'armée de Sedan, aucun n'est venu prêter son aide au général de Wimpffen.

Un seul a été appelé par lui, et il n'est pas venu, c'est le général de Palikao. (*Mouvement prolongé.*)

Messieurs, je vais m'asseoir tout à l'heure, mais je dois vous dire tout d'abord que ma confiance en vous est absolue, illimitée. Il est impossible, en effet, que vous ne fassiez pas la différence entre les mobiles divers qui nous amènent devant vous, mon adversaire et moi.

Lui ne cherche qu'une chose, une popularité malsaine ; il n'a qu'un but, offrir en pâture à ses amis la mémoire de l'Empereur, la ternir, et souiller en même temps l'honneur de ses frères d'armes. Pour éviter sa part de responsabilité dans le désastre, il jette tout à la mer : tout ce qu'il y a de plus respectable et de plus respecté.

Moi, Messieurs, j'ai pour but unique : rendre à mon Empereur le prestige qui lui appartient, la gloire qu'il a méritée, et donner à son auguste Veuve, à son Fils, là-bas, sur la terre de l'exil, la consolation suprême d'une éclatante et tardive réparation !

J'ai pour tribune une tombe ; je parle pour un mort, et je demande pour sa cendre la paix, la tranquillité auxquelles elle a droit. (*Mouvement.*)

Ah ! si le vieil Empereur était encore debout ; si du haut des côtes d'Angleterre il pouvait encore menacer la quiétude de ce pays trop tourmenté, je comprendrais que votre verdict se ressentît d'une certaine crainte ; mais non, l'Empereur n'est plus, l'Empereur est mort, et il ne coûtera pas à votre conscience de lui rendre une dernière justice. (*Mouvement prolongé.*)

Et n'aurai-je obtenu que ceci, que Celui qui fut votre souverain, qui fut le souverain de la France, soit lavé d'un odieux outrage, que l'armée française soit débarrassée de l'affront qu'on lui fait d'une capitulation fatale et noblement supportée, que ce serait déjà pour moi une œuvre superbe de l'avoir tentée, de l'avoir essayée !

Messieurs, vous allez m'acquitter, je le sens, je le crois, et, permettez-moi de vous le dire, si une condamnation intervenait, et je ne l'admets pas un seul instant, j'aurais encore la fierté de l'avoir encourue avec tous les généraux les plus illustres de notre armée, avec tous les témoins distingués qui m'ont apporté le concours considérable de leur bienveillance, de leurs affirmations écrasantes et contre lesquelles ne sauraient prévaloir un seul instant les affirmations timides et impuissantes de mes adversaires ! (*Applaudissements.*)

Il serait injuste de ne pas citer quelques paroles éloquentes de ce grand avocat, au cœur si noble et à la fidélité si sûre, qui s'appelle Charles Lachaud et qu'on retrouve toujours là, chaque fois que le parti de l'Empire court un danger quelconque :

L'Empereur ! c'est lui, lui surtout qu'on cherche à rendre odieux et pusillanime. C'est contre lui que la mauvaise foi et la haine se déchaînent. Eh bien ! examinons et jugez. C'est entre deux heures et demie et trois heures que les envoyés du général de Wimpffen parviennent jusqu'à lui. Est-ce qu'il était alors possible d'opérer un résultat heureux ? Quelqu'un osera-t-il le dire ? On pouvait faire tuer quarante mille soldats, faire massacrer ce qui restait de notre malheureuse armée sans aucune espérance et sans aucun avantage. Nous étions cernés par des forces supérieures ; tout était impossible. L'artillerie ennemie nous enlaçait, elle aurait tout broyé devant elle. Il y avait autour de nous un mur d'airain et de fer, compacte, profond, qu'on ne pouvait franchir. L'Empereur n'a pas voulu laisser périr le reste de son armée. Il a voulu arrêter l'horrible carnage. Son cœur se déchirait devant le spectacle lamentable qui était sous ses yeux. Il était le père de la nation, il aimait ses soldats comme ses enfants, il n'a pas voulu immoler encore inutilement leur vie.

Osez dire que l'Empereur a reculé par lâcheté ! Mais le général de Wimpffen, dans les diatribes de son livre, n'est pas lui-même allé jusque-là. Je sais bien qu'il s'est trouvé un député, que mon contradicteur connaît bien, qui a eu le courage de dire que l'Empereur avait été lâche, et je veux citer ses paroles pour montrer une fois de plus jusqu'à quelle injustice la haine peut conduire :

Ce député a dit :

« Je savais que l'Empereur s'était rendu par *lâcheté*, pour éviter la res-
« ponsabilité politique de ses fautes ; — ceux qui l'ont reçu prisonnier me
« l'ont dit et le tenaient à peu près de sa bouche. — Il lui aurait été facile
« de s'en aller en Belgique ; les Prussiens lui auraient ouvert le chemin. »

Si l'Empereur a pu sauver sa personne, il s'y est refusé ; il a voulu suivre le sort de ses braves et malheureux soldats et partager leur désastre.

Mais je le répète, cette accusation de lâcheté est si monstrueuse, je puis bien ajouter si absurde, qu'au milieu de ces dénigrements contre l'Empereur le général de Wimpffen a dû lui-même rendre justice à la bravoure de Napoléon III.

Et à cette audience, M. le général Pajol a ému vos cœurs en vous rapportant le calme admirable de ce malheureux souverain, qui, toute la matinée avait parcouru le champ de bataille cherchant la mort qui n'est pas venue, car Dieu le faisait survivre à nos désastres pour montrer au monde la grandeur de son âme dans la calamité.

Ah ! s'il est un fait incontesté par les ennemis de Napoléon III eux-mêmes, c'est sa bravoure et son courage, son mépris pour le danger personnel.

Voilà le lâche ! ne sentez-vous pas, messieurs, qu'il y a des indignations qu'il est impossible de soutenir devant certaines calomnies basses et ignobles. Ah ! je comprends les fureurs des partis et toutes leurs injustices, mais il est des insultes tellement odieuses que le dégoût public doit en faire justice. Discutez l'Empire tant qu'il vous plaira, discutez son origine, sa politique, répétez toutes ces accusations misérables. Vous le pouvez sans danger pour nous. Les dents de nos ennemis ne mordent pas, elles ne mordent plus et leurs rages sont devenues impuissantes. Mais, au moins, respectez la nature humaine, arrêtez-vous devant l'instinct d'humanité que Dieu a donné à chaque homme et lorsqu'un souverain ne veut pas laisser périr 30 ou 40,000 soldats, les conduire à un massacre inévitable sans profit pour la France, sans nécessité pour l'honneur, ne dites pas qu'il a eu peur. Mais inclinez-vous et admirez cet homme que son infortune rend plus grand encore, qui sait bien que les rhéteurs et les poltrons n'auront pas assez de paroles pour l'outrager, et qui accepte l'injure pour le salut de ceux qu'il aime si tendrement et qu'il ne veut pas immoler.

En finirons-nous enfin, messieurs, avec ces généraux : *En avant!* comme disait mon contradicteur, avec ces excitateurs malsains qui enfièvrent le peuple, qui crient : la guerre à outrance ; qui jettent le délire dans nos populations affolées et qui, après les avoir lancées en avant, comme ils disent, ne connaissent, eux, qu'un chemin : non pas celui de la bataille, mais celui de l'hôtel de ville.

Enfin le ministère public lui-même rejette sur le général de Wimpffen la responsabilité du désastre en termes précis.

Mais le témoignage qui écrase le plus complétement le général de Wimpffen, c'est le témoignage de l'intègre président de la Cour d'assises, M. Douet d'Arcq, qui, après avoir résumé les débats si émouvants, s'exprime ainsi :

Il y a là une question bien embarrassante ; ce serait plus qu'une page d'histoire qu'on vous demanderait d'enregistrer et de signer ; ce serait plus que de la politique même : ce serait un verdict définitif dont on pourrait s'armer. Il y a là un danger que l'avocat général vous signalait, et vous le comprenez. Avez-vous les éléments de décision, avez-vous les preuves qui vous autorisent à faire une aussi grave réponse, qui vous autorisent à engager l'avenir ? M. l'avocat général ne le croit pas, et il vous rappelle ceci : c'est que cette question si grave, qui touche à tant d'honneurs et qui est peut-être une page qu'on n'écrira jamais, elle a été tranchée en quelque sorte par le conseil d'enquête, compétent à tous égards, qui a recueilli tous ces renseignements et qui est venu dire au général de Wimpffen : « Oui, vous avez une large part de responsabilité dans le désastre de Sedan, » vous ne pouvez point y échapper ; ce sont vos pairs qui l'ont dit. En conséquence, messieurs, sur cette question, M. l'avocat général estime que vous ne pouvez pas répondre affirmativement sans engager gravement vos consciences ; il vous appelle à une mûre réflexion ; vous ferez ce que vous voudrez.

Et pour finir, cette phrase qui plane sur tout le procès, comme si elle en était la morale et la conclusion :

> Pourquoi vous en parlerais-je ? Cela n'est point au procès : aucun article de M. de Cassagnac ne l'y a introduit. Oh ! ce n'est pas qu'on déserte le débat sur un semblable point. Il est certain, en droit, que l'Empereur n'avait pas le droit d'arborer le drapeau ; en fait, il n'est pas moins certain, et ce sont d'illustres généraux qui nous l'ont dit : ce drapeau n'a eu aucune espèce de conséquence sur les opérations militaires. Alors que reste-t-il ? Il reste une question d'humanité. Je ne dis peut-être pas assez : il reste une œuvre de charité. C'est peut-être le vrai mot, et, devant ce sentiment-là, à quelque parti que nous appartenions, nous devons tous nous incliner !

UNE QUESTION D'HUMANITÉ ! Tout est là, et c'est la plus belle, comme la plus sensible des justifications de l'Empereur !

L'acquittement de M. Paul de Cassagnac était l'acquittement de la mémoire de l'Empereur, car c'était ainsi que l'accusé avait posé la question au jury.

Aussi, depuis cette époque, nos ennemis sont-ils accablés par cette décision judiciaire, qui met à néant toutes leurs infamies et qui rétablit la vérité dans toute sa lumineuse étendue.

Le lendemain de la capitulation, l'Empereur, dès six heures du matin, descendait de la sous-préfecture de Sedan et montait en voiture pour aller supplier le roi de Prusse en faveur de sa malheureuse armée.

Si l'Empereur s'est rendu, si l'Empereur a remis son épée, c'est qu'il avait fait le sacrifice absolu de sa personne et qu'il n'avait qu'une pensée, sauver ses soldats, obtenir pour eux les meilleures conditions.

Le reste lui importait peu.

Néanmoins, il n'ignorait pas que l'Impératrice régente était suffisamment autorisée par la Russie à s'appuyer d'une gracieuse et bienveillante intervention et il n'avait, dans ce cas-là, qu'à disparaître, pour laisser la France, et non l'Empire, en face du vainqueur.

On avait tant répété que c'était à l'Empereur seul qu'on faisait la guerre. Dès lors l'Empereur s'en allait, pour ôter toute raison à la continuation de la guerre.

CAMDEN PLACE — CHISLEHURST.

Malheureusement, toutes ses prévisions furent trompées par les événements.

D'abord, il ne put pas voir le roi Guillaume avant la signature de la capitulation. M. de Bismarck s'y était opposé, redoutant un attendrissement de la part de son souverain.

Et puis le 4 Septembre avait eu lieu, le 4 Septembre qui désarmait la patrie devant l'ennemi, qui désorganisait la France et la livrait pieds et poings liés, sans défense, sans force, sans courage ! Ignoble révolution et dont l'histoire n'a jamais donné l'horrible pendant ! Les autres peuples se serrent autour du souverain vaincu ; la Russie après Sébastopol, l'Autriche après Sadowa, le Danemarck après Duppel, redoublent de dévouement pour le gouvernement frappé par le malheur et trouvent dans cette attitude patriotique l'espoir d'une prompte revanche. En France, cela se passa autrement.

L'Empire vaincu fut abandonné, lâchement, misérablement, et ces fous furieux qui reprochaient à l'Empire de faire une guerre imprudente, quand l'armée de Sedan était debout, quand l'armée de Metz était debout, et qui allaient se jeter, sans armée, sans argent, sans rien, dans une guerre encore plus imprudente, dans une guerre insensée, et qu'ils décorèrent du nom de défense nationale, de lutte à outrance.

A outrance ! c'est vrai, mais ce fut vrai surtout pour notre dernier écu, qui s'y dépensa inutilement, et pour nos dernières gouttes de sang, qui s'y répandirent sans rien sauver, stériles qu'elles demeurèrent.

De plus, l'Europe cessa de nous être sympathique. La fameuse dépêche russe qui promettait à l'Impératrice l'intégrité du territoire, fut reçue par Jules Favre le 4 septembre au soir, et celui-ci, croyant que les promesses du Czar s'adressaient à la République tout aussi bien qu'à l'Empire, partit de là pour écrire son fameux programme dans lequel il refusait de *céder un pouce de terrain et une pierre de forteresse*.

Mais la Russie n'avait promis qu'à la France Impériale. La France devenue républicaine n'avait plus droit à rien et elle n'eut rien.

Et, si le 4 Septembre l'Empire n'eût pas été renversé, il faisait la paix et nous perdions en moins ces deux belles provinces et deux ou trois milliards, sans parler des cent mille hommes détruits par la misère, la faim et les obus, et les dix milliards que coûta la continuation de la guerre.

Voilà ce qui est vrai, voilà ce que personne n'a jamais démenti, voilà ce qui restera comme la honte éternelle des scélérats du 4 Septembre qui, pour arborer le nom maudit de la république, ont épuisé la France et ont retardé d'un demi-siècle peut-être, la possibilité d'une résurrection éclatante.

Quelle autre preuve en voulez-vous que ce document que nous allons donner et qui n'a jamais été démenti :

Paris, 19 mars 1875.

A Monsieur le Président et Messieurs les Membres de la Commission d'enquête sur les actes du gouvernement de la Défense nationale.

Messieurs,

Un rapport de votre commission, dans l'examen des faits se rattachant à l'*Entrevue de Ferrières*, a visé la discussion qui a eu lieu, sur le même sujet, devant l'Assemblée, dans les séances des 2, 16 et 17 juin 1871. La lecture de ce rapport m'amène à vous prier, Messieurs, de vouloir bien insérer, parmi les pièces justificatives de l'enquête, le procès-verbal de la délibération du 8° bureau, séance du 17 février 1871, à Bordeaux.

Ce procès-verbal constate que :

Le 17 février 1871, le 8° bureau s'est réuni à quatre heures au palais de l'Assemblée nationale, sous la présidence de M. Baze, pour délibérer sur la déclaration présentée à l'Assemblée par M. Keller, au nom des provinces d'Alsace-Lorraine.

MM. Baze, président, Amy, de Beauvillé, comte de Brettes-Thurin, René Brice, Brisson, de Chabrol, de Corcelle, Duréault, comte de Durfort de Civrac, Ernoul, baron Eschassériaux, Jules Favre, de Féligonde, de Fontaine, de Fourtou, marquis de Franclieu, Fresneau, Flottard, Gailly, Gallicher, Gambetta, Gueidan, L'Ebraly, de Lespinasse, de Lestapis, Lestourgie, Paris, de Chavannes, Saint-Marc Girardin, Thurel, Toupet des Vignes, comte d'Hespel, Humbert (Moselle), Leroux (Aimé), Baultre et de Valon, secrétaire, étaient présents.

Une première discussion s'engagea à laquelle prirent part MM. Baze, président, de Corcelle, Humbert (de la Moselle) et Toupet des Vignes.

Un membre du bureau, M. de Valon, exprima le regret que la déclaration des députés de l'Alsace et de la Lorraine, par le caractère qui lui était donné, plaçât la Chambre dans la douloureuse alternative, ou de déclarer la guerre à outrance par un acquiescement complet, ou de consentir à l'avance à l'abandon des deux provinces par une nuance d'hésitation. Il était pour ainsi dire impossible, disait-il, de trouver une formule qui, par une habileté de langage, évitât la difficulté. Ne pourrait-on pas se borner à donner acte des sympathies unanimes qui venaient d'accueillir dans l'Assemblée les paroles de M. Keller et s'en rapporter d'ailleurs aux négociateurs ?

M. Gambetta ne crut pas qu'il y eût lieu de regretter en rien la déclaration des députés d'Alsace et Lorraine. Elle ne pouvait pas ne point avoir lieu. Il acceptait en partie la proposition du préopinant ; mais il désirait que l'on s'en tînt à la constatation du fait matériel des applaudissements donnés au concours de M. Keller et que l'on passât à l'ordre du jour.

Survint M. Jules Favre, ministre des affaires étrangères.

Dans sa pensée, la démonstration faite au nom des provinces d'Alsace et de Lorraine, qui était toute naturelle, aurait dû rester une simple protestation. Le caractère qui lui avait été donné plaçait la Chambre dans la nécessité de commettre une faute, et, quoi que nous fissions, cette faute inévitable serait exploitée contre nous.

Cette démonstration, ajoutait-il, dans la forme pressante qui lui était donnée, était prématurée. Nous ne savons rien, disait-il, des intentions de la Prusse. Il est possible qu'elle ne la demande pas ; peut-être aussi s'agirait-il d'une neutralisation.

Si la session était demandée, conviendrait-il de la refuser tout d'abord ?

Non, il fallait savoir accepter les réalités. Il n'y aurait pas de déshonneur à céder l'Alsace et la Lorraine après avoir fait tous ses efforts pour les conserver. Notre histoire fournit plus d'un exemple de cession de territoire. Le déshonneur serait, au contraire, de compromettre l'existence même de la nation française dans la poursuite d'une guerre qui serait reconnue impossible.

Il ne fallait donc pas s'engager à l'avance. Il ne fallait pas s'associer aux paroles de M. Keller.

Elles vont nous causer dès à présent, disait l'orateur, un premier dommage au sujet de l'armistice. Quand le ministre des affaires étrangères s'est rendu à Versailles, il n'a pu obtenir une prolongation de plus de cinq jours. M. Jules Favre ne dissimula pas qu'un grand parti en Prusse regrettait la convention du 28 janvier, voyait avec peine la réunion de l'Assemblée nationale, et conservait le désir de traiter avec un autre pouvoir. Quand la demande en prolongation a été présentée, dit-il, on a voulu profiter de l'occasion pour reprendre tout ce qui avait été accordé. Le ministre des affaires étrangères, qui voit un adoucissement aux malheurs de la France en ce qu'elle est redevenue libre d'elle-même et n'a plus de maître, n'a pu obtenir que cinq jours, le temps de réfléchir.

Dans cette situation, et ne sachant d'ailleurs, il le répétait, quelles seraient les conditions de la paix, M. Jules Favre proposa la rédaction suivante de l'ordre du jour.

« Attendu que l'Assemblée convoquée pour statuer sur la question de « paix ou de guerre doit se réserver la plénitude de la souveraineté dans « les négociations qui vont s'ouvrir ;

« Que d'ailleurs la protestation des députés de l'Alsace et de la Lorraine « est prématurée, aucune condition de paix n'ayant été encore proposée ;

« L'Assemblée, prenant acte de cette protestation, passe à l'ordre du « jour. »

M. Saint-Marc Girardin exprima la satisfaction que devait éprouver le bureau de compter parmi ses membres l'honorable M. Jules Favre, qui pouvait éclairer ses décisions par de si utiles renseignements.

Puis le débat s'engagea entre M. Gambetta et M. Jules Favre.

M. Gambetta voyait un danger dans la rédaction de M. Jules Favre. « Laisser pressentir, disait-il, que l'on céderait au besoin deux provinces, c'était dire à l'ennemi : *Prenez-les.* »

M. Jules Favre croyait qu'il était indispensable d'avoir une attitude sincère.

« Une autre attitude, disait-il, dénoterait la faiblesse ou ne pourrait que la produire »

M. Gambetta proposa un ordre du jour ainsi conçu :

« L'Assemblée nationale donne acte de la déclaration déposée sur son « bureau par les députés d'Alsace et Lorraine, et passe à l'ordre du jour. »

Le bureau procéda à la nomination d'un commissaire. Ce fut M. Jules Favre qui fut élu.

Une lacune existe, messieurs, dans le document auquel je viens de me référer ; il n'y est pas question de la déclaration de M. Jules Favre, relativement à l'offre à lui faite, à Ferrières, par M. de Bismarck, d'entrer en négociations pour la paix, moyennant la cession de Strasbourg et de sa banlieue. Il n'est pas moins vrai que c'est dans le discours même, dont l'analyse vient d'être reproduite, que M. Jules Favre a entretenu de ce point important les 35 députés présents à la séance. Si M. Jules Favre a eu de plus, à ce sujet, dans un groupe de collègues, avant ou après la levée de la séance du bureau, une conversation particulière, je l'ai ignoré.

J'étais secrétaire du bureau, et si je n'ai pas relaté, dans le procès-verbal, cette partie de la discussion, c'est qu'on me fit observer qu'il s'agissait là d'une déclaration étrangère à l'objet de la délibération ; il fut convenu que le bureau lui-même serait appelé à décider si la mention serait insérée. Une discussion eut lieu, en effet, à cet égard, dans le bureau, le 18 février 1875. On alla aux voix, et la majorité, qui adopta le procès-verbal, décida que la mention réservée ne serait pas faite. Je dois dire que cette décision, devant laquelle je dus m'incliner, contribua plus tard à me faire considérer comme un devoir personnel, puisque j'avais été appelé à rédiger le procès-verbal, d'opposer à M. le général Trochu, argumentant des déclarations de

M. Jules Favre au mois de septembre 1870, les déclarations contraires de M. Jules Favre à Bordeaux.

C'est au procès-verbal, dans le paragraphe commençant par ces mots « Elles vont nous causer, dès à présent, un premier dommage au sujet de l'armistice..., » qu'auraient dû trouver place les quelques phrases relatives à Strasbourg, et je puis affirmer qu'elles étaient au fond celles-ci : Après avoir rappelé qu'un grand parti en Allemagne regrettait la convention du 28 janvier, et avait profité de la demande de prolongation d'armistice pour chercher à tout reprendre, le ministre des affaires étrangères ajoutait :

« Et je ne vous cacherai pas, messieurs, qu'à Ferrières, il m'eût été possible d'engager des négociations pour la paix, à des conditions moins cruelles que celles que nous pouvons craindre aujourd'hui. A Ferrières, en effet, M. de Bismarck m'avait parlé d'une paix paisible au prix de la session de Strasbourg et de sa banlieue, et je ne sais si ma conscience ne me reprochera pas de n'avoir pas saisi l'occasion qui m'était offerte ; mais je n'eus pas le courage de désespérer de la victoire pour mon pays, et si nous avons une consolation dans nos malheurs, c'est que du moins la France est libre d'elle-même et n'a plus de maître, etc., etc.

Je vois encore, messieurs, sur les visages de mes collègues, l'impression produite par cette déclaration inattendue.

Veuillez agréer, Messieurs, etc.,

A. DE VALON,

Député du Lot.

L'Empereur, traité partout avec un inaltérable respect, partit pour Cassel, où il se renferma dans une dignité que rien ne démentit jamais.

C'est à peine s'il daigna le 3 octobre écrire au général de Wimpffen la lettre suivante, destinée à rétablir la vérité outrageusement traverstie :

« Général,

» J'ai lu votre rapport officiel sur la bataille de Sedan. Il contient deux assertions que je dois relever.

» Si je n'ai pas répondu à votre appel pour faire une trouée vers Carignan, c'est qu'elle était impraticable, comme l'expérience vous l'a prouvé, et la tentative, je le prévoyais, ne pouvait avoir d'autre résultat que de coûter la vie à un grand nombre de soldats.

» Je n'ai consenti à faire arborer le drapeau blanc, que lorsque, de l'avis de tous les chefs de corps d'armée, toute résistance était devenue impossible. Je n'ai donc pas pu contrarier vos moyens d'action.

» Croyez, général, à mes sentiments.

» Napoléon. »

Le général de Wimpffen commençait alors, mais timidement encore, sa campagne de calomnie et de mensonges, qui devait aboutir plus tard, comme on l'a vu, à une complète confusion.

C'était lui pourtant qui écrivait à cette époque, cette phrase qui est la meilleure des réponses à ceux qui persistent encore à mettre en doute la valeur héroïque de Napoléon III.

« Je suis loin de contester, en quoi que ce soit, la froide bravoure personnelle que l'Empereur a pu montrer dans la matinée du 1er septembre, depuis l'instant où Sa Majesté est montée à cheval avec les officiers de sa maison militaire. Je sais que l'un deux a été tué et deux autres, dont le brave général de Courson, blessés près de lui. »

Qui donc, en effet, parmi les soldats de l'armée de Sedan eut jamais la pensée de mettre en doute l'intrépidité de l'Empereur? Il a fallu plusieurs mois de réflexion, de réflexion infâme, pour qu'on en arrivât à cette monstrueuse invention, dont le bon sens public a fait justice depuis.

En captivité, l'Empereur passait son temps à travailler, à méditer sur l'avenir et à le préparer.

Hélas! il avait à peine quitté sa captivité; il était à peine rentré en Angleterre auprès de sa femme et de son fils, qu'il était cruellement pris par la maladie que les fatigues de la guerre avait rendue mortelle et qui devait l'enlever à l'amour des siens, et à l'admiration de tous les honnêtes gens!

Pourtant et avant de quitter Cassel, il écrivit cette belle et magnifique page qui nous émeut encore, quand nous la relisons après quatre années écoulées, et qui reflète cette confiance sereine en sa conscience, en son droit et en son peuple.

PROCLAMATION DE NAPOLÉON III

AU PEUPLE FRANÇAIS.

« Français,

« Trahi par la fortune, j'ai gardé depuis ma captivité le profond silence qui est le deuil du malheur. Tant que les armées ont été en présence, je me suis abstenu de toutes démarches, de toutes paroles qui auraient pu diviser les esprits. Je ne puis, aujourd'hui, me taire plus longtemps devant les désastres du pays, sans paraître insensible à ses souffrances.

« Au moment où je fus obligé de me constituer prisonnier, je ne pouvais traiter de la paix. N'étant plus libre, mes résolutions auraient semblé dictées par des considérations personnelles. Je laissai au gouvernement de la Régente, siégeant à Paris au milieu des Chambres, le devoir de décider si l'intérêt de la nation exigeait la continuation de la lutte.

« Malgré des revers inouïs, la France n'était pas domptée ; nos places fortes étant encore debout, peu de départements envahis, Paris en état de défense, l'étendue de nos malheurs pouvait être limitée.

« Mais, pendant que tous les regards étaient tournés vers l'ennemi, une insurrection éclata dans Paris ; le siége de la représentation nationale fut violé, la sécurité de l'Impératrice menacée, un gouvernement s'installa par surprise à l'Hôtel de Ville, et l'empire, que toute la nation venait d'acclamer pour la troisième fois, abandonné par ceux qui devaient le défendre, fut renversé.

« Faisant trêve à nos justes ressentiments, je m'écriai : « Qu'importe la dynastie, si la patrie peut être sauvée ! » et au lieu de protester contre la violation du droit, j'ai fait des vœux pour le succès de la défense nationale, et j'ai admiré le dévouement patriotique qu'ont montré les enfants de toutes les classes et de tous les partis.

« Maintenant que la lutte est suspendue, que la capitale, malgré une résistance héroïque, a succombé et que toute chance raison-

MORT DE L'EMPEREUR — LA CHAPELLE ARDENTE.

nable de vaincre a disparu, il est temps de demander compte, à ceux qui ont usurpé le pouvoir, du sang répandu sans nécessité, des ruines amoncelées sans raison, des ressources du pays gaspillées sans contrôle.

« Les destinées de la France ne peuvent être abandonnées à un gouvernement sans mandat, qui, en désorganisant l'administration, n'a pas laissé debout une seule autorité émanant du suffrage universel.

« Une nation ne saurait obéir longtemps à ceux qui n'ont aucun droit pour commander. L'ordre, la confiance, une paix solide, ne seront rétablis que lorsque le peuple aura été consulté sur le gouvernement le plus capable de réparer les maux de la patrie.

« Dans les circonstances solennelles où nous nous trouvons, en face de l'invasion et de l'Europe attentive, il importe que la France soit *une* dans ses aspirations, dans ses désirs comme dans ses résolutions. Tel est le but vers lequel doivent tendre les efforts de tous les bons citoyens.

« Quant à moi, meurtri par tant d'injustices et d'amères déceptions, je ne viens pas aujourd'hui réclamer des droits que quatre fois en vingt ans vous m'avez librement conférés. En présence des calamités qui nous entourent, il n'y a pas de place pour une ambition personnelle : mais, tant que le peuple régulièrement réuni dans ses comices n'aura pas manifesté sa volonté, mon devoir sera de m'adresser à la nation comme son véritable représentant, et de lui dire : « Tout ce qui est fait sans votre participation directe est illégitime. »

« Il n'y a qu'un gouvernement issu de la souveraineté nationale qui, s'élevant au-dessus de l'égoïsme des partis, ait la force de cicatriser vos blessures, de rouvrir vos cœurs à l'espérance comme les églises profanées à nos prières, et de ramener au sein du pays le travail, la concorde et la paix.

« Napoléon.

« Wilhelmshœhe, le 8 février 1871. »

Cette page restera et subsistera comme un programme et elle

servira de base, un jour, nous n'en doutons pas, au plébiscite qui ramènera l'Empire, légalement et de par la volonté nationale.

Retiré dans sa petite maison de Camden Place, l'Empereur n'avait plus que l'idée d'élever son fils et de le mettre à la hauteur des brillantes destinées qui l'attendaient. Tous les jours, il lui parlait comme il savait parler, lui enseignant les hommes et les choses, et développant chez lui cette intelligence précoce et cette froide détermination qui fait du Prince Impérial le Prince le plus accompli qu'on ait jamais vu.

Mais la souffrance était là, l'horrible souffrance qui le minait, sans que l'on pût néanmoins pressentir le terrible dénoûment.

On s'était décidé à une consultation de médecins choisis parmi les plus distingués de l'Angleterre. Il fut décidé qu'on ferait l'opération, une opération douloureuse et redoutable.

L'opération fut commencée, avec des alternatives de bien et de mal ; puis, le 9 janvier, à dix heures quarante-cinq minutes, sans qu'aucun symptôme plus grave eût donné l'alarme aux dévoués qui l'entouraient, sans fièvre, sans agonie, l'Empereur cessa de vivre.

Ses médecins, les docteurs Corvisart, Conneau et Thompson étaient venus successivement le matin, auprès du lit de l'Empereur, et chacun d'eux trouva S. M. dormant mieux que les nuits précédentes, profondément. Le pouls était bon et fort de quatre-vingts pulsations.

A 9 h. 1/2 du matin, l'Empereur fut encore visité par ses médecins et le docteur Claver : une opération fut décidée pour midi tant l'état du malade parut satisfaisant ; puis, tout d'un coup, vers dix heures, les mouvements du cœur se ralentirent : le pouls cessa de battre, et l'Empereur rendit le dernier soupir.

Le Prince Impérial n'a pas subi la suprême et douloureuse épreuve de fermer les yeux à son père. Il était au collége de Woolwich, et il n'arriva à Chislehurst qu'à midi.

L'Empereur était mort !

Ceux qui regrettaient qu'il ne fût pas tombé sur le champ de bataille le 1ᵉʳ septembre 1870 purent se réjouir, car il était mort des suites de Sedan. Les médecins l'ont dit, ce sont les cinq heures passées à cheval sur les plateaux de la Moncelle, aux ravins de

Givonne, qui rendirent les soins inutiles et l'opération fatale. Il mourait pour son pays, pour ses soldats, pour la France !

Ce fut une consternation générale, quand on apprit cette épouvantable nouvelle.

Puis les deux organes du parti impérialiste se mirent intrépidement à l'œuvre pour remonter le courage des fidèles.

Le *Pays* s'exprimait ainsi :

Debout !

Debout ! bonapartistes, essuyez vos yeux, refoulez vos sanglots, et debout tous. Serrons-nous autour de son fils en répétant le vieux cri de l'ancienne Monarchie française : « L'EMPEREUR EST MORT, VIVE L'EMPEREUR ! »

Quelle que soit notre douleur, quelle que soit notre angoisse, soyons stoïques devant cette noble femme, devant le jeune prince courbés tous les deux sur un cercueil, et, sauf à nous reporter ensuite sur la terre d'exil, où notre cœur nous appelle, causons virilement comme il convient à des hommes.

Avant de penser à nous, pensons à la dynastie, pensons à la France, et puis nous pleurerons après, si toutefois les malheurs de la Patrie nous en laissent le loisir !

L'Empereur est mort !

Et puis après ?

En quoi serions-nous donc découragés ? En quoi perdrions-nous notre espoir, notre assurance, notre certitude dans le retour de l'Empire ?

On le sait, nous n'avons jamais demandé ni souhaité la Restauration impériale avant la complète libération du territoire. Or, vers cette époque le prince entrera dans sa vingtième année et à l'âge où on est soldat en France, on peut bien bien être Empereur, il nous semble ! . . . . .

. . . .
. . . .

Et devant la tristesse énorme des Impérialistes, devant la joie indécente de nos ennemis, M. Paul de Cassagnac continuait :

L'Empereur dans ses derniers jours n'avait qu'une préoccupation unique et constante, éviter à la France cette crise aiguë que nous ne cessons de prédire et qui s'avance graduellement à la vue des plus incrédules.

Cette chance de l'éviter a disparu tout à coup avec l'Empereur ; le sort en est jeté, nous y passerons.

Et, après cela, quand il y en aura assez, quand la misère, la ruine, le désespoir auront enfin tiré la nation de son aveuglement, eh bien ! si elle a besoin de nous, et elle en aura besoin, nous serons là !

L'Empire n'a plus un seul pas à faire : la France viendra vers lui d'elle-même. Notre devoir est donc plus que jamais d'attendre, et qu'on se rassure, ce ne sera pas si long qu'on se l'imagine !

Peut-être même Dieu ne s'est-il servi de cet épouvantable malheur que pour l'avenir de la dynastie, qui est aussi l'avenir de la France, et l'Empire n'est-il un peu retardé que pour demeurer plus longtemps.

Notre rôle qui est celui de porte-drapeau dans la bataille, était aujourd'hui celui de consolateur dans le deuil. C'était à nous qu'il appartenait de surmonter notre premier moment de faiblesse et d'exercer cette mission d'honneur qui consiste à relever les courages abattus et à ranimer les espérances éteintes.

L'*Ordre* disait :

Pas de défaillance !

L'Empereur est mort. En lui s'éteint une pensée pleine des destinées et de la grandeur de la France, un cœur dévoué à tous sans distinction, mais surtout aux faibles et aux pauvres, un caractère élevé et chevaleresque, une âme bienveillante, douce, consolatrice, qui n'a jamais vu un succès sans l'applaudir, une larme sans la sécher. Le premier mouvement, non-seulement de tous ceux qui l'ont connu, servi, aimé, mais encore de tous ceux qui pendant dix-huit ans lui ont dû la sécurité et la prospérité de leurs familles, sera donc de gémir profondément sur un malheur si grand, qui frappe inopinément la France et la famille impériale.

Mais cette immense et légitime douleur une fois acceptée et satisfaite dans la mesure des consolations possibles, il reste à tous les partisans de Napoléon III, aux générations du 10 décembre 1848 qui l'élevèrent à la présidence, du 20 décembre 1851 qui sanctionnèrent son pouvoir dirigeant, du 20 novembre 1852 qui proclamèrent l'Empire, du 8 mai 1870 qui le sanctionnèrent, il leur reste à accepter respectueusement mais fièrement les coups mystérieux de la Providence, à se souvenir de leurs votes et à se tenir prêts à les renouveler.

L'Empereur est mort, mais l'Empire est vivant et indestructible. Ce qui dure ce ne sont pas les hommes, mais les institutions. La mort de César fonda l'Empire d'Auguste.

L'Empire est vivant par le besoin qu'a la France d'institutions à la fois populaires et énergiques ; il est vivant par l'épouvante qui va gagner les intérêts sociaux, à la disparition inopinée d'un bras qu'on savait capable de les protéger et résolu à le faire ; il est vivant par le jeune héritier du nom et des œuvres de Napoléon, qu'aucun blâme, aucune responsabilité dans les malheurs de la patrie ne sauraient atteindre, qui, né sur le trône, a poursuivi son éducation dans le malheur et l'achève dans l'exil ; il est vivant par cette intelligente et noble femme qui a vécu assez longtemps dans les affaires heureuses pour les comprendre, dans les affaires néfastes pour les braver.

Enfin l'Empire est vivant dans la sympathie, l'amour, le respect, la pitié de la France, qui éclateront dès aujourd'hui dans toutes les demeures modestes, dans toutes les chaumières où le nom de Napoléon est gravé, et ses images affectueusement exposées.

Donc essuyons nos pleurs, étouffons nos sanglots, pressons nos poitrines et empêchons nos cœurs de battre plus fort et plus vite qu'il ne convient à des natures viriles.

Le rétablissement de l'Empire perd un homme, il ne perd ni une chance, ni une espérance. Ce n'est point par ses aspirations ou même par ses agissements qu'un régime politique s'assure l'avenir, c'est par sa nécessité.

Or, l'Empire est nécessaire à l'ordre public, aux intérêts. La France en a besoin pour fonder un régime durable, placé sur de fortes assises populaires ; elle en a besoin pour être rassurée contre les périls plus imminents que jamais que lui font courir la démagogie et le socialisme.

C'est pour cela que l'Empire se rétablira !

A. Granier de Cassagnac, Dugué de la Fauconnerie.

On le vit, la presse impérialiste fit vaillamment son devoir, pendant que des milliers de pèlerins partaient pour assister à l'imposante cérémonie des funérailles, pendant que l'Angleterre tout entière assistait émue à ce deuil immense.

En France le recueillement était général.

D'ailleurs rien que le bonheur des ennemis de l'Empire prouvait quelle terreur ils avaient de lui. En effet, tous les misérables qui, pendant dix-huit ans, avaient courbé le front humblement sous le talon de l'Empereur, s'empressèrent de relever la tête, maintenant qu'il n'était plus et qu'ils ne redoutaient pas son retour inopiné.

Les corbeaux et les vautours au cou rouge s'abattirent sur le cadavre et le disputèrent au cimetière.

Lâches, lâches que la douleur d'une femme, le désespoir d'un fils laissait insensibles, et que l'immobilité glaciale de la mort encourageait, vous êtes bien les descendants de ces fossoyeurs sacrilèges qui violèrent les tombeaux de Saint-Denis, et dont la haine n'est atténuée ni par les siècles écoulés, ni par ce qu'il y a de saint, de vénérable dans le champ du repos !

Et qu'il fait bon reposer loin de ces bords de la Seine et

de ce peuple français qu'aimait tant Napoléon Ier, si l'on tient à n'être pas un jour brutalement enlevé de son cercueil, qu'on s'appelle Saint-Louis, Louis XIV ou Bonaparte !

Qu'il reste donc en exil notre vieil Empereur bien-aimé, qu'il dorme sur la terre étrangère et nous n'irons pas le chercher, comme disait Victor Hugo de l'autre, car le sol en France est tellement agité par les convulsions souterraines qu'il est impossible aux morts d'y sommeiller en paix !

Cela dit, et laissant les hommes de proie déchiqueter encore les draperies funèbres et entamer encore le cercueil avec leurs ongles, parlons de la seule chose qui nous fait surmonter notre douleur, parlons de notre avenir politique.

C'est avenir est certain — aveugle qui ne le voit pas. La mort de l'Empereur, loin d'affaiblir l'Empire et de le retarder le rend plus solide et plus certain.

Si l'Empereur avait vécu, il aurait toujours porté difficilement le poids des dernières infortunes. Tandis que le prince impérial est indemne, est neuf, est vierge de tout passé.

Waterloo et Sainte-Hélène, l'agonie de la défaite et de l'exil, avaient payé d'avance à Dieu le prix des dix-huit années de gloire et de prospérité échues à Napoléon III.

Sedan et Chislehurst ouvrent au prince impérial une ère prochaine de compensations grandioses.

La Providence ne semble frapper les Napoléons que pour les rendre plus dignes de la haute mission qu'ils viennent remplir, à des époques déterminées, comme des envoyés de la volonté divine.

Autrefois il en fut de même pour les Bourbons; et les légitimistes doivent comprendre que nous ne désespérions pas, eux qui n'ont pas désespéré après Crécy, après Poitiers, après Azincourt, pas plus qu'après l'échafaud de Louis XVI ou le départ de 1830.

Et s'il y a pour nous une immense consolation, une preuve palpable de la force de notre parti, c'est l'écho formidable qu'eut dans toute l'Europe la mort de l'Empereur.

Charles X et Louis-Philippe, eux aussi, sont mort en exil, et leur mort fit saigner quelques cœurs sans émouvoir l'opinion publique.

Napoléon, lui, souleva une angoisse générale, et ce n'est qu'en voyant le vide causé par lui, qu'on peut juger exactement de la place qu'il occupait.

Amis et ennemis sont depuis cette époque comme Henri III soulevant la tapisserie derrière laquelle est étendu par terre Henri de Guise; et, qu'ils le disent hautement ou qu'ils le pensent seulement tout bas, sur leur physionomie terrifiée on lit cette phrase: « Comme cet homme était grand ! »

Voilà pour le passé !

Maintenant, et avant de finir, un dernier mot sur l'avenir !

Et qu'importe l'âge de celui qui représente à cette heure nos opinions et nos croyances ! Qu'importe même l'époque de la restauration impériale !

Est-ce que deux ans, trois ans, dix ans comptent dans l'histoire d'une dynastie et dans les annales d'un peuple ?

La royauté bourbonienne a attendu de 1791 à 1815.

Et elle attend encore depuis 1830.

Et cela n'empêche pas ses fidèles d'escompter l'avenir, même sans successeurs, et étant obligés, comme Abel, d'avoir Caïn pour héritier.

La République de 1804 à 1848 n'était pas revenue.

Puis elle partit encore pour dix-huit ans.

Ses partisans ont-ils désespéré pour cela ?

Pourquoi perdrions-nous courage, nous qui sentons notre foi s'appuyer sur d'autres choses que sur des mots, et qui nous savons puissants, parce que le jour où nous jugerons utile de marcher, nous aurons la nation tout entière levée et frémissante derrière nous.

Que la République n'ait pas peur de nous; notre heure n'a pas sonné, nous le savons, et pour rien au monde nous ne l'avancerons.

Il nous faut, avant de parler de retour, que tous ceux qui se proposent de sauver la France, depuis M. Thiers jusqu'à M. Gambetta, aient fait leur œuvre et constaté leur impuissance.

Allez-y donc tous, républicains de différentes nuances, monarchistes blancs ou tricolores ; jamais dans l'histoire vous n'aurez eu plus belle occasion de prouver que vous avez en vos mains le salut de la patrie !

Mettez-y le temps que vous voudrez, nous ne sommes pas pressés. Et loin de vous troubler dans votre essai, nous vous aiderons au besoin.

Mais si, dans un jour plus ou moins éloigné et dont la France seule demeurera juge, vous n'avez rien pu réunir pour rendre au pays sa stabilité, son calme, sa prospérité, il est bien entendu, n'est-ce pas? que vous trouverez naturel que, mettant à notre tête l'héritier de Napoléon III, un vrai prince, allez! celui-là, et qui a le sentiment de ses devoirs, nous tentions de faire ce que vous n'aurez pas pu faire.

Et n'oublions pas ce qui se passa, quand le convoi funèbre de l'Empereur s'approchait de l'église de Chislehurst, ayant en tête l'héritier de Napoléon III; il s'est élevé de toutes les poitrines un cri formidable, un cri unanime, celui de : Vive l'Empereur!

L'héritier de Napoléon III s'est alors retourné vers la foule et a dit : « Messieurs, l'Empereur est mort, vive la France! »

Il faut admirer chez le jeune prince brisé par la douleur, le sang-froid patriotique avec lequel, au milieu de ses larmes, il a su ne songer qu'à son pays et mettre le nom de la France à la place du nom de l'Empereur; et il faut d'autant plus l'admirer, que toute la politique de notre parti est là, dans ces trois mots. Oui, l'héritier de Napoléon III avait raison, car jamais ces deux noms ne se trouvent séparés dans l'esprit, dans l'âme et sur les lèvres de tous ceux qui conservent pieusement la tradition impérialiste.

Nos prétendants, lorsqu'ils sont en exil et qu'ils attendent l'heure du retour, ne sauraient oublier qu'ils n'ont dû la consécration souveraine qu'à l'assentiment général de la nation. La pensée ne leur viendra donc jamais de s'introduire par la ruse ou par la force, en s'imposant à la France ou en se glissant au milieu d'elle.

Libre à d'autres monarchies de s'appuyer sur des principes, respectables il est vrai, mais qui sont d'un autre temps! Libre à des républiques de s'installer par surprise, et de vouloir passer du provisoire au définitif sans que le pays donne son opinion sur toutes ces modifications successives.

L'Empire, lui, laissera faire les événements, laissera s'accentuer les besoins, s'imposer les nécessités, et, se bornant pour tout rôle, à défendre son passé calomnié, il attendra tranquillement que chaque parti se soit épuisé en de vains efforts, et que la France, tout entière, revienne à lui pour lui demander le rétablissement de l'ordre qui semble être la mission providentielle des Napoléons.

Oui, nous reviendrons; oui, l'Empire sera restauré, et cela sans conspirations, sans agitations, sans émeutes, et par la seule impulsion des regrets du peuple se changeant bientôt en espérance.

L'Empire représente la volonté populaire librement exprimée; l'Empire c'est l'ancienne Assemblée de mai du peuple franc, c'est le plébiscite, la nation tout entière acclamant l'homme de son choix, l'homme issu d'une famille plébéienne, le monarque moderne, enfin, c'est la dynastie qu'elle a choisie pour continuer à travers les siècles le sillon lumineux que tracèrent les autres races aujourd'hui éteintes, et qui est la seule héritière légitime de Clovis, de Charlemagne et de Hugues Capet!

Or le temps n'y fait rien; l'exil grandit et épure et le peuple se souvient, on le verra!

FIN

TABLE DES MATIÈRES

PAGES

Livre septième. — L'Empire rétabli. — Protestation de M. le comte de Chambord et des réfugiés de Londres et de Jersey. — Reconnaissance de l'Empire par les Puissances. — Mariage de l'Empereur. — Discours de l'Empereur aux grands corps de l'Etat. — Cérémonie solennelle à Notre-Dame. — Composition de la maison de l'Empereur et de celle de l'Impératrice. — Liste civile. — Réalisation des projets de l'Empereur pour activer le travail. — Sociétés de Crédit foncier et mobilier. — Œuvre générale de l'Empereur pour les pauvres, — pour les paysans. — Les chemins de fer. — Œuvre agricole : la Sologne, les Landes. — Œuvre des écoles. — Réformes de M. Fortoul. — Œuvre religieuse. — Transformation de Paris, étudiée et tracée par l'Empereur, et exécutée par M. Haussmann. — Détails authentiques. — Œuvre de l'Impératrice. — Sa générosité, son courage. — Bienfaisance du règne, 90 millions donnés par l'Empereur. — Collaborations politiques de l'Empereur, au Sénat, au Corps législatif, au Conseil d'Etat. — Œuvre économique de l'Empire. — Abolition de l'échelle mobile. — Compensation pour le prix du pain. — Caisse de la boulangerie. — Œuvre morale de l'Empire. — Réglementation du colportage. — Fausses idées de la bourgeoisie sur les crimes politiques. — Réformes des articles 86 et 87 du Code pénal. — Faiblesse de la commission du Corps législatif. — Lutte de la bourgeoisie contre la souveraineté nationale. — Le principe de l'Empire n'est pas bien compris par la génération politique qui le soutient. — Opposition parlementaire. — M. de Montalembert. — L'opposition bourgeoise cantonnée à l'Académie française. — Lettres de M. Berryer et de M. Mocquard.   1

Livre huitième. — Conspirations contre la vie de l'Empereur. — Complots de l'Hippodrome et de Lille. — Attentat de Pianori. — Tibaldi et ses complices. — Tentative d'Orsini. — Complots des Italiens et de Beaury. — Guerre de Crimée. — Bataille de l'Alma. — Mort du maréchal de Saint-Arnaud. — Siège de Sébastopol. — Traité de Paris. — Exposition universelle de 1855. — Naissance du Prince Impérial. — Inondations du Rhône, de la Loire, de la Saône et de l'Allier. — Elections de 1857.   90

Livre neuvième. — Guerre d'Italie (1859). — Batailles de Magenta et de Solférino. — Traité de Zurich. — Annexion de Nice et de la Savoie (1860). — Événements d'Italie de 1860 à 1864. — Convention du 15 septembre 1854. — Guerre de la Chine (1860). — Expédition de Cochinchine (1858-1861). — Expédition de Syrie (1860-1861). — Organisation de l'Algérie. — Guerre du Mexique (1861-1867) — Deuxième expédition de Rome (1867). — Bataille de Mentana 171

Livre dixième. — Situation en 1860. — Politique intérieure. — Réforme économique. Agitation des esprits. — L'Empereur s'ouvre à M. Rouher pour étendre les attributions du Sénat et du Corps législatif. — M. Rouher résiste. — M. Billaut et M. Magne ministres sans portefeuille. — Discussion brillante, mais violente des adresses. — Carrière politique de M. Billault. — Sa mort. — M. Rouher le remplace. — Proposition d'un congrès fait par l'Empereur. — Question des duchés du Holstein et du Schleswig. — La Prusse et l'Autriche les envahissent et se les approprient. — Conférences de Londres. — L'Angleterre propose à la France d'intervenir par les armes en faveur du Danemark. — Hésitation de l'Empereur. — Il se résout un jour trop tard. — Rivalité déclarée de l'Autriche et de la Prusse. — Réserve de la politique française. — Illusion générale sur l'issue de la lutte imminente. — Pourquoi l'Empereur favorise l'union de l'Italie et de la Prusse. — Custozza et Sadowa. — Le Luxembourg. — Etats des esprits en France. — L'opposition pousse à la guerre. — Retrait de l'adresse du Sénat et du Corps législatif. — Droit d'interpellation. — L'Empereur fait entrer M. Ollivier au ministère. — Résistance de M. Rouher. — Loi sur la presse. — Discours de M. Granier de Cassagnac. — Incident qu'il amène. — Hésitation de l'Empereur. — Conseil privé. — L'Empereur dit à M. Rouher qu'il le traite en maréchal de France. — Il lui ordonne de soutenir la loi sur la presse. — Elle est votée. — Les sept sages. — Présentation et discussion de la loi sur l'armée. — Le maréchal Niel. — Elections de 1869. — Agitation qui les domine. — Les 116. — M. Rouher offre de résister. — Il donne sa démission. — Formation du ministère du 2 janvier 1870. — Affaiblissement graduel de l'autorité. — Retour des émeutes. — Plébiscite du 8 mai 1870 — Pensée qu'il suggère à l'Empereur. — Incident imprévu qui amène la rupture avec la Prusse. — 15 juillet 1870, et déclaration de guerre 201

www.ingramcontent.com/pod-product-compliance
Lightning Source LLC
Chambersburg PA
CBHW060552170426
43201CB00009B/752